D1998148

Anton-Rudolf Götzenberger

# Diskrete Geldanlagen

Anton-Rudolf Götzenberger

# Diskrete Geldanlagen

## Geldanlagen in Private Secrecy

Steueroptimale Vermögensplanung
Grenzüberschreitendes Vermögensmanagement

4., überarbeitete Auflage

Linde
international

Bibliografische Information Der Deutschen Bibliothek

Die Deutsche Bibliothek verzeichnet diese Publikation in der Deutschen Nationalbibliografie; detaillierte bibliografische Daten sind im Internet über http://dnb.ddb.de abrufbar.

Das Werk ist urheberrechtlich geschützt. Alle Rechte, insbesondere die Rechte der Verbreitung, der Vervielfältigung, der Übersetzung, des Nachdrucks und die Wiedergabe auf fotomechanischem oder ähnlichem Wege, durch Fotokopie, Mikrofilm oder andere elektronische Verfahren sowie der Speicherung in Datenverarbeitungsanlagen, bleiben, auch bei nur auszugsweiser Verwertung, dem Verlag vorbehalten.

ISBN 3-7093-0106-8

Es wird darauf verwiesen, dass alle Angaben in diesem Buch trotz sorgfältiger Bearbeitung ohne Gewähr erfolgen und eine Haftung des Autors oder des Verlages ausgeschlossen ist.

Umschlag: AG MEDIA GmbH
© LINDE VERLAG WIEN Ges.m.b.H., Wien 2006
1210 Wien, Scheydgasse 24, Tel.: 0043/1/24 630
www.lindeverlag.at
Druck: Hans Jentzsch & Co. GmbH.,
1210 Wien, Scheydgasse 31

Was du ererbt von deinen Vätern,
verbirg es, um es zu besitzen.

(Goethe, leicht abgewandelt)

# Inhaltsverzeichnis

# Abkürzungsverzeichnis

| | |
|---|---|
| a.a.O. | am angegebenen Ort |
| ABBL | Association des Banques et Banquiers Luxembourg |
| ABl. | Amtsblatt der Europäischen Gemeinschaften |
| Abschn. | Abschnitt |
| AEAO | Anwendungserlass zur Abgabenordnung |
| a.F. | alte Fassung |
| AG | Aktiengesellschaft |
| AGB-BA | Allgemeine Geschäftsbedingungen der Banken |
| AktG | Aktiengesetz |
| Anm. | Anmerkung |
| AO | Abgabenordnung |
| ARHG | Bundesgesetz vom 4. Dezember 1979 über die Auslieferung und die Rechtshilfe |
| Art. | Artikel |
| AStBV | Anweisungen für das Straf- und Bußgeldverfahren (Steuer) |
| AStG | Außensteuergesetz |
| Aufl. | Auflage |
| AV | Anlagevermögen |
| BAO | Bundesabgabenordnung |
| B-VG | Bundesverfassungsgesetz |
| BaG | Schweizer Bundesgesetz über die Banken und Sparkassen v. 8. Nov. 1934 |
| BayObLG | Bayerisches Oberstes Landesgericht |
| BB | Der Betriebs-Berater |
| BewG | Bewertungsgesetz |
| BDSG | Bundesdatenschutzgesetz |
| BFH | Bundesfinanzhof |
| BFHE | Sammlung der Entscheidungen des Bundesfinanzhofs |
| BFH/NV | Sammlung amtlich nicht veröffentlichter Entscheidungen des Bundesfinanzhofs |
| BGB | Bürgerliches Gesetzbuch |
| BGBl | Bundesgesetzblatt |
| BGE | Bundesgerichtsentscheide |

| | |
|---|---|
| BMF | Bundesminister der Finanzen |
| BpO | Betriebsprüfungsordnung |
| BStBl | Bundessteuerblatt |
| BStP | Bundesstrafprozessordnung |
| BStrP | Bundesgesetz über die Bundesstrafrechtspflege |
| Bustra | Bußgeld- und Strafsachenstelle |
| B-VG | österreichisches Bundes-Verfassungsgesetz |
| BVerfG | Bundesverfassungsgericht |
| BZSt | Bundeszentralamt für Steuern |
| bzw. | beziehungsweise |
| CpD | Conto pro Diverse |
| DB | Der Betrieb (Zeitschrift) |
| DBA | Doppelbesteuerungsabkommen |
| DBG | Bundesgesetz über die direkten Bundessteuern (Schweiz) |
| DStR | Deutsches Steuerrecht (Zeitschrift) |
| EBK | Eidgenössische Bankenkommission |
| EFTA | European Free Trade Association |
| EJPD | Eidgenössisches Justiz- und Polizeidepartement |
| ErbStDV | Erbschaftsteuer-Durchführungsverordnung |
| ErbStG | Erbschaftsteuergesetz |
| EStG | Einkommensteuergesetz |
| EStR | Einkommensteuerrichtlinien |
| EuRHÜK | Europäisches Übereinkommen über die Rechtshilfe in Strafsachen |
| EU | Europäische Union |
| EU-RL | EU-Zinssteuer-Richtlinie |
| EU-QuStG | Österreichisches EU-Quellensteuergesetz |
| EWR | Europäischer Wirtschaftsraum |
| FATF | Financial Action Task Force on Money Laundering |
| FinStrG | Finanzstrafgesetz |
| Fn. | Fußnote |
| GmbH | Gesellschaft mit beschränkter Haftung |
| GrEStG | Grunderwerbsteuergesetz |
| HFR | Höchstrichterliche Finanzrechtsprechung |
| HGB | Handelsgesetzbuch |
| i.d.F. | in der Fassung |

| | |
|---|---|
| i.d.R. | in der Regel |
| i.H.v. | in Höhe von |
| IRSG | Bundesgesetz über internationale Rechtshilfe in Strafsachen |
| IRSV | Verordnung über internationale Rechtshilfe in Strafsachen |
| i.S. | im Sinne |
| i.V.m. | in Verbindung mit |
| IZA | Informationszentrale für steuerliche Auslandsbeziehungen |
| KESt | österr. Kapitalertragsteuer |
| KSt | Körperschaftsteuer |
| KStG | Körperschaftsteuergesetz |
| KWG | Kreditwesengesetz |
| LGBl | Landesgesetzblatt |
| MA | Musterabkommen |
| Mémorial | Amtsblatt des Großherzogtums Luxemburg |
| MRK | Europäische Konvention zum Schutze der Menschenrechte und Grundfreiheiten vom 4. November 1950 |
| NJW | Neue Juristische Wochenschrift (Zeitschrift) |
| NWB | Neue Wirtschaftsbriefe (Zeitschrift) |
| NZZ | Neue Zürcher Zeitung |
| OECD | Organization of Economic Cooperation and Development |
| OFD | Oberfinanzdirektion |
| OGH | Oberster Gerichtshof |
| PGR | Liechtensteinisches Personen- und Gesellschaftsrecht |
| RHAbgV | Deutsch-österreichischer Vertrag vom 4.10.1954 über die Rechtshilfe in Abgabesachen |
| RHG | Liechtensteinisches Rechtshilfegesetz |
| RHStrV | Deutsch-österreichischer Vertrag vom 31.1.1972 über die Ergänzung des Europäischen Übereinkommens über die Rechtshilfe in Strafsachen |
| Rz. | Randziffer |
| SPG | Liechtensteinisches Sorgfaltspflichtgesetz |
| SR | Systematische Rechtssammlung (Schweiz) |
| StGB | Strafgesetzbuch |

| | |
|---|---|
| StPO | Strafprozessordnung |
| Tz. | Textziffer |
| UStG | Umsatzsteuergesetz |
| VfGH | Verfassungsgerichtshof |
| VSB | Vereinbarung über die Standesregeln zur Sorgfaltspflicht der Banken |
| VStR | Schweizerisches Verwaltungsstrafrecht |
| VwVG | Bundesgesetz über das Verwaltungsverfahren |
| WpHG | Wertpapierhandelsgesetz |
| ZBJV | Zeitschrift des bernischen Juristenvereins |
| ZPO | Zivilprozessordnung |
| ZStR | Schweizerische Zeitschrift für Strafrecht |

## Länderindex

# Vorwort

„Being connected to your money isn't necessarily a good thing", betonte kürzlich ein Jersey-Trustee am Rande einer Anlegerkonferenz, in der es u.a. um die Gründung von diskreten Stiftungen und Trusts ging. Sicherlich dachte der Trustee hierbei primär an die steuerlichen Verhältnisse und hohen Abgabenlasten in den europäischen Hochsteuerländern. Das Bedürfnis, in Geldanlagesachen Diskretion walten zu lassen, mag allerdings vielfältige Gründe haben. Man denke beispielsweise an die persönliche Sicherheit, an die Angst vor neidischen Blicken, an Entführungen und Erpressungen, an die Angst vor Boykottmaßnahmen, an Vermögensauseinandersetzungen bei Ehescheidungen oder an den schlichten Wunsch, Reichtum gerade in der heutigen Zeit, in der hörbare politische Stimmen in Richtung „Umverteilung" immer lauter werden, nicht zur Schau stellen zu wollen.

Die vierte aktualisierte Auflage habe ich ganz gezielt den neuen Herausforderungen gewidmet, denen diskrete Geldanleger aus Deutschland, Österreich oder anderen Hochsteuerländern schon heute ausgesetzt sind und künftig ausgesetzt sein werden. Schwerpunktthema bildet dabei u.a. das seit April letzten Jahres in Deutschland geltende automatisierte Kontenabrufsystem, welches aufzeigt, dass die Vision vom gläsernen (Steuer)Bürger längst in breiten Teilen Realität geworden ist. In diesem Zusammenhang erfahren diskrete Geldanleger mittels Checkliste, wann sie mit ihren Inlandskonten für Kontoabrufe verdächtig werden.

Weiteres Schwerpunktthema bildet das neue Melde- und Informationsverfahren nach der EU-Zinsrichtlinie. Hier habe ich dem Leser offen gelegt, welche Aufdeckungsfallen mit verzinsten Tagesgeld-Girokonten zur Abwicklung laufender Wohngeld und Nebenkosten für Immobilien in Ländern drohen, die am neuen Meldeverfahren zur Erfassung von nach der neuen EU-Zinssteuer-Richtlinie steuerpflichtigen Kapitalerträgen teilnehmen. Diagramme und Schaubilder z.B. über die einzelnen Schritte im Rechtshilfeverfahren Schweiz sollen dem diskreten Geldanleger detailliert und plausibel aufzeigen, auf was es wirklich ankommt!

Ein erhöhter Bedarf an diskreten Geldanlageformen ist bereits von Seiten deutscher Rentner zu spüren, wie Banker aus der Praxis berichten.

Hintergrund ist die seit 2005 geltende Rentenbezugsmitteilungspflicht deutscher Rentenversicherungsträger an deutsche Finanzämter. Deutsche Ruheständler, die in diesem Zusammenhang ihren Lebensabend lieber im diskreteren Österreich verbringen wollen, erhalten auch Tipps zur steuerfreien Vererbung von Kapitalvermögen.

Die Neuauflage enthält einen neuen Teil, der sich dem diskreten Online-Banking widmet. Hier habe ich dem Leser die wesentlichen Schritte aufgezeigt, mit denen er quasi vom Wohnzimmer aus zu einem Online-Brokerkonto auf den Bahamas, in den USA oder in den klassischen Anlageländern Asiens kommen kann. Nicht nur Vorteile, auch die Risiken sowie die Abhör- und Aufspürmöglichkeiten von Internet- und Telefonverbindungen werden dabei nicht vernachlässigt. Diskrete Geldanleger sollten sich nach spannender Lektüre in der Lage sehen, durch entsprechende Sicherheitsmaßnahmen den offenen Ohren des Fiskus entgegenwirken zu können. Hierzu habe ich umfassende Sicherheitstipps aufgezeigt und Sicherheitstools vorgestellt, u.a. Programme, die sich teilweise kostenlos aus dem Internet herunterladen lassen.

Das vorliegende Handbuch versteht sich als Antwort auf die Verhältnisse in der heutigen Zeit, in denen die Jagd auf Einkunftsmillionäre besonders in Deutschland (als „Einkunftsmillionär“ gelten in Deutschland natürliche Personen mit einer Summe der positiven Einkünfte aus nichtselbstständiger Arbeit, aus Kapitalvermögen, aus Vermietung und Verpachtung oder sonstige Einkünfte von über 500.000 EUR) gerade erst begonnen hat. Das Buch soll Ihnen, liebe Leserinnen und liebe Leser, Tipps und Wissen zur Suche nach der passenden Anlageform, dem richtigen Kreditinstitut am geeigneten Finanzplatz oder zur Suche nach einem seriösen Treuhänder oder bewährten Vermögensverwalter vor Ort vermitteln.

In diesem Zusammenhang sei allerdings besonders darauf hingewiesen, dass Diskretion nicht nur eine Sache der richtigen Auswahl von Finanzdienstleister und Finanzplatz ist. Diskretion stützt sich vielmehr auf drei Säulen: den rechtlichen Rahmenbedingungen wie gesetzlich verankertes Bankgeheimnis oder die Rechtshilfebereitschaft eines Landes (Säule I), auf die Tatsache, wie die entsprechende Bank mit den geheimen Kundendaten umgeht, was angesichts der sich häufenden Fälle von Datenveruntreuung durch Bankangestellte immer größere Bedeutung gewinnt (Säule II), und schließlich stützt sich die Diskretion in Säule III auf ein entsprechendes Verhalten des Geldanlegers selbst. Fangen Sie also gleich mit dem ersten Teil und jener Säule III zu lesen an, die in der Praxis am ehesten bricht!

München und Halfing/Obb.
im Januar 2006 Anton-Rudolf Götzenberger

# Teil I

## Geldanlage ist Diskretionssache

**oder**

**„Bewahre die Worte sorgfältiger als die Gelder,
die man dir anvertraut.“
(Isokrates, 436–336 v. Chr.)**

Diskretion fängt zuallererst beim Geldanleger – also bei Ihnen, liebe Leserinnen und Leser – an, und zwar auch im Privatbereich, genauer gesagt im Privatverbrauch. So dürfen diskrete Gelder nicht außerhalb des allgemein tragbaren „finanziellen Rahmens" in den Konsum fließen. Sonst stellt sich schnell die Frage nach bislang unentdeckten diskreten Geldquellen.

Es sei auch entschieden davor gewarnt, den heimischen Finanzbehörden gegenüber Diskretion walten zu lassen. Denn insbesondere die „Hausbanken" in Deutschland sind in steuerlichen Angelegenheiten uneingeschränkt auskunftspflichtig. Fahnder erreichen im Regelfall Zugang zu Kundenkontounterlagen aller Art. In diesem Buch exklusiv veröffentlichte „Fallsammlungen" deutscher Oberfinanzdirektionen lassen erkennen, dass Fahnder besonders auf spezielle diskrete Buchungsabläufe spezialisiert sind.

Diskrete Gelder, die zu Haus aufbewahrt werden, können ganz schnell in die Hände von Steuerfahndern geraten. Ein spezieller „Leitfaden Vermögensabschöpfung" der Oberfinanzdirektion Düsseldorf/Abteilung Köln, welcher in diesem Teil exklusiv für diskrete deutsche Geldanleger dargestellt wird, soll die Fahnder „an die komplexe Materie der Vermögensabschöpfung heranführen und Berührungsängste abbauen sowie Arbeitshilfe sein", wie es in der Einleitung der Dokumentation heißt. Für diskrete Geldanleger gilt es daher, auf der Hut zu sein und die in diesem Teil aufgelisteten Grundregeln zu beachten.

## Diskretion fängt zuallererst bei Ihnen an

„Über Geld spricht man nicht, man hat es." So hieß es zu Zeiten Friedrichs des Großen, als er im Jahre 1776 den „Banco-Schreibern" im ersten Reglement der Königlichen Giro- und Lehn-Banco zu Berlin Verschwiegenheitspflichten auferlegte, und zwar unter Androhung solch drakonischer Strafen, wie man sie damals nur Meineidigen aufbürdete:

> „Wir verbiethen bey Unserer Königlichen Ungnade, allen und jeden, nachzuforschen, wie viel ein anderer auf sein Folium zu gute habe, auch soll niemand von denen Banco-Schreibern sich unterstehen, solches zu offenbahren, weder durch Worte, Zeichen, oder Schrift, bey Verlust ihrer Bedienungen und bey denen Strafen, die Meyneidige zu erwarten haben. Zu dem Ende sollen sie bey Antretung ihres Amtes besonders schwören, dass sie alle die Geschäfte, die sie, als Bediente der Banco, unter Händen haben werden, als das grösste Geheimniss mit in ihre Grube nehmen werden."

Das Reglement Friedrichs des Großen stellte die erste Rechtsgrundlage für ein Bankgeheimnis dar. Diskretion im Bankgeschäft ist also kein Schweizer Patent, sondern vielmehr eine deutsche „Erfindung". Umso verwunderlicher ist es, dass der deutsche Geldanleger seinem Heimatland heute den Rücken kehren muss, wenn er Diskretion sucht. Heute gibt es in Deutschland weder ein gesetzliches Bankgeheimnis, banktechnische Mittel zur diskreten Geldanlage noch Private Secrecy in irgendeiner Form. Der Mangel an diskreten Geldanlageformen, der auf steuerliche Gegebenheiten zurückzuführen ist, namentlich auf den automatisierten Kontenabruf sowie auf § 154 der Abgabenordnung (AO), dem so genannten „Kontenwahrheits-Paragraphen", drängt deutsche Geldanleger ins Ausland.

§ 154 AO ist dabei noch im Gegensatz zum Kontenabruf die harmlosere Form. § 154 AO schützt die *formale Kontenwahrheit* und verhindert lediglich, dass eine Nachprüfung steuerlicher Verhältnisse durch die Verwendung falscher Namen (Pseudonyme[1]) unmöglich gemacht oder gar vereitelt werden kann. Nach dieser Vorschrift hat sich jedes Kreditinstitut vor Errichtung eines Kontos Gewissheit über die Person und über die Anschrift des oder der *Verfügungsberechtigten* zu verschaffen. Gewissheit be-

---

1 Näheres zu Nummern- und Pseudonymkonten siehe Teil VII, Seiten 179 ff.

steht nach dem Gesetz nur dann, wenn der vollständige Name, das Geburtsdatum und der Wohnsitz bekannt sind. Ähnliche Bestimmungen gibt es auch in anderen Ländern und auch internationale und nationale Geldwäschenormen sowie von Verbänden auferlegte Sorgfaltspflichten für Banken und Finanzdienstleister sehen entsprechende Identifizierungs-Standards vor. Das eigentliche Schreckgespenst für deutsche diskretionsbedürftige Geldanleger hat der deutsche Gesetzgeber zum 1. April des Jahres 2005 aus dem Sack gelassen: der automatisierte Kontenabruf. Der automatisierte Kontenabruf ist Fokusthema des zweiten Teils, in dem es um diskrete Geldanlagen im Windschatten neuester Steuersicherungs- und Geldwäsche-Überwachungsstandards geht.[2]

Reden ist Silber, Schweigen ist Gold. Dieses bewährte Sprichwort gilt für die diskrete Geldanlage mehr denn je. So ist beispielsweise das anonyme Geldtransfersystem der Dresdner Bank von und nach Luxemburg mitunter auch deshalb aufgeflogen, weil ein Düsseldorfer Ehepaar einen größeren Schwarzgeldbetrag bei der Dresdner Bank Luxemburg hinterlassen hatte und einer der (wohl „vergessenen“) Erben dies leichtfertig ausplauderte. Hinzu kamen noch persönliche Aufzeichnungen einer Anlageberaterin in der berühmten „Kladde“, anhand deren sie die für ihre Luxemburger Kunden eingerichteten Nummernkonten mit Name und Betrag zuordnen konnte und – wohl der wichtigere Grund – ihren Teil am Provisionskuchen sicherte. Der bedachte diskrete Geldanleger unterlässt Stammtischplaudereien. Denn er weiß, dass Anzeigen neidischer Mitbürger in den meisten Fällen zur Aufdeckung diskreter Geldanlagen führen.

## Worauf es den EU-Steuerfahndern bei Banken besonders ankommt

Das Augenmerk der Steuerfahnder richtet sich bei Durchsuchungen hauptsächlich auf Kundenkontounterlagen aller Art. Auch Zahlungs- und Buchungsbelege über CpD-Konten[3] und Dokumente über bankinterne

---

[2] Zum automatisierten Kontenabruf vgl. Teil II Seiten 45 ff.

[3] So genannte Fehlbuchungs- und Restantenkonten zur vorübergehenden Aufnahme von Forderungs- und Verbindlichkeitsbuchungen, die auf Hauptbuchkonten oder noch nicht gebucht werden konnten.

Sammel- oder Verrechnungskonten, welche sowieso nicht dem Bankgeheimnis unterliegen, stehen in der Gunst der Fahnder. Gemäß einer unter den deutschen Oberfinanzdirektionen bekannten „Fallsammlung Kontrollmaterial bei der Prüfung von Kreditinstituten" kommen „grundsätzlich alle Sachverhalte" für Kontrollmaterial in Betracht, „bei denen in der Buchungskette kein legitimiertes Konto angesprochen wird" wie beispielsweise folgende Fälle:

a) Ein Nichtkunde (Person, die bei der geprüften Bank kein Legitimationskonto unterhält) der Bank lässt sich einen auf die geprüfte Bank oder eine andere Bank gezogenen Scheck bar auszahlen.
b) Ein Kunde (Person mit Legitimationskonto bei der geprüften Bank) lässt sich einen auf die geprüfte oder eine andere Bank gezogenen fremden Scheck bar auszahlen.
c) Für einen Nichtkunden geht ein Geldbetrag ein, den die Bank auf CpD bucht und anschließend bar auszahlt.
d) Wie c), aber der Betrag wird vom CpD-Konto auf ein Konto des Empfängers bei einer anderen Bank überwiesen.
e) Ein Kunde reicht Zinsscheine zum Einzug ein. Die Bank bucht zunächst auf CpD und zahlt den Betrag ohne Berührung des Girokontos des Kunden bar aus.
f) Ein Nichtkunde oder Kunde kauft bar einen Sparbrief.

Genauer unter die Lupe nehmen Steuerfahnder auch so genannte Giroausgangskonten. Giroausgangskonten dienen der buchmäßigen Erfassung des Überweisungsverkehrs von Kunden auf Konten bei anderen Banken im In- und Ausland. Solche Konten werden immer angesprochen, egal ob eine Überweisung von einem legitimierten Konto vollzogen wird oder ob der Kunde eine Barüberweisung tätigt.[4]

Das Giroausgangskonto ist für Fahnder interessant, weil in diesem Kontokreis Buchungen abgewickelt werden, bei denen sich die Legitimationskette öffnet (das heißt eine der beiden Buchungsseiten ist nicht kundenlegitimiert). Buchungsbeispiele: „Kasse an Giroausgangskonto" oder

---

[4] Banken buchen bei der Kontoüberweisung nämlich wie folgt: „Kundenkonto an Giroausgangskonto" (1. Buchung) und nach Bearbeitung des Auftrags „Giroausgangskonto an Landeszentralbankkonto" (2. Buchung); und bei der Barüberweisung: „Kasse an Giroausgangskonto" bzw. „Giroausgangskonto an LZB-Konto".

„Kasse an Giroausgangskonto/Giroausgangskonto an Festgeldkonto" oder „Kundenkonto an Giroausgangskonto/Giroausgangskonto an Loro-(Konto einer Korrespondenzbank) bzw. Nostrokonto (eigenes Konto der Bank bei einer Korrespondenzbank)".

Nicht minder von Interesse sind die von Kundenbetreuern angefertigten Handakten, in denen jedes vermittelte Kundengeschäft notiert wird, damit die Provisionen auch stimmen. Selbstverständlich lassen sich Fahnder auch sämtliche Schließfachmietverträge und Einlasskarten vorlegen. Anhand von Einlasskarten lässt sich jederzeit feststellen, welche Schließfachinhaber zu welcher Zeit den Tresorraum betreten haben. Und Kassenkontrollstreifen – darauf wird noch näher eingegangen – verraten sowieso jede Geldbewegung.

## Leitfaden „Vermögensabschöpfung" für deutsche Finanzbehörden

„Über Geld spricht man nicht, man hat es"... aber nicht am eigenen Wohnort. So müsste man den eingangs erwähnten Spruch ergänzen, wenn man sich den Leitfaden „Vermögensabschöpfung" der Oberfinanzdirektion Düsseldort vor Augen führt. „Vermögensabschöpfung ist der Versuch von Strafverfolgungsbehörden, Tätervermögen für durch die Tat verursachte Schäden heranzuziehen und vorrangig zur Schadenswiedergutmachung zu nutzen", heißt es in der Einführung.

Für den diskreten Geldanleger bedeutet das konkret: Bewahrt er diskrete Gelder zu Hause auf oder lässt er bestimmte Vermögenswerte erkennen, darf er damit rechnen, dass Steuerfahnder die Gelder im Rahmen der so genannten „Rückgewinnungshilfe" zusammen mit beschlagnahmten Bankakten gleich mitnehmen.

Relevant wird es dabei ab der Größenordnung einer möglichen Hinterziehung von 25.000 Euro (Gesamtschaden incl. Zinsen). Ab diesem Betrag ist laut Leitfaden für die Steuerfahnder „besondere Aufmerksamkeit" geboten.

Maßnahmen zur Vermögensabschöpfung sind in Betracht zu ziehen, wenn der diskrete Geldanleger einzelne dieser Anhaltspunkte erfüllt:

- Der diskrete Geldanleger hat Konten im Ausland (insbesondere in Steueroasenländern).
- Der diskrete Geldanleger hat einen Zweitwohnsitz im Ausland.
- Eine Kontenabfrage führte zu bisher unbekannten Konten des diskreten Geldanlegers.
- Der diskrete Geldanleger hat bereits in größerem Umfang Immobilien veräußert.

Verdächtig machen sich diskrete Geldanleger auch, wenn sie bereits in der Vergangenheit einen großen Teil ihres Vermögens auf unterschiedliche Unternehmen und/oder Angehörige, Bekannte usw. verschieben. Letzteres trägt auch nicht unbedingt zur Diskretion bei.

## Worauf erfahrene diskrete Geldanleger besonders achten

- **Diskrete Auslandskonten werden langsam aufgebaut.**

Der Aufbau eines diskreten Geldanlagekontos wird als eine langfristige und über Jahre hinweg konsequent zu verfolgende Strategie betrachtet. Mit kleineren Summen testet der Anleger in aller Regel, ob der Service der ausländischen Geschäftsbank die Erwartungen erfüllt und ob die hochbezahlten Portfolio-Manager Gelder vermehren anstatt vernichten. So genannte „Automated Savings Plans“, wie sie beispielsweise auf Jersey angeboten werden, können zum langsamen Aufbau eines diskreten Auslandskontos genutzt werden; aber auch liechtensteinische Sondervermögen. Sondervermögen ist fremdverwaltetes, von einem bestimmten oder unbestimmten Anlegerkreis aufgebrachtes Vermögen, welches von einer bestimmten Stelle (der Bank) verwaltet wird und vom eigenen Vermögen des Verwalters (der Bank) zu trennen ist.[5] Es stellt daher eine als „Sondervermögen“ bezeichnete separate und kollektive Vermögenseinheit dar. Sondervermögen ermöglichen niedrigere Börsenkommissionen, günstigere Festgeldsätze und engere Devisenmargen als Einzelanlagen und sie kosten keinen Ausgabeaufschlag, so dass Anlagegelder sozusagen „peux à peux“ investiert werden können. Des Weiteren werden Zins- und Dividenden-

---

[5] Vgl. Teil VII, Abschnitt: Diskrete Sondervermögen „Liechtensteiner Art“, Seite 195.

einnahmen im Regelfall thesauriert, es wird also nichts ausgeschüttet. Das kleine diskrete Auslandskonto wächst langsam, unverdächtig, aber stetig!

- **Wertpapiere werden aus Inland-Depots selten übertragen.**

Banken protokollieren jede Wertpapierübertragung mit so genannten bankinternen „Transportpapieren". Auf diesen Dokumenten ist unter anderem die Referenznummer des Depotinhabers vermerkt, mit der die Bank die Papiere dem richtigen Depot zuordnen kann. Es ist nur eine Frage der Zeit, wann auch das Finanzamt hierzu in der Lage ist.

- **Vermögenszuwachsrechnung deckt diskrete Gelder auf.**

Wenn der Lebensstandard eines deutschen Steuerzahlers nicht so recht ins Bild seiner Einkommensteuererklärung passt, verfügen Außenprüfer und Steuerfahnder über ein effizientes und von der höchstrichterlichen Rechtsprechung anerkanntes Rechen- und Schätzverfahren, um diskrete Geldquellen nachweisen zu können: die *Vermögenszuwachsrechnung.*

Bei der Vermögenszuwachsrechnung geht der Prüfer von der Annahme aus, dass auch der diskrete Geldanleger in einem abgegrenzten Zeitraum nicht mehr Geld ausgeben kann, als ihm zur Verfügung stand. War dies aber offensichtlich der Fall, liegt die Vermutung nahe, dass er sich noch anderer dem Finanzamt bisher nicht bekannter Geldquellen bedient haben muss. Da heute fast keine denkbaren Einkunftsquellen mehr unversteuert bleiben, wissen die Finanzämter über die Höhe aller verfügbaren Mittel bestens Bescheid, oder besser gesagt: sie müssten es eigentlich wissen.

Diskrete Geldanlagen stellen eine für den Prüfer „unsichtbare Vermögensbildung" dar. Dasselbe gilt für alle Gelder, die im Ausland angelegt sind, sofern die Zinsen in keiner Steuererklärung erscheinen. Zum Nachweis solcher diskreter Geldquellen stellt der Prüfer folgende Gleichung auf:

| |
|---|
| Verfügbare Mittel = Mittelverwendung |

Zu den verfügbaren Mitteln zählt alles, was der Steuerpflichtige für die Lebenshaltung und Vermögensbildung zur Verfügung hat (z.B. Vermögen und Zinseinkünfte daraus, sonstige Vermögenszuflüsse, Einkünfte aus Gewerbebetrieb, selbstständiger oder nichtselbstständiger Tätigkeit, aus Vermietung und Verpachtung, Spekulationsgewinne und die in Anspruch genommenen Kredite). Mittelverwendung ist alles, was für Konsum und Vermögensbildung tatsächlich aufgewendet wird.

Der wichtigste und für den Betriebsprüfer nur schwer schätzbare Posten der Mittelverwendung stellt der *Privatverbrauch* dar. Der erfahrene deutsche diskrete Geldanleger gibt sich hier in allen Fällen diskret. Denn gegenüber dem Prüfer besteht keine Mitwirkungspflicht. Ferner kann die Vorlage von Kontounterlagen nicht verlangt werden, weil für private Konto- und Depotauszüge keine Aufbewahrungspflicht besteht. Freilich darf nicht vergessen werden, dass dem Prüfer der Weg zur Bank immer offen steht, wenn es ein inländisches Kreditinstitut ist. Denn die Bank ist, wie der diskrete Geldanleger noch sehen wird, als beteiligte „Dritte" auskunftspflichtig.[6]

**Übrigens:** vor einer Außenprüfung inklusive „Vermögenscheck" nach obigem System der Vermögenszuwachsrechnung sind auch „private" deutsche diskrete Geldanleger, also Arbeitnehmer und nicht selbstständig oder gewerblich tätige Anleger, nicht gefeit. Im Fokus der Steuerfahndung stehen insbesondere „Einkunftsmillionäre" mit hohem Gehalt, die nur geringe Kapitaleinkünfte erklären und eine anderweitige Verwendung des Geldes nicht erkennbar ist.

Als „Einkunftsmillionär" gelten in Deutschland natürliche Personen mit einer Summe der positiven Einkünfte aus nichtselbstständiger Arbeit, aus Kapitalvermögen, aus Vermietung und Verpachtung oder sonstige Einkünfte von über 500.000 EUR, wobei die Finanzverwaltung keine Saldierung mit negativen Einkünften vornimmt. Einkunftsmillionäre werden in der Betriebskartei der Außenprüfer als „Fälle mit bedeutenden Einkünften (bE)" wie Großbetriebe erfasst und geführt.[7]

---

[6] Vgl. Ausführungen unten Teil II Abschnitt: Wenn gesetzlich verankerte Bankgeheimnisse nicht mehr halten, Seite 64

[7] Abgrenzungsmerkmale für den 18. Prüfungsturnus vom 1. Januar 2004 deutsches BMF vom 19.8.2003.

Im Fokus der deutschen Steuerfahnder stand in einem Fall des FG Düsseldorf[8] ein Arbeitnehmer, der vor seinem Umzug in die USA wegen der Höhe seiner Einkünfte (sog. Einkunftsmillionär) Liquidität zur Verfügung gehabt hat, die er nicht zur Lebensführung benötigte. Die Beamten hatten den Verdacht, der Steuerverdrossene hätte möglicherweise nicht erklärte Einkünfte aus Kapitalvermögen und Einkünfte aus Spekulations- bzw. privaten Veräußerungsgeschäften erzielt. Über die Rechtmäßigkeit einer Außenprüfung, wenn diese allein auf die Zuordnung des diskreten Geldanlegers zur Klasse der „Einkunftsmillionäre" begründet und somit als „ins Blaue hinein" zu werten ist, beschäftigt sich gerade das oberste deutsche Finanzgericht, der Bundesfinanzhof.[9]

- **Diskrete Geldanleger verwenden diskretes Geld auf keinen Fall zum inländischen Immobilienkauf.**

Die deutschen Finanzbehörden erhalten regelmäßig Kenntnis vom Kauf und Verkauf von inländischen Grundstücken durch eine so genannte *Unbedenklichkeitsbescheinigung*. Dieses Dokument ist nach dem Grunderwerbsteuergesetz Voraussetzung für die Eintragung in das Grundbuch und muss von jedem Notar unter Beifügung einer Kaufvertragsabschrift beim Finanzamt für Grundbesitz und Verkehrsteuern beantragt werden. Zusätzlich teilt das Grundbuchamt dem Finanzamt für Grundbesitz und Verkehrsteuern die Eigentumsübertragung mit.

- **Bei Kreditgesprächen geben sich diskrete Geldanleger nicht allzu großzügig!**

Kredit- und Handakten sind eine besondere Fundgrube für Steuerschnüffler. Denn jeder Kunde, der einen Kredit beantragt, offenbart seine Vermögensverhältnisse nicht nur „der Wahrheit entsprechend"; nicht selten gibt er noch was drauf und liefert auch eine komplette Aufstellung über seine diskreten In- und Auslandskonten mit. Die Bank fertigt danach ein penibel genaues Verzeichnis über Vermögensgegenstände an, die zur Sicherheit verpfändet werden können.

---

8 1 K 2437/02 AO.

9 Für interessierte diskrete Geldanleger: Aktenzeichen: VI R 68/04.

Kreditakten werden vom Kunden in aller Regel nicht eingesehen; er weiß also nicht, was die Steuerfahnder über ihn in Erfahrung bringen können. Vorsichtige Geldanleger erweitern den möglichen Spielraum für Zufallsfunde nicht, indem sie während eines Kreditgesprächs zu viele Unterlagen aus der Hand geben. Vorsichtige Geldanleger verzichten auch darauf, Kreditunterlagen und Vermögensaufstellungen im Schließfach der Kreditbank aufzubewahren.

- **Unterlagen über diskrete Auslandskonten werden nicht zu Hause aufbewahrt.**

Die heimische Steuerfahndung ist nach dem so genannten „Territorialitätsprinzip" in ihren Ermittlungen auf heimisches Hoheitsgebiet beschränkt. Notwendiges Beweismaterial zur Einleitung eines Steuerstrafverfahrens wird also in aller Regel in der Wohnung des diskreten Geldanlegers gefunden. Zu Hause aufbewahrte Kontounterlagen bringen Fahnder auf die Spur. Ist aber alles bei der Auslandsbank geblieben und nach Durchsicht in den Reißwolf gelangt, gelingt der Nachweis über die Existenz diskreter ausländischer Vermögenswerte äußerst selten.

- **Wenn diskrete Gelder über einen Trust oder über eine liechtensteinische Verbandsperson angelegt werden.**

Trusts oder Stiftungen sind in Organisation und Ausgestaltung so verschwiegen, dass Gefahren im Regelfall nur vom Geldanleger selbst ausgehen können. Was den Fahndern die Arbeit so schwer macht, ist, dass Gründungsdokumente oder schriftliche Zeichnungsvollmachten über Stiftungs-, Anstalts- oder Trustkonten selten zu Hause aufbewahrt werden. Erfahrene diskrete Geldanleger verzichten bei einer liechtensteinischen Verbandsperson außerdem auf eine Mitgliedschaft des Gründers/Stifters im Stiftungs- oder Verwaltungsrat.

- **Diskrete Gelder gelangen nicht mehr an ihren Ursprung zurück.**

So schmerzlich es auch klingen mag: Profis verwenden diskrete Gelder in Deutschland kaum noch offiziell. Wird aber dennoch dringend einmal Geld benötigt, greifen Profis zum Kredit. Für Kredite müssen diese allerdings Sicherheiten bieten, und zwar nur solche, von denen auch die

Finanzverwaltung erfahren darf. Von Vorteil ist hierbei eine unbelastete Immobilie: Wird eine Grundschuld eingetragen, fällt Steuerfahndern der Nachweis schwer.

Schweizer Banken leisten Täuschungsmanövern ihrer Kunden gegenüber ausländischen Behörden durch unvollständige oder irreführende Bescheinigungen keinen Vorschub. Der Schweiz-Banker wird daher jedes Wirtschaftsgut, das zur Besicherung des Kredits dient, im Vertrag einzeln aufführen. Reicht die Wohnung nicht (im Allgemeinen liegt die Beleihungsquote der Eidgenossen bei selbstgenutzten Immobilien bei 60 bis 70 Prozent), gerät unter Umständen das diskrete Wertpapierdepot in die Kreditunterlagen. Deutsche Steuerschummler mag bedenklich stimmen, dass die Steuerfahndungsdienste in den vergangenen Jahren „ungesicherte" Kredite in etwa 150 Fällen aufdeckten.

- **Diskrete Geldanleger überweisen von ihrem diskreten Konto keinen Euro an Freunde oder Geschäftspartner.**

Diskrete Geldanleger wollen nicht, dass solche Geldbewegungen in diversen Buchungsunterlagen aufscheinen. Und bei Freunden und Bekannten spricht sich sicher schnell herum, dass jemand ein diskretes Konto hat. Man macht sich dadurch erpressbar, was der vernünftig denkende diskrete Geldanleger vermeiden will. Er verwendet diskrete Konten nur zur Vermögensanlage und beachtet stets die Einkommensteuerpflicht für Kapitalerträge.

- **Diskret reisen.**

Diskrete Geldanleger, die sich auf eine Anlegerinsel begeben, tun dies gerne mit dem Schiff. Reist das Anlegerpublikum in die Karibik, schätzt es vor allem die Karibik-Kreuzfahrten. Denn das ist diskreter als mit dem Flugschein mit Destination „Nassau" in der Tasche zu reisen. Bis zu acht Kreuzfahrtschiffe kommen täglich im Nassau Harbour, der „Prince George Wharf", an. Jedes Schiff bringt dabei um die 2000 Passagiere mit. Die Mehrzahl nutzt den Landgang, um für wenige Stunden die entlang der Bay Street in Bahamas Hauptstadt Nassau zahlreich etablierten Schmuck-, Uhren- und Modegeschäfte zu besuchen. Doch mit jedem Schiff dürfte auch der eine oder andere Geldtourist anreisen. Wer mit Koffer und Anzug bekleidet den Nassauer Hafen verlässt, ist meistens ein Europäer, der direkten Kurs ins British Colonial Hilton am Ende von Nassaus Prachtstraße, der Bay Street, nimmt. Und dort geht er entweder an den Taxistand, oder er begibt sich in Richtung Hotelhalle. Was dort drin geschieht, untersteht dem Bankgeheimnis![10]

### • Übrigens: Bankübliche Geldgeschäfte im Ausland sind nicht grundsätzlich verdächtig!

Eine Auslandsgeldanlage ist nicht grundsätzlich „verdächtig". Dies hat der deutsche Bundesfinanzhof[11] im Auftrag einer deutschen Geschäftsbank entschieden. Dieser Grundsatz gilt allerdings nur für solche ausländische Geld- oder Kapitalanlagen, *die von den Anlegern über ein deutsches Kreditinstitut „in banküblicher Weise" abgewickelt werden.* Nur solche Auslandsaktivitäten sind in Anbetracht der *Gewährleistung der Freiheit des Kapital- und Zahlungsverkehrs zwischen den Mitgliedstaaten* sowie zwischen den Mitgliedstaaten und dritten Ländern nicht geeignet, einen steuerstrafrechtlichen Anfangsverdacht zu begründen. Diskrete Geldanleger, die ihr Vermögen „banküblich" ins Ausland überweisen, sind mehr geschützt als jene, die den Empfehlungen mancher Banker zur verdeckten Transferierung folgen.

*Der Entscheidung lag folgender Fall zu Grunde:* Die Staatsanwaltschaft Frankfurt hatte ein Ermittlungsverfahren gegen Verantwortliche und Mitarbeiter einer deutschen Großbank wegen des Verdachts der Beihilfe zur Steuerhinterziehung eingeleitet. Das Verfahren wurde Ende 1999 auf „bekannte und noch nicht bekannte Anleger" erweitert, die als Kunden der Antragstellerin Geld- und/oder Wertpapiertransfers von und nach Luxemburg, Liechtenstein, Österreich und der Schweiz durchgeführt hatten. Aus Selbstanzeigen und anderen Ermittlungsverfahren war der Staatsanwaltschaft bekannt geworden, dass im Inland der Besteuerung unterworfene Personen Geld und Wertpapiere zum Zwecke der Steuerhinterziehung ins Ausland verbrachten, wobei ihnen Mitarbeiter der Bank offenbar Hilfestellung leisteten, in dem sie ihnen namentlich bekannte Bankkunden die bankeigenen Geschäftseinrichtungen zur anonymen Verbringung der

---

[10] Zum bahamesischen Bankgeheimnis vgl. Teil III Abschnitt: Bankgeheimnis auf den Bahamas, Seite 110.

[11] Beschluss v. 6. Februar 2001 VII B 277/00 BStBl 2001 II S. 306.

Vermögenswerte ins Ausland zur Verfügung stellten. Zur Gewährung von Anonymität der Auslandstransfers nutzten die Angestellten alt bekannte Tricks wie die Verwendung von Pseudonymen und Phantasieanschriften oder fingierte Barabhebungen mit nachfolgender Bareinzahlung auf dem Auslandskonto (was eine Rückverfolgung der Herkunft der Gelder regelmäßig erschwert oder verhindert). Die Transaktionen erfolgten alle über ein internes Konto der Bank auf die ebenfalls dort geführten Konten der ausländischen Bankgesellschaften. Nach außen wurde dabei buchungstechnisch vorgetäuscht, es handele sich bei den Transfers um bankeigene Vorgänge. Nach einigen Ermittlungserfolgen war die Steuerfahndung im Besitz umfassender Unterlagen im Zusammenhang mit den besagten Auslandstransfers. Diese waren teils anonym gefasst, teils wiesen sie die Anleger mit konkreter Namensangabe und Anschrift aus, wobei ungeklärt war, ob es sich um Namen wirklicher Anleger oder um frei erfundene Namen handelte. Das Finanzamt hat angekündigt, auch den Inhalt der nicht anonymisierten Belege (Name und Anschrift des Anlegers sind enthalten) von den örtlich zuständigen Steufa-Stellen zur weiteren Aufklärung des Sachverhalts überprüfen zu lassen. Das Ausmaß der Steuerhinterziehung sei derart erschreckend, dass eine komplette Aufklärung des Zahlungsverkehrs der Bank mit den betreffenden ausländischen Bankgesellschaften geboten erschien, um neue Haupttäter zu ermitteln. Letzteres ging der Bank zu weit. Das Geldinstitut beantragte beim Finanzgericht im Wege der einstweiligen Anordnung bis auf weiteres zu untersagen, insbesondere ... sog. Kontrollmitteilungen zu fertigen bzw. weiterzuleiten, soweit die weitergegebenen Informationen nicht anonyme, sondern „offene" Anleger betreffen, d.h. unmittelbar oder jedenfalls für die Bank aufgrund ihrer bankmäßig angelegten Unterlagen identifizierbare Bankkunden. Die Bank konnte letztendlich die Ermittlungen der Finanzbehörden stoppen, weil sie sich ausschließlich gegen die unmittelbare oder mittelbare Weitergabe von Kontrollmaterial an die Wohnsitz-Finanzämter solcher Anleger wendete, die offene Anlagen im Ausland, und zwar in banktypischer Weise, getätigt hätten. Banktypisch sind nach Auffassung des Senats vor allem jene Anlagen, die im Wege direkter Überweisung vom legitimationsgeprüften Konto eines namentlich bekannten Kunden der Bank auf ein Konto der Auslandsbank durchgeführt werden. Es versteht sich hier aber von selbst, dass sich aus den gesamten Umständen der Transaktion keine Anhaltspunkte für eine verschleierte bzw. anonyme Anlage ergeben dürfen wie etwa Pseudonyme (z.B. Donald Duck) oder Anhaltspunkte für fingierte Barabhebungen vom Girokonto zur nachfolgenden Einzahlung auf das Anlagekonto zwecks Transfers ins Ausland usw.

# Teil II

## Diskrete Geldanlagen im Windschatten neuester Steuerfahndungs-, Steuersicherungs- und Geldwäsche-Überwachungsstandards

Diesen Teil sollten insbesondere deutsche diskrete Geldanleger aufmerksam lesen. Die neuesten Überwachungsstandards in Deutschland hinsichtlich der Einkommensteuern auf Einkünfte aus Kapitalvermögen drängen besonders deutschen Geldanlegern einen verstärkten Bedarf nach „private secrecy" auf. So steht im Fokus dieses Teils der automatisierte Abruf von Bankenkonten durch die Finanzverwaltung. Dabei ist jene Erkenntnis wichtig, dass deutsche diskrete Geldanleger den automatisierten Kontoabruf stets im Zusammenhang mit den neuen zusammenfassenden Jahresbescheinigungen sehen müssen, die deutsche Banken ihren Kunden erstellen. Dargestellt anhand einer „Checkliste" erfährt der diskrete Geldanleger, wann er sich für einen automatischen Kontoabruf verdächtig machen kann.

Doch auch die Gefahren der Aufdeckung von im Ausland angelegter diskreter Gelder haben sich in den letzten Jahren stark erhöht. Die Bemühungen der Organisation für wirtschaftliche Zusammenarbeit und Entwicklung (OECD), klassische außereuropäische Steueroasenländer zu mehr Kooperation in der Bekämpfung von unfairem Steuerwettbewerb zu bewegen, nehmen immer konkretere Formen an. Besonders mit dem Druckmittel der „schwarzen FATF-Liste" konnte die OECD mit dem Musterabkommen für einen Auskunftsaustausch in Steuersachen nach „Standard 2002" eine breite Anerkennung dieser Standards unter den wichtigsten Offshore-Finanzplätzen erreichen. Außerdem müssen diskrete Geldanleger wissen, wann sie in die Maschen der Geldwäschefahnder geraten und was passiert, wenn auch die gesetzlichen Bankgeheimnisse nicht mehr halten. Konzentrierte Übersichten über die Auskunfts- und Meldepflichten deutscher Kreditinstitute runden diesen Teil ab.

# Der automatisierte Kontenabruf: Eine deutsche Spezialität

## Allgemeines

Zur Aufspürung diskreter Gelder in Deutschland haben die deutschen Finanzbehörden seit dem 1. April 2005 ein auf § 24c des Kreditwesengesetzes (KWG) gestütztes automatisiertes Verfahren zum Abruf von Konteninformationen eingeführt. Die Vorschrift,[12] welche im Rahmen des 4. Finanzmarktförderungsgesetzes zum 1. Juli 2002 in Deutschland in Kraft getreten ist, besagt, dass Kreditinstitute grundlegende Informationen zu ihren Kunden (Kontoinhabern) zum automatisierten Abruf vorhalten müssen. § 24c Abs. 1 Satz 1 KWG bestimmt dazu, dass ein Kreditinstitut eine Datei zu führen hat, in der folgende Kontostammdaten (jedoch keine Kontobewegungen oder Kontostände) zu speichern sind:

- Namen und Geburtsdatum des Kontoinhabers (bei natürlichen Personen) und ggf. eines Verfügungsberechtigten,
- Name und Anschrift eines abweichend wirtschaftlich Berechtigten (gem. § 8 Abs. 1 des Geldwäschegesetzes),
- Nummer eines legitimierten Kontos oder eines Depots,
- Tag der Errichtung und der Auflösung des Kontos oder Depots.

Deutsche Kreditinstitute sind verpflichtet, den Zugriff zu gewähren und für einen aktuellen Datenbestand inklusive einer Datenhistorie von drei Jahren zu sorgen. Bis vor dem 1. April 2005 durfte ausschließlich die Bundesanstalt für Finanzdienstleistungsaufsicht (BAFin) diese Informationen jederzeit und ohne Kenntnis des Kreditinstituts online abfragen. Nun geht die Steuerüberwachung des Geldanlegers in Deutschland schon so weit, dass die Kreditinstitute die nach § 24c KWG zu führenden Dateien auch für Abrufe der Finanzbehörden bereithalten müssen.[13] Das *Bundeszentralamt für Steuern (BZSt)* ist hierzu ermächtigt, auf Ersuchen der für die Besteuerung zuständigen Finanzbehörden – also der jeweiligen Wohnsitzfinanzämter diskreter Geldanleger – bei den Kreditinstituten obige Kontodaten im automatisierten Verfahren abzurufen und sie an die ersuchende Finanzbehörde zu übermitteln. Die Finanzbehörden können auf

---

[12] § 24c „Automatisierter Abruf von Kontoinformationen", abgedruckt im Anhang, Seite 413.

[13] Rechtsgrundlagen: § 93b i.V.m. § 93 Abs. 7, 8 AO abgedruckt im Anhang, Seite 414.

diesem Weg zwar keine Informationen über Kontostände und Kontoumsätze erlangen, da solche Informationen wie gesehen gem. § 24c KWG nicht zum Abruf bereitgehalten werden müssen. Die Wohnsitzfinanzämter können jedoch feststellen lassen, bei welchem der rund 2400 Kreditinstitute in Deutschland ein diskreter Geldanleger in- oder ausländischer Herkunft eines von rund 497 Mio. Konten oder Depots unterhält oder darüber abweichend wirtschaftlich berechtigt ist. Als „wirtschaftlich Berechtigter" wird der eigentliche Eigentümer der auf dem Konto verwalteten Vermögenswerte bezeichnet. Der „wirtschaftlich Berechtigte" ist regelmäßig gegenüber dem Kontoinhaber im Innenverhältnis weisungsbefugt.

Hinsichtlich einer abweichenden wirtschaftlichen Berechtigung verlangt das deutsche Geldwäschegesetz von jedem inländischen Kreditinstitut, vor Errichtung eines neuen Kontos abzuklären, ob der Antragsteller das Konto zur Verwaltung von eigenem Vermögen verwenden will oder als Treuhänder fungierend Vermögen für fremde Rechnung einzuzahlen gedenkt. Erklärt der Antragsteller, nicht für eigene Rechnung zu handeln, ist Name und Adresse desjenigen festzustellen und aktenkundig zu machen, für den der Betreffende tätig ist oder wird. Das Kreditinstitut hat hierfür den das Konto Eröffnenden nach Name und Anschrift des *wirtschaftlich Berechtigten* zu befragen. Die angeordnete Feststellungspflicht des wirtschaftlich Berechtigten nach § 8 GwG tritt neben die Vorschrift über die Kontenwahrheit (§ 154 AO)[14]. Beide Vorschriften existieren selbstständig und ergänzen sich nicht. So beschränkt sich § 154 AO allein auf die formelle Kontenwahrheit, während sich § 8 GwG auf die materielle Kontoinhaberschaft konzentriert.

Der automatisierte Kontenabruf stellt für die Finanzbehörden zwar kein Instrument für breitflächige Kontenrasterungen dar. Das Verfahren kann vielmehr nur im Einzelfall anlassbezogen und zielgerichtet erfolgen und muss sich auf eine eindeutig bestimmte Person beziehen. Darüber hinaus muss der Kontenabruf zur Festsetzung oder Erhebung von Steuern erforderlich sein und ein Auskunftsersuchen an den Steuerpflichtigen muss nicht zum Ziele geführt haben oder ohne Erfolg gewesen sein.[15]

---

[14] Zu § 154 AO siehe Teil I, Seite 32.

[15] Vgl. BMF Anwendungserlass zu Auskunftsersuchen und dem Kontenabruf IV A 4 S 0062-1/05, BStBl. 2005 I S. 422, Tz. 2.3.

Vom Kontenabrufverfahren betroffen sind danach nur in Deutschland Steuerpflichtige (wegen der Erforderlichkeit des Abrufes zur Festsetzung oder Erhebung von Steuern) und „Auskunftsunwillige“, die das vorhergehende Auskunftsersuchen ihres Wohnsitzfinanzamtes nicht oder unglaubwürdig beantwortet haben. Die Finanzbehörde soll nämlich bei entsprechendem Anlass dem diskreten Geldanleger immer zunächst selbst Gelegenheit geben, Auskunft über seine Konten und Depots zu erteilen. Hier erhält der diskrete Geldanleger regelmäßig Gelegenheit, ggf. entsprechende Unterlagen (z.B. Konto- oder Depotauszüge, Jahresbescheinigungen nach § 24 c EStG[16]) vorzulegen. Hierbei soll der diskrete Geldanleger auch bereits darauf hingewiesen werden, dass die Finanzbehörde einen Kontenabruf durchführen lassen kann, wenn die Sachaufklärung durch den Beteiligten nicht zum Ziel führt.[17]

Der Kontenabruf steht andererseits nur im „Ermessen“ der Finanzbehörde. Bei der Ausübung des Ermessens muss die Finanzbehörde zwar die Grundsätze der Gleichmäßigkeit der Besteuerung, der Verhältnismäßigkeit der Mittel, der Erforderlichkeit, der Zumutbarkeit, der Billigkeit und von Treu und Glauben sowie das Willkürverbot und das Übermaßverbot beachten. Diese Einschränkungen in der Ermessensausübung spielen aber in der Praxis nur eine theoretische Rolle, zumal die Erforderlichkeit, die von der Finanzbehörde im Einzelfall im Wege einer Prognose zu beurteilen ist, keinen begründeten Verdacht auf steuerrechtliche Unregelmäßigkeiten voraussetzt. Es genügt vielmehr, wenn aufgrund konkreter Momente oder aufgrund allgemeiner Erfahrungen ein Kontenabruf angezeigt ist, nicht mehr und nicht weniger. Daher müssen diskrete Geldanleger in Deutschland auch mit „heimlichen“ Kontenabfragen der Finanzämter rechnen.

Der automatisierte Kontenabruf macht auch vor Treuhand- und Anderkonten[18] nicht halt, die von Berufsgeheimnisträgern als Kontoinhaber unterhalten werden. Das deutsche Bundesfinanzministerium genehmigt den automatisierten Kontenabruf auch, um Konten oder Depots zu ermitteln, hinsichtlich deren der Steuerpflichtige zwar nicht Verfügungs-

---

[16] Zu den Jahresbescheinigungen nach § 24c EStG vgl. Teil II Abschnitt Automatisierter Kontenabruf, Jahresbescheinigung und Auskunftspflicht deutscher Kreditinstitute, Seite 52.

[17] BMF a.a.O. Ziff. 2.6.

[18] Zum Begriff siehe Teil XI Abschnitt Verdeckte und offene Treuhandkonten, Seite 284.

berechtigter, aber *wirtschaftlich Berechtigter* ist.[19] Begründet wird dies damit, dass ein Kontenabruf bei dem betreffenden Kreditinstitut erfolgt und nicht bei dem Berufsgeheimnisträger und dass das Kreditinstitut kein Auskunftsverweigerungsrecht habe und daher Auskunft darüber geben müsse, ob bei festgestellten Konten eines Berufsgeheimnisträgers eine andere Person wirtschaftlich Berechtigter ist.

Neben dem automatisierten Kontenabruf können deutsche Finanzbehörden Auskünfte jeder Art von den Beteiligten und anderen Personen – bevorzugt Banken – einholen.[20] Die Finanzbehörde wird das tun, nachdem sie einen Kontenabruf durchgeführt und dabei herausgefunden hat, dass der diskrete Geldanleger X bei der inländischen Bank Y ein Konto oder Depot hat, welches der Finanzverwaltung bislang unbekannt war. Voraussetzung für ein Auskunftsersuchen an die betreffende das diskrete „Geheimkonto" führende Bank des diskreten Geldanlegers ist, dass die Heranziehung dieser Bank im Einzelfall aufgrund hinreichender konkreter Umstände oder aufgrund allgemeiner Erfahrungen geboten ist. Dies ist regelmäßig der Fall, nachdem der diskrete Geldanleger selbst vom Finanzamt angeschrieben und vom Ergebnis des Kontenabrufs informiert worden ist (dass sich also durch den Kontenabruf herausgestellt hat, dass Konten oder Depots vorhanden waren, die der Beteiligte auf Nachfrage des Finanzamtes nicht angegeben hat) und dieser – zweite – Sachaufklärungsversuch[21] selbst nicht zum Ziel führt oder keinen Erfolg verspricht.

Die deutschen Finanzbehörden sind angehalten, den diskreten Geldanleger vor einer Befragung seiner Bank über die Möglichkeit eines Auskunftsersuchens gegenüber dieser (seiner Bank) zu informieren, damit dieser das Ersuchen gegebenenfalls abwenden kann.[22] Der Einholung einer Bankauskunft geht also im Regelfall ein Auskunftsersuchen der Finanzbehörde direkt beim steuerpflichtigen diskreten Geldanleger, ein anschließender Kontenabruf und, sofern auf diesem Weg bislang unentdeckte Konten ans Tageslicht geraten, ein – nicht zum Ziel führender – Aufklärungsversuch der Finanzbehörde gegenüber dem diskreten Geldanleger

---

[19] Vgl. BMF a.a.O. Ziff. 2.5.

[20] Rechtsgrundlage: § 92 Satz 2 Nr. 1 AO i.V.m § 93 AO.

[21] Ein erster Sachaufklärungsversuch bzw. Auskunftsersuchen ist im Regelfall dem Kontenabruf bereits vorausgegangen.

[22] BMF Anwendungserlass a.a.O. Tz. 1.7.

voraus. Die Sachaufklärung durch den diskreten Geldanleger hat nicht zum Ziel geführt, wenn sie zwar versucht worden ist, aber letztlich nicht gelungen ist. Unerheblich ist dabei, ob der Kontoinhaber den Sachverhalt nicht aufklären konnte oder wollte. Die Sachaufklärung durch den Geldanleger verspricht keinen Erfolg, wenn sie nach den Umständen des Einzelfalles oder nach den bisherigen Erfahrungen der Finanzbehörde mit dem Steuerpflichtigen nicht zu erwarten ist oder aufgrund konkreter Umstände von vorneherein als unwahr zu werten wäre.[23] Nur wenn der Ermittlungszweck durch eine vorhergehende Information des Geldanlegers gefährdet erscheint oder sich aus den Umständen des Einzelfalles ergibt, dass eine Aufklärung durch den Beteiligten selbst nicht zu erwarten ist, kann unmittelbar an die betreffenden Kreditinstitute herangetreten werden bzw. andere erforderliche Maßnahmen ergriffen werden. In diesen Fällen ist der Beteiligte nachträglich über die Durchführung des Kontenabrufs zu informieren.[24] Auskunftsersuchen „ins Blaue hinein" sind unzulässig. Um ein solches kann es sich aber niemals handeln, wenn dem Auskunftsersuchen eine Kontoabfrage vorangegangen ist und diese zum „Erfolg" geführt hat.

Weitere Voraussetzung für die Heranziehung der Bank des diskreten Geldanlegers ist, dass die Auskunft zur Sachverhaltsaufklärung geeignet und notwendig ist, die Pflichterfüllung für den Betroffenen (die Bank) möglich und dessen Inanspruchnahme geeignet, erforderlich und zumutbar ist. Nach dem Anwendungserlass zum Auskunftsersuchen und dem Kontenabruf des Bundesministeriums der Finanzen (BMF)[25] ist die Erforderlichkeit eines Auskunftsersuchens von der zuständigen Finanzbehörde nach den Umständen des Einzelfalles und unter Berücksichtigung allgemeiner Erfahrungen im Wege der Prognose zu beurteilen. Diese „schwammige" Regelung öffnet den deutschen Wohnsitzfinanzämtern natürlich Tür und Tor, zumal die Erforderlichkeit keinen begründeten Verdacht voraussetzt, dass steuerrechtliche Unregelmäßigkeiten vorliegen. Die Bank des diskreten Geldanlegers muss schon dann Informationen liefern, „wenn aufgrund konkreter Momente oder aufgrund allgemeiner Er-

---

[23] Vgl. BMF Anwendungserlass zu Auskunftsersuchen und dem Kontenabruf IV A 4 S 0062-1/05, BStBl. 2005 I S. 422, Tz. 1.4.
[24] BMF a.a.O. Tz. 2.7.
[25] A.a.O.

fahrungen ein Auskunftsersuchen angezeigt ist“, wie es in dem BMF-Schreiben heißt. Ein Bankgeheimnis steht der Auskunftspflicht nicht entgegen, ein solches gibt es in Deutschland gegenüber den Finanzbehörden nicht[26].

Der Kontenabruf in Deutschland ist schließlich auch dann möglich, wenn ein anderes Gesetz an Begriffe des Einkommensteuergesetzes anknüpft. Zu denken ist hier an Gesetze, die an die Leistungsfähigkeit eines Bürgers anknüpfen wie Kindergeld, Arbeitslosen- und Sozialhilfe oder Unterhaltspflichten. In allen Fällen also, in denen das Einkommen des diskreten Geldanlegers eine Rolle spielt, können deutsche Finanzämter auf Ersuchen der jeweiligen zuständigen Behörde oder eines Gerichts Kontoabfragen bei deutschen Banken über das Bundeszentralamt für Steuern (BZSt) durchführen. Diskrete Geldanlagen gibt es somit in Deutschland nicht mehr.

## Automatisierter Kontenabruf, Jahresbescheinigung und Auskunftspflicht deutscher Kreditinstitute

Deutsche diskrete Geldanleger müssen den automatisierten Kontenabruf im Zusammenhang mit der neuen zusammenfassenden Jahresbescheinigung sehen. Seit 2005 sind inländische Geschäftsbanken und Finanzdienstleistungsinstitute verpflichtet, ihren Kunden eine so genannte zusammenfassende Jahresbescheinigung über Kapitalerträge und Veräußerungsgeschäfte aus Finanzanlagen auszustellen. Diese Bescheinigung muss sämtliche steuerrelevante Daten aus allen geführten Wertpapierdepots und Konten enthalten, welche der Anleger in seine Steuererklärung aufnehmen muss. Die Jahresbescheinigung hilft so der deutschen Finanzverwaltung beim Aufspüren von inländischen Kapitaleinkünften, insbesondere den Spekulationsgewinnen von Anlegern, die in letzter Zeit allzu vergesslich gewesen sind.

---

[26] Die in der deutschen Abgabenordnung verankerte Rechtsvorschrift für den „Schutz von Bankkunden“, § 30a AO, steht dem nicht entgegen, denn § 30a Abs. 5 Satz 1 AO erwähnt ausdrücklich die Auskunftspflicht der Kreditinstitute durch Bezug auf § 93 AO und stellt damit klar, dass das „schutzwürdige Vertrauensverhältnis“ zwischen Bank und Kunde nicht so weit geht, dass Kreditinstitute in Besteuerungsverfahren ihrer Kunden gestellte Auskunftsersuchen von Finanzbehörden ignorieren dürfen. Die Auskunftspflichten bestehen nicht nur im Steuerermittlungsverfahren (Besteuerungsverfahren), sondern auch im Rahmen einer Außenprüfung (§§ 90 Abs. 1, 93 Abs. 1, 97, 200 Abs. 1 AO) und auch im Vollstreckungsverfahren.

Die Gefahr für den diskreten Geldanleger in Deutschland besteht darin, dass die Finanzbehörden über den automatisierten Kontenabruf jedes von einem Steuerpflichtigen bei einem deutschen Kreditinstitut unterhaltene Konto oder Depot erfahren können. Auf diesem Kenntnisstand schließt sich ein Auskunftsersuchen bei der Bank an, bei dem dann auch die Jahresbescheinigungen angefordert werden. Nicht deklarierte Kapitaleinkünfte und Spekulationsgewinne lassen sich so schnell aufdecken. Selbstverständlich steht der neue automatisierte Abruf von Kontoinformationen auch der Steuerfahndung zur Erforschung von Steuerstraftaten und Steuerordnungswidrigkeiten oder zur Aufdeckung und Ermittlung unbekannter Steuerfälle zur Verfügung.

**Zusammenfassung/Checkliste: Wann diskrete Geldanleger für Kontenabrufe verdächtig sind**

- Deutsche Finanzbehörden könnten sich zu einem Kontenabruf veranlasst sehen, wenn der diskrete Geldanleger aus laufender Berufstägkeit hohe Einkünfte erzielt, aber keine Einkünfte aus Kapitalvermögen erklärt. Umgekehrt fällt den Beamten auf, wenn der diskrete Geldanleger zwar ein niedriges Einkommen erklärt, aber hohe (für das Finanzamt erkennbare) Ausgaben macht.
- Verdächtigt sind auch erklärte umfangreiche Einkünfte aus Kapitalvermögen, wenn diese von Seiten des Finanzamts nur schwer nachvollziehbar sind. Anlass für einen Kontenabruf sind auch Vermögenszuflüsse aus Veräußerungen, Erbschaften oder Schenkungen, die keinen einkommensteuerlichen Einkunftstatbestand erfüllen und somit ohne Auswirkungen auf die laufenden Einkünfte bleiben. Anlass für einen Kontenabruf können auch erhebliche Schwankungen bei den erklärten Einkünften aus Kapitalvermögen sein. Solche Schwankungen können auf bisher nicht erklärte Einnahmen oder Vermögensabflüsse in das Ausland hindeuten.
- Bei dem Abschluss von Renten- oder Lebensversicherungen gegen Einmalbeträge stellt sich regelmäßig die Frage, woher die eingezahlten Beträge stammen. Auch das ist Anlass für einen Kontenabruf. Eine Kontenabfrage kann auch anlässlich einer bevorstehenden Betriebsprüfung erfolgen.

- Des Weiteren werden Kontrollmitteilungen regelmäßig für einen Kontenabruf sorgen. Dies insbesondere dann, wenn größere Abweichungen oder Lücken Nachforschungen des Finanzamts nach sich ziehen.
- Schließlich führen Anzeigen von Denunzianten aus dem privaten oder beruflichen Umfeld immer wieder zu Kontenabrufen. Der diskrete Geldanleger sollte daher unbedingt die Ausführungen im ersten Teil lesen.

## Erweiterte Auskunfts- und Meldepflichten nach dem Wertpapierhandelsgesetz

Deutsche Kreditinstitute sind ebenfalls verpflichtet, die Übertragung von Wertpapieren sowie Identifikationsmerkmale für den Auftraggeber und Depotinhaber zu melden[27]. Diese Vorschrift sollte eigentlich dem Insiderhandel entgegenwirken. Doch die Erfassung dieser Identitätsmerkmale führt nicht nur zur Übermittlung insiderhandelsrelevanter Informationen. Erfasst werden beispielsweise auch Bezugsrechte, Gratisaktien, Aktiensplitts oder Umtauschaktionen.

## Meldepflicht nach § 45d des deutschen Einkommensteuergesetzes

Auch diese Vorschrift[28] kann diskreten Geldanlegern, die mit ihren Kapitalerträgen in Deutschland der Steuerpflicht unterliegen, zum Verhängnis werden. Die Meldevorschrift sollte ursprünglich verhindern, dass Steuerunehrliche ihren für Kapitaleinkünfte geltenden Steuerfreibetrag dadurch mehrmals nutzen, dass sie mehrere Depots eröffneten und für jedes Depot einen Freistellungsauftrag in voller Höhe erteilen. Zur Verhinderung solcher Steuerspartricks mussten deutsche Kreditinstitute dem Bundeszentralamt für Steuern (BZSt) ursprünglich jene Beträge mitteilen,

---

[27] § 9 WpHG, abgedruckt im Anhang, Seite 415.
[28] § 45d EStG, abgedruckt im Anhang, Seite 416.

bis zu welchen sie bei einem Kunden vom Steuerabzug Abstand nehmen sollten. Die Meldung der Banken war ursprünglich also eine reine Soll-Meldung, d.h. es wurde das beantragte Freistellungsvolumen mitgeteilt ohne Rücksicht darauf, ob und in welchem Umfang Kapitalerträge wirklich zugeflossen sind. Aus diesen Soll-Meldungen konnten die Finanzbehörden nicht ersehen, ob der Steuerpflichtige den beantragten Steuerfreibetrag tatsächlich ausschöpfte oder ob sich nähere Nachforschungen lohnen. So wurde die Vorschrift später geändert und die „Höhe des Betrags, für den auf Grund des Freistellungsauftrages vom Steuerabzug Abstand genommen ... worden ist", der Mitteilungspflicht unterworfen. Die deutschen Kreditinstitute teilen jetzt also statt des erteilten Soll-Freistellungsvolumens das tatsächlich in Anspruch genommene Ist-Freistellungsvolumen dem Bundeszentralamt für Steuern (BZSt) mit.

Dies bedeutet konkret: Bescheinigten die Kreditinstitute in ihren Meldungen genau den gesetzlichen Höchstfreibetrag, hieße das, der Steuerpflichtige hätte Kapitaleinkünfte genau in dieser Höhe erzielt. Dies galt freilich als sehr unwahrscheinlich. Wahrscheinlicher war eher, dass dem diskreten Anleger Kapitalerträge über diesen Sparer-Freibeträgen zugeflossen sind, so dass diskrete Geldanleger, für die solche Meldungen ergangen sind und die bislang keine Kapitalerträge erklärt hatten, ausgesondert werden konnten.

Im Einzelnen teilen deutsche Banken dem Bundeszentralamt für Steuern (BZSt) Folgendes mit:

1. Vor- und Zunamen sowie das Geburtsdatum der Person – gegebenenfalls auch des Ehegatten –, die den Freistellungsauftrag erteilt hat (Auftraggeber),
2. Anschrift des Auftraggebers,
3. bei den Kapitalerträgen, für die ein Freistellungsauftrag erteilt worden ist,
   a) die Zinsen und ähnliche Kapitalerträge, bei denen vom Steuerabzug Abstand genommen worden ist,
   b) die Dividenden und ähnliche Kapitalerträge, bei denen die Erstattung von Kapitalertragsteuer und die Vergütung von Körperschaftsteuer beim Bundeszentralamt für Steuern (BZSt) beantragt worden ist,

c) die Kapitalerträge im Sinne des § 43 Abs. 1 Nr. 2, bei denen die Erstattung von Kapitalertragsteuer beim Bundeszentralamt für Steuern (BZSt) beantragt worden ist,

d) die Hälfte der Dividenden und ähnliche Kapitalerträge, bei denen nach § 44b Abs. 1 in der Fassung des Gesetzes vom 23. Oktober 2000 (BGBl. I S. 1433) die Erstattung von Kapitalertragsteuer beim Bundeszentralamt für Steuern (BZSt) beantragt worden ist,

4. Namen und Anschrift des Empfängers des Freistellungsauftrags.

Die Mitteilungen dürfen auch zur Durchführung eines Verwaltungsverfahrens oder eines gerichtlichen Verfahrens in Steuersachen oder eines Strafverfahrens wegen einer Steuerstraftat oder eines Bußgeldverfahrens wegen einer Steuerordnungswidrigkeit verwendet werden.

## Wenn diskrete Geldanleger in die Maschen internationaler Geldwäschefahnder geraten

### Vorbemerkung

Zur Verfolgung der Geldwäsche auf nationaler Ebene haben fast alle Staaten mit international operierenden Finanzplätzen in den vergangenen Jahren neue Strafnormen geschaffen, die, einhergehend mit einem total revidierten Einzugsrecht, bereits die Beteiligung an einer kriminellen Organisation oder deren Unterstützung als Straftatbestand genügen lassen. So hat beispielsweise die Schweiz mit den Strafnormen Art. $305^{bis}$ und $305^{ter}$ im Strafgesetzbuch (Geldwäscherei und mangelnde Sorgfalt bei Finanzgeschäften) einen wichtigen ersten Schritt getan. Weitere folgten durch die Einführung des Melderechts des Financiers (Art. $305^{ter}$ Abs. 2 StGB) und dem Geldwäschereigesetz. In Österreich erfolgte die Umsetzung der EU-Geldwäsche-Richtlinie in nationales Recht durch das Bundesgesetz über das Bankwesen (BWG). In Luxemburg erfolgte eine Regulierung des Bankensektors durch das Gesetz vom 5. April 1993 „relative au secteur financier". Das Fürstentum Liechtenstein hat durch den Erlass verschiedener Gesetze seine Zusammenarbeit bei der Bekämpfung von Geldwäsche bekräftigt. Auch auf den Kanalinseln nimmt man es mit der Geldwäschebekämpfung sehr ernst. Obwohl Jersey nicht Mitglied der

FATF-Gruppe sein kann (weil die Insel eben eine Dependenz der britischen Krone ist), harmoniert die Insel mit den 40 Empfehlungen der FATF. Jerseys Banker verfolgen strikt das „Know-your-Customer"-Prinzip, verfolgen alle verdächtigen Transaktionen, zeichnen diese auf und erstatten Meldung an den jeweiligen Geldwäschebeauftragten. Diese „Internal Reporting Prcedures" sind bankintern zu regeln und müssen den Vorgaben der „Proceeds of Crime (Jersey) Law" entsprechen. Jerseys Banken arbeiten nach den von Repräsentanten der Industrie, Polizei und den Aufsichtsbehörden entwickelten „Money Laundering Guidance Notes" und haben ein Reporting-System für verdächtige Transaktionen nach britischem Vorbild errichtet, welches durch die All Crimes Money Laundering Legislation unterstrichen wurde.

## Wie aus diskreten Geldanlegern organisierte Kriminelle werden können

„Die Regierungen, die aus Steuerdelikten Geldwäschereihandlungen machen wollen, verwechseln die Art des Vergehens und offenbaren ihre Hintergedanken. Aus moralischer Sicht stellen sie sich auf eine Stufe mit jenen, die – aus Gründen, über die uns kein Urteil zusteht – versuchen, ihrem Einfluss zu entkommen". Mit dieser Mahnung brachte Bénédict G.F. Hentsch, Präsident der Vereinigung Schweizerischer Privatbankiers, die von einigen Hochsteuerländern der Europäischen Union favorisierte Verstrickungstendenz von Steuerhinterziehung mit Geldwäsche auf den Punkt.[29] Tatsache ist, dass im Zuge einer Intensivierung der Geldwäschebekämpfung niemand zwischen jenen Geldanlegern, die aus legalen Einkunftsquellen stammende Mittel unter einem bestimmten Diskretionsgrad vermögenswirksam anlegen wollen, und solchen Geldanlegern, die das Betriebskapital des organisierten Verbrechens verwalten, unterscheiden. Während Steuerdelikte nach schweizerischem und liechtensteinischem Recht *noch* keine Vortaten zur Geldwäscherei darstellen, und demzufolge Geldwäscheverdachtsanzeigen nicht zur Verfolgung solcher Taten verwendet werden dürfen, fungiert das *österreichische Strafgesetzbuch* bereits in Richtung einer Gleichstellung: Es dehnt den Geldwäschebegriff

[29] Vortrag anlässlich des Bankiertages des Liechtensteinischen Bankenverbandes vom 27. September 2001.

ausdrücklich auf Finanzvergehen des Schmuggels oder der Hinterziehung von Eingangs- oder Ausgangsabgaben aus (Straftatbestand des § 35 FinStrG). Für die Strafbarkeit eines österreichischen Bankiers genügt bereits das Wissen um die Tatsache, dass bestimmte Gelder eines Kunden aus solchen Finanzvergehen herstammen. Die Erweiterung des Vortatbestandes für Geldwäsche um solche Finanzvergehen wurde trotz massiver Kritik seitens der Kreditwirtschaft vollzogen und bestätigt die Tendenz einer gewollten Annäherung der Kluft zwischen „echter" Geldwäsche und bloßer Steuerhinterziehung auf internationaler Ebene. Deutschland geht noch einen Schritt in diese Richtung weiter: § 261 des deutschen Strafgesetzbuches – der „Geldwäscheparagraf" – bestimmt in Abs. 1 Satz 3, dass im Fall der gewerbsmäßigen und bandenmäßigen Steuerhinterziehung auch unrechtmäßig erlangte Steuervergütungen Gegenstand rechtwidriger Geldwäsche sind. Dasselbe gilt für „Vermögensbestandteile, hinsichtlich derer Abgaben hinterzogen worden sind. Einen solchen Vermögensbestandteil verkörpert beispielsweise das diskrete Konto in Luxemburg, das voll gefüllt ist mit Geldern, die zwar legal erworben sind, jedoch die Kapitalerträge aus diesen Geldern nicht versteuert werden. Diese Gelder gelten dann als „insgesamt kontaminiert."[30]

Auch Geldanleger mit Diskretionsbedarf gegenüber ihrem heimischen Finanzamt betrügen den Gemeinschaftshaushalt der Europäischen Union. Aus diesem Grunde wurde vor wenigen Jahren die EU-Geldwäsche-Richtlinie um einen neuen Anwendungsbereich erweitert, gemäß diesem die Mitgliedstaaten auch gegen das Waschen von Erträgen aus schweren Straftaten aller Art, einschließlich des Betrugs zu Lasten des Gemeinschaftshaushaltes vorzugehen haben. Damit fallen diskrete Geldanleger, die ihre ausländischen Kapitalerträge den Finanzbehörden ihres Wohnsitzlandes verschweigen, in das Raster organisierter Kriminalität. Die Ausweitung des Anwendungsbereichs der Richtlinie[31] auf „schwere Straftaten", die im Höchstmaß mit mindestens einem Jahr Freiheitsstrafe sanktioniert werden, bedeutet für deutsche diskrete Geldanleger, dass hier nahezu jede Straftat, also auch die einfache Steuerhinterziehung, als geldwäschetaug-

[30] Vgl. Interview mit Prof. Dr. Jürgen Meyer vom 11.1.2002, DStR 2002, 879 ff.

[31] In der Fassung der so genannten 3. Geldwäsche-Richtlinie, die im Juni 2005 von den EU-Finanzministern gebilligt wurde.

liche Vortat zu werten ist. Die unmittelbare negative Folge ist, dass der Straftatbestand der Geldwäsche zu den in § 100a der deutschen Strafprozessordnung (StPO) aufgeführten Katalogtaten gehört, so dass die gesamte Telekommunikation des diskreten Geldanlegers überwacht werden kann. Dass dies technisch keine Schwierigkeit ist, weil die Telefon- und Mobilfunkdiensteanbieter die Daten sozusagen auf „silbernem Tablett" auf Kosten der Telefonkunden liefern, erfährt der diskrete Geldanleger noch in Teil VIII. Die Überwachung des Telekommunikationsverkehrs auch bei kleinen Steuersündern wird künftig also immer wahrscheinlicher werden, ebenso eine steigende Anzahl von Kontenbeschlagnahmungen.

Je näher die Straftaten Geldwäsche und Steuerhinterziehung zusammengeführt werden, desto höher wird für den Kundenberater einer Bank das Risiko der Einleitung eines Strafverfahrens wegen Geldwäsche, wenn der Anleger als langjähriger Kunde ihm gegenüber während eines Gesprächs steuerliche Aspekte für eine Vermögensdisposition erwägt und der Berater es unterlässt, eine Verdachtsanzeige zu erstatten. Die Pflicht, Verdachtsmeldungen bei möglichen Steuerhinterziehungen zu erstatten, macht aus diskreten Geldanlegern, die möglicherweise ihren Abgabenpflichten nicht ordnungsgemäß nachkommen, organisierte Kriminelle. Banker, Treuhänder oder Anlageberater sind heute bereits so getrimmt, dass sie sofortigen Verdacht schöpfen und Meldung erstatten, wenn Anlagegelder kurz nach ihrem Eingang wieder abgezogen werden, die Verbuchung von Transaktionen ohne plausiblen Grund über Durchlaufkonten, Nostro- oder CpD-Konten gewünscht wird, es sich um eine Laufkundschaft handelt, die nicht zum Bild der üblichen Kundschaft passt, inaktive Konten plötzlich sehr aktiv werden, häufig Geld in wesentlichem Umfang ohne Verbuchung auf ein Kundenkonto gewechselt wird, übertrieben viel Liquidität unverzinst auf einer großen Anzahl von Konten gehalten wird oder der Kunde falsche oder irreführende Auskünfte erteilt hat.[32] Schalterbargeschäfte legen

[32] Neben diesen Beispielen nennen die Richtlinien der Eidgenössischen Bankenkommission zur Bekämpfung und Verhinderung der Geldwäscherei u.a. folgende Anhaltspunkte: Einlösung größerer Beträge mittels Schecks einschließlich Travellerschecks, Kauf oder Verkauf größerer Mengen von Edelmetallen durch Laufkunden, Kauf von Bankschecks in wesentlichem Umfang durch Laufkunden, Überweisungsaufträge ins Ausland durch Laufkunden ohne plausiblen Grund, mehrmaliger Abschluss von Kassageschäften knapp unterhalb der Identifikationslimite, Stellung von Sicherheiten durch der Bank unbekannte Dritte, Überweisungen von und nach

nach Art und Umstand stets den Verdacht auf Geldwäsche nahe, wenn sie den Anschein des „Structuring" erwägen. Unter „Structuring", benannt nach dem von den amerikanischen Zollbehörden entwickelten Drei-Phasen-Geldwäschemodell, versteht man das Aufsplitten der Geldmittel in Beträge jeweils unterhalb der geltenden Legitimationsgrenzen, verbunden mit der gezielten Außerkraftsetzung der Abwehrmechanismen des Finanzsektors. Tatsächliche Anhaltspunkte für solches „Structuring" liegen regelmäßig dann vor, wenn eine Verbindung „offenkundig" ist. Sie muss sich dem Bankangestellten „aufdrängen". Dies ist in aller Regel der Fall, wenn Transaktionen innerhalb eines kurzen Zeitraums auftreten, die durch ihre Gleichartigkeit im Hinblick auf Gegenstand und Abwicklung (gleiche Bargeldsumme, gleiche Währungseinheit, gleicher Schalterkunde usw.) besonders ins Auge fallen. „Diese relativ hohe Anforderung an die Wahrnehmbarkeit der Verbindung stellt das erforderliche Korrektiv gegenüber dem notwendig unscharfen Begriff der Verbindung dar"[33] und stellt zwar klar heraus, dass das deutsche Geldwäschegesetz keine Verpflichtung zur Überprüfung aller durchgeführten Schalterbargeschäfte auf mögliche Zusammenhänge mit ähnlich gelagerten Geschäftsfällen vorsieht. Werden aber Schaltertransaktionen bewusst und offensichtlich in mehrere jeweils den Mindestwert knapp unterschreitende Einzeltransaktionen unterteilt, muss eine Geldwäscheverdachtsmeldung folgen.

## Die Abklärungs- und Meldepflichten der Banken und Finanzdienstleister bei Verdacht auf Geldwäsche

Schweizer Banken obliegt von Gesetzes wegen eine Abklärungspflicht der wirtschaftlichen Hintergründe und des Zwecks diverser größerer Bartransaktionen mit Banknoten, Edelmetallen und Wertschriften und für alle Transaktionen und Geschäftsbeziehungen, bei welchen Anhaltspunkte für eine mögliche Geldwäscherei bestehen, insbesondere wenn sie der Form oder dem Betrag nach ungewöhnlich sind und der wirtschaftliche Zweck und die Rechtmäßigkeit nicht ohne weiteres erkennbar

---

Drogenproduktionsländern ohne Empfängerangaben oder mit der Auflage, den Betrag dem Empfänger in bar auszuzahlen, Verwendung von Pseudonym- oder Nummernkonten für die Abwicklung kommerzieller Transaktionen, treuhänderisches Halten von nicht börsennotierten Gesellschaften, in deren Tätigkeit die Bank keinen Einfluss nehmen kann.

[33] Begründung der Bundesregierung zu § 2 Abs. 2 GwG, BTDrucks 12/2704, S. 12.

sind. So heißt es beispielsweise in den Geldwäscherei-Richtlinien der eidgenössischen Bankenkommission[34], dass ein Finanzintermediär, der weiß oder den begründeten Verdacht hat, dass die in die Geschäftsbeziehung involvierten Vermögenswerte im Zusammenhang mit Geldwäsche stehen, der Meldestelle für Geldwäscherei unverzüglich Meldung erstatten muss. Den Kunden darf er hierüber allerdings nicht informieren.

Luxemburger Kreditinstitute melden dem „Procureur d' Etat" sämtliche Tatsachen und Beobachtungen, welche ihnen als ein Indiz für Geldwäsche erscheinen. Der Luxemburger „Procureur d' Etat" unterliegt dabei keinerlei Beschränkung hinsichtlich der Verwertung der Geldwäscheverdachtsanzeigen der Banken; er ist insbesondere nicht verpflichtet, die Informationen ausschließlich für Zwecke der Geldwäschebekämpfung zu verwenden. Der Procureur kann die Geldwäscheverdachtsanzeigen auch als Grundlage zur Erforschung von Steuerbetrugsdelikten verwerten, falls die Bank „zu gutgläubig" umfassende Sachverhaltsdarstellungen der Anzeige beifügt. Luxemburgs vormalige Bankaufsichtsbehörde, das Institut Monétaire Luxembourgeois hat in einem Rundschreiben[35] diverse allgemeine und besondere Indizien aufgelistet, wann der Luxemburg-Banker Schwarzgeldtransaktionen mit Geldwäscheverdacht zu vermuten hat. Sind

- Sinn und Zweck für die Kontoeröffnung nicht einleuchtend, etwa weil der Kunde keinen örtlichen Bezug zu dem Kreditinstitut hat,
- diverse Kontobewegungen mysteriös und bei wirtschaftlicher Betrachtung nicht nachvollziehbar, weil sie aus dem Rahmen des Üblichen fallen,
- Einlagen ohne driftige Gründe unmittelbar nach Kontoeröffnung und Einzahlung wieder abgehoben worden,
- hohe bzw. auffällige Bargeldumsätze getätigt worden,
- keine Gründe erkennbar, warum der Klient gerade diese Bank gewählt hat,
- „stille" Konten durch eine plötzliche Wiederbelebung besonders aufgefallen,

oder hat der Geldanleger dem Kreditinstitut gegenüber gar falsche Informationen geliefert, erteilt der Luxemburg-Banker eine Geldwäschever-

---

34 EBK RS 98/1.

35 Circulaire IML 94/112 vom 25.11.1994.

dachtsanzeige. Zu einer solchen führt auch die Einlösung von Traveller-Schecks in hohen „nicht urlaubsüblichen“ Beträgen oder der Wechsel von kleinen Banknoten in große Scheine oder der Wunsch, Gelder auf Nostrokonten anderer Banken oder auf CpD-Konten zu buchen.

Das Gefährliche für den diskreten Geldanleger dabei ist, dass das Luxemburger Kreditinstitut – wie auch sämtliche andere Kreditinstitute im Anwendungsbereich der EU-Geldwäsche-Richtlinie – ihm gegenüber keinerlei Mitteilung machen darf, dass es eine Meldung an den „Procureur“ bzw. an die jeweilige Meldestelle erstattet hat und ob ein Verfahren wegen Geldwäsche anhängig ist. Stark erweitert und verschärft wurden insbesondere die Abklärungs- und Meldepflichten der liechtensteinischen Banker und Treuhänder bei Verdacht auf Geldwäsche. Die den liechtensteinischen Finanzintermediären obliegende Abklärungspflicht nach dem Sorgfaltspflichtgesetz gilt bereits dann, wenn Verdachtsmomente vorliegen, wonach eine Transaktion mit Geldwäsche in Verbindung stehen kann. Die Pflicht zur Abgabe einer Verdachtsmeldung besteht für Liechtensteiner Banker schon dann, wenn durch die Abklärungspflicht konkrete Verdachtsmomente nicht beseitigt werden können und der Verdacht bestehen bleibt, dass die betreffende Kontoverfügung mit Geldwäsche in Verbindung stehen kann. Auffälliges Verhalten am Schalter des Kreditinstituts, etwa weil der Geldanleger sich detailliert über bestehende Geldwäschevorschriften informiert, können ebenso wie Transaktionen in ein verdächtiges oder aus einem verdächtigen Land[36] einen Verdacht und damit eine Anzeige des Kreditinstitutes auslösen.

### Wann diskrete Geldanleger mit Lebensversicherungsanlagen unter Geldwäscheverdacht geraten können

Diskrete Geldanlagekonzepte mit Lebensversicherungen sind Gegenstand in Teil X. An dieser Stelle sollen diskrete Geldanleger, die ihre Gelder mittels einer Lebensversicherungspolice vor den Fängen des Fiskus verstecken wollen, darauf hingewiesen werden, dass sie durchaus in den Daten-Fundus der Strafverfolgungsbehörden gelangen können,

[36] Z.B. alle mit einem Embargo belegte, Staaten sowie Staaten, welche die FATF als „non-cooperative countries" einstuft.

- weil sie als „Bevollmächtigte“ für mehrere Versicherungsnehmer auftreten, für die sie gleichwertige Kapitallebensversicherungen jeweils mit einer Einmalprämie unter 2.500 Euro abschließen möchten,
- weil sie keine Einzugsermächtigung erteilen, sondern die Prämien auf ein Verrechnungskonto des Versicherers bar einzahlen möchten,
- weil sie als Empfänger der Versicherungsleistungen andere Personen als die Versicherungsnehmer benennen, meistens noch mit ausländischer Staatsangehörigkeit,
- weil sie mehrere Versicherungsverträge gegen Einmalprämie abschließen oder eine Einmalversicherung gegen Beitragsdepot abschließen wollen, die einmalige Beitragsprämie aber außerhalb der objektiven finanziellen Belastbarkeit des Antragstellers liegt,
- weil sie sich bei Abschluss des Vertrags weder für Rendite noch Versicherungsschutz interessieren, sondern bereits vor Vertragsabschluss wissen wollen, wie hoch der Rückkaufswert nach einigen Jahren ist und unter welchen Voraussetzungen der Vertrag vorzeitig gekündigt werden kann;
- weil sie die Ablösung eines laufenden Vertrags mit niedrigen Prämien gegen einen neuen Vertrag mit hoher Einmalprämie ohne Rücksicht auf finanzielle Einbußen und Steuernachteile wünschen, und schließlich
- weil sie keinen Bezugsberechtigten für den Todesfall benennen.

Das deutsche Geldwäschegesetz wirkt der missbräuchlichen Nutzung von Kapitallebensversicherungen zur Schwarzgeldanlage dergestalt entgegen, dass es in § 4 Abs. 1 in- und ausländische Versicherungsunternehmen verpflichtet, alle Antragsteller bereits vor Begründung des Versicherungsverhältnisses zu identifizieren, wenn die zu zahlenden periodischen Vertragsprämien im Laufe eines Jahres 1.000 Euro übersteigen oder die Einmalprämie (bei den bevorzugten „Depotlösungen“) mehr als 2.500 Euro beträgt oder im Laufe eines Jahres mehr als 2.500 Euro auf das Beitragsdepot eingezahlt werden. Auch für Lebensversicherungsverträge mit automatischer Beitragsanpassung tritt – sofern das Vertragsverhältnis zum Zeitpunkt des Inkrafttretens noch keine Identifizierungspflicht begründet, weil die vereinbarten Monats-, Viertel- oder Halbjahresprämien die 1.000-Euro-Grenze zunächst nicht erreichen – eine Identifizierungspflicht zu Beginn jenes Jahres ein, in dem durch die automatische Beitragserhöhung die Betragsgrenze erstmals erreicht oder überschritten wird.

Äquivalente Vorschriften über die Identifizierungspflicht bei Lebensversicherungen finden sich auch in anderen Ländern, u.a. in Liechtenstein. Das Sorgfaltspflichtgesetz schreibt die Legitimierung des Vertragspartners ab 1.500 Schweizer Franken bei laufenden Beiträgen und ab 4.000 Schweizer Franken beim Prämiendepot vor. In der Schweiz muss die Versicherungseinrichtung den Vertragspartner wie folgt identifizieren: beim Abschluss eines Einzel-Lebensversicherungsvertrages, wenn die Einmalprämie oder die periodischen Prämien den Betrag von 25.000 Schweizer Franken pro Vertrag innert fünf Jahren übersteigt oder wenn mehr als 25.000 Schweizer Franken auf ein Prämienkonto eingezahlt werden und noch kein Versicherungsvertrag vorliegt; außerdem beim Verkauf von Fondsanteilen.

Diskrete Geldanleger, die größere Summen auf mehrere Beitragsdepots aufteilen, bringen die Finanzämter oft mit folgendem simplen Trick zu Fall: Die Wohnsitzfinanzämter teilen dem Steuerpflichtigen nur mit, dass Zinsen aus einem Lebensversicherungs-Beitragsdepot offensichtlich nicht deklariert worden sind, machen dabei aber keine näheren Angaben zum Depot selbst. Kann der Geldanleger nicht feststellen, welches von seinen Depots den Beamten zwischenzeitlich bekannt ist, verrät er weitere praktisch selbst.

Der Nachweis über Beitragszahlungen aus diskretem Vermögen ist aber dennoch schwer zu führen. In aller Regel sind auch die Versicherer nicht interessiert, nachzuforschen, aus welcher Geldquelle die Prämie stammt. Im Gegensatz zu den nur selten bis zur Quelle rückverfolgbaren laufenden Zahlungen werden Beitragsdepots von Außenprüfern regelmäßig durch Kontrollmitteilungen an die zuständigen Wohnsitzfinanzämter weitergemeldet. Unter dem Vorwand der ordnungsgemäßen Versteuerung der Depotzinsen erkundigen sich die Beamten dann auch über die Herkunft der Barmittel.

## Wenn gesetzlich verankerte Bankgeheimnisse nicht halten

Bankgeheimnisse verhindern die Gewährung von Rechtshilfe im Rahmen der „Convention on Laundering, Search, Seizure and Confiscation of the Proceeds from Crime“ des Europarates vom 8. November 1990 (Nr. 141) nicht. Denn nach dieser Anti-Geldwäsche-Konvention trifft jede Vertragspartei die erforderlichen Maßnahmen, um den Gerichten oder anderen zuständigen Behörden die Befugnis für die Beschlagnahme von Bank-, Finanz- oder Geschäftsunterlagen zu erteilen. Die Zusammenarbeit von EU- und dritter Unterzeichnerstaaten auf Basis der Konvention erstreckt sich schwerpunktmäßig auf die ständige Überwachung spezifischer Bankkonten sowie auf den gegenseitigen permanenten Austausch von Spontanauskünften. Die Vertragsstaaten dürfen hierbei Rechtshilfe nicht aufgrund von Bankgeheimnissen verweigern.

In der Schweiz ist die Konvention 141 seit dem 1. September 1993 in Kraft[37]. Die Eidgenossen lüften ihr Bankgeheimnis uneingeschränkt im Zusammenhang mit Geldwäscheverdachtsmeldungen. Der dem Art. 305$^{ter}$ StGB angefügte zweite Absatz[38] räumt dem Bankier/Financier einerseits das *Recht* ein, „den inländischen Strafverfolgungsbehörden und den vom Gesetz bezeichneten Bundesbehörden Wahrnehmungen zu melden, die darauf schließen lassen, dass Vermögenswerte aus einem Verbrechen herrühren“. Des Weiteren verpflichtet Art. 9 des Bundesgesetzes zur Bekämpfung der Geldwäscherei im Finanzsektor den Bankier/Financier bei begründetem Verdacht auf Geldwäsche zur Unterrichtung der zuständigen Meldestelle für Geldwäscherei. Zur Erstattung solcher Verdachtsmeldungen darf das Bankgeheimnis auf Grundlage von Art. 47 Abs. 4 BaG durchbrochen werden.

Luxemburger Kreditinstitute sind von Gesetzes wegen zur engen Zusammenarbeit mit der Luxemburger Staatsanwaltschaft verpflichtet. Das Gesetz vom 5. April 1993 – es beinhaltet die Umsetzung der EU-Geldwäsche-Richtlinie in nationales Recht – verpflichtet Luxemburger Kreditinstitute und alle anderen im Finanzsektor tätigen Personen, „rechtmäßig

---

[37] Botschaft 92.068 vom 19. August 1992.

[38] Absatz 2 ergänzt durch das zweite Maßnahmenpaket zur Bekämpfung der neuen Formen von Wirtschaftskriminalität (Botschaft BBl. 1993 III 277 ff., in Kraft seit 1. August 1994).

gestellten Auskunftsbegehren von Behörden, die mit der Anwendung dieses Gesetzes beauftragt sind, mit größtmöglicher Sorgfalt zu entsprechen sowie mit diesen Behörden unter Ausschöpfung aller zur Verfügung stehenden Möglichkeiten praxisnah zu kooperieren" (L'obligation de coopérer avec les autorités[39]). Mit „Behörden, die mit der Anwendung dieses Gesetzes beauftragt sind" ist der „procureur d'Etat luxembourgeois" gemeint. Nur der Luxemburger Staatsanwaltschaft gegenüber ist das Bankgeheimnis zu lüften, wenn sich Indizien für eine bereits begangene oder bevorstehende Geldwäsche ergeben.

Die österreichische Kreditwirtschaft ist gemäß dem mit „Sorgfaltspflicht und Geldwäscherei" überschriebenen X. Abschnitt des Bankwesengesetzes verpflichtet, unter rechtmäßiger Durchbrechung des Bankgeheimnisses in Verdachtsfällen die österreichische „BKA", eine für Geldwäsche zuständige Abteilung des Innenministeriums, zu benachrichtigen. Neben diese Mitteilungspflicht tritt die Aufgabe, dieser Behörde alle Auskünfte zu erteilen, die zur Verhinderung oder erfolgreichen Verfolgung von Geldwäschedelikten erforderlich erscheinen (§ 41 Abs. 2 BWG). Eine Benachrichtigungspflicht ist hier stets gegeben, wenn den Verpflichtungen zur Offenlegung von Treuhandbeziehungen nicht nachgekommen wird oder der Kunde wahrheitswidrige Erklärungen abgegeben hat. Hierbei spielt es keine Rolle, ob der Kunde von der kriminellen Herkunft der Gelder weiß oder nicht. Denn durch die bewusste Verschleierung wahrer Vermögensverhältnisse nimmt der Kunde bewusst in Kauf, dass Vermögenswerte als Eigenvermögen anstatt als Treugut angesehen werden. Die Kredit- und Finanzinstitute dürfen den diskreten Geldanleger nicht über die Benachrichtigung des Bundesinnenministeriums informieren (§ 41 Abs. 4 BWG). Dadurch soll verhindert werden, dass dieser zwischenzeitliche Gegenmaßnahmen ergreift. Der diskrete Geldanleger tappt also auch in Österreich im Dunkeln.

Liechtensteinische Banken, Treuhänder und sonstige im Finanzsektor tätige Personen müssen bei Verdacht auf Geldwäsche eine Meldung an die so genannte „Financial Intelligence Unit" erstatten. Zu diesem Zweck darf das Bankgeheimnis gem. Art. 14 Abs. 5 durchbrochen werden. Eines dringenden Verdachts bedarf es nicht.

---

39 Freie Übersetzung des Autors.

## Die Verwendung von Geldwäscheverdachtsanzeigen für steuerliche Zwecke

Geldwäscheverdachtsanzeigen sind hinsichtlich der Geldwäschebekämpfung als auch der Besteuerung diskreter Gelder sehr effizient, da die Staatsanwaltschaft, die nach Erstattung einer solchen Verdachtsanzeige regelmäßig die Verfolgung aufnimmt, gegenüber dem Treuhänder, Strohmann oder Vertreter des diskreten Geldanlegers schärfere Mittel einsetzen kann, um Letzteren namentlich ermitteln zu können. Während nun in Liechtenstein Informationen aus Geldwäscheverdachtsanzeigen nur zur Bekämpfung der Geldwäscherei genutzt werden dürfen, sieht man es besonders hier in Deutschland damit nicht so eng. Denn der Inhalt solcher Anzeigen darf für Besteuerungsverfahren und für Strafverfahren wegen Steuerstraftaten verwendet werden (§ 11 Abs. 5 GwG).

Die Ermächtigung in § 11 Abs. 5 des Geldwäschegesetzes, Verdachtsanzeigen auch für das Besteuerungsverfahren und in Strafverfahren wegen Steuerstraftaten zu verwenden, ohne dass es zu einer vorherigen Verurteilung des Betreffenden wegen Geldwäsche gekommen oder die Geldwäschestraftat erwiesen ist, zeigt, dass es dem deutschen Fiskus nicht nur darum geht, Mafiosigelder einzusammeln. Diese überdimensionierte Steuerkontrolle wirkt vielmehr auf den Normalbürger hin. Wohlwissend, dass die Mehrzahl der deutschen Sparer mit Geldwäsche oder organisierter Kriminalität nichts zu tun haben wird, landet jeder Geldanleger im Daten-Fundus der Banken (auf den die Steuerfahnder unbeschränkten Zugriff haben), der so mit Tausendern jongliert, dass er sich verdächtig macht. Mit einer angemessenen staatlichen Maßnahme gegen die Geldwäsche hat dies jedenfalls wenig zu tun.

Österreichische Bankkunden sollen die Sicherheit haben, durch das Offenbaren gegenüber ihrem Kreditinstitut nicht der Gefahr einer finanzstrafrechtlichen Verfolgung ausgesetzt zu werden. In Österreich besteht für Geldwäscheverdachtsanzeigen daher eine engere Verwertungsbegrenzung. § 41 Abs. 6 BWG bestimmt, dass Daten, die von der Behörde ermittelt wurden, bei sonstiger Nichtigkeit (wenn sich also letztlich der Verdacht auf Geldwäsche nicht erhärtet hat) in einem ausschließlich wegen eines Finanzvergehens geführten Verfahren mit Ausnahme der in die Zuständigkeit der Gerichte fallenden Finanzvergehen des Schmuggels oder der Hinterziehung von Eingangs- oder Ausgangsabgaben *nicht zum Nach-*

*teil des Beschuldigten* oder der Nebenbeteiligten verwendet werden dürfen. Diese wirkungsvolle Nichtigkeitssanktion schließt die Verwendung der Meldedaten zur Verfolgung von Steuerdelikten oder für Zwecke der Steuerfestsetzung oder Steuerberichtigung im Besteuerungsverfahren weitgehend aus.

| **Land** | **Rechtsgrundlage** | **Bedingung/Restriktionen** |
|---|---|---|
| Deutschland | Geldwäschegesetz § 10 Abs. 2 Satz 3, § 11 Abs. 5 | • Verwendung bankinterner Aufzeichnungen im Besteuerungs- und Steuerstrafverfahren<br>• Verwendung der Inhalte von Geldwäsche-Verdachtsanzeigen der Banken im Steuerstraf- und Besteuerungsverfahren<br>• Ohne vorherige Verurteilung wegen Geldwäsche |
| Österreich | Österr. StGB § 165 (Geldwäsche), § 41 Abs. 6 BWG | Verwendung für<br>• Finanzvergehen des Schmuggels oder<br>• der Hinterziehung von Eingangs- und Ausgangsabgaben<br>• aber: § 41 Abs. 6 BWG: nicht zum Nachteil des Beschuldigten |
| Luxemburg | Art. 40 Loi du 5 Avril 1993 relative au secteur financier | „Die an die Behörden übermittelten Informationen ... dürfen nur zur Bekämpfung der Geldwäsche verwendet werden“ („uniquement à des fins de lutte contre le blanchiment“) |
| Liechtenstein | Sorgfaltspflichtgesetz | Keine Auswertung für steuerliche Zwecke |
| Schweiz | Bundesgesetz zur Bekämpfung der Geldwäscherei im Finanzsektor | Keine Auswertung für steuerliche Zwecke |

**Tabelle 1:** Geldwäschegesetze und die Verwertung von Geldwäsche-Verdachtsanzeigen der Banken für steuerliche Kontrollzwecke

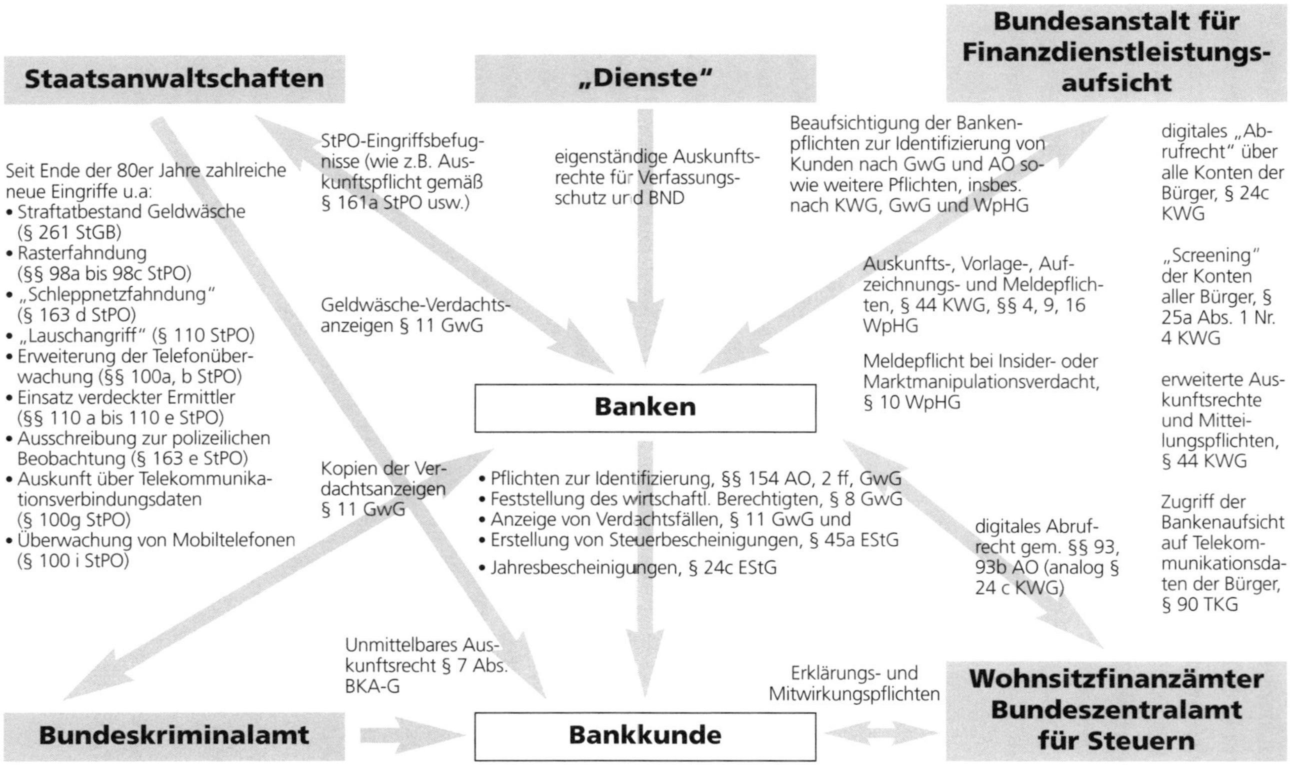


**Abbildung 1:** Zusammenfassende Übersicht über die Auskunfts- und Meldepflichten deutscher Kreditinstitute gegenüber den Finanzbehörden und anderen Aufsichts- und Strafverfolgungsinstitutionen

# Gefahren für diskrete Geldanleger durch globale Maßnahmen der OECD zur Bekämpfung schädlicher Steuerpraktiken

## Allgemeines

Die zunehmende Liberalisierung der Finanzmärkte verbesserte in den letzten Jahren die internationale Allokation von Spargeldern und Kapital. Der diskrete Geldanleger profitierte davon auf globaler Ebene durch bessere Gelegenheiten, Steuern zu vermeiden bzw. zu umgehen. In diesem neuen Umfeld entwickelten sich Steueroasen bzw. steuerneutrale Offshore[40]-Finanzzentren. Als Hauptursache für schädlichen Steuerwettbewerb und das gute Gedeihen schädlicher Steuerpraktiken sieht die OECD das Fehlen eines effektiven Informationsaustausches auf globaler Ebene und will auf diesem Gebiet mit entsprechenden Maßnahmen gezielte Akzente schaffen.

Erstmals im Mai 1996 forderten Vertreter der G7-Länder sowie diverser Staaten[41] die Organisation für wirtschaftliche Zusammenarbeit und Entwicklung (OECD) auf, Maßnahmen auszuarbeiten, die den verzerrenden Effekt eines volkswirtschaftlich nachteiligen Steuerwettbewerbs (harmful tax competition) auf Investitions- und Finanzierungsentscheidungen sowie deren Auswirkungen auf die jeweiligen nationalen Steuerbemessungsgrundlagen entgegenwirken. In Antwort auf die Aufforderung der Minister begann der OECD-Ausschuss für Steuerfragen mit dem Projekt über volkswirtschaftlich nachteiligen Steuerwettbewerb. Ergebnis dieses Projekts war der so genannte „1998-Report". Der 1998-Report gilt als Debüt für die Bekämpfung von schädlichem Steuerwettbewerb („harmful tax competition") und schädlichen Steuerpraktiken („harmful tax practices"). Der Bericht beschäftigt sich mit volkswirtschaftlich nachteiligen Steuerpraktiken in Form von nachteiligen Steuervergünstigungen in den OECD-Mitgliedstaaten und Nichtmitgliedstaaten bzw. den von ihnen ab-

[40] Mit Offshore ist in erster Linie gemeint, dass man sich außer Reichweite seines Herkunftslandes bezüglich dessen Steuermacht befindet.

[41] OECD-Mitgliedsländer: Australien, Österreich, Belgien, Kanada, Tschechische Republik, Dänemark, Finnland, Frankreich, Deutschland, Griechenland, Ungarn, Island, Irland, Japan, Korea, Luxemburg, Mexiko, Niederlande, Neuseeland, Norwegen, Polen, Portugal, Slowakische Republik, Spanien, Schweden, Schweiz, Türkei, Großbritannien, USA.

hängigen Gebieten (Steueroasen), bestimmt die Faktoren, die bei der Identifizierung dieser volkswirtschaftlich nachteiligen Steuerpraktiken einzusetzen sind und legt in den nachfolgend dargestellten 19 umfassenden Empfehlungen Maßnahmen zur Vermeidung dieser Praktiken dar.

## 19 OECD-Empfehlungen, denen diskrete Geldanleger besonderes Augenmerk widmen sollten

Zur Bekämpfung von schädlichem Steuerwettbewerb („harmful tax competition") und schädlichen Steuerpraktiken („harmful tax practices") hat die OECD-Experten- und Autorengruppe des 1998-Reports 19 Empfehlungen[42] ausgesprochen und dabei verstärkt Ratschläge bezüglich des Zugriffs auf *Bankdaten für Steuerzwecke* erteilt. Die für den diskreten Geldanleger delikatesten unter diesen 19 Empfehlungen sind die Nrn. 7 und 8 sowie die Nrn. 12 bis 14. Die Empfehlungen zielen alle auf die Beseitigung existierender Bankgeheimnisse ab.

Bankgeheimnisse, welche unzweifelhaft den Zugang von Steuerbehörden zu für die Steuererhebung notwendigen Daten behindern, stellen im Zusammenhang mit schädlichem Steuerwettbewerb nach Ansicht der Berichtsverfasser eine ernsthafte Behinderung (a serious impediment) hinsichtlich einer gerechten und effektiven Umsetzung von Steuergesetzen dar und haben negative – weil unerwünschte – Auswirkungen auf die geografische Ausrichtung internationaler Finanzströme. Die Berichtsverfasser plädieren für einen umfassenden Informationsaustausch in allen steuerlichen Angelegenheiten.

Die globale Umsetzung der Empfehlung Nr. 14, also die von der OECD geforderte internationale Unterstützung bei der Steuererhebung und Steuereintreibung, würde bedeuten, dass deutsche Steuerbehörden bei der Fahndung nach Schwarzgeldern in Steueroasenländern künftig auf fremdem Oasenterritorium zusammen mit Vertretern der betreffenden ausländischen Steuerbehörden intensiver agieren können. Handeln auf eigene Faust bleibt allerdings weiterhin untersagt. Fotografiert beispielsweise ein deutscher Steuerfahnder *ohne Einvernehmen* mit den zuständigen ausländischen Behörden bestimmte aus Deutschland eingereiste Touristen, die die Schalterhalle einer dortigen Bank betreten, oder notiert er

[42] Die 19 Empfehlungen sind dargestellt in nachfolgender Tabelle 2, Seiten 74 ff.

Kennzeichen von in Deutschland zugelassenen Kraftfahrzeugen, die vor der Schalterhalle parken, nimmt er Ermittlungshandlungen vor, die normalerweise einer Behörde oder einem Beamten in dem betreffenden Oasenland zukommen.

Wird der deutsche Steuerfahnder fündig, unterliegen diese unter Verletzung des Territorialitätsprinzips erlangten Erkenntnisse einem strengen Verwertungsverbot. Die OECD sieht in der bisherigen Tatsache, dass sich jedes Land nur um jeweils eigene Steuereinnahmen kümmert, einen Nährboden für schädliche Steuerpraktiken. Die Empfehlung geht nun dahingehend, dass Schutzmaßnahmen vieler Länder (wie beispielsweise die Anwendung des Territorialitätsprinzips) dann nicht angewendet werden, wenn es offensichtlich ist, dass ein Steuerzahler Vermögen von einem Land in ein anderes der Steuerersparnis wegen verschoben hat. Eine entsprechende Regelung enthält auch das OECD Musterabkommen 2002 über den Informationsaustausch in Steuersachen.[43]

Der Tenor des Berichts besteht allerdings aus der Kenntnis, dass sich Steueroasen und Vorzugssteuersysteme nur austrocknen bzw. beseitigen lassen, wenn alle Staaten koordinierte Maßnahmen treffen. Somit galt es, die betroffenen und unter Beschuss geratenen Staaten entsprechend zu „mobilisieren". Ein wichtiger und – wie sich aus heutiger Sicht herausstellt – wirkungsvoller und effizienter Schritt in diese Richtung war die *Empfehlung Nummer 16* zur Verfassung einer Steueroasenliste. Empfehlung Nummer 16 führte zur so genannten „schwarzen Liste der unkooperativen Steueroasen", in der „Steuerparadiese" nach OECD-Definition öffentlich gebrandmarkt wurden. Im Juni 2000 hat das OECD-Komitee für Fiskalangelegenheiten (Committee on Fiscal Affairs) 35 als „Steueroasen" qualifizierte Länder in einer so genannten „schwarzen Liste" öffentlich an den Pranger gestellt. Im Einzelnen handelte es sich hierbei um folgende Steueroasenländer (Uncooperative Jurisdictions): Andorra, Anguilla, Antigua und Barbuda, Aruba, Bahamas, Bahrain, Barbados, Belize, British Virgin Islands (Britische Jungferninseln), Cook-Islands, Dominica, Gibraltar (Überseeterritorium von Großbritannien), Grenada, Guernsey, Isle of Man, Jersey, Liberia, Fürstentum Liechtenstein, Malediven, Marshall-

---

[43] Vgl. Ausführungen unten in diesem Teil Abschnitt: Der effektive Steuer-Informationsaustausch nach Standard „OECD 2002", Seite 78.

Inseln, Monaco, Montserrat, Nauru, Niederländische Antillen, Niue, Panama, Samoa, Seychellen, St. Lucia, St. Kitts und Nevis, St. Vincent und die Grenadinen, Tonga, Turks- und Caicosinseln, US Virgin Islands (US-Jungferninseln) und Vanuatu. Diese Länder wurden beschuldigt, mit unlauteren Mitteln das Kapital vermögender Privatpersonen anzulocken und Unternehmer zur Verlagerung ihres Unternehmenssitzes zu animieren. So soll es in solchen Ländern „üblich" gewesen sein, Geldanleger mit erhöhtem Diskretionsbedarf hinter Offshore-Gesellschaften, Personenvereinigungen, Trusts oder Stiftungen zu „verstecken", so dass Steuerschummler, welche als Geldanleger und Alleineigentümer der Gesellschaft, als Alleinbegünstigter eines Trusts oder einer Stiftung „offshore gehen", nach außen hin nicht mehr in Erscheinung treten mussten.

Zur Unterbindung solcher „Praktiken der steuerlichen Verstecktechnik" hat das OECD Komitee die auf der schwarzen Liste „angeprangerten" Staaten aufgefordert, so genannte öffentliche Verpflichtungserklärungen (Commitment- Letters) über Maßnahmen zur Eliminierung solcher und weiterer schädlicher Steuerpraktiken abzugeben, in denen diese sich zu konkreten Maßnahmen nach einem klaren Zeitplan („implementation plan") verpflichten sollten. Als „Formulierungshilfe" für diese Commitment Letters diente den 35 angeprangerten Steuerparadiesen ein von der OECD im November 2000 verfasstes Regelwerk namens „*Framework for a Collective Memorandum of Understanding (MOU) on Eliminating Harmful Tax Practices*". In diesem Regelwerk wurde den Steuerparadiesen vorgegeben, sich im Rahmen einer öffentlichen Erklärung

- zur Schaffung von Transparenz sowie
- zur Schaffung und Gewährleistung eines effizienten Informationsaustausches in Steuersachen

zu verpflichten. Das OECD-Regelwerk „Framework for a Collective Memorandum of Understanding on Eliminating Harmful Tax Practices" (MOU) fordert von den angeprangerten Steueroasen insbesondere die Schaffung entsprechender Maßnahmen zur Sicherstellung der Verfügbarkeit von Informationen über die Person des wirtschaftlich Berechtigten solcher typischen Offshore-Vehikel wie Gesellschaften, Personenvereinigungen, Stiftungen, Trusts sowie Investmentfonds. Diese „Beneficial Ownership Information" muss den örtlichen Steuer- oder Finanzmarktaufsichtsbehörden vorliegen und jederzeit auf Anfrage verfügbar sein. Als weitere

Maßnahme zur Schaffung von mehr Transparenz sieht das MOU die Einführung allgemeiner Buchführungspflichten nach international anerkannten Standards vor. Dabei müssen die rechtlichen Rahmenbedingungen für einen Zugang zu den Buchführungsunterlagen durch die örtlichen Behörden gegeben sein.

Dem Erfordernis nach mehr Transparenz sind die meisten Offshore-Finanzplätze inzwischen ausreichend nachgekommen. So haben beispielsweise die Bahamas bereits Ende 2000 die Ausgabe anonymer Inhaberaktien untersagt; bereits emittierte Inhaberaktien mussten bis zum 30.6.2001 eingezogen werden. Des Weiteren sind alle auf den Bahamas lizenzierten Banken und Finanzdienstleister verpflichtet, Aufzeichnungen über die Besitzverhältnisse (beneficial ownership) bei International Business Companies (IBC's) zu führen. Bei Trusts sind Aufzeichnungen über den Settlor und den Begünstigten eines Trusts durch den Trustee gesetzlich vorgeschrieben. Bis dato (noch) nicht in Kraft ist ein effektiver Informationsaustausch zwischen den OECD-Staaten und den Steueroasen in sämtlichen Steuerangelegenheiten, also sowohl für Steuerstraftaten als auch zur Ermittlung von Besteuerungsgrundlagen und der Steuerfestsetzung.

Die von der OECD gesteckten Rahmenbedingungen zum Informationsaustausch schließen den *Zugang zu Bankinformationen* (Access to Bank Information) ein; Bankgeheimnisse dürfen insoweit keine hemmende Wirkung haben. Entsprechende Bereitschaft zur Umsetzung der Vorgaben wurden von den meisten Offshore-Finanzplätzen öffentlich erklärt.

Zur Begründung entsprechender Abkommen zur Umsetzung der im OECD-Regelwerk gesteckten Ziele hat die OECD in 2002 ein *Standard-Musterübereinkommen* ausgearbeitet, welches unter Berücksichtigung des genannten Zeitrahmens sowohl auf bilateraler als auch auf multilateraler Ebene einheitliche Maßstäbe in Richtung eines effektiven Steuer-Informationsaustausches setzen soll. Dieses so genannte „Agreement on Exchange of Information on Tax Matters" ist Gegenstand nachfolgender Ausführungen.

## Empfehlungen bezüglich inländischer Gesetzgebung und Praktiken

1. *Empfehlungen bezüglich Vorschriften über kontrollierte ausländische Unternehmen oder entsprechende Bestimmungen*: Länder, die solche Vorschriften nicht haben, sollten erwägen, sie einzuführen, und Länder, die solche Vorschriften haben, sollten sicherstellen, dass sie so angewandt werden, dass volkswirtschaftlich nachteiligen Steuerpraktiken Einhalt geboten wird.
2. *Empfehlungen bezüglich Vorschriften über ausländische Investmentfonds oder entsprechende Bestimmungen*: Länder, die solche Bestimmungen nicht haben, sollten erwägen,, sie einzuführen, und Länder, die solche Bestimmungen haben, sollten sie auf Einkommen und Subjekte anwenden, die in den Genuss von als volkswirtschaftlich nachteiliger Steuerwettbewerb geltenden Praktiken kommen.
3. *Empfehlungen bezüglich der Begrenzung, der steuerlichen Befreiung von Beteiligungen und anderer Systeme zur Befreiung ausländischen Einkommens im Rahmen volkswirtschaftlich nachteiligen Steuerwettbewerbs*: Länder, die die Befreiungsmethode anwenden, um Doppelbesteuerung von im Ausland erzieltem Einkommen zu vermeiden, sollten Bestimmungen erwägen, die gewährleisten, dass im Ausland erzieltes Einkommen, das in den Genuss von als volkswirtschaftlich nachteilig geltenden Steuerpraktiken kommt, im eigenen Land nicht steuerlich befreit wird.
4. *Empfehlungen bezüglich der Berichtspflicht über ausländische Transaktionen*: Länder, die keine Bestimmungen über die Berichtspflicht über internationale Transaktionen und im Ausland durchgeführte Geschäftsoperationen bei ansässigen Steuerzahlern haben, sollten erwägen, diese Bestimmungen einzuführen. Außerdem sollten die Länder die mit Hilfe dieser Bestimmungen erhaltenen Daten austauschen.
5. *Empfehlungen bezüglich der Vorabbescheide*: Die Länder, in denen ein behördlicher Vorabbescheid in Bezug auf die Position eines Steuerzahlers vor einer geplanten Transaktion eingeholt werden kann, sollten die Bedingungen, unter denen diese Vorabbescheide zugestanden, verweigert oder widerrufen werden, bekannt machen.
6. *Empfehlungen bezüglich der Verrechnungspreisbestimmungen*: Die Länder sollten die Grundsätze der OECD-Richtlinien über Verrechnungspreise (1995) befolgen und ihre Verrechnungspreisbestimmungen nicht so anwenden bzw. von ihrer Anwendung absehen, dass dies zu einem volkswirtschaftlich nachteiligen Steuerwettbewerb führt.
7. *Empfehlungen bezüglich des Zugriffs auf Bankdaten zu Steuerzwecken*: Im Rahmen der Bekämpfung des volkswirtschaftlich nachteiligen Steuerwettbe-

werbs sollten die Länder ihre Gesetze, Bestimmungen und Praktiken, die sich auf den Zugriff auf Bankdaten beziehen, überprüfen, um den Steuerbehörden den Zugriff auf diese Daten zu ermöglichen und Hemmnisse abzuschaffen.

**Empfehlungen bezüglich Steuerabkommen**

8. *Empfehlungen bezüglich umfassenderen und wirksameren Informationsaustausches*: Die Länder sollten Maßnahmen zur Intensivierung des Austausches von Informationen über Transaktionen in Steueroasen und Steuervergünstigungen anbietenden Steuersystemen, die zu volkswirtschaftlich nachteiligem Steuerwettbewerb führen, ergreifen.
9. *Empfehlungen bezüglich des Anspruchs auf Abkommensvergünstigungen*: Die Länder sollten erwägen, in ihren Steuerabkommen Vorschriften aufzunehmen, die den Anspruch der Personen und Erträge, die von als volkswirtschaftlich nachteilig geltenden Steuerpraktiken profitieren, auf die in den Steuerabkommen vorgesehenen Vorteile begrenzen. Des Weiteren sollen sie prüfen, wie die bereits bestehenden Bestimmungen der Steuerabkommen ebenfalls zu diesem Zweck eingesetzt werden können. Bestimmungen bzw. Klarstellungen in dieser Hinsicht sind ins Musterabkommen aufzunehmen.
10. *Empfehlungen bezüglich der Klarstellung des Status der inländischen Anti-Missbrauch-Bestimmungen und Grundsätze in Steuerabkommen*: Der Kommentar zum Musterabkommen soll so geändert werden, dass Ungewissheit bzw. Zweideutigkeit bezüglich der Vereinbarkeit der inländischen Anti-Missbrauch-Bestimmungen mit dem Musterabkommen ausgeschaltet wird.
11. Empfehlungen bezüglich einer Liste in Abkommen vorkommender spezifischer Ausschlussklauseln: Der Ausschuss soll eine Liste der Klauseln aufstellen und regelmäßig aktualisieren, die von Ländern eingesetzt werden, um bestimmte Personen bzw. Einkommensarten von der Anwendung der Steuerabkommen auszuschließen. Die Liste soll von den Mitgliedstaaten als Anhaltspunkt bei Verhandlungen über Steuerabkommen und als Diskussionsgrundlage im Forum eingesetzt werden.
12. *Empfehlungen bezüglich Steuerabkommen mit Steueroasen*: Die Länder sollten erwägen, die Steuerabkommen mit Steueroasen zu kündigen und mit solchen Steueroasen in Zukunft keine Abkommen mehr zu schließen.
13. *Empfehlungen bezüglich koordinierter Vollzugsmaßnahmen (gemeinsame Prüfungen, koordinierte Schulungsprogramme usw.):* Die Länder sollten erwägen, koordinierte Vollzugsmaßnahmen (wie gleichzeitige Prüfungen, Abmachungen über spezifischen Austausch von Informationen oder gemeinsa-

me Schulungsprogramme) in Bezug auf Einkommen und Personen einzuführen, die aus als volkwirtschaftlich nachteilig geltendem Steuerwettbewerb Nutzen ziehen.

**14.** *Empfehlungen bezüglich Unterstützung bei der Eintreibung von Steuerschulden*: Die Länder sollten angehalten werden, die gegenwärtigen Bestimmungen über die Durchsetzung von Steuerzahlungsforderungen anderer Länder zu überprüfen. Der Ausschuss soll die Arbeit in diesem Bereich fortsetzen, um Bestimmungen auszuarbeiten, die zu diesem Zweck in Steuerabkommen aufgenommen werden können.

**Empfehlungen bezüglich der Intensivierung der Internationalen Zusammenarbeit als Antwort auf volkswirtschaftlich nachteiligen Steuerwettbewerb**

**15.** *Empfehlungen für Richtlinien und ein Forum über volkswirtschaftlich nachteilige Steuerpraktiken*: Die Mitgliedstaaten sollen die im nachstehenden Kasten dargelegten *Richtlinien* über volkswirtschaftlich nachteilige Steuervergünstigungssysteme billigen und ein Forum gründen, das die Richtlinien und sonstigen Empfehlungen dieses Berichts umsetzt.

**Richtlinien zur Bekämpfung volkswirtschaftlich nachteiliger Steuervergünstigungen in Mitgliedstaaten**

Die Mitgliedstaaten erkennen die positiven Aspekte des neuen globalen Umfeldes, in dem die Steuersysteme operieren, kamen jedoch zu dem Schluß, daß sie zusammen und individuell tätig werden müssen, um nachteiligem Stuerwettbewerb Einhalt zu gebieten und der Verbreitung nachteiliger Steuervergünstigungen für Finanz- und Dienstleistungen entgegenzuwirken. Volkswirtschaftlich nachteilige Steuervergünstigungen können die Handels- und Investitionsströme verzerren und stellen sowohl für nationale Steuersysteme als auch für die Gesamtstruktur der internationalen Besteuerung eine Gefahr dar. Diese Systeme untergraben die Gerechtigkeit der Steuersysteme, führen zu unerwünschten Verlagerungen eines Teils der Steuerlast vom Einkommen auf den Konsum bzw. vom Kapital auf die Arbeit und können so einen negativen Einfluß auf den Arbeitsmarkt ausüben. Da im allgemeinen angenommen wird, daß es für einzelne Länder schwierig ist, die Verbreitung nachteiliger Steuervergünstigungen wirksam zu bekämpfen, sind ein koordinierter Ansatz sowie der Dialog mit Nichtmitgliedstaaten erforderlich, um die Bedingungen zu gewährleisten, die für das weitere Wachstum der Weltwirtschaft so wichtig sind. Die internationale Zusammenarbeit muß intensiviert werden, um aggressives Werben der Länder um geographisch mobile Aktivitäten zu vermeiden.

*Die Richtlinien lauten:*

1. Keine neuen Maßnahmen einführen oder bestehende Maßnahmen in der Form von gesetzlichen Bestimmungen oder Verwaltungspraktiken im Steuerbereich ausdehnen oder verstärken, die volkswirtschaftlich nachteilige Steuerpraktiken enthalten, wie sie in Abschnitt III. Kapitel 2 des Berichts definiert wurden.
2. Die bestehenden Maßnahmen prüfen, um diejenigen zu bestimmen, die in Form von gesetzlichen Bestimmungen oder amtlichen Verfahren im Steuerbereich Praktiken darstellen, die in Abschnitt III. Kapitel 2 des Berichts als volkswirtschaftlich nachteilige Steuerpraktiken beschrieben werden. Über diese Maßnahmen wird dem Forum über volkswirtschaftlich nachteilige Steuerpraktiken Bericht erstattet. Innerhalb von zwei Jahren ab der Billigung dieser Richtlinien durch den Rat der OECD werden sie in eine Liste aufgenommen.
3. Vor dem Ende einer Fünfjahresfrist ab der Billigung der Richtlinien durch den Rat der OECD die nachteiligen Eigenschaften der Steuervergünstigungen, die in der in Absatz 2 erwähnten Liste identifiziert wurden, abschaffen. Die Steuerzahler, die am 31. Dezember 2000 in den Genuß solcher Systeme kommen, müssen den Anspruch auf die Steuervergünstigungen jedoch spätestens am 31. Dezember 2005 verlieren. Das gewährleistet, daß solche Steuervergünstigungen bis zu diesem Datum restlos abgeschafft sind. Die in Absatz 2 erwähnte Liste wird jährlich aktualisiert, wobei die Systeme, die keine volkswirtschaftlich nachteiligen Steuervergünstigungen mehr anbieten, gestrichen werden.
4. Jeder einzelne Mitgliedstaat, der annimmt, daß eine bestehende Maßnahme, die noch nicht in der in Absatz 2 erwähnten Liste aufgenommen worden ist, oder eine vorgeschlagene oder neue Maßnahme im eigenen Land bzw. einem anderen Land eine Maßnahme darstellt, die in Form von gesetzlichen Bestimmungen oder behördlichen Praktiken im Steuerbereich eine in Abschnitt III Kapitel 2 des Berichts als volkswirtschaftlich nachteilig beschriebene Steuervergünstigung ist, kann verlangen, daß die Maßnahme über das Forum über volkswirtschaftlich nachteilige Steuervergünstigungen von den Mitgliedstaaten geprüft wird, damit die in Absatz 1 dargelegten Bestimmungen zum Tragen kommen oder die Maßnahme in die in Absatz 2 erwähnte Liste aufgenommen wird. Das Forum kann bezüglich dieser Frage eine nicht bindende Meinung abgeben.

5. Über das Forum die nationalen bzw. in Abkommen verankerten Antworten auf von anderen Ländern eingeführte nachteilige Steuerpraktiken koordinieren.
6. Das Forum einsetzen, um Nichtmitgliedstaaten aktiv dazu anzuhalten, sich diesen Richtlinien anzuschließen.

16. *Empfehlung, eine Liste der Steueroasen aufzustellen*: Das Forum soll den Auftrag erhalten, innerhalb eines Jahres ab der ersten Sitzung des Forums eine Liste von Steueroasen aufzustellen und sich dabei auf die in Abschnitt II Kapitel 2 identifizierten Faktoren zu stützen.
17. *Empfehlung bezüglich Verbindungen zu Steueroasen*: Länder, die besondere politische, wirtschaftliche oder sonstige Verbindungen zu Steueroasen pflegen, sollen gewährleisten, dass diese Verbindungen nicht zu volkswirtschaftlich nachteiligem Steuerwettbewerb beitragen. Insbesondere Länder, deren Gebiete Steueroasen umfassen, sollten sicherstellen, dass diese Verbindungen, die sie mit den Steueroasen haben, nicht so eingesetzt werden, dass sie volkswirtschaftlich nachteiligen Steuerwettbewerb fördern oder intensivieren.
18. *Empfehlung zur Entwicklung und aktiven Förderung der Grundsätze guter Steuerverwaltung*: Der Ausschuss soll dafür zuständig sein, Grundsätze auszuarbeiten und zu fördern, die Steuerbehörden bei der Durchführung der in diesem Bericht dargelegten Empfehlungen leiten.
19. *Empfehlung mit dem Ziel, Nichtmitgliedstaaten in die Beachtung der Empfehlung mit einzubeziehen*: Das neue Forum soll mit Nichtmitgliedstaaten einen Dialog aufbauen und dabei nötigenfalls die von anderen internationalen Steuerorganisationen angebotenen Foren nutzen, um die in diesem Kapitel dargelegten Empfehlungen und Richtlinien zu fördern.

**Tabelle 2:** Die 19 im 1998-Report enthaltenen Empfehlungen (Quelle: OECD-Schriftenreihe Einschränkung des volkswirtschaftlich nachteiligen Steuerwettbewerbs, Empfehlungen des Ausschusses für Steuerfragen)

## Der effektive Steuer-Informationsaustausch nach Standard „OECD 2002"

Basierend auf den Erkenntnissen aus dem oben kurz dargestellten OECD 1998 Report „Harmful Tax Competition: An Emerging Global Issue" präsentierte die OECD im April 2002 ein von einer Sondereinheit der Organisation – der „Global Forum Working Group on Effective Exchange of Information" – ausgearbeitetes „Musterübereinkommen über einen effektiven Austausch von Informationen in Steuersachen" („agreement for effective exchange of information in tax matters"). Der Tenor dieses Musterübereinkommens ist eine gegenseitige Amtshilfe mittels eines umfassenden Informationsaustausches unter den Vertragsstaaten. Der Auskunftsverkehr soll sämtliches Datenmaterial umfassen, welches *voraussichtlich erforderlich* ist:

- Zur Ermittlung der Steuerpflicht und der maßgeblichen Besteuerungsgrundlagen („determination")
- Zur Steuerfestsetzung und Steuerbeitreibung („assessment and collection of taxes")
- Zur Rückerlangung und Vollziehung bereits verkürzter Steuern („recovery and enforcement of tax claims")
- Zur Ermittlung oder strafrechtlichen Verfolgung von Steuerangelegenheiten („investigation or prosecution of tax matters")

Unter „voraussichtlich erforderlich" (forseeable relevance) versteht die OECD „möglichst umfassend", klammert jedoch Ermittlungen ins Blaue hinein (fishing expeditions) ausdrücklich aus. Der Auskunftsverkehr nach OECD 2002 vollzieht sich als Informationsaustausch auf Anfrage („*Exchange of Information Upon Request*") und umfasst die Steuerarten: Einkommen- oder Gewinnsteuern (taxes on income or profits), Kapitalsteuern (taxes on capital), Vermögensteuern (taxes on net wealth), Grundsteuern sowie die Erbschaft- oder Schenkungsteuern (estate, inheritance or gift taxes). Die Vertragsstaaten sollen Informationen austauschen, wenn Beweismittel oder Angaben im Rahmen einer bestimmten Untersuchung (particular examination), für Nachforschungszwecke (inquiry) oder Ermittlungen (investigation) benötigt werden. Der Begriff „inquiry" schließt auch Vorfeldermittlungen der Steuerfahndung i.S.v. § 208 der deutschen Abgabenordnung (AO) ein, die sich im Regelfall „gegen Unbekannt"[44] richten. Während die Erforschung von Steuerstraftaten und Steuerordnungswidrigkeiten beginnt, sobald ein konkreter *Anfangsver-*

[44] Dementsprechend braucht der ersuchende Staat, wie unten erörtert, noch keinen konkreten Tatverdächtigen zu haben, um Oasenstaaten nach dem Abkommen zum Informationsaustausch zu ersuchen.

*dacht*[45] vorliegt, die den Verdacht einer Straftat begründen, genügt für eine „inquiry" wie der Vorfeldermittlung nur ein so genannter hinreichender Anlass zum Tätigwerden.

Die zur Steuerfestsetzung voraussichtlich erforderlichen Informationen sind vom ersuchten Staat unabhängig von der Tatsache zu übermitteln, ob das dem Ersuchen zugrunde liegende Steuerdelikt nach dem Recht des ersuchten Staates, wäre es dort begangen worden, als Straftat zu qualifizieren wäre (so genannter „dual criminal test"). Mit dieser Klausel will die OECD erreichen, dass Steueroasen auf Anfrage der Steuerbehörden aus Hochsteuerländern Informationen auch dann preisgeben, wenn in dem Oasenstaat gar keine der Anfrage gegenständlichen Steuern existieren.

In Kraft befindliche Rechtshilfeabkommen wie z.B. das *Europäische Übereinkommen über die Rechtshilfe in Strafsachen* vom 20. April 1959[46] sehen vor, dass „die dem Rechtshilfeersuchen zugrunde liegende strafbare Handlung sowohl nach dem Recht des ersuchenden Staates als auch nach dem des ersuchten Staates strafbar sein" muss. An dieser beidseitigen Strafbarkeit („dual criminal test") scheiterten bislang fast alle an Steueroasen gerichtete Rechtshilfeersuchen, da die Hinterziehung beispielsweise von Einkommensteuer auf Kapitaleinkünfte in Staaten, in denen es solche oder vergleichbare Steuern gar nicht gibt, nicht unter Strafe gestellt sein konnte.

Des Weiteren blieben an Steueroasen adressierte Rechtshilfeersuchen schon deshalb bislang ohne Erfolg, weil der ersuchte Staat mangels Existenz und Vollzug gleicher oder ähnlicher Steuern über keinerlei Datenmaterial, Unterlagen und Informationen verfügte und infolgedessen die Anlaufstelle für die Auskunftsersuchen („the competent authority") des ersuchten Staates an den ersuchenden Staat keinerlei Daten übermitteln konnte. Um gerade in solchen klassischen Fällen des „schädlichen Steuerwettbewerbs" diesem Einhalt zu gebieten, will die OECD mit ihrem Standard 2002 erreichen, dass die Vertragsstaaten auch dann „ermitteln" und „übermitteln", wenn sie die Erkenntnisse nicht für eigene Steuerzwecke

---

[45] Ein solcher Verdacht kann hervorgerufen werden durch anonyme Anzeigen entlassener Mitarbeiter oder zerstrittener Ehepartner, durch Presseberichte über gestohlene Wertsachen oder durch die Außenprüfung. Häufig bildet aber auch die Abgabe einer unglaubwürdigen und (in den Augen der Finanzbehörden) unvollständigen Selbstanzeige oder deren Widerruf Anlass für die Einleitung von Ermittlungen.

[46] BGBl. 1964 II S. 1369.

verwerten können. Nach dem Mustertext sollen neben Banken auch Finanzinstitutionen und Drittpersonen auskunftspflichtig sein, die in einem Treuhandverhältnis stehen, also insbesondere Treuhänder (Nominees) und Trustees.

Als zur Bekämpfung des schädlichen Steuerwettbewerbs nützliche Informationen gelten insbesondere:

a) Angaben über die Besitzverhältnisse von Unternehmen (ownership of companies), Partnerschaften/Personenvereinigungen (partnerships), Trusts, Stiftungen, Anstalten usw.
b) Angaben über sämtliche Eigentümer in einer Eigentümerkette (so genannte „ownership chain"). Damit will die OECD diversen „Steuersparkonstellationen" entgegentreten, in denen so genannten „Nominees" als im Handelsregister eingetragene rechtliche Eigentümer dem wirtschaftlichen Eigentümer vorgeschoben werden. In Fällen, in denen der rechtliche Eigentümer im Auftrag und Vertretung eines Dritten handelt (als Treuhänder), ist der Dritte der wirtschaftlich Berechtigte!
c) Bei einem Auskunftsersuchen gegenständlichen Trusts auch Informationen über den Settlor, Trustees und den Begünstigten
d) Bei Stiftungen Angaben über den Stifter, Mitglieder im Stiftungsrat und den Begünstigten

Zur Erfüllung des abkommengegenständlichen Zwecks eines intensiven Informationsaustausches in Steuersachen sollen die Steuerbehörden aus den Hochsteuerländern mit den Behörden des ersuchten Oasenstaates „vor Ort" eng zusammenarbeiten können. Artikel 6 (*Tax Examinations Abroad*) des Musterabkommens sieht für diese Zwecke vor, dass ein ersuchender Vertragsstaat Vertreter für Zwecke der Personenvernehmung und der Sichtung von Unterlagen und Beweismittel in den ersuchten Oasenstaat entsenden darf. Auch für Zwecke einer Steuerprüfung sieht das Musterabkommen Vor-Ort-Ermittlungen durch Behörden des ersuchenden Staates vor.

Auskunftsersuchen in Steuersachen können nach diesem Musterabkommen (Artikel 7 *Possibility of Declining a Request*) nur in bestimmten Fällen zurückgewiesen werden, beispielsweise in Fällen von Selbstbezichtigung zu einer Steuerstraftat. Ein Vertragsstaat kann demnach einem Auskunftsersuchen widersprechen, wenn die Informationen ausschließlich durch Befragung des Tatverdächtigen gewonnen werden könnten. Sofern im ersuchten Staat für Tatverdächtige ein Aussageverweigerungsrecht gilt, kann der ersuchte Staat nicht gezwungen werden, ein Auskunftsersuchen in Umgehung dieses Rechts zu erfüllen.

In der Praxis hat dieses "privilege against self-incrimination" allerdings kaum Bedeutung, da sich Auskunftsersuchen zu Steuerermittlungen im Regelfall an Dritte adressieren wie Banken oder sonstige Finanzintermediäre. Und diese können sich nicht auf ein Bankgeheimnis oder ähnliche Verschwiegenheitspflichten berufen. Das Musterabkommen räumt den Vertragsparteien zwar ein Zurückweisungsrecht für auf die Verletzung von Handels- oder Berufsgeheimnisse gerichtete Rechtshilfeersuchen ein. Denkbar wäre hier die Abweisung der Beschlagnahme der Kreditakten von Banken, aus denen z.B. Informationen über bestimmte urheberrechtlich geschützte Herstellungs- oder Produktionsverfahren eines Kreditantragstellers ersichtlich wären.

Bankgeheimnisgeschützte Informationen über Vermögensanlagen eines Individualkunden enthalten im Regelfall Angaben über unterhaltene Konten, Finanzstatus oder Informationen bezüglich der Identität oder die rechtliche Struktur (legal structure) von Kontoinhabern und den Gegenstellen, mit denen Finanztransaktionen getätigt worden sind, und können nicht als solche unter ein Berufsgeheimnis (Bankgeheimnis) fallend betrachtet werden. Im Übrigen gelten nationale Rechtsbestimmungen hinsichtlich diverser Verschwiegenheitspflichten von Bankern und Finanzdienstleistern dem Übereinkommen gegenüber als nachrangig.

## Ausblick: „Qualified Intermediary"

„Qualified Intermediary" ist ein ausgeklügeltes US-Fangnetz, das als Vorbild für eine einheitliche EU-Regelung dienen könnte. Die amerikanische Steuerbehörde IRS ist dafür bekannt, immer neue Mittel und Wege zu entwickeln, um Steuerschlupflöcher bei den Kapitaleinkünften zu stopfen, die aus US-Wertpapieren stammen. Hier handelt die IRS seit Anfang 2001 streng nach dem Grundsatz, dass eine US-Zahlstelle immer wissen soll, wer der wirtschaftlich Berechtigte von Zins- oder Dividendenzahlungen aus amerikanischen Wertpapieren ist.

Sitzt der steuerpflichtige Empfänger – sprich der Geldanleger bzw. der wirtschaftlich Berechtigte – im Ausland, kann dies natürlicherweise nur dadurch gewährleistet sein, dass ausländische Banken die Identität jener (amerikanischen oder nichtamerikanischen) Kunden melden, die solche Papiere im Depot haben und entsprechende Kapitaleinkünfte bezogen haben.

Für amerikanische Schwarzgeldanleger und wohl auch für Schwarzgeldanleger aus anderen Staaten würden solche Meldungen natürlich ein Fiasko darstellen. Außerdem würden solche Meldepflichten gegen gesetzliche Bankgeheimnisse beispielsweise der Schweiz oder Liechtenstein verstoßen. Die Amerikaner haben daher den „Qualified Intermediary Status" eingeführt. Qualified Intermediary heißt „anerkannter Vermittler". Banken in Ländern, die von der amerikanischen Steuerbehörde anerkannt worden sind (das sind u.a. die Schweiz, Österreich, Liechtenstein), können den QI-Status vereinbaren und können ihrer *nichtamerikanischen* Klientel (z.B. allen Deutschen) ohne Mitteilung von Kundendaten die geltenden Quellensteuerentlastungen für US-Wertpapiere weitergeben, brauchen also aus Zinsen oder Dividenden aus amerikanischen Wertpapieren keine Quellensteuer einbehalten. Des Weiteren muss beim Verkauf von US-Wertpapieren auch dann keine Quellensteuer auf den Verkaufserlös (voller Verkaufserlös, nicht nur Kursgewinn) abgezogen werden, wenn die Identität des Wertpapierhalters gegenüber den US-Behörden nicht gemeldet ist.

Sinn und Zweck des QI ist es, sicherzustellen, dass amerikanische Bankkunden (so genannte US Persons, dazu zählen auch Schwarzgeldanleger mit Doppelbürgerschaft USA oder solche, die eine Green Card besitzen) ihre Steuern bezahlen und Nichtamerikaner nicht unbefugt Steuerentlastungen aus Doppelbesteuerungsabkommen, die die USA mit dem Wohnsitzstaat des Steuerpflichtigen abgeschlossen haben, nutzen können. Hierzu müssen die Banken auch – und auf das zielt ja gerade dieses neuartige US-Fangnetz ab – dafür sorgen, dass ihre sämtlichen *amerikanischen* Kunden, die US-Wertpapiere im Depot halten, der US-IRS gegenüber bekannt sind. Entsprechende Meldungen an die US-Steuerbehörde erstattet die QI-Bank. Dies kann in Ländern mit gesetzlichem Bankgeheimnis – beispielsweise in der Schweiz – selbstverständlich nur mit Einverständnis des amerikanischen Bankkunden geschehen. Wird sie versagt, muss die QI-Bank nicht rückforderbare Quellensteuern in Höhe von 31 Prozent (die so genannte backup withholding tax oder Sicherungssteuer) auf Zinsen, Dividenden und den gesamten Verkaufserlös (nicht nur auf den Kursgewinn) einbehalten und der IRS überweisen. QI-Banken haben sich außerdem verpflichtet, die Zahl der nicht offen gelegten US-Kunden in engen Grenzen zu halten. Amerikanischer Neukunden gegenüber dürften die QI-Banken daher mit dem Einbehalt der Sicherungssteuer nicht mehr einverstanden sein.

Dieses System betrifft derzeit in erster Linie nur US-Bürger, die „Off-Shore" gegangen sind, also ihr Geld nach Europa (Schweiz, Liechtenstein usw.) transferiert und dort in US-Wertschriften angelegt haben. Schwarzgeldanleger, die in den USA nicht steuerpflichtig sind, haben nichts zu befürchten; sie müssen lediglich erklären, dass sie in den USA nicht steuerpflichtig sind. Wollen deutsche oder österreichische Schwarzgeldanleger beispielsweise eine IBM Aktie ins Schwarzdepot legen, ist das nur möglich, wenn sie entsprechende Formulare ausfüllen. Nach der Prozedur kommt der Anleger dann auch entsprechend in den Genuss von Steuerentlastungen nach dem jeweils anwendbaren Doppelbesteuerungsabkommen.

Dieses Qualified Intermediary Agreement könnte der Europäischen Union als Musterlösung gefallen. Denn im Gegensatz zum geplanten Informationsaustausch ist das QI mit den Bankgeheimnissen vereinbar.

# Teil III

## Bankgeheimnisse sorgen für Diskretion, aber nicht für Anonymität

Das „Bankgeheimnis" verkörpert eine den Mitarbeitern von Kreditinstituten auferlegte Geheimhaltungs- oder Verschwiegenheitspflicht, welche beispielsweise in Liechtenstein, in Österreich und der Schweiz hohen, in Deutschland dagegen nur geringen Stellenwert genießt. Unter diese Verschwiegenheitspflicht fallen alle Tatsachen, die Bankmitarbeitern auf Grund der Geschäftsverbindungen mit Kunden anvertraut oder zugänglich gemacht worden sind (liechtensteinische Definition). Gerade daraus ist ersichtlich, dass Bankmitarbeiter ihre Kunden und ihre finanziellen Verhältnisse genau kennen. Bankgeheimnisse haben also nichts mit Anonymität oder Schweizer Nummernkonten zu tun. Bankgeheimnisse sorgen in erster Linie dafür, dass den Bedürfnissen eines Anlegers in Sachen Diskretion Rechnung getragen wird. Bankgeheimnisse decken aber weder Straftäter noch Steuerbetrüger. Nachfolgend dargestellt werden die Bankgeheimnisse der Länder Schweiz, Liechtenstein, Österreich, Belgien, den Kanalinseln, Malta und den Bahamas.

## Was versteht man unter einem „Bankgeheimnis"?

Wer im deutschen Handels-, Bank- und Börsenrecht nachschlägt, wird den Begriff „Bankgeheimnis" nirgendwo finden. Das Bankgeheimnis ist im deutschen Recht weder gesetzlich verankert noch definiert, womit eigentlich schon die Frage beantwortet ist, ob eine Verletzung der Geheimhaltungspflicht für den deutschen Banker strafrechtliche Konsequenzen hätte – nämlich keine. Diskrete Geldanleger, die in *Deutschland* ein Konto unterhalten, genießen lediglich einen privatrechtlich vereinbarten Geheimnisschutz, und zwar basierend auf den Allgemeinen Geschäftsbedingungen der deutschen Banken und Sparkassen. Gegenüber den Finanzbehörden gibt es in Deutschland – wie nachfolgend erörtert und am Beispiel des automatisierten Kontenabrufes oben bereits dargestellt – kein Bankgeheimnis.

Die Geschäftsbedingungen deutscher Banken definieren das Bankgeheimnis als „kundenbezogene Tatsachen und Wertungen", von denen die Bank Kenntnis erlangt hat. Nr. 1 Abs. 1 der Allgemeinen Geschäftsbedingungen der Sparkassen bezeichnet Geschäftsbeziehungen mit Kunden als durch ein „besonderes Vertrauensverhältnis geprägt". Der Sparkassenkunde soll sich insbesondere darauf verlassen können, „dass die Sparkasse seine Aufträge mit der Sorgfalt eines ordentlichen Kaufmanns ausführt und das Bankgeheimnis wahrt." Aus diesem Vertrauensverhältnis heraus erwerben diskrete Geldanleger in Deutschland das Recht auf Unterlassung einer Offenbarung oder Verwertung einer unter das Bankgeheimnis fallenden Tatsache für zivilrechtliche Angelegenheiten – nicht mehr und auch nicht weniger.

Blickt man aber einmal über die bundesdeutschen Grenzen hinweg, beispielsweise nach Österreich, findet sich sehr wohl eine gesetzliche Definition für den Begriff „Bankgeheimnis". So bezeichnet § 38 des österreichischen Bankwesengesetzes als Bankgeheimnis alle Geheimnisse, die Kreditinstituten, ihren Gesellschaftern, Organmitgliedern, Beschäftigten sowie sonst für Kreditinstitute tätige Personen ausschließlich aufgrund der Geschäftsverbindungen mit Kunden anvertraut oder zugänglich gemacht worden sind. Analog bezeichnet das liechtensteinische Bankengesetz als Bankgeheimnis alle Tatsachen, die aufgrund der Geschäftsverbindungen mit Kunden anvertraut oder zugänglich gemacht worden sind.

Das deutsche Recht kennt dagegen lediglich artverwandte Begriffe. Erwähnt sei hier insbesondere das *Schuldbuchgeheimnis* als „Bankgeheimnis" der Bundesschuldenverwaltung. Das Schuldbuchgeheimnis ist in Art. 3 Abs. 4 des Reichsschuldbuchgesetzes verankert und bestimmt, dass „über den Inhalt des Reichsschuldbuchs" nur dem eingetragenen Gläubiger, seinem gesetzlichen Vertreter, seinen Erben, Testamentsvollstrecker, Nachlassverwaltern, dem Konkursverwalter oder dem überlebenden Ehegatten Auskunft gegeben werden darf.

Das Schuldbuchgeheimnis gilt selbstverständlich auch gegenüber den Finanzbehörden. Soweit allerdings gesetzliche Bestimmungen Auskunfts- und Vorlagepflichten für Kreditinstitute begründen, gelten diese auch für die Bundesschuldenverwaltung.

Im Ergebnis kann das Bankgeheimnis als eine allen Mitarbeitern eines Kreditinstituts auferlegte Pflicht bezeichnet werden, Stillschweigen über die Vermögensverhältnisse ihrer Kunden gegenüber anderen Kunden oder Drittpersonen zu wahren. Mit Anonymität haben Bankgeheimnisse nichts zu tun. Bankgeheimnisse bewirken auch nicht, dass die Bank den Kunden nicht namentlich kennt oder dass der Banker als Geheimnisträger in einem strafrechtlichen Untersuchungsverfahren die Aussage verweigern dürfte. So können Bankiers aus allen europäischen Anlageländern jederzeit vor dem Untersuchungsrichter und in Verfahren vor Gericht mit Zwangsmitteln zur Durchbrechung des Bankgeheimnisses angehalten werden.

## Warum es in Deutschland gegenüber Finanzbehörden kein Bankgeheimnis gibt

Schlagen diskrete Geldanleger mit Konten in Deutschland – über die obigen Ausführungen zum automatisierten Kontenabruf etwas überrascht – die deutsche Bibel für das steuerliche Verfahrensrecht, die Abgabenordnung, auf, werden sie unter § 30a eine Vorschrift mit der trügerischen Überschrift „Schutz von Bankkunden" vorfinden. Diese Vorschrift (§ 30a AO) – und das sei vorweg gesagt – *spielt* dem unerfahrenen Anleger nur ein finanzbehördliches Bankgeheimnis *vor*. Zum einen gilt die Vorschrift sowieso nur für Guthabenkonten oder Depots, bei deren Errichtung eine Legitimationsprüfung vorgenommen worden ist. So dürfen beispielsweise Giroausgangskonten oder CpD-Konten[47] im Rahmen der Außenprüfung zur Nachprüfung der ordnungsgemäßen Versteuerung festgestellt oder abgeschrieben werden.

Des Weiteren steht der so besondere „Schutz von Bankkunden“ der Auswertung von solchen Zufallserkenntnissen nicht entgegen, die den Verdacht einer Steuerverkürzung im Einzelfall begründen. Hat „Kommissar Zufall“ entsprechende Entdeckungen gemacht, die einen Anfangsverdacht dahingehend begründen, dass die Bank oder der betreffende Bankkunde in diesem konkreten Fall eine Steuerverkürzung herbeigeführt hat, spielt es keine Rolle mehr, ob es sich hierbei um ein legitimiertes Konto handelt oder nicht. Außerdem verbietet § 30a den Finanzbehörden, von Banken zum Zwecke der allgemeinen Überwachung die einmalige oder periodische Mitteilung von Konten bestimmter Art oder bestimmter Höhe zu verlangen. Diese Vorschrift klingt zwar gut, richtet sich aber bei näherem Hinsehen nur gegen Ermittlungen ins Blaue hinein. Kommt einem Veranlagungsbeamten die Steuererklärung eines deutschen Geldanlegers wegen der vielen Auslandsreisen und der wenigen Kapitalerträge suspekt vor, stehen dem Beamten einmal ein Kontenabruf wie oben gesehen und anschließend ein Auskunftsersuchen an die Hausbank des Geldanlegers zur Disposition, beides nachdem er den diskreten Geldanleger zur Berichtigung bzw. Nacherklärung von Kapitalerträgen aufgefordert hat.

Sollte § 30a AO überhaupt eine Existenzberechtigung haben, dann höchstens hinsichtlich des für Betriebsprüfer geltenden *gebundenen Ermessens*[48], Guthabenkonten oder Depots im Rahmen einer Außenprüfung bei Banken zwecks Nachprüfung einer ordnungsgemäßen Versteuerung festzustellen oder abzuschreiben. Dieses Ermessen müssen diskrete Geldanleger allerdings relativiert betrachten: Denn es bezieht sich nur auf legitimierte Konten und nicht auf diskrete CpD-Konten und auch nicht auf Kassenkontrollstreifen, aus denen jede Geldbewegung ersichtlich ist. Des Weiteren wirkt dieses gebundene Ermessen nur dann, wenn kein hinrei-

---

[47] CpD-Konten sind eigentlich Fehlbuchungs- und Restantenkonten, dienen aber gleichfalls als Zwischenlager, wenn sich Kunden Zinsen bar auszahlen lassen wollen.

[48] § 30a Abs. 3 AO verbietet die Ausschreibung von Kontrollmitteilungen nicht („soll unterbleiben“). Es besteht lediglich ein Verbot in Form eines gebundenen Ermessens. Besteht der Verdacht einer Steuerverkürzung, steht diese Vorschrift Kontrollmitteilungen nicht entgegen.

chender Anlass besteht. Besteht jedoch ein solcher, und hierzu reichen schon konkrete Anhaltspunkte (z.B. wegen der Besonderheit des Objekts oder der Höhe des Wertes) oder wenn aufgrund allgemeiner Erfahrungen (auch konkrete Erfahrungen für bestimmte Gebiete) die Möglichkeit einer Steuerverkürzung in Betracht kommt und daher eine Anordnung bestimmter Art angezeigt ist, dürfen auch Kontrollmitteilungen über legitimierte Konten geschrieben werden. Der deutsche Bankkunde ist so höchstens gegen die willkürliche Fertigung von Kontrollmitteilungen im Zuge einer Außenprüfung wirklich geschützt. § 30a AO verbietet allenfalls das Ausfiltern bestimmter Personen aus einer großen Gruppe von Bankkunden nach bestimmten Rastermerkmalen, wenn erst ein möglicher Anlass für weitere Ermittlungsmaßnahmen gefunden werden soll.

Geldanleger, die dennoch an ein finanzbehördliches Bankgeheimnis glauben, sollen den ersten Satz des fünften Absatzes des § 30a aufmerksam lesen. Dieser bestimmt, dass für Auskunftsersuchen an Kreditinstitute § 93 AO gilt. Diese Vorschrift[49] verpflichtet Kreditinstitute, den Finanzbehörden gegenüber als „andere Personen" „die zur Feststellung eines für die Besteuerung erheblichen Sachverhaltes erforderlichen Auskünfte zu erteilen".[50]

Um deutsche Banken zur Auskunftserteilung heranziehen zu können, genügt es bereits, wenn sich die Finanzbehörde vorher um die Kooperation des Steuerpflichtigen bemüht hat. Doch spielt auch dies keine Rolle, wenn „gegen Unbekannt" ermittelt wird. Der Steuerfahndung steht es kraft Gesetzes zu, gegen Unbekannt zu ermitteln, wenn ein „hinreichender Anlass zum Tätigwerden" gegeben ist.

Die Vorschrift stellt im Ergebnis nichts anderes dar als eine Art Selbstbeschränkung der Finanzverwaltung. Mit einem gesetzlich verankerten Bankgeheimnis hat die Norm jedenfalls nichts zu tun.

---

[49] Siehe Teil II Abschnitt Automatisierter Kontenabruf, Jahresbescheinigung und Auskunftspflicht deutscher Kreditinstitute, Seite 52.

[50] § 93 Abs. 1 Satz 1 AO.

## Das Bankgeheimnis in der Schweiz

Über das Bankgeheimnis in der Schweiz kann der diskrete Geldanleger in Art. 47 des „Bundesgesetzes über die Banken und Sparkassen" Folgendes nachlesen:

*„1. Wer ein Geheimnis offenbart, das ihm in seiner Eigenschaft als Organ, Angestellter, Beauftragter, Liquidator oder Kommissär einer Bank, als Beobachter der Bankenkommission, als Organ oder Angestellter einer anerkannten Revisionsstelle anvertraut worden ist oder das er in dieser Eigenschaft wahrgenommen hat, wer zu einer solchen Verletzung des Berufsgeheimnisses zu verleiten sucht, wird mit Gefängnis bis zu sechs Monaten oder mit Busse bis zu 50 000 Franken bestraft.*

*2. Handelt der Täter fahrlässig, so ist die Strafe Busse bis zu 30 000 Franken.*

*3. Die Verletzung des Berufsgeheimnisses ist auch nach Beendigung des amtlichen oder dienstlichen Verhältnisses oder der Berufsausübung strafbar.*

*4. Vorbehalten bleiben die eidgenössischen und kantonalen Bestimmungen über die Zeugnispflicht und über die Auskunftspflicht gegenüber einer Behörde."*

Die Kenntnis, dass die auf Schweizer Konten transferierten Guthaben sowohl dem Zoll als auch den Fiskalbehörden im Ausland vorenthalten wurden bzw. werden, rechtfertigt nach der schweizerischen höchstrichterlichen Rechtsprechung nicht zur Preisgabe geschützter Daten an ausländische Behörden. Dennoch lässt sich aus dem letzten Absatz 4 der obigen Vorschrift erkennen, dass das Schweizer Bankgeheimnis für Schweizer Behörden – und auch für ausländische – keine unüberwindbare Hürde ist.

Das Schweizer Bankgeheimnis gehört zwar zu den wesentlichen Staatsinteressen der Schweiz und damit zum Ordre Public. Die Schweizer Bundesgericht-Rechtsprechung sieht allerdings die wesentlichen Interessen der Schweiz nicht schon dann als gefährdet an, wenn „eine Auskunft über Bankbeziehungen einiger weniger in- oder ausländischer Kunden" erteilt wird.[51]

---

[51] BGE 1A.33/1997 v. 8.4.97.

Dem Schweizer Bankgeheimnis kommt im Unterschied zum österreichischen (siehe unten) nicht der Rang eines verfassungsmäßigen Rechtes zu, so dass es bei Kollision mit anderen Interessen Vorrang beanspruchen könnte. Es handelt sich hier vielmehr um eine gesetzliche Norm, die gegebenenfalls gegenüber staatsvertraglichen Verpflichtungen der Schweiz – wie der Internationalen Rechtshilfe – zurückzutreten hat.[52] So gab es nach Ansicht des Lausanner Bundesgerichts „keinen Grund, das Interesse der Schweiz an der Aufrechterhaltung des Bankgeheimnisses höher zu bewerten" als das Interesse des italienischen Staates, einen Korruptionsfall aufzuklären und die schuldigen Personen zu bestrafen.[53]

Das Schweizer Bankengesetz verpflichtet die Beschäftigten im Bankensektor, ihren Kunden gegenüber alle in Ausübung der beruflichen Tätigkeit anvertrauten oder wahrgenommenen Geheimnisse zu wahren. Zu erwähnen sind hier insbesondere Plaudereien im Bekanntenkreis des Bankmitarbeiters – ein unumstritten gefährliches Terrain, dem man mit Nummernkonten entgegenzutreten versucht. Der Schweigepflicht unterliegen neben den gewöhnlichen Angestellten auch die Mitglieder der Geschäftsleitung, Direktionsmitglieder, Vorstands- und Aufsichtsräte oder der Prokurist, der mit der Verwaltung eines diskreten Nummernkontos beauftragt worden ist. Auch außenstehende Dritte, die mit der Bank in einem externen Beschäftigungs-/Auftragsverhältnis stehen, müssen das Bankgeheimnis wahren.

Keinen Bankgeheimnisschutz erfahren diskrete Geldanleger, die ihr Vermögen einem bankenunabhängigen Vermögensverwalter anvertrauen, der lediglich das Wertpapierdepot treuhänderisch verwaltet. Der Vermögensverwalter sollte daher entweder ein Berufsgeheimnisträger (Rechtsanwalt, Steuerberater usw.) sein, der kraft anderer Gesetzesregelung einer Verschwiegenheitspflicht unterliegt, oder Mitglied eines Verbandes sein (z.B. Verband Schweizerischer Vermögensverwalter [VSV]). Vermögensverwalter, die dem Verband Schweizerischer Vermögensverwalter angeschlossen sind, haben sich beispielsweise in Art. 11 ihrer Standesregeln für die Ausübung der unabhängigen Vermögensverwaltung „zur absoluten Verschwiegenheit über alle Informationen, die ihnen im Rah-

---

[52] Zur Rechtshilfe in Steuerdelikten siehe Ausführungen in Teil IV, Seiten 111 ff.
[53] BGE 1A.33/1997 v. 8.4.97.

men ihrer Tätigkeit als Vermögensverwalter zur Kenntnis gebracht werden", verpflichtet.

Dem Schweizer Bankgeheimnis unterstellt sind alle in der Schweiz ansässigen *ausländischen* Kreditinstitute. Lässt der diskrete Geldanleger sein diskretes Nummernwertpapierdepot von der Schweiz-Tochter eines ausländischen Kreditinstituts verwalten, steht auch dieses Konto unter Bankgeheimnisschutz. Die ausländische Konzernzentrale ist dabei als eine nicht dem Schweizer Recht unterstellte Drittperson anzusehen. Auskunftsrechte des Head Office sind auf für Zwecke der Gewinnabführung relevante Tatsachen beschränkt. Ist das Mutterhaus Hauptaktionärin der Schweiz-Tochter, ist der Austausch notwendiger Auskünfte im Rahmen dessen erlaubt, was der ordentliche Geschäftsleiter zur Führung eines Betriebes wissen muss. Hierzu gehören nicht bankkundenbezogene Informationen.

*Dennoch*: Wünschen diskrete Geldanleger absolute Diskretion, sollten diese sich an eine Schweizer Bank wenden. Denn eine nicht zu unterschätzende Gefahr für das Bankgeheimnis stellen die Mitarbeiter von Auslandsniederlassungen selbst dar, die irgendwann wieder nach Deutschland zurückkehren und alle vertraulichen Informationen zwar nicht auf Papier, jedoch im Gedächtnis mitnehmen. Eine weitere Gefahr droht, wenn die Schweiz-Tochter nur eine Filiale ohne eigene Rechtspersönlichkeit ist und auf Vorstandsebene von einem inländischen Repräsentanten vertreten wird, der zwar über alles auf dem Laufenden sein will, aber – weil er außerhalb des Schweizer Territoriums tätig ist – nicht dem Bankgeheimnis untersteht.

Soll eine Schweizer Bank als „dritte" Auskunftsquelle verpflichtet werden, ist es freilich zunächst einmal Sache der auskunftsersuchenden Stelle (Gleiches gilt im Übrigen für ausländische Justizbehörden im Fall eines Rechtshilfebegehrens), nachzuweisen, dass eine Bankverbindung besteht.[54] Ein „Negativbeweis", dass der betreffende (deutsche) Steuerpflichtige nicht Kunde einer Bank ist, deren Schalterhalle er einmal betreten hat, kann weder von in- noch von ausländischen Finanzbehörden verlangt werden. Die Eidgenössische Steuerverwaltung darf keine „relativen Nega-

---

[54] Der wirtschaftlich Berechtigte hat wie der Nichtkunde weder Anspruch auf eine positive noch auf eine negative Bescheinigung (Rundschreiben 6743 der Schweizerischen Bankiervereinigung: „Eine Bescheinigung an den wirtschaftlich Berechtigten könnte vielmehr als Bankgeheimnisverletzung qualifiziert werden.").

tivbescheinigungen“ verlangen, wonach ein Konto nicht auf den Namen des Steuerpflichtigen lautet.

Geht es um die Ermittlung von Besteuerungsgrundlagen, ist grundsätzlich zu unterscheiden, ob das an die Bank gerichtete Auskunftsbegehren der Gewinnung von Informationen zur Steuerfestsetzung (Besteuerungsverfahren) dient oder ob gegen den Bankkunden bereits ein Verfahren wegen Steuerbetrugs gemäß Art. 186 des Bundesgesetzes über die direkte Bundessteuer (DBG) (oder Abgabebetrug nach Art. 14 Abs. 2 des Bundesgesetzes über das Verwaltungsstrafrecht bei ausländischen Rechtshilfeverfahren) anhängig ist. Geht es um die Festsetzung von Steuern (Besteuerungsverfahren) von in der Schweiz ansässigen und steuerpflichtigen Bankkunden, können Kreditinstitute (nicht so die sonstigen Treuhänder und Vermögensverwalter, sofern sie keine Berufsgeheimnisträger sind) unter Berufung auf das Bankgeheimnis jegliche Auskünfte verweigern. Das Bundesgericht hat hierzu ausgeführt, dass sich die Steuerbehörde an den Bankkunden selbst zu wenden hat, dem die Bank zur Auskunft und Urkundenvorlage verpflichtet ist. Sofern dieser den Fiskalbehörden die Unterlagen nicht aushändigt, ist die Steuerbehörde nicht in der Lage, die Schriftstücke direkt beim Kreditinstitut anzufordern[55].

Geht es aber um *Steuer- bzw. Abgabebetrug* (gemäß Art. 186 DBG liegt ein solcher vor, wenn eine Täuschung der Steuerbehörden durch gefälschte, verfälschte oder inhaltlich unwahre Urkunden wie Geschäftsbücher, Bilanzen, Erfolgsrechnungen, Lohnausweise oder andere Bescheinigungen Dritter gegeben ist), ist die Bank zur Auskunftserteilung uneingeschränkt verpflichtet. Bei Steuer-/Abgabebetrug verhindert das Bankgeheimnis auch richterliche Zwangsmaßnahmen wie die Durchsuchung und die Beschlagnahme nicht. Sofern also geltendes Strafprozessrecht für Personen, die dem Bankgeheimnis unterworfen sind, nichts anderes bestimmt, sind diese als Zeuge zur Aussage auch über Tatsachen verpflichtet, die unter das Bankgeheimnis fallen.

Auf Strafrechtsebene ist der Bankrepräsentant dann auch zur Mitteilung aller Tatbestände verpflichtet, die er über einen Kontoinhaber und dessen Verhältnis mit Dritten (wirtschaftlich Berechtigten) kennt. Eine Schweizer Bank darf aber nicht unter Hinweis auf die Existenz wahrer wirt-

[55] BGE 108 Ib 210 ff.

schaftlich Berechtigter hinter dem Kontoinhaber Auskünfte über den deshalb nur „formellen" Kontoinhaber an Strafverfolgungsbehörden erteilen.

„Vorbehaltlich anders lautender Vorschriften des kantonalen Strafprozessrechts sind Organe und Angestellte von Banken gehalten, als Zeugen auszusagen und Dokumente zur Verfügung zu stellen".[56] Sämtliche *kantonalen Strafprozessordnungen* verfahren hier analog und gewähren ein Zeugnisverweigerungsrecht ausschließlich den klassischen Berufsgruppen des Art. 321 StGB, zu denen der Banker aber nicht zählt. Selbstverständlich ist, dass der Bankier auch in schriftlichen Stellungnahmen wahrheitsmäßig über „geheime" Transaktionen, abgewickelt über Nummernkonten, bankinterne Verrechnungskonten oder Nostrokonten, sowie über die Existenz von Unter- und Durchlaufkonten zu berichten hat. Dementsprechend sind alle Konten anzugeben, für die der Betreffende gemäß Formular A[57] als wirtschaftlich Berechtigter festgestellt wurde oder zeichnungsberechtigt ist, auch wenn es sich hierbei nur um Gemeinschaftskonten oder Treuhandkonten handelt. Die Schließfächer betreffenden Mietverträge oder Zugangsberechtigungen sind ebenso offenzulegen.

In diesem Zusammenhang ist es zulässig, die Informationen zur Besteuerung Dritter auszuwerten. Voraussetzung hierfür ist allerdings, dass ausreichende Anhaltspunkte bereits aktenkundig sind, die auf Steuerunregelmäßigkeiten eines Dritten hindeuten (dies nicht zuletzt, um Beweisausforschungen entgegenzutreten). Als beteiligter Dritter gilt auch derjenige, der mit dem Beschuldigten im Zahlungsverkehr in Verbindung stand, etwa weil er vom Beschuldigten Geld auf sein Konto überweisen ließ. Die Behörden haben hier das Recht, nach sämtlichen sonstigen Transaktionen zu fragen, die der Dritte direkt mit der Bank getätigt hat.

## Das Bankgeheimnis in Österreich

Über das österreichische Bankgeheimnis kann der diskrete Geldanleger in § 38 des österreichischen Bankwesengesetzes (BWG) Folgendes lesen:

---

[56] BGE 1 P 460.

[57] Zum Formular A siehe Teil VII Abschnitt Diskrete Nummern- und Pseudonymkonten, Seite 179, sowie Abbildung des Formulars auf Seite 183.

*(1) „Kreditinstitute, ihre Gesellschafter, Organmitglieder, Beschäftigte sowie sonst für Kreditinstitute tätige Personen dürfen Geheimnisse, die ihnen ausschließlich auf Grund der Geschäftsverbindungen mit Kunden oder auf Grund des § 75 Abs. 3 anvertraut oder zugänglich gemacht worden sind, nicht offenbaren oder verwerten (Bankgeheimnis). Werden Organen von Behörden sowie der Oesterreichischen Nationalbank bei ihrer dienstlichen Tätigkeit Tatsachen bekannt, die dem Bankgeheimnis unterliegen, so haben sie das Bankgeheimnis als Amtsgeheimnis zu wahren, von dem sie nur in den Fällen des Abs. 2 entbunden werden dürfen. Die Geheimhaltungsverpflichtung gilt zeitlich unbegrenzt."*

Unter das Bankgeheimnis fällt alles, was diskrete Geldanleger ihrem Österreich-Banker bezüglich ihrer diskreten Konten und Depots anvertrauen. Auch Rechtsverhältnisse und Tatsachen aus einer vorvertraglichen Geschäftsanbahnung (wenn es also gar nicht zu einer Kontoeröffnung gekommen ist) sind einzubeziehen. Dem österreichischen Bankgeheimnis unterstellt sind Mitarbeiter von Kredit- und Finanzinstituten (hierzu zählen neben den Banken auch Devisenhändler und Wechselstuben) sowie alle sonst für Kreditinstitute tätigen Personen (das sind all diejenigen, die in einem externen Vertragsverhältnis zum Kreditunternehmen stehen) sowie die österreichischen Zweigniederlassungen ausländischer (deutscher) Banken. Diskrete Geldanleger, die wissen wollen, wann Österreich-Banker ihr Bankgeheimnis lüften, erfahren dies in den folgenden Absätzen:

*„(2) Die Verpflichtung zur Wahrung des Bankgeheimnisses besteht nicht*

*1. im Zusammenhang mit eingeleiteten gerichtlichen Strafverfahren gegenüber den Strafgerichten und mit eingeleiteten Strafverfahren wegen vorsätzlicher Finanzvergehen, ausgenommen Finanzordnungswidrigkeiten, gegenüber den Finanzstrafbehörden;*

*2. im Falle der Verpflichtung zur Auskunftserteilung nach § 41 Abs. 1 und 2, § 61 Abs. 1, § 93 und § 93a;*

*3. im Falle des Todes des Kunden gegenüber dem Abhandlungsgericht und Gerichtskommissär;*

*4. wenn der Kunde minderjährig oder sonst pflegebefohlen ist, gegenüber dem Vormundschafts- oder Pflegschaftsgericht;*

*5. wenn der Kunde der Offenbarung des Geheimnisses ausdrücklich und schriftlich zustimmt;*

*6. für allgemein gehaltene bankübliche Auskünfte über die wirtschaftliche Lage eines Unternehmens, wenn dieses der Auskunftserteilung nicht ausdrücklich widerspricht;*

*7. soweit die Offenbarung zur Klärung von Rechtsangelegenheiten aus dem Verhältnis zwischen Kreditinstitut und Kunden erforderlich ist;*

*8. hinsichtlich der Meldepflicht des § 25 Abs. 1 des Erbschafts-und Schenkungssteuergesetzes.*

*(3) Ein Kreditinstitut kann sich auf das Bankgeheimnis insoweit nicht berufen, als die Offenbarung des Geheimnisses zur Feststellung seiner eigenen Abgabepflicht erforderlich ist.*

*(4) Die Bestimmungen der Abs. 1 bis 3 gelten auch für Finanzinstitute und Unternehmen der Vertragsversicherung bezüglich § 75 Abs. 3 und für Sicherungseinrichtungen, ausgenommen die gemäß den §§ 93 bis 93b erforderliche Zusammenarbeit mit anderen Sicherungssystemen sowie Einlagensicherungseinrichtungen und Anlegerentschädigungungssystemen.*

*(5) (Verfassungsbestimmung) Die Abs. 1 bis 4 können vom Nationalrat nur in Anwesenheit von mindestens der Hälfte der Abgeordneten und mit einer Mehrheit von zwei Dritteln der abgegebenen Stimmen abgeändert werden."*

Besonders ins Auge fällt hierbei Nr. 1. Hier muss das Bankgeheimnis weichen bei gerichtlichen Straf- und Finanzstrafverfahren wegen vorsätzlicher Finanzvergehen, im Rahmen der Verpflichtung des Finanzsektors zur Zusammenarbeit mit der zur Bekämpfung der Geldwäsche eingesetzten Behörde (dem Bundesministerium für Inneres) sowie im Bereich der internationalen Rechtshilfe.[58] Voraussetzung ist, dass bereits ein gerichtliches Strafverfahren oder ein Verfahren bezüglich vorsätzlicher Finanzvergehen eingeleitet ist. Ist dies der Fall, ist die Finanzstrafbehörde grundsätzlich berechtigt, von jedermann – also auch von Mitarbeitern einer Bank – Auskünfte „für Zwecke des Finanzstrafverfahrens" nach § 99 Abs. 1 FinStrG zu verlangen. Ausgenommen hiervon sind Finanzordnungswidrigkeiten.

Wann genau nun die Konten und Depots diskreter Geldanleger in Österreich preiszugeben sind, beantwortet ein kurzer Ausflug in das österreichischen Finanzstrafgesetz (FinStrG). Der Unterschied zwischen einem

---

[58] Zur Thematik der internationalen Rechtshilfe vgl. Ausführungen in Teil IV, Seiten 111 ff.

vorsätzlichen *Finanzvergehen* und einer bloßen *Ordnungswidrigkeit* besteht zunächst darin, dass Strafgerichte für die Verfolgung von Finanzordnungswidrigkeiten i.S. der §§ 49 bis 51 FinStrG nicht zuständig sind (§ 53 Abs. 5 FinStrG). Die Durchbrechung des Bankgeheimnisses darf aber gerade nur gegenüber den Strafgerichten und Finanzstrafbehörden erfolgen. Die *Finanzordnungswidrigkeit* entspricht nach der Legaldefinition des § 1 FinStrG einem *Finanzvergehen* i.S. der §§ 33 ff. und stellt nicht allein Ordnungsverstöße im verwaltungs- oder disziplinarrechtlichen Sinne dar. Einer Finanzordnungswidrigkeit macht sich schuldig, wer Abgaben, die selbst zu berechnen sind wie Vorauszahlungen an Umsatzsteuer usw., weder entrichtet noch abführt oder durch Abgabe unrichtiger Voranmeldungen ungerechtfertigte Abgabegutschriften geltend macht. Ordnungswidrig handelt auch der, der sich vorsätzlich unter Verletzung der abgabenrechtlichen Offenlegungs- oder Wahrheitspflicht ungerechtfertigte Zahlungserleichterungen, die Entrichtung von Abgabenschulden betreffend, erwirkt, oder eine abgaben- oder monopolrechtliche Anzeige-, Offenlegungs-, Verwendungs-, Wahrheits-, Aufzeichnungs- oder Aufbewahrungspflicht verletzt. Für solche Handlungen oder Unterlassungen wird das Bankgeheimnis nicht gelüftet. Gegenüber allen sonstigen in §§ 33 ff. FinStrG genannten Handlungen oder Unterlassungen wie Abgabenhinterziehungen und -verkürzungen (§§ 33–34), Schmuggel und Hinterziehung von Eingangs- und Ausgangsabgaben (§ 35), Verzollungsumgehungen (§ 36), Abgabenhehlerei (§ 37), Wertzeichenvergehen (§ 39), Hinterziehung oder fahrlässige Verkürzung von Einnahmen des Branntweinmonopols, des Salzmonopols oder des Tabakmonopols (§ 44) hat das Bankgeheimnis zu weichen.

Voraussetzung für die Durchbrechung des Bankgeheimnisses ist, dass zwischen dem Verdacht, der zur Einleitung des Strafverfahrens geführt hat, und den Daten, die dem Geheimnisschutz unterliegen, ein *adäquater Zusammenhang* besteht. Es ist aber nicht notwendig, dass der Kontoinhaber auch der im Strafverfahren Verdächtige ist[59]. Beispielsweise kann die Offenlegung auch verlangt werden, wenn die Person, gegen die ein Strafverfahren eingeleitet ist, nur der Verfügungsberechtigte über das Konto ist.

§ 89 Abs. 4 zweiter Satz FinStrG lässt die *Beschlagnahme* von dem Geheimnisschutz nach § 38 Abs. 1 BWG unterliegenden Gegenstände zu,

[59] Laurer, René, in: Fremuth/Laurer/Linc/Pötzelberger/Strobl, BWG, Wien 2003, § 38, Rz. 11.

die mit dem vorsätzlichen Finanzvergehen in unmittelbarem Zusammenhang stehen, für das das Bankgeheimnis aufgehoben worden ist[60]. Das Bankgeheimnis ist hier erst im Zusammenhang mit einem *schon eingeleiteten* Finanzstrafverfahren aufzuheben. Nicht zulässig ist, dass erst anlässlich eines im Rahmen einer Hausdurchsuchung bei einer Bank gefundenen und unter das Bankgeheimnis fallenden Gegenstands (etwa einer Notiz), welcher mit dem Verfahren gar nichts zu tun hat, der Gegenstand aber (im Beispiel eine Notiz) auf ein Finanzvergehen eines bislang nicht verfolgten Bankkunden hindeutet, gegen den Bankkunden ein Finanzstrafverfahren eingeleitet wird.[61]

Als Beweismittel kommt im Finanzstrafverfahren alles in Betracht, was zur Feststellung des Sachverhalts geeignet und nach der Lage des Einzelfalls zweckdienlich ist (§ 98 FinStrG). Dasselbe gilt nach § 166 BAO bezüglich des *Abgabenverfahrens* (beide Rechtsgrundlagen unterscheiden sich inhaltlich nicht voneinander). Beweismittel müssen also geeignet und zweckdienlich sein. Unerheblich ist, ob die Finanz- oder Finanzstrafbehörde an die Beweismittel unter rechtmäßigen oder rechtswidrigen Umständen – beispielsweise unter Verletzung des Bankgeheimnisses – gelangt ist. Als rechtswidrig erlangte Beweismittel können beispielsweise Erkenntnisse aus der Beschlagnahme diverser *Tagesstrazzen* eines Kreditinstituts bezeichnet werden, wenn aus den Aufzeichnungen auch Namen, Beträge und Kontonummern von Bankkunden ersichtlich sind, die nicht in unmittelbarem Zusammenhang mit dem gegenwärtigen Finanzstrafverfahren stehen, für das das Bankgeheimnis rechtmäßig aufgehoben worden ist. Bei Tagesstrazzen „handelt es sich um Aufzeichnungen der Bank über alle einzelnen Geldbewegungen während eines Tages. Es scheinen darin auch Namen von Kunden, Beträge und ihnen zuordenbare Kontonum-

---

[60] Harbich, Heribert, FinStrG, Wien 2000, Anm 6 zu § 89 Abs. 4 Satz 2 FinStrG: „Abs. 4, zweiter Satz, bestimmt, richtig gelesen, dass Gegenstände des Bankgeheimnisses ... nur beschlagnahmt werden dürfen, wenn sie mit vorsätzlichen Finanzvergehen, ausgenommen Finanzordnungswidrigkeiten, für die das Bankgeheimnis ... bereits aufgehoben ist, unmittelbar zusammenhängen. D.h.: Es muß schon ein gerichtliches oder finanzstrafbehördliches Verfahren wegen eines vorsätzlichen Finanzvergehens (ausgenommen Finanzordnungswidrigkeiten) anhängig sein („für die ... aufgehoben ist"), damit ein, sei es in diesem, sei es in einem anderen Verfahren gefundenes und „unmittelbar zusammenhängendes" Beweismittel, das unter das Bankgeheimnis fällt, beschlagnahmt werden darf."

[61] Ebendort.

mern auf. Dass diese Tatsachen Gegenstand des Bankgeheimnisses sein können, erscheint dem Verwaltungsgerichtshof nicht zweifelhaft ...“[62] Aus den Tagesstrazzen allein kann allerdings die Richtigkeit der darin aufscheinenden Namen nicht immer überprüft werden (Sachbearbeiter können sich bei der Dateneingabe auch einmal irren); darüber hinausgehende Erkundungsbeweise sind den Finanzämtern aber untersagt. Der VwGH[63] hat die Rechtmäßigkeit der Inbeschlagnahme von Tagesstrazzen eines bestimmten Buchungstages, auf denen auch Namen, Beträge und Kontonummern von unbeteiligten Kunden erscheinen, verneint. Ein unmittelbarer Zusammenhang würde nach Meinung der Richter „nur hinsichtlich jener Geldbewegungen bestehen, die über unversteuerte Einkünfte oder unversteuertes Vermögen Aufklärung brächte“. Dies wäre aber nur bei einer einzigen Behebung eines Geldbetrags in der in Frage stehenden Höhe der Fall.

Auskunftsansprüche auf zivilrechtlicher Ebene durchbrechen das österreichische Bankgeheimnis grundsätzlich nicht. Der Tod des Bankkunden macht hier aber eine Ausnahme: § 38 Abs. 2 Nr. 3 BWG lässt die Durchbrechung des Bankgeheimnisses gegenüber Abhandlungsgericht und Gerichtskommissär zu, wenn ein Kontoinhaber verstorben ist. Das Bankgeheimnis steht so in der Informationsbeschaffung zur Abwicklung und Aufklärung von Nachlassangelegenheiten nicht entgegen. Die Begriffe „Abhandlungsgericht“ und „Gerichtskommissär“ sind feststehende Begriffe des österreichischen Rechts. § 38 Abs. 2 Nr. 3 BWG ermächtigt in Verlassenschaftsangelegenheiten somit nur diese Instanzen zur Aufnahme diesbezüglicher Ermittlungen. Die Auskunftsansprüche zur Klärung des Nachlasses werden zwar von der herrschenden Rechtsprechung ausschließlich auf das zur Zeit des Ablebens vorhandene Guthaben auf Konten und Depots begrenzt. Frühere Dispositionen des Kontoinhabers können aber überall dort eine Rolle spielen, wo sie zur Bestimmung von Pflichtteilsergänzungsansprüchen herangezogen werden müssen. Den Gerichten und Gerichtskommissären ist es daher nicht ausdrücklich untersagt, ihre Ermittlungen auch auf zu Lebzeiten bestandene Geschäftsverbindungen auszudehnen, wenn dies zur Klärung des Nachlasses notwendig erscheint.

---

[62] VwGH, Urt. v. 29.1.1991, 90/14/0112.
[63] Ebendort.

Der Mitteilungspflicht unterliegen außerdem alle Kontobuchungen, die zur Errechnung des Endsaldos notwendig sind.

Gemäß § 38 Abs. 2 Nr. 5 BWG wird der Bankberater von seiner Geheimnispflicht befreit, wenn „der Kunde der Offenbarung des Geheimnisses ausdrücklich und schriftlich zustimmt". Willigt der Kunde ein, wirkt die Befreiung gegenüber jedermann, d.h. das Bankgeheimnis ist in diesem Fall auch gegenüber der Finanzverwaltung aufgehoben. Wünscht ein Unternehmerkunde nicht, dass seine Bank zum Zweck der Kreditwürdigkeitsprüfung, „allgemein gehaltene bankübliche Auskünfte" an Geschäftspartner gewährt, muss er dies schriftlich und ausdrücklich anzeigen.

Stehen sich Bank und Kunde einander als Prozessparteien gegenüber, darf das Bankgeheimnis nach § 38 Abs. 2 Nr. 7 BWG aufgehoben werden, wenn und soweit dies zur Klärung der Rechtsangelegenheit notwendig ist. Die drohende Preisgabe von bankgeheimnisgeschützten Daten in öffentlichen Gerichtsprozessen ist für den Bankkunden regelmäßig ein unberechenbares Unterfangen und hält diesen wohl oftmals davon ab, Ansprüche gegen die Bank gerichtlich durchzusetzen. Die Vorschrift soll aber dem Umstand Rechnung tragen, dass im Allgemeinen nicht damit zu rechnen ist, dass der als Kläger auftretende Kunde der Offenbarung von Tatsachen, die zu seinem Rechtsnachteil sein könnten, zustimmt. § 38 Abs. 2 Nr. 7 BWG ist daher zum Schutz der Kreditinstitute geboten.

Ist der Kunde minderjährig oder pflegebedürftig, sind Auskünfte gegenüber dem Vormundschafts- oder Pflegschaftsgericht zulässig (§ 38 Abs. 2 Nr. 4 BWG). Gemäß § 38 Abs. 3 BWG kann sich die Bank „auf das Bankgeheimnis insoweit nicht berufen, als die Offenbarung des Geheimnisses zur Feststellung ihrer eigenen Abgabepflicht erforderlich ist". Gemeint sind hier in erster Linie die richtige Vergebührung und die Abführung der von der Bank zu entrichtenden Steuern. Eine Individualisierung auf einzelne Kundenkonten ist hier kaum denkbar.

Das Bankgeheimnis steht außerdem der den Kreditinstituten auferlegten Meldepflicht nach dem Erbschafts- und Schenkungssteuergesetz nicht entgegen. Hierüber mehr in Teil XV, wenn es darum geht, aufzuzeigen, dass die Diskretion spätestens mit dem Tod eines diskreten Kontoinhabers endet.

Erwähnenswert ist schließlich noch die Verfassungsbestimmung im fünften Absatz. Danach kann das Bankgeheimnis vom Nationalrat nur in

Anwesenheit von mindestens der Hälfte der Abgeordneten und mit einer Mehrheit von zwei Dritteln der abgegebenen Stimmen abgeändert werden. Das österreichische Bankgeheimnis genießt dadurch einen verfassungsähnlichen Rang, steht über der Ebene der sonstigen Bundesgesetze und ist stärker gegen Abänderungen (Verwässerungen) geschützt.

## Das Bankgeheimnis im Großherzogtum Luxemburg

Das Luxemburger Bankgeheimnis ist in Art. 41 des Gesetzes vom 5. April 1993 „relative au secteur financier“ [64] gesetzlich verankert. Artikel 41 lautet[65]:

*„(1) Direktoren, Mitglieder des Vorstandes und der Aufsichtsräte, leitende Angestellte, Beschäftigte und sonstige Personen, die im Dienste eines Kreditinstituts oder einer sonstigen im Finanzsektor berufsmäßig tätigen Person stehen, die Beschäftigten der Wertpapierabwicklungsunternehmen, der zentralen Gegenstellen, der Verrechnungsstellen sowie die Beschäftigten der in Luxemburg agierenden ausländischen Geschäftsbanken gemäß Teil I dieses Gesetzes sind zur Geheimhaltung von Tatsachen verpflichtet, die ihnen im Rahmen ihrer beruflichen Tätigkeit anvertraut worden sind. Die Bekanntgabe solcher Tatsachen wird nach Maßgabe des Artikels 458 Code pénal bestraft.*

*(2) Die Geheimhaltungspflicht endet, wenn die Bekanntgabe durch oder wegen einer gesetzlichen Bestimmung, auch aus vorherigen Gesetzen, erlaubt ist oder verlangt wird.*

*(3) Keine Geheimhaltungspflicht besteht gegenüber den mit der Überwachung des Finanzsektors beauftragten in- und ausländischen Institutionen, sofern diese im Rahmen ihrer gesetzlich festgelegten Kompetenzen zum Zwecke der Überwachung handeln und diese Information unter das Berufsgeheimnis der Aufsichtsbehörde fällt, die die Informationen erhält. Die*

---

[64] Mémorial A-Nr. 27 v. 10. 4.1993, Gesetz zuletzt geändert durch Gesetz v. 14. Mai 2002, Mémorial A, 881.

[65] I.d.F. Änderungsgesetz vom 12. Januar 2001 Mémorial A 2001, 681, freie Übersetzung des Autors.

*erforderlichen Informationen dürfen ausschließlich über die Hauptverwaltung des dieser Aufsicht unterstellten Instituts oder die Gesellschafter übermittelt werden.*

*(4) Keine Geheimhaltungspflicht besteht gegenüber Hauptaktionären und bedeutend beteiligten Gesellschaftern für Informationen, die diese zur Ausübung einer den kaufmännischen Sorgfaltspflichten entsprechenden Geschäftsführung benötigen, wenn daraus keine näheren Zusammenhänge bezüglich der von Privatkunden mit der Institution getätigten Geldgeschäfte oder Angaben über Art und Höhe der von Privatkunden unterhaltenen Guthaben ersichtlich sind.*

*(5) Unter Vorbehalt der strafrechtlichen Regelungen dürfen die in Abs. 1 genannten Tatsachen, sofern sie einmal bekannt gegeben worden sind, nur für Zwecke verwertet werden, für die das Gesetz die Bekanntgabe zulässt.*

*(6) Jeder, der der Geheimhaltungspflicht des Abs. 1 unterliegt und Tatsachen, die unter diese Vorschrift fallen, auf legale Weise bekannt gegeben hat, kann weder strafrechtlich noch zivilrechtlich verfolgt oder belangt werden.“*

Art. 41 lässt die Durchbrechung des Bankgeheimnisses dann zu, wenn gesetzliche Bestimmungen dies verlangen oder einer der in Art. 41 genannten Ausnahmetatbestände erfüllt ist. Im Rahmen eines konzerninternen Informationsflusses, bei ausländischen Geschäftsbanken notwendigerweise auch über die Grenzen Luxemburgs hinausgehend, ist die Durchbrechung des Bankgeheimnisses nur insoweit zulässig, als dies zur Durchführung und Aufrechterhaltung einer den Sorgfaltspflichten eines ordentlichen Geschäftsleiters entsprechenden Betriebsführung notwendig ist und die Geheimsphäre der Luxemburger Privatkundschaft geschützt bleibt. Bankkunden in Luxemburg erfahren dadurch einen gesteigerten Anlegerschutz. Denn das Luxemburger Bankenrecht trägt dem Umstand Rechnung, dass in den jeweiligen Ländern, in denen sich die Hauptsitze der in Luxemburg tätigen Auslandsbanken befinden, Bankgeheimnisse und Auskunftspflichten der Banken und Bankaufsichtsbehörden unterschiedlich streng geregelt sind.

Die Geheimhaltungspflicht erstreckt sich auf im Finanzsektor beruflich tätige Personenkreise wie Direktoren, Mitglieder der Vorstände und Aufsichtsräte, leitende Angestellte, Beschäftigte und sonstige für

Finanzdienstleister tätige Mitarbeiter, deren Tätigkeit darin besteht, Einlagen oder sonstige rückzahlbare Fonds entgegenzunehmen oder auf eigene Rechnung Kredite zu gewähren. Hierunter fallen ausschließlich inländische Kreditinstitute und Luxemburger Niederlassungen ausländischer Banken sowie ausländische Niederlassungen oder Repräsentanzbüros Luxemburger Kreditinstitute.

Der Geheimhaltungspflicht unterliegen darüber hinaus auch alle sonstigen als Finanzdienstleister professionell tätigen Personen wie Finanzmakler, Kommissionäre oder Vermögensverwalter; von der Schweigepflicht erfasst sind hier auch sonstige Finanzdienstleistungsunternehmen nach ausländischem Recht. Die Geheimhaltungspflicht beginnt bereits ab der ersten Geschäftsanbahnung und umfasst alle Tatsachen und Vorgänge, die ein „Geheimnis" darstellen und von denen der Geheimnisträger im Rahmen seiner Berufsausübung Kenntnis erlangt hat.

Grundsätzlich ist das Luxemburger Bankgeheimnis auf Luxemburger Territorium begrenzt. Deutschen diskreten Geldanlegern mit Konten bei einer Auslandstochter einer deutschen Bank kann es zum Verhängnis werden, wenn die Bankangestellten privat überwiegend im Inland wohnen. Gerade die Angestellten der deutschen Niederlassungen haben ihre privaten Wurzeln vielfach in Deutschland. Was liegt daher näher, als das Luxemburger Bankgeheimnis dahingehend zu umgehen, dass man die Banker gleich hier in Deutschland über das Luxemburger Geschäft vernimmt. Diskrete Geldanleger sollten in diesem Zusammenhang wissen, dass das Luxemburger Bankgeheimnis nicht für Aussagen gegenüber Justizbehörden anderer Länder der Europäischen Union gilt. Dies hat der Europäische Gerichtshof kürzlich festgestellt. Ein belgischer Untersuchungsrichter hatte gebeten, die Vereinbarkeit des Luxemburger Bankgeheimnisses mit dem Europarecht zu prüfen. Der Richter ermittelte nämlich gegen einen Angestellten einer Luxemburger Bank, der in Belgien gegen die dortigen Wirtschaftsgesetze verstoßen haben soll. Der Bankangestellte verweigerte gegenüber dem belgischen Untersuchungsrichter jegliche Aussage und stützte sich dabei auf das Luxemburger Bankgeheimnis. Letzteres half dem schlauen Angestellten aber nicht, denn das Luxemburger Bankgeheimnis gilt – wie gesehen – nicht uneingeschränkt.[66]

---

[66] Az. C-153/00.

Art. 41 Abs. 2 des Gesetzes vom 5. April 1993 lässt die Preisgabe geheimnisgeschützter Daten zu, wenn dies dem Geheimnisträger durch ein anderes Gesetz entweder angeordnet oder zur Wahl gestellt wird. Teilweise durchbrochen werden darf das Bankgeheimnis nach Art. 41 Abs. 3 gegenüber Mitarbeitern in- und ausländischer Aufsichtsbehörden. Luxemburger Tochtergesellschaften von Kreditinstituten aus Ländern der Europäischen Union sind gemäß der zweiten Bankenkoordinierungsrichtlinie[67] und der Wertpapierdienstleistungsrichtlinie[68] nicht der Luxemburger „Commission de surveillance du secteur financier (CSSF)" unterstellt, sondern ausschließlich der Aufsichtsbehörde ihres Herkunftslandes (so genannte Mutterlandkontrolle). Folglich darf das Bankgeheimnis nicht nur gegenüber der CSSF, sondern auch ausländischen Aufsichtsbehörden gegenüber nur insoweit gelten, als eine effiziente Überwachung und Prüfung des Finanzsektors noch gewährleistet ist. Diesem Umstand trägt Art. 41 Abs. 3 Satz 1 Rechnung, der bestimmt, dass sich ausländische Bankaufsichtsbehörden direkt an Luxemburger Zweigniederlassungen ausländischer Banken adressieren und Auskünfte einholen dürfen, die diese im (öffentlichen) Interesse der Wahrnehmung ihrer Aufsichtspflicht zwingend benötigen. Ausländische Finanzaufsichtsbehörden können beispielsweise im Rahmen ihrer Mutterlandkontrollbefugnisse bei Zweigniederlassungen deutscher Banken und Wertpapierfirmen bestimmte Direktauskünfte, beispielsweise über die Größenordnung gewährter Kredite, einholen, ggf. auch Vor-Ort-Kontrollen durchführen. Die Luxemburger Zweigniederlassung darf in solchen Fällen nach Art. 41 Abs. 3 Satz 2 nur unter Zwischenschaltung ihrer Hauptverwaltung Auskünfte erteilen. Art. 41 Abs. 3 Satz 2 soll die Luxemburger Niederlassungen ausländischer Banken vor einer übermäßigen Auskunftserteilung schützen. Die Niederlassungen unterhalten oftmals keine eigene Rechtsabteilung. Die Hauptverwaltung ist im Regelfall eher in der Lage, die Rechtmäßigkeit von Auskunftsbegehren zu prüfen. Diesem Umstand trägt Art. 41 Abs. 3 Satz 2 zum Schutz des diskreten Geldanlegers Rechnung.

Abschließende Bemerkung: Diskrete Geldanleger, die auf Nummer Sicher gehen wollen, wenden sich in Sachen diskreter Geldanlage ausschließlich an ein eingesessenes Luxemburger Kreditinstitut. Denn die

[67] Zweite Richtlinie 89/646/EWG vom 15.12.1989 ABl. Nr. L 386 vom 30.12.1989.
[68] 93/22/EWG v. 10. Mai 1993 ABl. Nr. L 141/27.

Fahndungserfolge, die die Finanzbehörden in der Vergangenheit im Zusammenhang mit der Aufdeckung unversteuerter diskreter Gelder in Luxemburg verzeichnen konnten, waren alle auf „hausgemachte" Fehler deutscher Kreditinstitute zurückzuführen.

## Das Bankgeheimnis im Fürstentum Liechtenstein

Über das Bankgeheimnis im Fürstentum Liechtenstein erfahren diskrete Geldanleger Näheres, wenn sie einen Blick in das dortige Bankengesetz werfen. Art. 14 Bankengesetz lautet wie folgt:[69]

*„1) Die Mitglieder der Organe von Banken und Finanzgesellschaften und ihre Mitarbeiter sowie sonst für solche Gesellschaften tätige Personen sind zur Geheimhaltung von Tatsachen verpflichtet, die ihnen auf Grund der Geschäftsverbindungen mit Kunden anvertraut oder zugänglich gemacht worden sind. Die Geheimhaltungspflicht gilt zeitlich unbegrenzt.*

*2) Werden Behördenvertretern bei ihrer dienstlichen Tätigkeit Tatsachen bekannt, die dem Bankgeheimnis unterliegen, so haben sie das Bankgeheimnis als Amtsgeheimnis zu wahren.*

*3) Widerhandlungen werden gemäß Art. 63 Abs. 1 geahndet.*

*4) Vorbehalten bleiben die gesetzlichen Vorschriften über die Zeugnis- oder Auskunftspflicht gegenüber den Strafgerichten.*

*5) Bei dringendem Verdacht strafbarer Handlungen nach § 165 oder 278a StGB besteht Meldepflicht an das Amt für Finanzdienstleistungen. Es besteht darüber hinaus ein Melderecht an die Staatsanwaltschaft."*

Nach Art. 14 unterliegen der Geheimhaltungspflicht alle Tatsachen, die Organmitgliedern, Mitarbeitern und allen sonstigen Personen, die für Banken oder Finanzgesellschaften[70] tätig sind, aufgrund der Geschäftsverbindungen mit Kunden anvertraut oder zugänglich gemacht wurden. Geheimhaltungspflichtige Daten aus der Privat- und Geheimsphäre von Bankkunden sind[71]: Name, Adresse, Nationalität, Wohnsitz, steuerlicher

[69] LGBl. 1992 Nr. 108.

[70] Finanzgesellschaften unterscheiden sich von Banken dadurch, dass ihnen das Depotgeschäft versagt ist und sie weder Einlagen noch andere rückzahlbare Gelder annehmen dürfen.

[71] Vgl. Schriftreihe der Liechtensteinischen Landesbank Nr. 19; Diskretion am Bankschalter oder Persönlichkeitsschutz und Bankgeschäft, Dr. Franco Taisch, Seite 8.

Wohnsitz und Kundenstammnummer des Kunden; Hinweise für den Versand von Publikationen, Todesfall- und Nießbrauchsinstruktionen; Verwahrungs- und Verwaltungsaufträge, Referenzangaben für Dritte, Unterschriftenkarten, Kontoart, Kontonummer sowie Kontoeröffnungskorrespondenzen. Mitglieder der Organe von Investmentunternehmen und ihre Mitarbeiter unterstehen ihrem „eigenen Bankgeheimnis". Art. 10 des Gesetzes über die Investmentunternehmen (IUG)[72] verpflichtet die in einem Investmentunternehmen tätigen Personen zur Geheimhaltung von Tatsachen, „die ihnen aufgrund der Geschäftsbeziehungen mit Kunden anvertraut oder zugänglich gemacht worden sind".

Durchbrechungen des Bankgeheimnisses sind nur insoweit gestattet, als gesetzliche Vorschriften über die Zeugnis- oder Auskunftspflicht dies bestimmen, sowie für die Wahrnehmung von Meldepflichten bei Verdacht auf Geldwäsche (Art. 14 Abs. 4 u. 5 Bankengesetz). Den häufigsten Durchbrechungstatbestand bilden *Verdachtsmomente auf Geldwäsche*, welche sich aufgrund der Art und der Umstände einer Transaktion ergeben. Nach liechtensteinischem Strafgesetzbuch macht sich der „Geldwäscherei" schuldig, wer Vermögensbestandteile, die aus dem Verbrechen eines anderen herrühren, verbirgt oder ihre Herkunft verschleiert, im Rechtsverkehr über den Ursprung oder die wahre Beschaffenheit falsche Angaben macht usw. Liechtensteinische Banken und sonstige dem Sorgfaltspflichtgesetz unterstehende Finanzintermediäre müssen bei Vorliegen solcher Verdachtsmomente entsprechende Abklärungen treffen und, wenn aufgrund der getroffenen Abklärungen die anfänglichen Verdachtsmomente nicht ausgeräumt werden konnten und der Verdacht auf Geldwäsche erwächst, Mitteilung erstatten. Damit ist unmissverständlich dokumentiert, dass das Bankgeheimnis nicht zum Tatenschutz bzw. – in An-

[72] LGBl. Nr. 89 vom 10. Juli 1996, Art.10 IUG lautet: (1) „Die Mitglieder der Organe von Investmentunternehmen und ihre Mitarbeiter sowie sonst für solche Gesellschaften tätige Personen sind zur Geheimhaltung von Tatsachen verpflichtet, die ihnen aufgrund der Geschäftsbeziehungen mit Kunden anvertraut oder zugänglich gemacht worden sind. Die Geheimhaltungspflicht gilt zeitlich unbegrenzt. (2) Werden Behördenvertretern bei ihrer dienstlichen Tätigkeit Tatsachen bekannt, die dem Geheimnisschutz gemäß Abs. 1 unterliegen, so haben sie dieses Geheimnis als Amtsgeheimnis zu wahren. (3) Widerhandlungen werden gemäß Art. 66 Abs. 1 Bst. a geahndet (Anm. des Autors: Freiheitsstrafe bis zu sechs Monate oder Geldstrafe bis zu 360 Tagessätzen). (4) Vorbehalten bleiben die gesetzlichen Vorschriften über die Zeugnis- oder Auskunftspflicht gegenüber den Strafgerichten."

lehnung an eine Mafia-Terminologie – zum „Patenschutz" wird. Steuerdelikte sind nach liechtensteinischem Recht keine Verbrechen, allenfalls Vergehen. Sie kommen demzufolge als Vortat für Geldwäscherei niemals in Betracht. Für Steuerdelikte bestehen auch keine gesetzlichen Zeugnis- und Auskunftspflichten gegenüber dem liechtensteinischen Strafgericht.

Auskünfte an ausländische Bankaufsichtsbehörden werden allerdings nur insoweit erteilt, als dadurch weder das Bankgeheimnis noch die öffentliche Ordnung oder andere wesentliche Landesinteressen verletzt werden (Art. 36 Abs. 1 Buchst. a Bankengesetz). Nach Art. 59 IUG ist die Auskunftserteilung an ausländische Aufsichtsbehörden von Investmentunternehmen nur zulässig, wenn die öffentliche Ordnung und das Bankgeheimnis dadurch nicht verletzt werden, der ersuchende Staat Gegenrecht gewährt und gewährleistet ist, dass die Auskünfteempfänger einem Amts- oder Berufsgeheimnis unterliegen und die übermittelten Auskünfte zweckgebunden verwenden (Spezialitätsprinzip).

Nicht dem Bankgeheimnis unterliegen selbstständig tätige und unabhängige Vermögensverwalter, sofern sich ihre Geschäftstätigkeit auf die reine Anlageberatung beschränkt. Liechtensteinische Treuhänder sind aber einerseits nach dem Treuhändergesetz zur Verschwiegenheit verpflichtet, und andererseits untersagt Treuhändern auch das Staatsschutzgesetz (altes „Spionagegesetz") die Weiterleitung von Informationen an ausländische Behörden.

Das liechtensteinische Bankgeheimnis wirkt auch gegenüber den Begünstigten einer Stiftung oder sonstiger Verbandspersonen. Errichten diskrete Geldanleger eine Familienstiftung,[73] haben diese und auch sonstige Begünstigte der Vermögensverwaltungsbank gegenüber keinerlei Auskunftsrechte, es sei denn, sie gehören zu den Organmitgliedern.

## Das Bankgeheimnis in Belgien

Beim belgischen Bankgeheimnis handelt es sich wie in Deutschland um eine privatrechtlich bzw. eine vertraglich vereinbarte Geheimhaltungspflicht zwischen dem Kunden und seiner Bank. Eine Durchbrechung

[73] Diesem Thema ist der Teil XIII dieses Buches gewidmet, Seiten 325 ff.

hat keine strafrechtlichen Folgen; der Banker wird nicht dem Personenkreis der Berufsgeheimnisträger hinzugerechnet. Gegenüber Finanzbehörden gilt das Bankgeheimnis absolut. Belgiens Banken dürfen nicht wie auskunftspflichtige Dritte über die steuerlichen Verhältnisse ihrer Einlagekunden befragt werden.[74]

Die belgische Anlagebank darf Kundendaten nur für bestimmte Zwecke verarbeiten: für das zentrale Kundenmanagement, für das Management der Konten, für den Zahlungsverkehr, zur Kontrolle der Ordnungsmäßigkeit der Geschäftsvorgänge und für vorbeugende Maßnahmen zur Verhinderung von Regelwidrigkeiten oder zur globalen Beobachtung der Kundenverbindung.

Dennoch geht auch das belgische Bankgeheimnis nicht so weit, dass der Bankier unter Berufung auf die Geheimnispflicht die Aussage vor den Justizbehörden verweigern könnte (es sei denn, er sitzt selbst auf der Anklagebank). Dagegen sind die Voraussetzungen zur Preisgabe diskreter Kontounterlagen sehr restriktiv. Das Verlangen von „so vielen Dokumenten als möglich", ohne nachweisen zu können, dass diese existieren, und in der Hoffnung, man werde schon was finden, würde eine unzulässige Beweislastumkehr bedeuten. Nach belgischem Recht sind nur wirklich existente Kontounterlagen vorlagepflichtig. Zudem ist ein starker und plausibler Verdacht erforderlich, dass die betreffende Bank im Besitz der Kontounterlagen ist bzw. die Kontoführung über das diskrete Konto innehat.

## Das Bankgeheimnis auf den Channel Islands Jersey und Guernsey

Das Bankwesen auf den Channel Islands ist in den jeweils geltenden Gesetzen über Bankgeschäfte geregelt. Auf Jersey gilt das „Banking Business (Jersey) Law 1991", auf Guernsey das „Banking Supervision (Bailiwick of Guernsey) Law 1994".

Es gibt in beiden Gesetzeswerken allerdings keine Regelungen über ein Bankgeheimnis. Die Geheimhaltung kundenspezifischer Daten wird in ähnlicher Weise wie in Großbritannien durch den Bankvertrag einerseits

[74] Die Art. 228 bis 234 des belgischen „code des impôts" gelten nicht.

und durch die „common law duty of confidentiality" andererseits garantiert.

Die Offenlegung von Konten und Depots kann nur erzwungen werden, wenn auf die Privatsphäre eines Bankkunden aufgrund gesetzlicher Bestimmungen oder zwingender Verpflichtungen der Öffentlichkeit gegenüber („ordre public") keine Rücksicht mehr genommen werden kann. Unter der Bankers Books (Evidence) (Jersey) Law ist es beispielsweise möglich, dass der „Royal Court", die oberste Gerichtsinstanz Jerseys, Einsichtnahme in bankinterne Geschäftsbücher, Aufzeichnungen usw. anordnet. Das Bankgeheimnis wäre auch bei schweren Betrugsdelikten oder bei „terrorism" aufzuheben. Unter der Prevention of Terrorism (Jersey) Law haben Banken sogar eine Meldepflicht für Einlagen, für die ein begründeter Verdacht besteht oder für die es erwiesen ist, dass sie aus terroristischen Handlungen stammen. Jersey-Banken müssen hierbei von sich aus an die Strafverfolgungsbehörde herantreten, nicht erst auf Gesuch!

Guernsey-Banken dürfen alle Wahrnehmungen und Verdachtsmomente in Bezug auf Geldwäsche der Financial Services Commission melden. Für solche Geldwäscheverdachtsanzeigen ist der Bankier durch die „Money Laundering (Disclosure of Information [Guernsey]) Law" von jeglicher Verantwortung freigestellt. Guernsey-Banker können also nicht wegen Verletzung des Bankgeheimnisses belangt werden, wenn sich die Verdächtigungen nicht bestätigt haben.

## Das maltesische Bankgeheimnis

Auf Malta sind gegenwärtig 17 Geschäftsbanken präsent, u.a. die HSBC Bank Malta p.l.c., als Mitglied der Hongkong-und-Shanghai-Bankengruppe die größte Geschäftsbank auf der Insel. Im Verbund mit über 5.000 Niederlassungen in 79 Ländern ist die HSBC Malta p.l.c. besonders auf den asiatischen Raum spezialisiert. Die zweitgrößte Geschäftsbank auf Malta ist die „Bank of Valletta". Auf den arabischen Wirtschaftsraum spezialisiert ist hingegen die „Volksbank Malta", eine Niederlassung der österreichischen Volksbankengruppe. Quellensteuern auf an nicht ansässige Geldanleger ausgezahlte Kapitalerträge aller Art werden nicht erhoben. Bankkonten müssen auf Namen lauten, Nummernkonten gibt es nicht.

Das maltesische Bankgeheimnis ist im „professional secrecy act" gesetzlich verankert. Dieses Gesetzeswerk gilt dabei nicht ausschließlich für Banken und ihre Beschäftigten. Der Verschwiegenheitspflicht unterliegen ferner auch alle im öffentlichen Dienst Beschäftigte, sonstige Finanzintermediäre sowie alle Dienstleister wie „Consultants" oder „Representatives". Der maltesische Banker kann sich allerdings dann nicht mehr auf seine Geheimhaltungspflicht berufen, wenn er gesetzlich zur Offenlegung verpflichtet ist oder von Gerichts wegen dazu angehalten wird. Offenlegungspflichten bestehen gemäß Art. 257 des criminal code bei kriminellen Machenschaften aller Art sowie bei Geldwäsche, nicht aber bei Steuerhinterziehung. Des Weiteren unterliegt geheimhaltungspflichtiges Datenmaterial in Fällen der rechtmäßigen und erforderlichen Offenlegung dem so genannten „Spezialitätsprinzip", d.h. sie dürfen nur für diesen einen Zweck verwendet werden, für welchen die Offenlegung gesetzlich geboten war, nicht aber auch für Steuerzwecke.

Der professional secrecy act legt ferner fest, dass die inländischen Steuerbehörden im innerbehördlichen Informationsaustausch („intergovernmental communications") als „separate" Behörden anzusehen sind. Dies heißt konkret, dass beim Informationsaustausch der Steuerbehörden mit anderen Behörden – beispielsweise der maltesischen Zentralbank – ein Bankgeheimnis gilt.

## Bankgeheimnis auf den Bahamas

Diskretion ist auch auf den Bahamas groß geschrieben. Der Finanzplatz verfügt über ein gesetzlich[75] verankertes und absolut striktes Bankgeheimnis, welches nur bei gefestigtem Verdacht auf Verstoß gegen einheimische oder ausländische Gesetze (z.B. Geldwäsche oder Betrugsdelikte – auch Steuerbetrug) durchbrochen werden kann.

[75] Maßgebliche Rechtsgrundlage: Art. 15 Bank and Trust Companies Regulations Act 2000, das Gesetzeswerk steht zum Download auf den Web-Seiten der Central Bank of the Bahamas.

# Teil IV

# Doch nicht nur auf Bankgeheimnisse kommt es an!

## Auch die Rechtshilfe-Ideologie eines Anlagelandes müssen diskrete Geldanleger in ihrer Länderwahl berücksichtigen

Ein striktes Bankgeheimnis ist zweifellos schon die halbe Diskretion, aber eben nicht mehr als nur die halbe! Für diskrete Geldanleger ist es genauso wichtig zu wissen, wie rechtshilfefreudig die Behörden desjenigen Landes sind, in dem die Bankkonten unterhalten werden. Dem diskreten Geldanleger nützt ein noch so gutes Bankgeheimnis nichts in einem Land, welches Rechtshilfe in Steuerdelikten gewährt. Denn das ja oder nein einer Rechtshilfe entscheidet über die Aufhebung des jeweiligen Bankgeheimnisses, welches sich nur an der Spitze der zu Beginn dieses Teils dargestellten Pyramide befindet. Diskrete Geldanleger müssen sich also unbedingt über die Rechtshilfegepflogenheiten des jeweiligen Kapitalanlagelandes informieren, bevor sie dort ein diskretes Auslandskonto eröffnen. Nachfolgende Ausführungen über die einzelnen Schritte der internationalen Rechtshilfe sollen diskretionsbedürftigen Geldanlegern einen kleinen Überblick über die einzelnen Stufen der zu Beginn dieses Teils dargestellten Pyramide (Abbildung 2) verschaffen.

Teil IV ist auch zusammen mit Teil XIV, Abschnitt Quellenbesteuerung diskreter Kapitaleinkünfte und Auskunftsverfahren nach der EU-Zinsrichtlinie zu sehen. Denn in Ländern mit automatisiertem Meldeverfahren für Zinserträge bieten Bankgeheimnisse keinen Diskretionsschutz.

# Übersicht

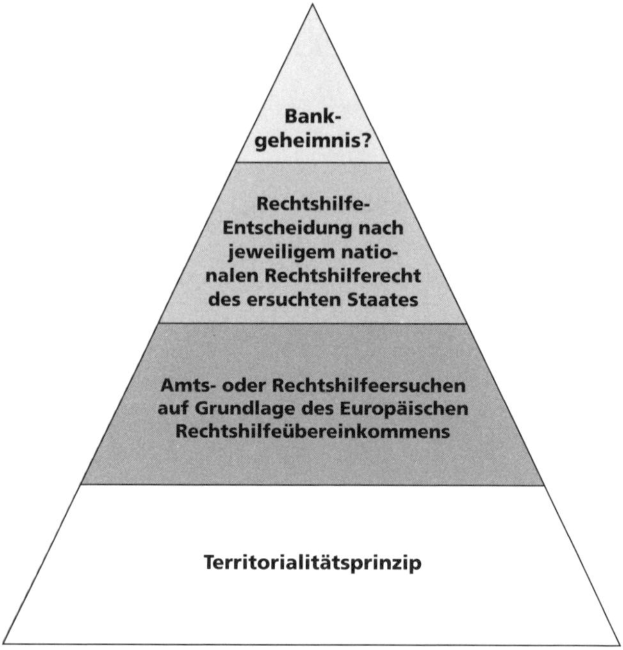


**Abbildung 2:** Pyramide der Rangstellung der Bankgeheimnisse bei Auskunftsersuchen an diskrete Anlageländer.
Erläuterung: Zu Beginn steht das Territorialitätsprinzip, welches beispielsweise eigenständige Ermittlungen deutscher Steuerfahnder in Österreich, Luxemburg oder der Schweiz verbietet. An zweiter Stufe regelt das Europäische Rechtshilfeübereinkommen die Möglichkeiten der zwischenstaatlichen Rechtshilfe. Weil dieses Übereinkommen den Vertragsstaaten in Fiskaldelikten ein Wahlrecht einräumt, hängt die Annahme oder Ablehnung eines Rechtshilfeersuchens in Fiskaldelikten letztlich vom jeweiligen nationalen Rechtshilferecht ab. Erst wenn dieses die Gewährung von Rechtshilfe vorsieht, fällt das Bankgeheimnis.

## Stufe 1: Territorialitätsprinzip

Ausländische Steuerbehörden dürfen bei der Fahndung nach diskreten Konten in den entsprechenden Anlageländern nicht selbstständig auf fremdem Territorium ohne ausdrückliche Genehmigung der betreffenden ausländischen Behörden agieren (Territorialitätsprinzip; für Deutschland siehe Art. 20 Abs. 2 Satz 1 GG). Fotografiert beispielsweise ein deutscher Steuerfahnder ohne Einvernehmen mit den zuständigen Schweizer Behörden bestimmte aus Deutschland eingereiste Touristen (denen er vom Grenzübertritt bis nach Zürich gefolgt ist), die die Schalterhalle einer Schweizer Bank betreten, oder notiert er sämtliche Kennzeichen der in Deutschland zugelassenen Kraftfahrzeuge, die vor der Schalterhalle parken, nimmt er Ermittlungshandlungen vor, die normalerweise einer Behörde oder einem Beamten in dem betreffenden Oasenland zukommen, was gegen das Territorialitätsprinzip verstößt.

Werden Steuerfahnder aus Hochsteuerländern unter Verletzung des Territorialitätsprinzips fündig, unterliegen die erlangten Erkenntnisse zwar einem strengen Verwertungsverbot, welches dem diskreten Geldanleger aber nicht vor einer eventuellen Strafverfolgung durch die Steuerbehörden seines Heimatlandes schützt. Die Frage, ob dieses Beweismittelverwertungsverbot auch *Fernwirkung* hat, ist nämlich zu verneinen. Die Fernwirkung macht solche Beweismittel unverwertbar, die erst *durch die unverwertbaren Beweismittel* gewonnen worden sind. Die Frage der Fernwirkung richtet sich nach der Sachlage und der Art des Verbots. Das Verwertungsverbot hindert die Finanzbehörde jedoch nicht, weitere Ermittlungen zur Untermauerung der nicht verwertbaren Beweismittel anzustellen[76]. Die „Früchte des vergifteten Baums" dürfen von den Steuerbehörden also genossen werden[77].

Ein Beweisverwertungsverbot besteht auch nicht für Informationen, die von einer ausländischen Steuerbehörde übermittelt wurden und deren Erteilung nach dem betreffenden Abkommen unzulässig war. Möglichkeiten, sich Informationen über das Vermögen inländischer Steuerpflichtiger aus dem Ausland zu beschaffen und das Territorialitätsprinzip zu überwinden, bestehen einerseits in der internationalen Zusammenarbeit zwischen Aufsichtsbehörden im Wege des Informationsaustausches (*Amtshilfe*) oder in der Stellung von *Rechtshilfeersuchen* nach den Vorschriften von bilateralen und multilateralen Übereinkommen. Daneben besteht noch die Möglichkeit, ausländischen Aufsichtsbehörden die direkte Prüfung von

[76] Kleinknecht/Meyer, a.a.O., Einl. Rz. 57.

[77] Streck, Michael, Die Steuerfahndung, Köln, Rz. 910.

ausländischen Niederlassungen des jeweiligen Gewerbes zu gestatten, so genannte *Vor-Ort-Kontrollen* durchzuführen, wie dies im Bankensektor bereits praktiziert wird.

## Stufe 2: Zwischenstaatliche Rechtshilfe

Auskünfte nach den Vorschriften der zwischenstaatlichen Rechtshilfe in Strafsachen kommen dann zur Anwendung, wenn die Finanzbehörde als *Strafverfolgungsbehörde* in einem *Steuerstrafverfahren* wegen Steuerhinterziehung ermittelt oder als zuständige Verwaltungsbehörde in einem Bußgeldverfahren zur Ermittlung einer Steuerordnungswidrigkeit tätig ist. Der im Bereich der Rechtshilfe bedeutendste Staatsvertrag ist das *Europäische Übereinkommen über die Rechtshilfe in Strafsachen* (EuRHÜK[78]), das in Straßburg am 20. April 1959 abgeschlossen und den europäischen Staaten zur Unterzeichnung und Ratifizierung aufgelegt wurde. Das Übereinkommen verkörpert *Staatsvertragsrecht* und geht innerstaatlichem Rechtshilfe-, Verwaltungs- und Prozessrecht vor. Innerstaatliches Recht fließt erst in der dritten Pyramidenstufe ein, und zwar dann, wenn das EuRHÜK „Kann-Bestimmungen" enthält, wie dies bei der Rechtshilfe in Fiskaldelikten der Fall ist. Gemäß Art. 2 Buchst. a des Abkommens können die Vertragsstaaten Rechtshilfe verweigern, „wenn sich das Ersuchen auf strafbare Handlungen bezieht, die vom ersuchten Staat als politische, als mit solchen zusammenhängende oder als fiskalische strafbare Handlungen angesehen werden". Welche Staaten hier Rechtshilfe unter welchen Voraussetzungen vermeiden, wird weiter unten dargestellt.

Das Europäische Rechtshilfeübereinkommen wird ergänzt durch ein Zusatzprotokoll, welches für diskrete Geldanleger der näheren Betrachtung bedarf. Unterzeichnerstaaten, die dieses Zusatzprotokoll zum Europäischen Rechtshilfeübereinkommen unterzeichnet haben, können die Rechtshilfe bei Fiskaldelikten nicht allein deshalb verweigern, weil es sich bei der dem Ersuchen zugrunde liegenden Straftat um ein Fiskaldelikt handelt. Zum Rechtshilfeverweigerungsrecht des Art. 2 Buchst. a EuRHÜK enthält Art. 1 des Zusatzprotokolls folgende Klausel:

---

[78] BGBl. 1964 II S. 1369.

*„Die Vertragsparteien üben das in Artikel 2 Buchstabe a des Übereinkommens vorgesehene Recht zur Verweigerung der Rechtshilfe nicht allein aus dem Grund aus, dass das Ersuchen eine strafbare Handlung betrifft, welche die ersuchte Vertragspartei als eine fiskalische strafbare Handlung ansieht.“*

Zu *Kapitel I* des Zusatzprotokolls haben die Unterzeichnerstaaten Österreich und Luxemburg diverse Vorbehalte erklärt. So beschränkt beispielsweise Luxemburg die Anwendung des Zusatzprotokolls – aus berechtigten Gründen der Verhältnismäßigkeit und der Verfahrensökonomie – auf den Straftatbestand des einem gewissen Mindeststrafmaß unterliegenden „auslieferungsfähigen Steuerbetrugs“. Österreich behält sich regelmäßig vor, Rechtshilfe nur in Verfahren zu leisten, „die auch nach österreichischem Recht strafbare Handlungen betreffen, zu deren Verfolgung in dem Zeitpunkt, in dem um Rechtshilfe ersucht wird, die Justizbehörden zuständig sind.“ Österreich gewährt daher im Rahmen des EuRHÜK Rechtshilfe nur in Angelegenheiten, die sowohl in Österreich als auch im ersuchenden Staat gerichtlich strafbar sind (beidseitig gerichtlich strafbare Delikte).

Art. 2 Buchst. b des EuRHÜK räumt einem um Rechtshilfe ersuchten Staat die *Möglichkeit* ein, diese zu verweigern, wenn er der Ansicht ist, dass „die Erledigung des Ersuchens geeignet ist, die Souveränität, die Sicherheit, die öffentliche Ordnung (ordre public) oder andere wesentliche Interessen seines Landes zu beeinträchtigen.“ Zu den wesentlichen Interessen eines Landes gehört auch das Bankgeheimnis. Insbesondere trifft dies für die Unterzeichnerstaaten Luxemburg, Österreich, Schweiz und Liechtenstein zu.

Rechtshilfe nach dem EuRHÜK schließt *Durchsuchungen* und *Beschlagnahmehandlungen* (beispielsweise bei Banken) nicht aus. Die Unterzeichnerstaaten können aber die Durchführung solcher Zwangsmittel durch Vorbehalte an die Voraussetzung(en) knüpfen,

- dass die dem Rechtshilfeersuchen zugrunde liegende strafbare Handlung sowohl nach dem Recht des ersuchenden als auch nach dem des ersuchten Staates strafbar ist,
- dass die dem Rechtshilfeersuchen zugrunde liegende strafbare Handlung im ersuchten Staat auslieferungsfähig sein muss (Luxemburg hat beispielsweise diesen Vorbehalt erklärt),

- oder dass die Erledigung des Rechtshilfeersuchens mit dem Recht des ersuchten Staates vereinbar sein muss (Art. 5 EuRHÜK).[79]

Diese im Übereinkommen enthaltenen Vorbehalte finden auch auf das *Zusatzprotokoll* Anwendung.

## Stufe 3: Nationale Rechtshilfenormen

### Schweiz

In diesem Zusammenhang dürfte diskreten Geldanlegern als erste nationale Rechtshilfenorm jene der *Schweiz* interessieren. In Sachen Fiskaldelikten sieht das nationale Rechtshilferecht der Schweiz – das Bundesgesetz über internationale Rechtshilfe in Strafsachen (IRSG)[80] – vor, dass Rechtshilfebegehren grundsätzlich abzulehnen sind, wenn „Gegenstand des Verfahrens eine Tat ist, die auf eine Verkürzung fiskalischer Abgaben gerichtet erscheint oder Vorschriften über währungs-, handels- oder wirtschaftspolitische Maßnahmen verletzt". Diese insbesondere im Bereich des Bankauskunftsverfahrens zum Tragen kommende Klausel erfährt jedoch eine Einschränkung durch den ihr folgenden Satz 2, der bestimmt, dass einem Ersuchen um Rechtshilfe *nach dem dritten Teil* des Gesetzes entsprochen werden kann, wenn Gegenstand des Verfahrens ein „*Abgabebetrug*" i.S. von Art. 14 Abs. 2 des Bundesgesetzes über das Verwaltungsstrafrecht (VStR) ist.

Wann nun wird ein diskreter Geldanleger in der Schweiz zum Abgabebetrüger? Hierzu muss man zunächst festhalten, dass Steuerhinterziehung in der Schweiz nicht gleich Steuerhinterziehung ist. Die Bundesgericht-Rechtsprechung unterscheidet hier zwischen der einfachen Steuerverkürzung und dem Steuer- bzw. Abgabebetrug. Beide Formen führen freilich zum selben Ziel, nämlich zu einer unrechtmäßigen „Reduzierung der Steuerschuld". Nur die Mittel sind verschieden: Eine Bundessteuer ist umgangen (verkürzt), wenn die Besteuerung nicht durchgeführt oder ein

---

[79] Zu Art. 5 hat die Bundesrepublik Deutschland folgenden Vorbehalt erklärt: „Die Durchsuchung und die Beschlagnahme von Gegenständen ist nur zulässig, wenn die Voraussetzungen des Artikels 5 Abs. 1 Buchstaben a und c des Europäischen Übereinkommens über die Rechtshilfe in Strafsachen vorliegen."

[80] I.d.F. vom 4. Oktober 1996.

neu eintretender Besteuerungstatbestand nur unzureichend erfasst wurde, weil der Steuerpflichtige seine Einkünfte und sein Vermögen nicht vollständig deklariert (oder auch nur „vergessen") hat.

Einen Steuer- bzw. Abgabebetrug begeht dagegen derjenige, der Steuerbehörden arglistig und gezielt täuscht und sich dabei betrügerischer Mittel bedient, um eine Steuerreduzierung herbeizuführen. Strafbar ist in beiden Fällen die Steuerverkürzung durch betrügerische Machenschaften. Art. 186 des Bundesgesetzes über die direkten Bundessteuern spricht beim *Steuerbetrug* von Täuschung durch gefälschte, verfälschte oder inhaltlich unwahre Urkunden. Art. 14 Abs. 2 des Bundesgesetzes über das Verwaltungsstrafrecht (VStR) charakterisiert das Tatbild des *Abgabebetrugs* so: *„Bewirkt der Täter durch sein arglistiges Verhalten, dass dem Gemeinwesen unrechtmäßig und in einem erheblichen Betrag eine Abgabe, ein Beitrag oder eine andere Leistung vorenthalten oder dass es sonst am Vermögen geschädigt wird, so ist die Strafe Gefängnis bis zu einem Jahr oder Buße bis zu 30.000 Franken."*

Als Abgabebetrug ist ein „Verhalten des Steuerpflichtigen zu betrachten, der die Steuerbehörde aufgrund von falschen, gefälschten oder inhaltlich unwahren *Urkunden* über die für die Quantifizierung des Steueranspruchs erheblichen Tatsachen täuscht, um auf diese Weise eine unrichtige, für ihn zu günstige Einschätzung zu erreichen"[81]. Strafbares „arglistiges Irreführen" bzw. „arglistiges Verhalten" wird in der Praxis häufig durch gefälschte Bilanzen, Gewinn- und Verlustrechnungen, Kundenkonten, überfakturierte Rechnungen für Fabrikate einer Drittfirma[82], unvollständige Rechnungen, Rechnungen, die lediglich pro forma ausgestellt werden, z.B. von einer zwischengeschalteten Gesellschaft, oder Rechnungen für Leistungen, die nicht erbracht worden sind, fiktiv ausgestellte Lohnabrechnungen, Quittungen und Handelskorrespondenzen, kurz gesagt, durch Fälschung der Dokumente, die Bestandteil der Buchführung sind, erreicht. Ein Instrument für arglistiges Irreführen der Behörden wäre auch die *doppelte Buchführung*, eine Einrichtung, die mittels Vertuschung von Einnahmen und der Schaffung „künstlicher Ausgaben" den steuerpflichtigen Gewinn schmälert.

---

[81] BGE 115 Ib 77, 111 Ib 247, E.4.b, 110 IV 28.

[82] BGE 111 Ib 249, E. 5.b.

Für arglistiges Handeln sprechen immer besondere Machenschaften und Kniffe, ganze Lügengebäude wie besondere Erfindungen, Vorkehrungen sowie das Ausnützen von Begebenheiten, die allein oder gestützt durch Lügen oder Kniffe geeignet sind, das Opfer irrezuführen oder es in seinem Irrtum zu bestärken. Selbst bloßes Schweigen des diskreten Geldanlegers kann arglistig sein, wenn er dadurch erreicht, dass seine Belege nicht weiter überprüft werden oder mit Rücksicht auf ein besonderes Vertrauensverhältnis von einer Prüfung abgesehen wird. Schließlich gilt auch die Verwendung von zwischengeschobenen Sitzgesellschaften als arglistig.

Die zur Erstellung einer Buchführung verwendeten Belege stellen im Allgemeinen *Urkunden* i.S. von Art. 110 Ziff. 5 StGB dar. Urkunden sind Dokumente, die bestimmt und geeignet sind, eine Tatsache von rechtlicher Bedeutung zu beweisen (Art. 110 Ziff. 5 Abs. 1 StGB). Urkunden wird gerade wegen ihrer Eignung und Bestimmung zum Beweis ein höheres Vertrauen entgegengebracht als anderen Unterlagen. Auch Steuerbehörden sehen aufgrund der erhöhten Glaubwürdigkeit bei Urkunden häufiger von Kontrollen ab. Die der Buchführung beigefügten Belege prüft die Eidgenössische Steuerverwaltung (nicht anders als das deutsche Wohnsitzfinanzamt) nur auf ihren Wahrheitsgehalt hin. Demnach handelt arglistig, wer die Steuerbehörden täuscht, indem er seiner Steuererklärung unrichtige oder unvollständige Unterlagen beilegt, die Urkundscharakter besitzen. In solchen Fällen liegt regelmäßig Steuer- bzw. Abgabebetrug vor.[83]

Sind die einer Steuererklärung beigefügten Unterlagen aber keine Urkunden, wie beispielsweise eine unvollständige Einnahmen-Überschussrechnung eines deutschen diskreten Geldanlegers, der seinen Gewinn nach § 4 Abs. 3 EStG ermittelt, gilt der Tatbestand des Steuer- oder Abgabebetrugs als nicht erfüllt. Das Schweizer Bundesgericht[84] sieht eine falsche Einnahmen-Überschussrechnung (selbst wenn es wie im gegenständlichen Fall um Gewinnverkürzungen von mehreren zehntausend Euro geht) nicht als Urkunde i.S. des Schweizerischen Strafrechts an, weil es nach deutschem Einkommensteuerrecht bestimmten Berufsgruppen nicht auferlegt ist, ihren Gewinn durch Überschuss der Einnahmen über die Ausgaben zu

[83] BGE 1A 4/1999 vom 19. April 1999.
[84] Ebendort.

errechnen. § 4 Abs. 3 EStG ist insoweit eine „Kann-Vorschrift". Zwar können auch freiwillig verfasste und dem Finanzamt eingereichte Dokumente unter den Urkundsbegriff des schweizerischen Rechts fallen. Doch dies setzt nach geltender Rechtsprechung voraus, dass diese freiwillig verfassten Unterlagen im Steuerverfahren zum Beweis bestimmt und geeignet sind. § 4 Abs. 3 EStG schreibt aber deutschen Steuerpflichtigen gerade nicht vor, dass sie das Ergebnis ihrer Rechnung mit einer schriftlichen Einnahmen-Überschussrechnung belegen. Während also Buchführungspflichtige bei Gewinnverkürzungen um die Aufdeckung ihrer schwarzen Konten in der Schweiz bangen müssen, kann sich ein Einnahmen-Überschussrechner ruhig zurücklehnen, wenn sich das Wohnsitzfinanzamt seines diskreten Kontos wegen mit einem Rechtshilfegesuch an die Schweiz wendet.

Die schweizerischen Behörden unterstützen bei *Abgabebetrug* die Institutionen des ersuchenden Staates bei Verfahren in strafrechtlichen Angelegenheiten im Rahmen der „kleinen", „akzessorischen" oder „anderen" Rechtshilfe, indem sie adäquate und nach schweizerischem Recht zulässige Amtshandlungen vornehmen und das daraus gewonnene Ergebnis der Behörde des ersuchenden Staates mitteilen. Als Rechtshilfemaßnahmen kommen namentlich in Betracht (Art. 63 Abs. 2 IRSG):

- Die Zustellung von Schriftstücken,
- die Beweiserhebung, insbesondere die Durchsuchung von Personen und Räumen,
- die Beschlagnahme, der Herausgabebefehl, die Einvernahme und Gegenüberstellung von Personen,
- die Herausgabe von Akten und Schriftstücken,
- die Herausgabe von Gegenständen oder Vermögenswerten zur Einziehung oder Rückerstattung an den Berechtigten.

Unwahre Steuererklärungen stellen die typische Steuerhinterziehung dar, die weder Abgabebetrug darstellt noch rechtshilfefähig ist, auch wenn das ausländische Recht sie anders qualifiziert und sogar mit Freiheitsstrafe ahndet. Steuererklärungen sind keine *Urkunden*, sondern lediglich als „bloße schriftliche Erklärungen" zu qualifizieren. Auch Einnahmen-Überschussrechnungen sind keine Urkunden, sagen sie doch lediglich aus, dass der Steuerpflichtige behauptet, den in der Steuererklärung aufgeführten Gewinn erzielt zu haben. Diskrete Geldanleger, die sich als Einnahmen-Überschussrechner lediglich darauf beschränken, in ihrer Rechnung Einkünfte nicht vollständig aufzuführen, begehen keinen rechtshilfefähigen Abgabebetrug.[85] Das Erfordernis der Arglist bewirkt außerdem den Ausschluss aller Ordnungswidrigkeiten von der Rechtshilfe.

Zentrale Einlaufstelle für ausländische Rechtshilfeersuchen ist die Abteilung internationale Rechtshilfe im Bundesamt für Justiz (BJ) in Bern. Nach entsprechender Vorprüfung, ob die Rechtshilfeleistung die Hoheitsrechte, die Sicherheit oder andere wesentliche Interessen der Schweiz gefährden könnte, prüft die Sektion Rechtshilfe im Rahmen einer Vorprüfung (Art. 80 IRSG) alle eingehenden Gesuche auf die erforderlichen Formvorschriften des IRSG oder des anwendbaren Staatsvertrags[86], holt eine Gegenrechtszusicherung (Art. 8 Abs. 1, 17 Abs. 3 Buchst. a IRSG) ein und leitet den Antrag an die zuständige kantonale Justizbehörde weiter, falls die Rechtshilfeleistung nicht schon offensichtlich unzulässig erscheint (Art. 78 Abs. 1, 17 IRSG). Ist die Kantonalbehörde Vollzugsbehörde, erlässt sie eine „summarisch begründete Eintretensverfügung“ und ordnet die Rechtshilfehandlungen an (zum Ablaufschema im Einzelnen vgl. nachfolgendes Schema auf Seite 121).

Diskrete Geldanleger, die sich Abgabebetrügereien erlauben, sind durch das Schweizer Bankgeheimnis nicht geschützt. Dies ist zuletzt im Rahmen der jüngsten Revision des Doppelbesteuerungsabkommens zwischen Deutschland und der Schweiz[87] wieder einmal bekräftigt worden. Die Neufassung des Artikel 27 DBA-Schweiz ermöglicht erstmals den Austausch von Informationen für die Durchsetzung des innerstaatlichen Rechts bei Betrugsdelikten zwischen den beiden Abkommensstaaten auf Ebene der Amtshilfe. Unter ein Betrugsdelikt i.S. des DBA fällt jedes betrügerische Verhalten, welches nach dem Recht beider Staaten als Steuervergehen gilt und mit Freiheitsstrafe bedroht ist, also der „Abgabebetrug“. In dem zum Abkommen angefügten Revisionsprotokoll[88] heißt es hierzu: „Es besteht Einvernehmen, dass das Bankgeheimnis der Beschaffung von

[85] BGE 1A 4/1999 vom 19.4.1999.
[86] Die ersuchte Behörde beschränkt sich ausschließlich auf die Einhaltung der Formvorschriften und geht nicht der materiellen Fragestellung auf den Grund. Rechtshilfe kann deshalb unabhängig davon gewährt werden, ob der Betreffende schuldig ist oder nicht. Die Schuldfrage soll sich vielmehr mit Hilfe des Rechtshilfeersuchens erst herausstellen.
[87] BGBl. 2003 Teil II S. 67.
[88] Das Revisionsprotokoll ist am 24.3.2003 in Kraft getreten, BStBl. 2003 I S. 329.

**Rechtshilfeverfahren**

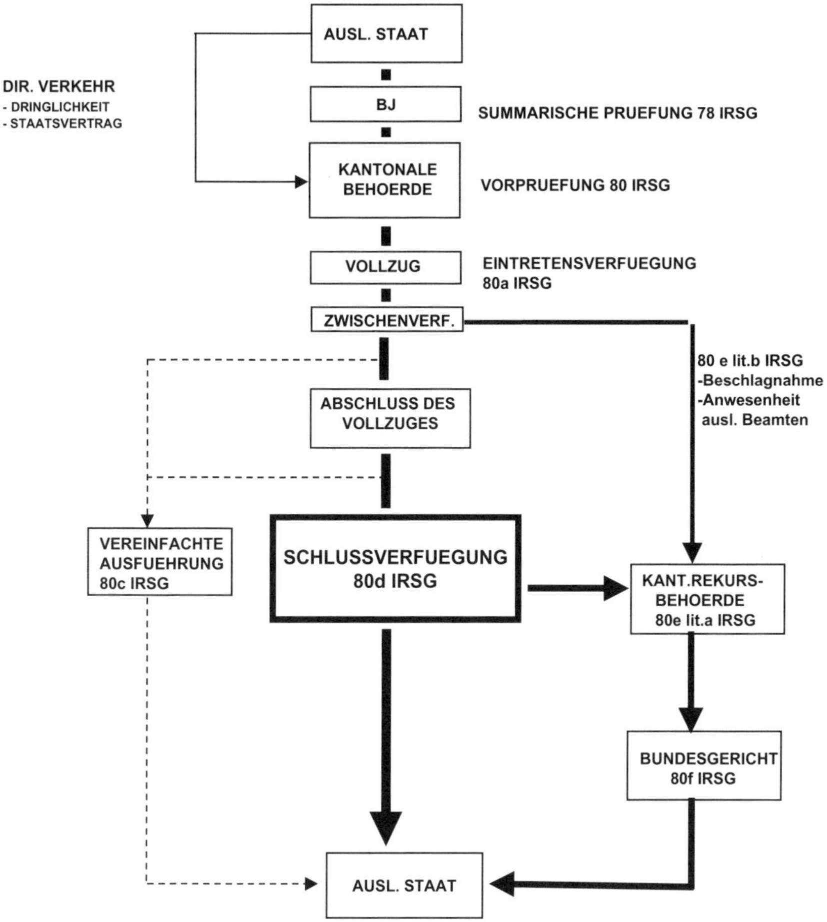


**Abbildung 3:** Ablaufschema eines Rechtshilfeverfahrens in der Schweiz bei Abgabebetrug (Quelle: Bundesamt für Justiz [Sektion Rechtshilfe], Wegleitung „Die Internationale Rechtshilfe in Strafsachen", Seite 50.)

Urkundenbeweisen bei Banken und deren Weiterleitung an die zuständige Behörde des ersuchenden Staates in Fällen von Betrugsdelikten nicht entgegensteht".

Der goße Vorteil dieser Neuregelung liegt für die deutschen Steuerbehörden darin, dass diese die auf dem Amtshilfewege – im Gegensatz zu den auf dem Rechtshilfewege – erlangten Kenntnisse im Veranlagungsverfahren zur Nachversteuerung nutzen können. Auskünfte, die auf dem Rechtshilfeweg erlangt worden sind, unterliegen hingegen dem Spezialitätsvorbehalt und dürfen für Veranlagungszwecke nicht verwertet werden. Die auf dem Amtshilfeweg erlangten Auskünfte dürfen hingegen auch zur Ahndung von Steuerstraftaten verwendet werden. Andererseits aber hat ein Amtshilfeersuchen – im Gegensatz zu einem Rechtshilfeersuchen – höhere Hürden zu überwinden. Neben dem Erfordernis der Urkundenfälschung muss zur Erlangung von Bankinformationen ein direkter Zusammenhang zwischen dem betrügerischen Verhalten und den Bankkonten bestehen. Ein solcher direkter Zusammenhang wäre beispielsweise nur dann gegeben, wenn sich der diskrete Geldanleger diverse Schwarzeinnahmen, die er bewusst der Besteuerung entzogen hat, direkt auf sein Schweizer Konto überweisen lässt. Hinterzieht er hingegen in erster Stufe, beispielsweise durch eine manipulierte Ladenkasse, stellt dies die Ersttat dar und ist mit dem Verheimlichen der Einnahmen abgeschlossen. Bringt der diskrete Geldanleger dann quartalsweise alle Schwarzeinnahmen und noch diverse andere Bargelder auf sein Schweizer Bankkonto, stellt die Überbringung der diskreten Gelder eine separate Zweittat dar, weshalb hier der direkte Zusammenhang zwischen dem Bankkonto und den Schwarzeinnahmen fehlt. Da dem diskreten Geldanleger gegen ein Amtshilfeersuchen regelmäßig Rechtsmittel zur Verfügung stehen, wird der diskrete Geldanleger in solchen Fällen das Auskunftsbegehren ausländischer Steuerbehörden stoppen können. Außerdem bedarf die Weitergabe von amtshilfeweise übermittelten Auskünften an Strafverfolgungsbehörden der Zustimmung der Eidgenössischen Steuerverwaltung. Diese wird ihre Zustimmung nur erteilen, wenn der direkte Zusammenhang (Ersttatbestand) erfüllt ist.

Amtshilfe bei Steuerbetrug wird die Schweiz künftig allen EU-Mitgliedstaaten leisten. So hat sich die Eidgenossenschaft anlässlich der Verhandlungen mit der EU über die Zinsbesteuerung in einem Memorandum of Understanding (MOU) gegenüber der EU verpflichtet, in den Doppelbesteuerungsabkommen mit den EU-Mitgliedsländern und auf der Basis der Gegenseitigkeit allgemein Amtshilfe bei Steuerbetrug (Abgabebetrug) zu vereinbaren. Danach würde Amtshilfe mit allen EU-Staaten auf begründete Anfrage hin bei Steuerbetrug nach schweizerischem Recht sowie bei sinngemäß gleich schwer wiegenden Delikten geleistet. [89]

## Österreich

In Österreich regelt das Auslieferungs- und Rechtshilfegesetz (ARHG) bei Fiskal- und sonstigen Steuerdelikten die Rechtshilfe näher. Diskrete Geldanleger aus Deutschland können dies aber gleich wieder vergessen. Denn im Rechtshilfeverkehr mit Deutschland findet in gerichtlich strafbaren Fiskaldelikten neben dem EuRHÜK und dem Zusatzprotokoll der *Vertrag vom 31. Januar 1972 über die Ergänzung des Europäischen Übereinkommens (RHStrV)*[90] Anwendung. Der Vertrag sieht Rechtshilfeleistungen vor „durch Übermittlung von Akten, Schriftstücken oder Beweisgegenständen, über welche die Finanz-(Zoll-)behörden des ersuchten Staates verfügen können", und zwar im unmittelbaren Geschäftsverkehr mit Justiz- und Finanz-(Zoll-)behörden. Der Vertrag sieht vom ursprünglichen Erfordernis der beiderseitigen Strafbarkeit ab, sofern das Steuerdelikt im ersuchten Staat zumindest von einer Verwaltungsbehörde (der Finanzverwaltung) geahndet wird. Mit dem Zusatzvertrag wird auch der von Österreich erklärte Vorbehalt zu Art. 2 Buchst. a EuRHÜK, dass Rechtshilfe bei Fiskaldelikten mangels Auslieferungsfähigkeit nach §§ 51 und 15 des ARHG unzulässig ist, sowie § 2 ARHG, wonach einem ausländischen Rechtshilfeersuchen nur dann entsprochen werden darf, wenn die öffentliche Ordnung oder andere wesentliche Interessen der Republik Österreich nicht verletzt werden, im Rechtshilfeverkehr mit Deutschland verdrängt. „Von einer Beeinträchtigung wesentlicher Interessen der Republik Österreich" kann sowieso nur dann gesprochen werden, wenn „ein Rechtshilfeakt in fiskalischen Strafverfahren begehrt wurde, der in den

---

[89] Sinngemäß mit Steuerbetrug (Abgabebetrug) vergleichbar sind Verstöße gegen genau bestimmbare steuerstrafrechtliche Vorschriften anderer Staaten, die denselben Unrechtsgehalt aufweisen wie der Steuerbetrug, aber im Schweizer Verfahren und somit auch im Schweizer Recht nicht vorkommen. Nicht unter diese Bestimmung fällt in jedem Fall die einfache Steuerhinterziehung. Quelle: EFD Presserohstoff zum Vertragsinhalt Zinsbesteuerung Abkommen Schweiz- EU vom 4. Juni 2003.

[90] BGBl. 1975 II S. 1157.

österreichischen Rechtsvorschriften keine Deckung fände", wie der Oberste Gerichtshof festgestellt hat.[91] Außerdem bestimmt Art. IV Abs. 3 des RHStrV, dass die nach den Vorschriften der Vertragsstaaten bestehenden Geheimhaltungspflichten in fiskalischen Angelegenheiten der Rechtshilfe in Abgaben- und Steuersachen nicht entgegenstehen. Somit kann Österreich im Verhältnis zu Deutschland die Rechtshilfe bei Fiskaldelikten nicht unter Berufung auf eine nach österreichischen Gesetzen bestehende Geheimhaltungspflicht (Steuer- und/oder Bankgeheimnis) verweigern.

Für die Rechtshilfe in Steuer- und Abgabesachen (also auf Besteuerungsebene) ist ein besonderer Vertrag aus dem Jahre 1954 maßgebend, der Österreich verpflichtet, gegenüber Deutschland Rechtshilfe „in allen Abgabesachen, im Ermittlungs-, Feststellungs- und Rechtsmittelverfahren, im Sicherungs- und Vollstreckungsverfahren sowie im Verwaltungsstrafverfahren" zu leisten. Und dieser Vertrag sieht bezüglich der Art und Weise der Erledigung eines Rechtshilfeersuchens vor, dass jeweils das Gesetz des ersuchten Staates gilt. Der Jurist nennt diese Vertragsklausel „Transformationsregel", weil sie praktisch österreichisches Recht in bestehende deutsche Steuerstrafverfahren hineintransferiert. Diese Transformationsregel bedeutet *konkret*: Das österreichische Bankgeheimnis hält den Attacken deutscher Wohnsitzfinanzämter nicht mehr stand, wenn es unter den gegebenen Umständen auch aufzuheben wäre, wenn Österreicher demselben Abgabenrecht unterstellt wären. Aus österreichischer Sicht wäre das Bankgeheimnis aufzuheben, wenn gegen einen diskreten Geldanleger ein gerichtliches Strafverfahren oder ein Strafverfahren wegen *vorsätzlicher Finanzvergehen* eingeleitet wäre, wie oben im Zusammenhang mit dem österreichischen Bankgeheimnis bereits festgestellt. Unter „vorsätzliche Finanzvergehen" fallen nach den Regeln des österreichischen Finanzstrafgesetzes insbesondere Abgabenhinterziehungen und fahrlässige Abgabenverkürzungen. In Transformation des österreichischen Finanzstrafgesetzes ins deutsche Abgabenrecht wäre also das Bankgeheimnis bei einer in Deutschland vorsätzlich begangenen Steuerhinterziehung aufzuheben, wenn ein Strafverfahren eingeleitet ist. Sich auf diese Transformationsregel oder, genauer gesagt, auf den gesamten Rechtshilfevertrag mit Deutschland stützend, wies der österreichische

[91] OGH, Urt. v. 16. Dezember 1993, 15 Os 167/93-8.

Verwaltungsgerichtshof in zwei Fällen[92] die Beschwerden österreichischer Banken ab, die sich gegen die Verhängung von Zwangsstrafen wegen Verweigerung einer vollständigen Auskunftserteilung richteten. Im ersten Fall hatte die Finanzlandesdirektion Salzburg eine österreichische Sparkasse ersucht, Auskünfte über das von einem Deutschen unterhaltene diskrete Konto zu erteilen. Im zweiten Fall befasste sich das Finanzamt Innsbruck mit einem von der Oberfinanzdirektion Nürnberg gestellten Rechtshilfeersuchen. Die als Finanzstrafbehörde erster Instanz tätig gewordene Innsbrucker Steuerbehörde verlangte ebenfalls von einer Sparkasse, alle die von einem Nürnberger Steuerpflichtigen unterhaltenen Konten, Schließfächer und Depots offenzulegen.

### Luxemburg

Das Großherzogtum Luxemburg leistet Rechtshilfe nach Maßgabe des nationalen Rechtshilfegesetzes vom 8. August 2000[93] und hat sich in diesem Gesetz vorbehalten, Rechtshilfe nur in Fällen zu leisten, in denen

- ein *Steuerbetrug* nach Luxemburger Abgabenrecht vorliegt,
- die Bedeutung der Tat die Durchführung des Verfahrens rechtfertigt (Schutz vor übermäßiger Belastung des Staatsapparates in Bagatellfällen),
- Hoheitsrechte oder wesentliche Interessen nicht gefährdet sind (beispielsweise durch Übermittlung von bankgeheimnisgeschützten Daten).

Des Weiteren knüpft Luxemburg Durchsuchungs- oder Beschlagnahmebegehren an Handlungen, die nach dem *Europäischen Übereinkommen über die Auslieferung vom 13. Dezember 1957*[94] auslieferungsfähig sind, und führen diese nur unter der Bedingung aus, dass der Richter einer Erledigung nach luxemburgischem Recht zugestimmt hat.[95] Nach dem europäischen Auslieferungsübereinkommen sind nur solche Delikte auslie-

---

[92] Urt. v. 21.10.1983 Z 82/17/0087 und 27.2.1992 Z 86/17/0169.

[93] Loi du 8 août sur l'entraide judiciaire internationale en matière pènale, Mémoria A-Nr. 98 v. 18. September 2000.

[94] BGBl. 1964 II S. 1369.

[95] Luxemburg hält hier lediglich an Art. 5 des Auslieferungsübereinkommens nicht fest, d.h. gewährt einem Staat auch dann Rechtshilfe, wenn dieser mit Luxemburg kein Auslieferungsabkommen abgeschlossen hat (Art. 2 Nr. 2 Gesetz vom 27. August 1997).

ferungsfähig, die „sowohl nach dem Recht des ersuchenden als auch nach dem des ersuchten Staates mit einer Freiheitsstrafe oder die Freiheit beschränkenden Maßregel der Sicherung und Besserung im Höchstmaß von mindestens einem Jahr oder mit einer schwereren Strafe bedroht sind."

Das Luxemburger Steuerrecht unterscheidet wie die Schweiz zwischen einfacher Steuerhinterziehung, als „fraude fiscale simple" bezeichnet, und der „escroquerie fiscale", dem „Steuerbetrug". Als einfache Steuerhinterziehung bezeichnet werden kann z.B. eine inexakte Deklaration, hervorgerufen durch:

- die Angabe zu niedriger Einkünfte,
- durch Nichterklärung bestimmter Einkunftsarten (z.B. Zinseinkünfte),
- durch die Verwertung falscher Informationen oder
- durch Versäumnisse fester Zahlungsfristen.

Einfache Steuerhinterziehung wird in Luxemburg nicht mit Freiheitsstrafen von mindestens einem Jahr geahndet. Es drohen in aller Regel nur Geldstrafen, die allerdings bis zum Vierfachen der hinterzogenen Steuern festgesetzt werden können.

Um einen *Steuerbetrug* handelt es sich im Unterschied hierzu, wenn

- die Steuerhinterziehung durch systematische Verwendung betrügerischer Machenschaften vollzogen wird und
- es sich hierbei um beachtliche Beträge handelt, die dem Fiskus vorenthalten werden.

Der Begriff „Steuerbetrug" wurde erstmals durch Gesetz vom 22. Dezember 1993 in den – direkte Steuern betreffenden – dritten Teil der „Luxemburger Abgabenordnung" – „loi générale des impôts" – (§ 396 Abs. 5 LGI) eingefügt[96]. Nach dieser Vorschrift begeht Steuerbetrug, wenn eine Steuerhinterziehung zur Verkürzung erheblicher Beträge führt, sei es in Form eines absoluten Betrages, sei es im Verhältnis zur Höhe der geschuldeten Jahressteuern, und dies allein dadurch erreicht wurde, dass die Abgabenbehörde durch taktisches und systematisches Vorgehen über steuerlich erhebliche Tatbestände in Unkenntnis gelassen wurde oder dieser

---

[96] § 396 Abs. 5 eingefügt durch Gesetz vom 22. Dezember 1993 „sur l'escroquerie en matière d'impôts", Mémorial A Nr. 99 vom 24. Dezember 1993; § 396 Abs. 5 in freier Übersetzung des Autors.

gegenüber steuerlich erhebliche Tatsachen bewusst unrichtig oder unvollständig dargestellt wurden.

Steuerbetrug wird nicht allein durch den Versuch begangen, Steuervorteile geltend zu machen, die die Abgabenbehörde bei der Veranlagung letztlich nicht anerkennt. Aus dem diskreten Geldanleger wird auch dann kein Steuerbetrüger, wenn dieser versucht, einen steuerrelevanten Sachverhalt zu seinen Gunsten darzustellen, letztlich aber gegenüber der Steuerbehörde nicht glaubhaft wirkt. Steuerbetrug begeht nicht schon derjenige, der eine inexakte Einkommensteuererklärung nur deshalb abgegeben hat, weil er wider besseres Wissen diverse Einkünfte nicht erklärt oder schlichtweg vergaß.

Des Steuerbetrugs macht sich vielmehr derjenige schuldig, der dem Fiskus ein aus mehreren sich ergänzenden Einzelelementen zusammengesetztes Lügengebäude aufzutischen wagt, das zu einer Verkürzung hoher Steuerbeträge führt[97]. Als Beispiel für ein solches Lügengebäude kann jede Art der Belege- und Urkundenfälschung, einhergehend mit einer auf Gewinnverkürzung abzielenden doppelten Buchführung bezeichnet werden, durch die auf entsprechende Weise künstliche Ausgaben geschaffen und Einkünfte entweder nicht oder falsch – durch Kettenbuchungssätze vertuscht – erfasst werden.

Steuerbetrug liegt auch in allen „Modellfällen" des fiktiven Vorsteuerabzugs vor. Reicht ein Unternehmer fiktive, von einer Scheingesellschaft ausgestellte Rechnungen zum Vorsteuerabzug ein (la fraude des „taxis" ), erfüllt er den Straftatbestand des Steuerbetrugs. Steuerbetrug liegt überall dort vor, wo „Dritte" in die Machenschaften einbezogen werden, wie beispielsweise eine fiktive ausschließlich zur Scheinfakturierung dienende Briefkastenfirma („taxi").

Schließlich ist die Hinterziehung eines verhältnismäßig hohen Betrags an Steuergeldern erforderlich. Das Gesetz spricht hier von einem „montant significatif d'impôt, soit en montant absolu soit en rapport avec l'impôt annuel dû". Hier handelt es sich zweifelsohne um einen dehnbaren Begriff, der dem Ermessen der Ermittlungsbehörden und Gerichte unter-

---

97 Ces manoeuvres doivent avoir été employées de facon systématique ce qui renvoie à une combinaison d'éléments qui se coordonnent pour concourir au résultat ou de manière à former un ensemble.

liegt. Anhaltspunkt für die Qualifizierung der hinterzogenen Steuern als „montant significatif" kann entweder die absolute Höhe der Steuerhinterziehung oder das Verhältnis der hinterzogenen Steuern zur Jahressteuerschuld sein, wobei im letzteren Fall die persönlichen Verhältnisse des Betreffenden berücksichtigt werden.

Luxemburger Justizbehörden unterstützen die Suche nach ausländischen Schwarzgeldkonten aber nur dann, wenn dem Rechtshilfeersuchen ein *auslieferungsfähiger* Steuerbetrug zugrunde liegt. Konkret bedeutet dies, dass ein in Deutschland begangenes Steuerdelikt nach Luxemburger Abgabenrecht mit mindestens einem Jahr Freiheitsentzug bestraft werden müsste, um die Durchsuchung von Geschäftsräumen eines in Luxemburg tätigen Kreditinstituts oder die Beschlagnahme von Kontounterlagen erreichen zu können.

„Fraude fiscale simple" ist weder auslieferungs- noch rechtshilfefähig und wird es auch dann nicht, wenn sich das Rechtshilfebegehren auf das Zusatzprotokoll zum 59er Rechtshilfeübereinkommen bezieht. Luxemburg hat im Gesetz vom 27. August 1997 deutlich gemacht, dass das 59er Rechtshilfeübereinkommen in Erweiterung des Zusatzprotokolls aus Gründen der Verfahrensökonomie nicht anzuwenden und Rechtshilfe zu verweigern ist, wenn es – wie beim „Fraude fiscale simple" – offensichtlich ist, dass die eingesetzten Mittel unverhältnismäßig sind oder wesentliche Interessen des Großherzogtums (hierzu zählt auch das Bankgeheimnis) gefährdet würden. Luxemburg hat andererseits aber noch nie die Vollstreckung eines internationalen Rechtshilfeersuchens verweigert, indem es das Berufsgeheimnis in einer seiner Formen und insbesondere das Bankgeheimnis entgegengesetzt hätte. Auch das nationale Rechtshilfegesetz vom 8. August 2000 sieht den obigen Ausführungen konform zwar keine Rechtshilfe in Fiskaldelikten (mit Ausnahme des Steuerbetrugs) vor. Von dem Augenblick an, in dem aber die allgemeinen Bedingungen der Rechtshilfe erfüllt werden, muss der ausländische diskrete Geldanleger stets damit rechnen, dass die Luxemburger Behörden die Durchsuchungen und Beschlagnahmen ausführen, die von ausländischen Behörden in luxemburgischen Kredit- oder Versicherungsinstituten im Rahmen eines internationalen Rechtshilfeersuchens beantragt werden.

**Liechtenstein**

In Liechtenstein verhält man sich in Sachen Rechtshilfe viel diskreter als in der Schweiz oder in Luxemburg. Dies gilt zumindest (noch) zu europäischen Nachbarländern. Das Fürstentum lüftet das Bankgeheimnis den Behörden europäischer Nachbarländer gegenüber weder bei Steuerbetrug (wie die Luxemburger) noch bei Abgabebetrug (wie die Schweizer). Nach dem liechtensteinischen Rechtshilfegesetz wird einem Rechtshilfeersuchen grundsätzlich nicht entsprochen, wenn Gegenstand des Verfahrens eine Tat ist, die auf eine Verkürzung fiskalischer Abgaben gerichtet erscheint. Liechtenstein hat zwar das Europäische Übereinkommen über die Rechtshilfe in Strafsachen unterzeichnet und leistet auch Rechtshilfe nach Maßgabe dieses Übereinkommens, ist dadurch aber nicht zur Durchbrechung des Bankgeheimnisses in ausländischen Steuerangelegenheiten verpflichtet.

*Die Folge*: Das Bankgeheimnis schmilzt nicht gleich bei größeren Steuerdelikten zusammen. Letzteres muss allerdings in Bezug auf die USA relativiert werden. Liechtenstein hat mit den USA am 8. Juli 2002 einen Rechtshilfevertrag geschlossen, der neben den klassischen Bereichen der Rechtshilfe auch den Bereich der Rechtshilfe in Steuerstrafsachen mit erfasst. Dem Vertragstext zur Folge soll nur bei „qualifiziertem Steuervergehen", die dem liechtensteinischen Steuerbetrugstatbestand größtenteils entsprechen, Rechtshilfe mit Zwangsmaßnahmen geleistet werden.

Art. 1 Abs. 4 des RV-US lautet entsprechend: „*Bei Steuervergehen leistet der ersuchte Staat Rechtshilfe, wenn es sich bei der beschriebenen Handlung um einen Steuerbetrug handelt, welcher als eine Steuerhinterziehung definiert wird, bei der vorsätzlich gefälschte, verfälschte oder unwahre Geschäftsunterlagen oder andere Schriftstücke verwendet werden, und sofern der ausstehende Steuerbetrag entweder absolut oder im Verhältnis zu einem ausstehenden Jahresbetrag erheblich ist. Der ersuchte Staat verweigert die Rechtshilfe nicht, wenn nach seinem Recht nicht dieselbe Art von Steuer erhoben wird oder nicht die gleichen Steuervorschriften bestehen wie gemäß dem Recht des ersuchenden Staates.*"

Zur Präzisierung des Begriffs Steuerbetrug werden im Vertrag folgende Handlungen genannt, welche vorsätzlich begangen werden müssen:

- *Das Abfassen, Veranlassen der Abfassung, Unterzeichnen oder Einreichen von Schriftstücken, die:*

  - *von Gesetzes wegen eingereicht werden müssen, um den Steuerbehörden die Höhe des steuerbaren Einkommens nachzuweisen,*
  - *als Grundlage für eine Steuerveranlagung dienen und*
  - *falsch sind im Hinblick auf eine solche Steuerveranlagung.*
- *das Führen von zwei unterschiedlichen Buchhaltungen;*
- *das Ausführen falscher Buchungen oder Änderungen, oder das Ausstellen falscher Rechnungen oder Schriftstücke;*
- *das Zerstören von Büchern oder Aufzeichnungen; oder*
- *das Verheimlichen von Vermögenswerten oder das Verdecken von Einkommensquellen durch die in Art. 1 Abs. 4 beschriebenen Mittel.*

Die Definition des nach dem RV-USA rechtshilfefähigen Steuerbetrugs geht sehr weit, weiter als es nach nationalem Steuerrecht des Fürstentums der Fall wäre: So sieht der Vertrag auch das unvollständige oder unrichtige Ausfüllen von Steuererklärungen als Steuerbetrug an. Klar ist also, dass das „Vergessen" irgendwelcher Kapitalerträge eines Amerikaners aus seinen diskreten liechtensteinischen Geldanlagen auch unter diese Definition fallen kann. Klar ist auch, dass mit der Öffnung der Rechtshilfe bei schwerwiegenden Steuervergehen gegenüber den USA das Fürstentum erstmals von seiner strengen, im nationalen Rechtshilfegesetz verfolgten Linie abgeht; und zwar gleich so weit, dass Liechtenstein auch auf das Erfordernis der doppelten Strafbarkeit verzichtet. In fast allen bi- und multilateralen Rechtshilfeabkommen ist nämlich für die Gewährung von Rechtshilfe zwingend Voraussetzung, dass die Straftat auch nach dem Recht des ersuchten Staates als strafbare Handlung angesehen wird.

Zwar ist der Rechtshilfevertrag mit den USA laut Aussage der Liechtensteiner Regierung auf die spezifischen Rechtsbedingungen der beiden Länder zugeschnitten und somit nicht unmittelbar auf Drittländer übertragbar. Doch es bedarf keiner großen Phantasie und wohl auch keiner großen Zeitspanne mehr, bis weitere Staaten, namentlich Deutschland, Frankreich und andere Hochsteuerländer, im Ländle stehen und eine dem USA-Vertrag äquivalente Rechtshilfe in Steuersachen verlangen; und zwar mit rückwirkender Anwendung, so wie auch der RV-US rückwirkend Anwendung findet. Dadurch können Sachverhalte aufgerollt werden aus Zeiten, in denen US-Bürgern noch versichert werden konnte, dass sie in Sachen Rechtshilfe in Fiskaldelikten überhaupt nichts zu befürchten hätten.

*Hinweise für diskrete Geldanleger aus Österreich:* Das Fürstentum Liechtenstein und die Republik Österreich haben am 4. Juni 1982 einen Vertrag über die Ergänzung des Europäischen Übereinkommens über die Rechtshilfe in Strafsachen und die Erleichterung seiner Anwendung geschlossen.[98] Dieser Zusatzvertrag sieht Rechtshilfe auch für Verfahren wegen strafbarer Handlungen vor, deren Bestrafung in dem Zeitpunkt, in dem um Rechtshilfe ersucht wird, in einem der beiden Staaten in die Zuständigkeit eines Gerichtes und im anderen Staat in die Zuständigkeit einer Verwaltungsbehörde fällt. Hier kann Rechtshilfe aber auch abgelehnt werden, wenn die Tat keine oder nur unbedeutende Folgen nach sich gezogen hat und der mit der Leistung der Rechtshilfe verbundene Aufwand im Verhältnis zu der im ersuchenden Staat zu erwartenden Strafe nicht gerechtfertigt wäre. Der Zusatzvertrag enthält allerdings – und das ist die gute Nachricht für österreichische Geldanleger – keinerlei Bestimmungen über eine vom Grundsatz abweichende Rechtshilfe in Fiskaldelikten. Zwar müssen österreichische Anleger ihre aus dem Liechtenstein-Depot erwirtschafteten Kapitaleinkünfte ebenso versteuern wie Geldanleger aus anderen EU-Mitgliedsländern. Dies reduziert sich allerdings wegen des Bankgeheimnisses und der restriktiven Rechtshilfepraxis vielfach zu einer bloßen Gewissensfrage. Auch der Vertrag vom 4. Juni 1982 ändert für österreichische Geldanleger daran nichts.

### Belgien

„Kleinere" Steuerdelikte haben auch in Belgien kaum Chancen auf Rechtshilfe. Wie Luxemburg hat sich das Königreich als Vertragsstaat des Europäischen Rechtshilfeübereinkommens vorbehalten, ausländischen Durchsuchungs- und Beschlagnahmebegehren nur bei auslieferungsfähigen strafbaren Handlungen nachzukommen. Will also die deutsche Justiz eine belgische Bank durchsuchen lassen, müsste von deutscher Seite aus eine Straftat nachgewiesen werden, die in Belgien mit einer Freiheitsstrafe von mindestens einem Jahr zu bestrafen wäre. Wäre dies der Fall, müsste das Bankgeheimnis weichen.

---

[98] LGBl. 1983 Nr. 41.

## Kanalinseln

Jerseys und Guernseys Aufsichtsbehörden kooperieren mit ausländischen Strafverfolgungsbehörden im Rahmen der „Criminal Justice (International Co-Operation) Law“ bei Drogendelikten, Terrorismus, Insiderhandel oder schweren Betrugsdelikten. Unter die rechtshilfefähigen schweren Betrugsdelikte reiht sich auch der *Steuerbetrug* ein, jedoch nicht die unrichtige Steuererklärung.

Unter der *Evidence (Proceedings in other Jurisdictions) (Jersey) Order* unterstützt Jersey's Royal Court ausländische Justizbehörden in anhängigen Strafverfahren durch Rechtshilfeleistungen wie die Herbeischaffung und Übermittlung von Beweisgegenständen. Bezüglich der Art der verfolgten Straftat gibt es keine Einschränkungen in Bezug auf Steuerdelikte (Steuerbetrug). Ausgenommen von der Rechtshilfe sind lediglich politische Straftaten.

Guernsey betreffend verlangt das *European Communities (Bailiwick of Guernsey) Law* die Cooperation mit diversen Zollbehörden der EU-Staaten zur Umsetzung des in Protokoll 3 der Beitrittserklärung Großbritanniens festgeschriebenen freien Zoll- und Warenverkehrs zwischen der EU und Guernsey. In diesem Rahmen ist Guernsey den EU-Behörden gegenüber zum Informationsaustausch verpflichtet. Der Informationsaustausch umfasst auch die Vorsorge und Aufspürung von Betrugs- oder Hinterziehungsdelikten.

Das *Criminal Justice (Fraud Investigation) (Bailiwick of Guernsey) Law* greift bei allen Betrugsdelikten, auch in Fällen des Steuerbetrugs. Der „Law Officer“ ist ermächtigt, Informationen auch an ausländische Strafverfolgungsbehörden weiterzugeben, nach Maßgabe der *Evidence (Proceedings in Other Jurisdictions) (Guernsey) Order*. Die Anwendung des Criminal Justice (Fraud Investigation) (Bailiwick of Guernsey) Law setzt keinen Mindestbetrag voraus, der der Gemeinschaft vorenthalten oder gesetzeswidrig erlangt wurde. Des Weiteren ist es nicht notwendig, dass gegen den Verdächtigten bereits ein (Steuer-)Strafverfahren eröffnet worden ist.

Im Rahmen des Criminal Justice Law können Personen als Zeugen vorgeladen und befragt werden, Dokumente beschlagnahmt oder vervielfältigt sowie Durchsuchungshandlungen angeordnet werden. Berufsgeheimnisträger wie Anwälte oder als Treuhänder fungierende Anwälte besitzen ein Aussageverweigerungsrecht, auf das sie sich regelmäßig berufen können, müssen aber in jedem Fall Name und Adresse desjenigen Klienten herausgeben, der im Mittelpunkt der Ermittlungen steht. Die Evidence (Proceedings in Other Jurisdictions) (Guernsey) Order sieht im Einklang mit dem Criminal Justice (Fraud Investigation) (Bailiwick of Guernsey) Law zur Unterstützung der Judikative eines ersuchenden Staates die Vorladung und Vernehmung von Zeugen sowie die Vervielfältigung von Beweisdokumenten und deren Übermittlung vor.

Die Evidence (Proceedings in Other Jurisdictions) (Guernsey) Order enthält im Unterschied zu den nationalen Rechtshilfegesetzen anderer Länder – wie den bereits dargestellten Rechtshilfegesetzen Österreichs, der Schweiz und Liechtensteins – weder Vorbehalte noch Einschränkungen – auch im Hinblick auf Fiskaldelikte nicht. Nur Rechtshilfeersuchen, die erkennbar politischen Charakter haben, bleiben ohne Resonanz.

## Stufe 4: Bankgeheimnis

Fällt die Rechtshilfe-Entscheidung nach jeweiligem nationalen Rechtshilferecht des ersuchten Staates in dritter Stufe positiv (bzw. negativ aus Sicht des diskreten Geldanlegers) aus, hält kein Bankgeheimnis mehr. Denn alle nationalen Normen über gesetzlich verankerte Bankgeheimnisse enthalten „Öffnungsklauseln“, nach denen Banker ihre Geheimnisse lüften müssen, wenn dies nach dem jeweils geltenden nationalen Recht geboten ist oder das Gebot der Verfolgung bestimmter Straftatbestände wie Steuerbetrug, eingeleitete Finanzstrafverfahren oder Geldwäschedelikte dem Vertrauensschutzinteresse eines Individualkunden vorgeht. An dieser letzten Stufe der eingangs dargestellten Pyramide endet dann die Diskretion.

# Teil V

## Diskreter Geldtransfer unter besonderer Berücksichtigung verschärfter Maßnahmen zur Geldwäschebekämpfung und EU-internen Bargeldbewegungs-Kontrollen

Die Mittel und Wege diskreter Geldtransfers sind mit den neuen technischen Möglichkeiten vielfältig geworden. Beliebt ist insbesondere der Kreditkartentrick: Man lässt sich eine Kreditkarte ausstellen, von der man dann ganz problemlos beim nächsten Geldautomaten Bargeld von seinem Konto auf den Bahamas, den Cayman Islands oder aber nur vom Nummernkonto in der Schweiz abheben kann. Seitdem Schweizer Banken von Nummernkonten keine anonymen Überweisungen mehr ins Ausland durchführen, hat die Kreditkarte als Alternative zu anonymen Überweisungen über Servicegesellschaften (wird gegen Gebühr für größere Summen angeboten) an Bedeutung stark zugenommen. Offshore-Banken wissen dabei, wie sie die Papierspur des Kreditkartenkontos zum Konto des diskreten Geldanlegers am besten verwischen können.

Aber auch die traditionellen Übertragungstechniken wie der Barscheck mit seinen bekannten geheimnisvollen Kürzel wie „u.i.o", der bestätigte Bankscheck oder der unterdeklarierte Wertbrief haben angesichts stetig schärferer Bargeldkontrollen im deutschen grenznahen Gebiet nicht an Bedeutung verloren. Für deutsche diskrete Geldanleger und diskrete Geldanleger mit Konten in Deutschland steht im Fokus dieses Teils ein Schreiben der Oberfinanzdirektionen Chemnitz, Cottbus, Hannover usw. an das Zollkriminalamt-Bildungszentrum. Dieses Schreiben ist originalgetreu wiedergegeben und beschreibt, wie sich die mobilen Zollkontrollgruppen bei Bargeldtransfers verhalten müssen. Schließlich gilt es für diskrete Geldanleger, sich frühzeitig auf das neue EU-Konzept zur Kontrolle von Bargeldbewegungen und den daraus resultierenden neuen Deklarationspflichten für mitgeführtes Barvermögen von mehr als 10.000 Euro einzustellen. Der diskrete Geldanleger erhält hier „Schützenhilfe".

## Die klassischen Methoden

### Der Barscheck

Der Barscheck stellt nach wie vor den klassischen Weg dar, Barauszahlungen vorzunehmen, wenn der Kunde selbst nicht namentlich in Erscheinung treten und die Herkunft des Geldes verdeckt halten will. Auszahlungen zu Lasten diskreter Konten mittels Barscheck sind allerdings auch risikobehaftet: Wenn auch die Barauszahlung des Schecks in Form einer ausgeschriebenen Angabe des diskreten Nummernkontos auf dem Kassenbeleg erfolgt und der Name des Geldanlegers darauf nicht erscheint, lassen doch die ausgeschriebene Kontonummer zusammen mit besonderen „bankinternen Vermerken“ (z.B. u.i.o für „Unterschrift in Ordnung“) auf die Herkunft des Geldes schließen.

Die Papierspur diskreter Barschecks lässt sich gut nachverfolgen, weil auf dem Kassenkontrollstreifen des jeweiligen Kreditinstituts immer das Konto des Ausstellers vermerkt ist. Steuerfahnder, die zu jedem Einzahlungsbeleg einen Kassenkontrollstreifen anfordern, schöpfen immer Verdacht, wenn unmittelbar vor oder hinter einer Einzahlungsbuchung ein betragsidentischer Auszahlungsvorgang folgt. Modernste Computertechnik und die ständige Fortentwicklung der Fahndermethoden erlauben mittlerweile die Personifizierung von Einzelbuchungen anhand von *Kassenkontrollstreifen* und speziellen Kundenlisten. Ein Kassenkontrollstreifen stellt eine vielfach unterschätzte Verbindung des Einzahlers zur Bank dar, auch wenn sich der Kunde nicht legitimiert hat. Die Nummer des belasteten Kontos ist nämlich bei jeder Buchung auf dem Streifen vermerkt. Verdächtige Vorgänge erkennen Fahnder daran, dass signifikante Beträge unmittelbar hintereinander erfasst sind, unmittelbare Gegenbuchungen auftreten, sehr hohe und sehr krumme Beträge aufeinander folgen, größere Beträge gestückelt sind oder Kassierervermerke angebracht sind, die auf eine Addition schließen lassen, oder daran, dass der stornierten Buchung eine anonymisierte folgt.

Österreichische Kreditinstitute zeichnen die Geldbewegungen eines Tages auf so genannten *Tagesstrazzen* auf. Solche Tagesstrazzen enthalten auch Namen von Kunden, Beträge und zuordenbare Kontonummern und unterliegen damit zwar dem Bankgeheimnis,[99] allerdings ist die Be-

[99] Verwaltungsgerichtshof 90/14/0112.

schlagnahme jener Teile der Tagesstrazzen stets zulässig, die in unmittelbarem Zusammenhang mit einem aufzuklärenden Finanzvergehen stehen. Damit ist nach Ansicht des Verwaltungsgerichtshofs zu Wien der Geheimnisschutz anderer Kunden nicht verletzt.[100]

## Der bestätigte Bankscheck

War erst einmal eine fremde Bank zur Ausstellung eines Bankschecks gefunden, konnte man sich einen solchen in jeder beliebigen Währung ausstellen lassen. Mit diesem bestätigten Bankscheck fuhren die „Investoren“ dann in die Schweiz, nach Luxemburg usw. und ließen sich den Scheck bei einer x-beliebigen Bank in bar auszahlen. Die Barsumme zahlten die Investoren dann auf ein diskretes Schweizer oder Luxemburger Konto ein. Diese Art des Geldtransfers ist legal, solange man nicht gegen geltende Melde- und Deklarationspflichten verstößt.

Alternativ zum Bankscheck kaufen diskretionsbedürftige Geldanleger oft Reiseschecks und lösen diese im Ausland je nach Wunsch ein. Bei Bedarf werden auch Schecks in US-Dollar ausgestellt und – wenn anstatt in die USA lieber in die Schweiz gereist wird – dort gegen Schweizer Franken zurückgetauscht.

## Der Kreditkartentrick

Mittels Kreditkarte, im Regelfall ausgestellt von einem mit der Konto-/Depotbank nicht in Verbindung stehendem Kreditkarteninstitut können diskrete Geldanleger ganz diskret ihr Auslandskonto im Inland beheben, ohne Geld in physischer Form transportieren zu müssen. Einziges Risiko: Die Kreditkarte wird von Personen gefunden, die lieber nichts davon wissen sollten. Besonders achtsame diskrete Geldanleger schalten dem Kreditkartenkonto noch eine ausländische Ltd., einen Trust oder eine liechtensteinische Verbandsperson vor.

## Der unterdeklarierte Wertbrief

Der unterdeklarierte Wertbrief funktioniert so: Man versendet Bargeld in einem an eine Schweizer oder belgische Bank adressierten Wertbrief und versichert die Wertsendung über eine Schweizer Assekuranz

[100] 91/14/0118.

bzw. lässt die Wertsendung durch die Auslandsbank versichern. Somit kann am Postschalter ein niedrigerer Wertsendungsbetrag angegeben werden. Ausländische Banken schließen auf Antrag und Kosten des Kunden Versicherungen für Sendungen ab, die dieser an sie adressiert. Solche Versicherungen werden nach Ablauf einer achttägigen Übergangsfrist wirksam und schließen auch Werte ein, die durch einen Geldboten am Wohnsitz des Kunden abgeholt werden.

## Anonyme Überweisungen über Servicegesellschaften

Überweisungen von Nummernkonten konnten bislang anonym erfolgen. Die ausländische Empfängerbank wusste nur, dass es sich um eine Überweisung im Auftrag eines Kunden handelt und kannte nur den Gutschriftsempfänger (welcher im Regelfall ein Strohmann oder eine Stiftung mit Sitz im Ausland usw. war) und die ausländische Korrepondenzbank, von der das Geld stammte. Diese Art anonymer Geldüberweisung von einem Nummernkonto gibt es zumindest in der Schweiz seit 1. Juli 2004 nicht mehr. Zu diesem Datum musste Artikel 15 der Schweizerischen Geldwäschereiverordnung von allen Schweizer Banken verbindlich angewendet werden. Die Vorschrift übernimmt eine von acht „Special Recommendations" über die Terrorismusfinanzierung der Financial Action Task Force (FATF), eine auf die Geldwäschebekämpfung spezialisierte Sondergruppe der OECD.

Nach der im Fachjargon intern genannten „SR VII" (gemeint ist die siebte Empfehlung der FATF) müssen die Schweizer Banken künftig bei allen Zahlungsaufträgen ins Ausland den Namen, die Kontonummer und den Wohnsitz der auftraggebenden Vertragspartei oder den Namen und eine Identifizierungsnummer angeben. Damit können Anlagegelder, die auf Nummernkonten geparkt sind, nicht anonym auf ausländische Empfänger bzw. ausländische Konten überwiesen werden. Anfragen von Finanzbehörden aus Hochsteuerländern (z.B. Deutschland) bezüglich empfangener Überweisungen aus ausländischen Nummernkonten bei Empfängerbanken gehen jedoch dann ins Leere, wenn eine so genannte Servicegesellschaft zwischengeschaltet wurde. Größere ausländische Anlagebanken verfügen über eine solche *Servicegesellschaft*, meist mit Sitz in einer Steueroase und als „ABC- oder „Finance Ltd." oder ähnlich firmierend. Sollen Überweisungen von diskreten Nummern- oder Pseudonymkonten erfolgen, geht der Geldfluss hier nicht den direkten Weg von Bank zu Bank, sondern nimmt den Umweg über die Servicegesellschaft. Diese erscheint hier als Auftraggeberin für die Geldüberweisung. Bestehen allerdings berechtigte Verdachtsgründe für Geldwäsche oder ein Betrugsdelikt (auch Steuerbetrugsdelikt), müssen solche Überweisungs-Umwege ebenfalls offen gelegt werden.

## Bargeld-Grenzkontrollen durch den deutschen Zoll auf grenznahem deutschem Gebiet

*Deutsche diskrete Geldanleger sollten an dieser Stelle hellhörig werden*: Wie aus einem Schreiben der Oberfinanzdirektionen (OFDn) Chemnitz, Cottbus, Hannover, Hamburg, Karlsruhe, Koblenz, Köln und Nürnberg an das Zollkriminalamt-Bildungszentrum in Münster vom April 2005[101] hervorgeht, dürfen die Zöllner bei Bargeldkontrollen gefundene Schriftstücke unabhängig davon, ob Zahlungsmittel mitgeführt werden oder nicht, dahingehend geprüft/gesichtet werden, ob sie Hinweise auf eine Beförderung von Zahlungsmittel enthalten. Dies soll sich aus der Befugnis des Zolls ergeben, im Rahmen der Sachverhaltsermittlung festzustellen, ob unter zollamtlicher Überwachung gestellte Zahlungsmittel befördert werden oder wurden. Gemäß § 12a des deutschen Zollverwaltungsgesetzes (ZollVG)[102] haben diskrete Geldanleger auf Verlangen der Zollbediensteten Bargeld oder gleichgestellte Zahlungsmittel im Wert von 15.000 Euro oder mehr, die sie in die, aus den oder durch die Zollgebiete der Europäischen Union verbringen oder befördern, nach Art, Zahl und Wert anzuzeigen sowie *die Herkunft*, den *wirtschaftlich Berechtigten* und den *Verwendungszweck* darzulegen. Für die Feststellung von Bargeld/gleichgestellten Zahlungsmitteln gilt nach der OFD-Verfügung Folgendes:

---

[101] Az. III B 7 –Z 2761 – 22/05.

[102] § 12a ZollVG abgedruckt im Anhang, Seite 418.

- „Wert von 15.000 Euro oder mehr
  Werden bei einer Bargeldkontrolle Bargeld oder gleichgestellte Zahlungsmittel im Gesamtwert von 15.000 € oder mehr festgestellt (d.h. gleichgültig, ob angemeldet oder erst nach Dursuchen ermittelt), dürfen die Daten, welche der Betroffene aufgrund des § 12a Abs. 1 ZollVG mitteilen muss, an die Landesfinanzbehörden weitergeleitet werden. Darüber hinaus dürfen auch schriftliche Unterlagen, die unmittelbar Aufschluss über die Herkunft des Bargeldes/der gleichgestellten Zahlungsmittel, dessen Verwendungszweck o.Ä. ergeben können, erhoben und an die Landesfinanzbehörden weitergeleitet werden. Dies gilt unabhängig davon, ob Anhaltspunkte für Geldwäsche vorliegen."

- „Wert unter 15.000 Euro
  Wird ein geringerer Betrag als 15.000 € festgestellt, ist eine Erhebung und Übermittlung von Daten an die Landesfinanzbehörden nur zulässig, wenn sich aus diesen Daten Anhaltspunkte für Geldwäsche ... ergeben."
  Zwischenergebnis: Diskrete Geldanleger, die weniger als 15.000 Euro an Bargelder oder gleichgestellte Zahlungsmittel (das sind u.a. Schecks) mit sich führen und sich nicht so verhalten, dass der Zöllner einen Verdacht auf Geldwäsche schöpft, brauchen sich vor einer Unterrichtung ihrer Wohnsitzfinanzämter nicht zu fürchten. Diese 15.000-Euro-Grenze aus dem ZollVG dürften aber schon bald durch die niedrigere 10.000-Euro-Grenze der EU-Bargeld-Transferrichtlinie herabgesetzt werden (siehe dazu nachfolgend: Diskrete Geldtransfers unter besonderer Berücksichtigung des neuen EU-Konzepts zur Kontrolle von Bargeldbewegungen).
  Konnten die Zollbeamten kein Bargeld oder gleichgestellte Zahlungsmittel feststellen, müssen sie sich laut obiger OFD-Anweisung wie folgt verhalten:"

- „Hinweise auf Beförderung von Bargeld/gleichgestellten Zahlungsmitteln von 15.000 Euro oder mehr
  Soweit bei einer Bargeldkontrolle kein Bargeld/gleichgestellte Zahlungsmittel festgestellt werden, dürfen Unterlagen erhoben

und an Landesfinanzbehörden übermittelt werden, soweit sich aus diesen Unterlagen Hinweise auf eine (frühere) Beförderung von Bargeld/gleichgestellten Zahlungsmitteln im Wert von insgesamt 15.000 € oder mehr ergeben. Dies gilt unabhängig davon, ob Anhaltspunkte für Geldwäsche vorliegen."

- „Hinweise auf Beförderung von Bargeld/gleichgestellten Zahlungsmitteln unter 15.000 Euro
  In diesem Fall dürfen Unterlagen erhoben und an Landesfinanzbehörden übermittelt werden, soweit sich aus diesen Unterlagen Anhaltspunkte für Geldwäsche ergeben."

- „keinerlei Hinweise auf Beförderung von Bargeld/gleichgestellten Zahlungsmitteln
  Soweit sich aus den Unterlagen keine Hinweise auf die Beförderung von Bargeld/gleichgestellten Zahlungsmitteln oder Anhaltspunkte für Geldwäsche ergeben, dürfen Unterlagen nur aufgrund des § 116 Abgabenordnung erhoben[103] und an Landesfinanzbehörden übermittelt werden. Dies bedeutet, dass sich aus den Unterlagen ein strafrechtlicher Anfangsverdacht einer Steuerstraftat ergeben muss."
  Die OFDn legen in ihrer gemeinsamen Verfügung auch gleich fest, was „weiterleitungsfähige Unterlagen" sind und zählen auf: „Kontoauszüge ausländischer Kreditinstitute, aus denen sich Bareinzahlungen oder Barverfügungen ergeben, Ein- und Auszahlungsbelege, Quittungen über den Erhalt/Austausch von Bargeld, An- und Verkaufsabrechnungen, zu Bartransaktionen berechtigte Vollmachten, Verträge, die eine teilweise oder vollständige Barabwicklung vorsehen."
  *Was der Zoll nicht darf:* Nicht durch die im Rahmen der Bargeldkontrollen auszuübenden Befugnisse gedeckt ist die Erhebung von Bilanzunterlagen (einschließlich Gewinn- und Verlustrechnungen), Geldkarten ausländischer Kreditinstitute, ohne

---

103 Gemäß dieser Vorschrift müssen Gerichte und sonstige Bundes-/Landesbehörden Tatsachen, die den Verdacht einer Steuerstraftat begründen, den Finanzbehörden mitteilen.

dass zuzuordnende Geldbewegungen festgestellt werden, Kreditkarten, Tresorschlüssel, allgemeine Vertragsunterlagen, Aufzeichnungen von Telefonnummern, Fahrzeugpapiere, Grundbuchauszüge, Einkaufsausweise ausländischer Supermarktketten und sonstige Belege, die nur geeignet sind, einen Aufenthalt im Ausland zu belegen und das unter Richtervorbehalt stehende Auslesen von Verbindungsdaten bei Mobiltelefonen.
In Bargeldkontrollen können diskrete Geldanleger im gesamten deutschen „grenznahen Raum" gelangen. Grenznaher Raum ist alles am deutschen Teil der Zollgrenze bis zu einer Tiefe von 30 Kilometern. Läuft die Bargeldkontrolle „schief", muss der diskrete Geldanleger damit rechnen, dass die Zollbediensteten, wenn Grund zu der Annahme besteht, dass Bargeld oder gleichgestellte Zahlungsmittel zum Zwecke der Geldwäsche verbracht werden, das Bargeld oder die gleichgestellten Zahlungsmittel bis zum Ablauf des dritten Werktages nach dem Auffinden sicherstellen.[104] Damit ist der diskrete Geldanleger erst einmal sein Geld los.

## Diskrete Geldtransfers unter besonderer Berücksichtigung des neuen EU-Konzepts zur Kontrolle von Bargeldbewegungen

### Allgemeines

Am 8. Juni 2005 hat das Europäische Parlament im Mitentscheidungsverfahren eine Verordnung zur Einführung eines EU-weiten Konzepts zur Kontrolle von Bargeldbewegungen in die EU und aus der EU angenommen. Gemäß dieser Verordnung, die auf einem Vorschlag der Kommission von Juni 2002 basiert, welcher nachfolgend näher erörtert wird, müssen die Mitgliedstaaten gewährleisten, dass Reisende, die in die EU einreisen oder diese verlassen, eine schriftliche Erklärung abgeben, wenn sie mehr als 10.000 Euro in bar oder den Gegenwert in anderen Währungen oder in anderen leicht konvertiblen Werten mit sich führen.

---

[104] § 12a Abs. 2 ZollVG, Anhang Seite 418.

Den Hintergrund für dieses neue Bargeld-Kontrollkonzept war eine zwischen September 1999 und Februar 2000 unter dem Decknamen „Operation Moneypenny“ durchgeführte Aktion mit dem Ziel, die grenzüberschreitenden Bewegungen von Bargeldbeträgen von über 10.000 Euro zu überwachen und zu prüfen, ob diese Bewegungen wegen ihres Umfangs die Effizienz der Kontrollen zur Bekämpfung der Geldwäsche gefährden. Die Zollstellen registrierten hierbei Zahlungsmittel in Höhe von insgesamt 1,6 Mrd. Euro, davon waren es 1,35 Mrd. Euro an Bargeld, die über die EU-Grenzen gelangt sind. Eine solche Menge an (unversteuerten) Geldern war der EU-Kommission selbstverständlich zu viel. „Die Menge der auf diese Wege beförderten flüssigen Mittel reicht aus, um eine potenzielle Gefahr für die Interessen der Gemeinschaft und der Mitgliedstaaten darzustellen“, schreibt die Kommission als Begründung im Bericht für den Rat[105]. Ergebnis der Aktion war ein im Juni 2002 präsentierter Vorschlag für eine neue Verordnung „über die Verhinderung der Geldwäsche durch Zusammenarbeit im Zollwesen“, die – mittlerweile vom EU-Parlament angenommen – künftig den Bargeldverkehr zwischen den EU-Staaten und Drittstaaten wie beispielsweise der Schweiz, Liechtenstein[106] und anderen Steueroasen über der genannten Grenze meldepflichtig machen wird. Diese ohne Zweifel sehr einschneidende Einschränkung des freien Kapitalverkehrs rechtfertigt die EU mit einer nicht minder wichtigen Verpflichtung der Behörden, Kriminellen und Terroristen sämtliche Möglichkeiten der Geldwäsche zu verbauen. Die Verordnung tritt in Kraft, sobald der Rat seine formelle Zustimmung zu den vom Parlament vorgeschlagenen Änderungen erteilt und die Präsidenten des Rates und des Parlaments den Wortlaut unterzeichnen. Die Verordnung wird 18 Monate nach ihrem Inkrafttreten wirksam; aus heutiger Sicht ca. Juli 2007.

---

[105] Vom 25.6.2002.

[106] Bezüglich des EWR-Staates Liechtenstein wäre folgende Ausnahmeregelung denkbar: Soweit in der Verordnung der Europäische Wirtschaftsraum als EU-Inland gilt, was in Fachkreisen aufgrund einer Änderung der Rechtsgrundlage zu erwarten ist, wird die Verordnung in das EWR-Abkommen übernommen, womit Liechtenstein als EWR-Inland gelten würde. Damit würden die liechtensteinischen Grenzen als Aussengrenzen gelten und Bargeldtransfers von Liechtenstein nach Österreich und umgekehrt würden keiner Deklarationspflicht gemäss der genannten Verordnung unterliegen. Verbindliche Regelungen standen bei Drucklegung dieser Auflage jedoch noch aus.

### Die neuen EU-Bargeldkontrollen im Detail

In der Verordnung ist ein gemeinschaftsweites Konzept zur Kontrolle der Bargeldbewegungen in das Gebiet der Gemeinschaft oder aus diesem vorgesehen. Reisende (von der geplanten Meldepflicht betroffen sind ausschließlich natürliche Personen), die in die Gemeinschaft einreisen oder diese verlassen und mehr als 10.000 Euro (oder den Gegenwert in anderen Währungen oder in anderen leicht konvertiblen Werten, wie auf Dritte ausgestellte Schecks) mit sich führen, werden verpflichtet, bei den Zollbehörden eine Erklärung abzugeben. Für die Anmeldeformalitäten hat die EU-Kommission bereits ein verbindliches Formblatt entwickelt.[107] Anzumelden sind demnach u.a. der Eigentümer, der Empfänger und die Verwendung der Mittel sowie der Reiseweg und Art des Verkehrsträgers. Außerdem müssen die mitgeführten Gelder oder Wertpapiere genau beschrieben werden.

Diese neue Erklärungspflicht betrifft insbesondere diskrete Geldanleger mit Konten in der Schweiz und – sofern der Europäische Wirtschaftsraum nicht als Gemeinschaftsgebiet anerkannt wird – auch in Liechtenstein[108] und soll sowohl bei der Einreise (z.B. von der Schweiz nach Deutschland oder Österreich) als auch bei der Ausreise (z.B. von Deutschland oder von Österreich aus in die Schweiz) und unabhängig davon gelten, ob es sich beim Reisenden um den Eigentümer handelt oder nicht. Die Zollbehörden werden gemäß der Verordnung außerdem ermächtigt, Reisende und ihr Gepäck zu kontrollieren und nicht angemeldetes Bargeld einzubehalten. Gemäß der Verordnung sind die Mitgliedstaaten verpflichtet, gegen Personen, die Bargeld in Höhe von mehr als 10.000 Euro nicht angemeldet haben, Verfahren einzuleiten. Die Mitgliedstaaten müssen die anhand der Anmeldungen oder der Kontrollen eingegangenen Informationen aufzeichnen und diese den für Geldwäsche zuständigen Behörden zur Verfügung stellen. Außerdem ist ein umfassender Informationsaustausch unter den Mitgliedstaaten vorgesehen in Fällen, in denen Bargeld offensichtlich für Zwecke der Geldwäsche oder zur Finanzierung terroristischer Aktivitäten mitgeführt wurde.

Die Kommission verneint (derzeit noch), dass die erhobenen Daten auch für steuerliche Zweck ausgewertet werden dürfen. So heißt es in Zif-

---

[107] Vgl. Abbildung 4 Seite 146.

[108] Zu Liechtenstein vgl. aber Fn. 106.

fer 42 des Berichts der Kommission für den Rat, dass „die vom Zoll gesammelten Informationen gegebenenfalls dem für die Bekämpfung der Geldwäsche zuständigen einzelstaatlichen Finanzkontrollorganen und dem Zoll der von den verdächtigen Bewegungen betroffenen Mitgliedstaaten zu übermitteln wären." Auch Artikel 3 des Verordnungsentwurfs beschränkt den Zugriff auf die bei der Überwachung gesammelten Informationen auf die Zollbehörden der Mitgliedstaaten (Wohnsitzmitgliedstaat und Herkunfts- bzw. Bestimmungsmitgliedstaat) und auf die für die Bekämpfung der Geldwäsche zuständigen Behörden dieser Staaten.[109] Sind die Informationen aber bereits beim Zoll, ist es zum Wohnsitzfinanzamt nur noch ein kurzer Weg.

---

[109] Kommentar zum Verordnungsentwurf zu Art. 3.

Ich erkläre, die nachstehend angeführten Gelder und Wertpapiere mit einem Wert von insgesamt 10.000 Euro oder mehr mitzuführen.

| | | | | |
|---|---|---|---|---|
| ART DER ANMELDUNG | BEI DER EINREISE IN DIE GEMEINSCHAFT | ja/nein (*) | | |
| | BEI DER AUSREISE AUS DER GEMEINSCHAFT | ja/nein (*) | | |
| ANMELDER | NAME + VORNAME | | | |
| | Anschrift (Hauptwohnsitz) | | | |
| | Staatsangehörigkeit | | | |
| | Geburtsdatum | | | |
| | Geburtsort | | | |
| EIGENTÜMER DER MITTEL (im Falle der Beförderung für einen Dritten) | NAME + VORNAME | | | |
| | Anschrift (Hauptwohnsitz) | | | |
| | Staatsangehörigkeit | | | |
| EMPFÄNGER DER MITTEL | NAME + VORNAME | | | |
| | Anschrift (Hauptwohnsitz) | | | |
| | Staatsangehörigkeit | | | |
| | | **(*)** | **BETRAG** | **WÄHRUNG** |
| BESCHREIBUNG DER GELDER UND WERTPAPIERE | Banknoten, Münzen | ja/nein | | |
| | Reiseschecks/Postschecks | ja/nein | | |
| | jedes andere anonyme oder auf den Inhaber ausgestellte Finanz- oder Geldinstrument, wie Wertpapiere und andere Schuldscheine | ja/nein | | |
| | | | | |
| | | | | |
| | | | | |
| | n | ja/nein | | |
| | | **INSGESAMT** | **(in €)** | |
| VERWENDUNG DER MITTEL | | | | |
| REISEWEG | Ursprungsland / Abgangsmitgliedstaat | | | |
| | Herkunftsland / Ausreisemitgliedstaat | | | |
| | Bestimmungsmitgliedstaat / -land | | | |
| VERKEHRS-TRÄGER | LUFT | ja/nein | | |
| | SEE | ja/nein | | |
| | STRASSE | ja/nein | | |
| | BAHN | ja/nein | | |

(*) Nichtzutreffendes streichen.

Macht der Unterzeichner unrichtige oder unvollständige Angaben, so gilt die Anmeldepflicht als nicht erfüllt.

- Ort, Datum, Unterschrift

**Abbildung 4:** Formblatt zur Anmeldung von Bargeld beim grenzüberschreitenden Bargeldverkehr (Quelle: Bericht der Kommission für den Rat über die Überwachung des grenzüberschreitenden Bargeldverkehrs KOM 2002 328 2002/0132 [COD])

# Teil VI

## Die Suche nach einem kompetenten Banker, einem unabhängigen Vermögensverwalter und vertrauensvollen Treuhänder

Die Suche nach einer geeigneten Vermögensverwaltungsbank in jenem Land, welches zur Geldanlage auserkoren wurde, gleicht oft einer Suche nach der Stecknadel im Heuhaufen. Und ein ähnliches Unterfangen steht jenen diskreten Geldanlegern bevor, die sich in Sachen Auslandsgeldanlage von einem bankenunabhängigen Vermögensverwalter beraten oder sich von einem Treuhänder umfassend betreuen lassen wollen. In den klassischen Geldanlageländern wie der Schweiz, Österreich, Liechtenstein oder Luxemburg treffen ausländische Geldanleger entweder auf Universalbanken oder Privatbanken. Der Unterschied zwischen diesen Instituten liegt darin, dass Universalbanken sämtliche Geldgeschäfte abwickeln, während das Kerngeschäft einer Privatbank die Vermögensberatung und -verwaltung prägt. Letztlich entscheidet es der „Geldbeutel" des diskreten Geldanlegers, ob er sich einer Privatbank anvertrauen kann. Und was die Suche nach einem Vermögensverwalter oder Treuhänder anbelangt, so helfen örtliche Verbände und Vereinigungen bei der Selektion. In jedem Fall sollte sich der diskrete Geldanleger ausschließlich einer „echten" Auslandsbank anvertrauen und Auslandstöchter seiner Hausbank meiden. Dies schon deshalb, um sicherzugehen, dass der Vermögensberater keine Verbindungen zum Wohnsitzland des Geldanlegers hat oder gar noch im selben Land wohnt. Denn für solche Fälle nützen auch die wasserdichtesten Bankgeheimnisse nichts.

## Die richtige Bank für die individuelle diskrete Geldanlage

### Allgemeines

Diskrete Geldanleger haben es im Allgemeinen zu tun mit: *Universalbanken*, welche sämtliche Geldgeschäfte durchführen, und *Privatbanken,* zu deren Geschäftskern Dienstleistungen wie Anlageberatung, Abwicklung von Börsen-, Geldmarkt-, Devisen- und Edelmetallgeschäften, Depotverwaltung (in der Schweiz auch „Wertschriftenverwaltung" genannt) und Steuerberatung gehören. *Universalbanken* wickeln sämtliche Geldgeschäfte ab, angefangen von der Führung von Lohn- und Gehaltskonten über Geldwechselgeschäfte mit Laufkunden (das sind Kunden, welche keine Kontoverbindung bei dieser Bank unterhalten) bis hin zum Kreditgeschäft. Das Anlageberatungs- und Vermögensverwaltungsgeschäft führen Universalbanken innerhalb des Gesamtunternehmens über ein Private Banking Segment aus, was die Universalbanken allerdings nicht explizit zu Privatbanken macht. Schon das Erscheinungsbild differiert. Die Universalbank unterhält eine Schalterhalle für die so genannten „Retail Banking Kunden", die Privatbank nicht. Damit ist auch bereits gesagt, dass das Bild einer Privatbank keiner großen Schalter- oder Empfangshalle gleicht. Anlageberatung, die Abwicklung von Börsen-, Geldmarkt-, Devisen- und Edelmetallgeschäften und die Depotverwaltung prägen das Kerngeschäft einer *Privatbank.* Ausgegrenzt bleibt das risikoreiche kommerzielle Kreditgeschäft.

Privatbanken verfügen im Regelfall über keine eigenen Finanzprodukte, unterliegen somit nicht dem Bedürfnis, eigene Produkte vermarkten zu müssen. Private Banking zeichnet sich vielmehr dadurch aus, dass der Anleger eine auf ihn abgestimmte und seinen Bedürfnissen entsprechende Individuallösung angeboten erhält, welche sich aus unterschiedlichen Komponenten zusammensetzen kann. Privatbanken streben eine auf Dauer angelegte Kundenbeziehung an; der zuständige Berater bleibt über lange Jahre der Ansprechpartner des Anlegers. Der Berater kennt den Kunden namentlich und zwar auch mit seinem Pseudonym, falls der Anleger seinen bürgerlichen Namen am Telefon nicht unbedingt preisgeben will. Von den Privatbanken – im Regelfall in der Rechtsform einer Aktiengesellschaft firmierend – unterscheiden sich wiederum die „Privatbanquiers“. Die Privatbanquiers, welche großen Wert auf die Schreibweise „Banquier“ legen, präsentieren sich als die Berater der alten Schule und sind in der Rechtsform einer Kommanditgesellschaft oder einer Einzelgesellschaft organisiert; sie haften persönlich.

*Österreichs Bankenlandschaft* lässt sich in mehrere Sektoren gliedern. Den größten Sektor bilden die Aktienbanken. Der zweite Sektor wird von den Sparkassen geprägt. Daneben steht dem diskreten Geldanleger noch der Raiffeisensektor zur Verfügung; ihm gehören acht Raiffeisenlandesbanken an, die wiederum als Spitzeninstitut für zahlreiche örtliche Raiffeisenkassen fungieren. Das österreichische Bankenwesen basiert auf dem Universalbankensystem. Derzeit prägen 882 Kreditinstitute[110] Österreichs Bankenlandschaft. Der Finanzplatz nimmt mit einer Bankstellendichte von 1551 Einwohnern[111] pro Bankstelle einen Spitzenrang ein.

Das *Schweizer Bankensystem* ist auf dem Modell des Universalbankensystems aufgebaut[112]. Das heißt: Alle Banken können alle Bankdienstleistungen anbieten wie das Kredit- bzw. Aktivgeschäft, die Vermögensverwaltung und Anlageberatung, die Abwicklung des Zahlungsverkehrs, das Passivgeschäft (Sparkonti etc.), den Börsenhandel oder das Emissionsgeschäft (Ausgabe von Anleihen). Dennoch haben sich spezifische Bankengruppen herauskristallisiert: Zum einen gibt es die Großbanken, die CS Group und UBS AG; sie teilen sich über 50% der gesamten Bilanzsumme. Die UBS ist die zweitgrößte Bank weltweit. Zum andern gibt es die Kantonalbanken. Eigner bzw. Mehrheitseigner der 24 Kantonalbanken sind die Kantone, die für die gesamten Verbindlichkeiten der Kantonalbanken haften. Und schließlich gibt es die Regionalbanken (RBA und andere) und die Sparkassen.

Zu den ältesten Banken in der Schweiz zählen die Privatbanquiers. Privatbanquiers sind Einzelunternehmen, Kollektiv- oder Kommanditgesellschaften. Der Privatbanquier haftet subsidiär unbeschränkt mit seinem persönlichen Vermögen. Privatbanquiers sind fast ausschließlich im gehobenen Vermögensverwaltungssektor ab Einlagen von mindestens 1 Mio.

---

[110] Quelle: Oesterreichische Nationalbank: Entwicklung der Bankenstellen im Jahr 2004 (Statistiken Q2/05 vom 19.4.2005).

[111] Dto.

[112] Gegensatz: Trennbankensystem in den angelsächsischen Staaten und in Japan (Commercial Banking / Investment Banking).

Schweizer Franken tätig und bieten sich in der Regel nicht öffentlich zur Entgegennahme von Spargeldern an. Hohe Bonität, hervorgerufen durch strenge Liquiditätsvorschriften und hohe Eigenkapitalquoten lassen Schweizer Banken wenig konkursgefährdet erscheinen. Hinzu kommt, dass die Kreditvergabe im Vergleich zur Vermögensverwaltung – dem Hauptgeschäft Schweizer Banken – nur eine untergeordnete Rolle spielt. In Insolvenzfällen sind Guthaben bei privaten Geschäftsbanken durch den Sicherungsfonds der Schweizerischen Bankiervereinigung bis zu 30.000 Schweizer Franken je Kunde gesichert. Einlagen bei Kantonalbanken sind „staatsgarantiert". Hinter jeder Kantonalbank steht das jeweilige Bundesland.

Wie in der Schweiz und anderen Ländern unterscheidet auch das liechtensteinische Bankensystem zwischen Universal- und Privatbanken, wobei der diskrete Geldanleger in Liechtenstein den klassischen „Privatbanquier" nicht finden wird. Liechtensteins Privatbanken firmieren nicht als Einzel- oder Kommanditgesellschaft, sondern ausschließlich in der Rechtsform der Aktiengesellschaft. Der Grund hiefür liegt im liechtensteinischen Bankengesetz; danach dürfen Banken und Finanzgesellschaften nur in der Rechtsform der Aktiengesellschaft errichtet werden. Die Bonität der liechtensteinischen Banken ist durch die von der Schweizerischen Nationalbank garantierten „Lender-of-last-resort"-Funktion (Liquiditätshilfe im Krisenfall) gesichert. 15 Geschäftsbanken teilen sich in Liechtenstein das Anlagegeschäft. Im Geschäftsjahr 2004 betreuten Liechtensteins Banken ein Kundenvermögen von 107,0 Mrd. CHF[113]. Das Mindestvolumen, das von liechtensteinischen Privatbanken für ein standardisiertes/diskretionäres Vermögensverwaltungsmandat[114] gefordert wird, liegt im Schnitt bei einer viertel Million Schweizer Franken. Die fondsgestützte Vermögensverwaltung ist aber auch bereits ab 25.000 bis 50.000 Schweizer Franken zu haben.

Im Großherzogtum Luxemburg offerieren 156 Geschäftsbanken eine breite Palette von Anlageprodukten, welche vor allem auf die Bedürfnisse ausländischer Klientel zugeschnitten sind. Stetig wachsende Bilanzzahlen zeigen den Erfolg der Luxemburger Kreditinstitute. Trotz attraktiver Steueramnestie in Deutschland verzeichneten die Luxemburger Banken im vergangenen Jahr – vom Januar 2004 bis Januar 2005 – einen Zuwachs

[113] Quelle: Bankenstatistik zum 31.12.2004 vom 16.6.2005, Amt für Volkswirtschaft, Vaduz, Seite 3.

[114] Näheres hierzu in Teil IX, Seiten 235 ff.

in der Bilanzsumme von 7,7%. Mit rund 782 Milliarden Euro im Oktober 2005 bewegt sich die Bilanzsumme der Luxemburger Banken stetig in Richtung der 800-Milliarden-Euro-Marke.[115]

## Die rechtliche Seite des diskreten Auslandskontos

Diskrete Geldanleger, die ihr Vermögen ins Ausland transferieren, unterstehen im Rechtsverhältnis mit ausländischen Banken dem jeweiligen nationalen Recht. Nachfolgende Ausführungen geben dem diskreten Geldanleger einen kurzen Überblick, auf was er besonders achten sollte:[116]

- **Der Kunde**

Als Kunde erscheint derjenige, der sich bei Aufnahme der Geschäftsverbindung der Bank gegenüber legitimiert hat und ihr gegenüber berechtigt oder verpflichtet ist. Das ist im Regelfall der diskrete Geldanleger selbst.

- **Verfügungs-/Zeichnungsberechtigung**

Die Verfügungsberechtigung über das Konto regelt sich ausschließlich aus der der Bank schriftlich bekannt gegebenen Verfügungsberechtigung bzw. aus der der Bank schriftlich bekannt gegebenen Unterschriftenregelung. Verfügungsberechtigt ist in erster Linie der legitimierte Kunde. Verfügungsberechtigung oder Unterschriftenregelung müssen schriftlich ergehen; es müssen für jeden als verfügungsberechtigt Bestellten Unterschriftsmuster hinterlegt sein. Die Unterschriftenregelungen können jederzeit schriftlich abgeändert oder widerrufen werden; sie gelten der Bank gegenüber ausschließlich und bis zu einem an die Bank gerichteten schriftlichen Widerruf, ungeachtet anderslautender Handelsregistereintragungen und Veröffentlichungen. Die Legitimationsprüfung erfolgt im Regelfall durch Vergleich der Unterschrift mit dem hinterlegten Muster.

- **Anwendbares Recht, Gerichtsstand und Erfüllungsort**

Die Rechtsbeziehungen des diskreten Geldanlegers mit der Auslandsbank unterstehen immer dem in dem Land geltenden Recht. Ge-

---

[115] Quelle: Commission de Surveillance du Secteur Financier – Statistiques – Banques www.cssf.lu, Stand: November 2005.

[116] Hinsichtlich besonderer Bedingungen bei banklagernder Post siehe Teil VII Abschnitt Die Bleibepost als Voraussetzung für absolute Diskretion, Seite 176.

richtsstand und Erfüllungsort ist regelmäßig der Hauptsitz der Auslandsbank. Diesen Gerichtsstand bzw. Erfüllungsort muss der Geldanleger bei Unterzeichnung der Unterschriftenkarte etwa mit folgendem Wortlaut anerkennen: *„Ihre Allgemeinen Geschäftsbedingungen habe ich erhalten. Ich anerkenne diese, insbesondere auch den vereinbarten Gerichtsstand Zürich 1, als gültig für meine sämtlichen Beziehungen zu Ihrer Bank.“*

Nach den Geschäftsbedingungen der österreichischen Banken sind die Geschäftsräume der kontoführenden Stelle für beide Teile Erfüllungsort. Und für alle Rechtsbeziehungen ist das *„am Erfüllungsort geltende Recht maßgebend, und zwar auch dann, wenn der Rechtsstreit im Ausland geführt wird“*. Belgische Banken behalten sich das Recht vor, *„Rechtsstreite mit ihren Kunden bezüglich der Geschäftsverbindung vor einem Gericht in Brüssel zu führen“*. In Liechtenstein gilt die Geschäftsstelle der Bank, welche das Konto oder das Depot führt, als Erfüllungsort für die beiderseitigen Verpflichtigungen sowie als Beitreibungsort für Kunden mit Domizil im Ausland.

### • Wertpapierhandel/Kauf- und Verkaufsaufträge

Kaufaufträge für börsennotierte Wertpapiere müssen fristgerecht erteilt werden, sofern sie an einen bestimmten Ausführungszeitpunkt gebunden sind (z.B. spezieller Tageskurs). Die Banken übernehmen im Regelfall keine Haftung für Schäden, die aus nicht fristgerechter Auftragserteilung entstehen. In allen Fällen können sich die Banken interessewahrendes Handeln nach eigenem Ermessen vorbehalten. Manche Banken behalten sich vor, nach freiem Ermessen zu bestimmen, welche Verfügungen auszuführen sind (ohne Rücksicht auf die Daten oder Disposition oder auf die Zeit des Empfanges derselben), wenn von einem Kunden mehrere Dispositionen vorliegen, deren Gesamtbetrag sein verfügbares Guthaben übersteigt.

### • Beanstandungen/Richtigbefund

Beanstandungen müssen sofort nach Empfang der diesbezüglichen Anzeige erfolgen. Kontoauszüge müssen binnen bestimmter Frist (im Regelfall einen Monat) schriftlich beanstandet werden. Dabei ist zu berücksichtigen, dass bei Vereinbarung einer banklagernden Post die Kontoauszüge ab ihrem Ausstellungsdatum als zugestellt gelten. Erfolgt keine Reklamation, gelten die Kontoauszüge als richtig befunden, und zwar unter Genehmigung aller darin eingestellten Posten und Vorbehalte der Bank in Gutschriftsanzeigen usw.

- **Unberechtigte Abhebungen vom Konto**

Heben Nichtberechtigte „kleinere Summen“ unter Fälschung der Unterschrift ab, trägt den Schaden der Kunde, es sei denn, die Bank handelte grob fahrlässig, weil sie die Unterschriften mit ihren Unterschriftsmustern nicht verglichen hat. Auf jedem Schaden, sei er durch Nichterkennen von Legitimationsmängeln und Fälschungen oder durch mangelnde Handlungsfähigkeit bevollmächtigter Dritter entstanden, bleibt der Kunde sitzen, weil dieser der Bank grobe Fahrlässigkeit im Regelfall nicht nachweisen kann.

- **Haftung für Falsch-, verspätete oder Nichtausführung von Wertpapierkauf- und -verkaufsaufträgen**

Die Schweizer und liechtensteinischen Banken haften, *„wenn infolge Nichtausführung, mangelhafter oder verspäteter Ausführung von Aufträgen Schaden entsteht“*, lediglich für den Zinsausfall, es sei denn, sie seien *„im Einzelfall auf die Gefahr eines darüber hinausgehenden Schadens ausdrücklich hingewiesen worden.“* Luxemburger Banken haften beim Versand von Effekten, Bargeld oder anderen Werten nur für durch die Versicherung gedeckte Risiken, *„und dies nur insoweit die Schäden geregelt werden“*. Besondere Risiken sichern Luxemburger Banken nur auf *„ausdrückliche Anweisung“* ab, die der Bank schriftlich zu erteilen sind. Und die österreichischen Kreditunternehmen schließen jegliche Haftung aus für *„die Folgen der Durchführung gefälschter oder verfälschter Überweisungsaufträge“*. Entsteht dem diskreten Geldanleger infolge einer Nichtausführung, mangelhafter oder verspäteter Ausführung von Aufträgen ein Schaden, haftet die Bank meist lediglich für den Zinsausfall, sofern sie nicht auf die Gefahr eines darüber hinausgehenden Schadens ausdrücklich und schriftlich hingewiesen wurde. Es ist in allen Fällen ratsam, bei Auftragserteilungen per E-Mail, Telefax oder via Internet zusätzlich noch beim Berater direkt nachzufragen, ob der Auftrag und mit welchen Daten eingegangen ist!

- **Besondere Bedingungen für die Benützung von Telefax, Telefon und E-Mail zur Übermittlung von Aufträgen**

Beabsichtigt der diskrete Geldanleger seiner Auslandsbank gegenüber Aufträge mittels Telefon-, Telefaxgeräten bzw. über E-Mail zu erteilen[117], muss er die Bank ausdrücklich beauftragen, derartige Aufträge auszuführen.

Die Banken setzten solche Kunden regelmäßig ausdrücklich in Kenntnis, dass bei der Benutzung derartiger Übermittlungssysteme erhebliche Gefahren und Risiken, insbesondere aus nicht rechtzeitiger bzw. unvollständiger Übermittlung, Missbrauch, Veränderung oder Fälschung bestehen. Insbesondere bei E-Mail kann die Vertraulichkeit nicht gewährleistet werden, da dritte Personen Einsicht nehmen könnten. Die Folgen und Schäden, die aus der Verwendung derartiger Übermittlungsgeräte entstehen, trägt vollumfänglich der Kunde, sofern die Bank die übliche Sorgfalt angewendet hat. Abschließend sei angemerkt, dass Telefon- und Telefaxaufträge bankseitig im Regelfall keine speziellen Bearbeitungsprioritäten genießen.

- **Übermittlungsfehler**

Übermittlungsfehler, verursacht durch den Postdienst, durch Telefon, Telefax und E-Mail usw. gehen bei Schweizer und liechtensteinischen Banken stets zu Lasten des diskreten Geldanlegers, es sei denn, dieser weist der Bank grobes Verschulden nach. Luxemburger Banken lehnen jede Haftung für sämtliche Folgen ab, die aus Unregelmäßigkeiten des im Auftrag ihrer Kunden unternommenen Nachrichtenverkehrs entstehen könnten, sofern der Bank Verzögerungen oder Irrtümer nicht zuzuschreiben sind. Auch österreichische Banken tragen Schäden, die aus Übermittlungsfehlern oder Missverständnissen im fernmündlichen Verkehr mit dem Kunden entstanden sind, nur bei Verschulden. Und in Belgien trägt man grundsätzlich keine Verantwortung für Irrtümer, Verspätungen oder Schäden, die auf Störungen von Seiten der Bank nicht zu vertretender Vorkommnisse beruhen wie unter anderem die „*Unterbrechung der Telefon- oder Telegrafenverbindung*“. Im Übrigen hält man sich in Belgien nicht für verpflichtet, dem Kunden einen Nachweis über die Ausführung über-

[117] Zu Abhörmöglichkeiten und Risiken beim so genannten Online-Banking vgl. Teil VIII, Seiten 219 ff.

mittelter Aufträge zukommen zu lassen. Ein solcher ist vielmehr *„hinreichend durch die Erstellung des Tagesauszuges, der spätestens einen Tag nach Ausführung versandt wird, erbracht"*.

- **Mangelnde Handlungsfähigkeit des Verfügungsberechtigten**

Auslandsbanken haften im Regelfall nicht für Schäden, die aus mangelnder Handlungsfähigkeit eines Verfügungsberechtigten entstehen, es sei denn, die eingetretene mangelnde Handlungsfähigkeit wurde in einem amtlichen Publikationsorgan des Landes kundgemacht und bezüglich sonstiger Verfügungsberechtigter der Bank schriftlich mitgeteilt.

- **Besondere Hinweise für Nummern- und Pseudonymkonten**

Bei Vereinbarung eines Pseudonyms werden sämtliche unter dem Pseudonym ohne oder mit Erwähnung des Namens des diskreten Geldanlegers eingehenden Vermögenswerte unter diesem Pseudonym gebucht. Eingänge unter dem Namen des diskreten Geldanlegers ohne Erwähnung des Pseudonyms werden ebenfalls dem Pseudonymkonto gutgeschrieben, sofern kein Namenskonto besteht und nicht vor Eingang eine andere Weisung erteilt worden ist.

Die Bank fertigt Mitteilungen inklusive Belege, Kontoauszüge etc. ohne Anführung eines bürgerlichen Namens des diskreten Geldanlegers ausschließlich unter der Bezeichnung des Pseudonymkontos aus, sofern keine ausdrückliche Namensangabe verlangt (was im Regelfall nicht vorkommt) oder diese aus rechtlichen Gründen erforderlich ist. Für den diskreten Geldanleger bedeutet dies, dass bei der Verwendung eines Pseudonyms die Abwicklung aller Bankgeschäfte, insbesondere von Aufträgen, Barauszahlungen, Börsen- und Kreditgeschäften zwar wie bei einem Namenskonto erfolgt, die Verwendung des Pseudonyms im Verkehr mit der Bank aber als rechtsgültige Unterschrift sowohl für den Kontoinhaber als auch für die Zeichnungsberechtigten eines Pseudonymkontos gilt.

Bei Nennung dieses Pseudonyms werden auch telefonische Auskünfte erteilt. Für die Erteilung von telefonischen Aufträgen sollte vereinbart werden, dass diese nur nach Identifikation gemäß den internen Weisungen der Bank ausgeführt werden sollten. Dies erhöht die Sicherheit!

Bei Nummern- und Pseudonymkonten ist das Risiko einer möglichen Fälschung und des Missbrauchs regelmäßig höher als bei Namenskonten. Viele Banken verlagern daher die Tragung des erhöhten Risikos auf den Kunden etwa mit Klauseln wie: *„Der Kunde nimmt zur Kenntnis, dass die Zeichnung von bestimmten Transaktionen mit der Pseudonym-Unterschrift einem möglichen Missbrauchsrisiko ausgesetzt ist und diese Verfügungsmöglichkeit auf sein Risiko hin eingeräumt wird."* Oder: *„Der/die Kontoinhaber erklärt/erklären hiermit ausdrücklich, dass alle Risiken und Schäden, welche daraus entstehen, dass das Konto und die Korrespondenz unter dem Pseudonym geführt werden, vollumfänglich zu seinen/ihren Lasten gehen und die Bank jeglicher Haftung entbunden ist, sofern kein grobes Verschulden der Bank vorliegt."* Diskrete Geldanleger müssen bei Nummern- und Pseudonymkonten außerdem zur Kenntnis nehmen, *„dass die Bank berechtigt ist, Aufträge nur dann nicht durchzuführen, wenn ihr die Verfügungsberechtigung der handelnden Person zweifelhaft erscheint"*, dass die Bank aber *„berechtigt ist, Verfügungen zu befolgen, von denen sie auf Basis sorgfältiger Prüfung annimmt, dass sie von zeichnungsberechtigten Personen stammen."*

Das Pseudonym kann nur mit einem diesbezüglichen Auftrag geändert oder aufgehoben werden. Eine Aufhebung oder Änderung kann jederzeit durch den diskreten Geldanleger als Kontoinhaber erfolgen.

- **Kommissionen, Gebühren und sonstige Spesen**

Luxemburger Banken belasten neben Zinsen und Provisionen sämtliche *„für den Nachrichtenverkehr anfallenden Spesen, sowie alle anderen im Interesse der Kunden verauslagten Kontospesen"*. Auch österreichische Banken rechnen jeden Euro auf. In den allgemeinen Geschäftsbedingungen heißt es hierzu: *„Außer den vereinbarten oder üblichen Zinsen, Gebühren (einschließlich Manipulationsgebühren) und Provisionen trägt der Kunde alle im Zusammenhang mit der Geschäftsverbindung mit ihm entstehenden Auslagen und Nebenkosten, insbesondere Stempel- und Rechtsgebühren, Steuern, Kosten für Versicherung und rechtsfreundliche Vertretung, Ferngespräche, Fernschreiben und Depeschen sowie Porti. Die Kreditunternehmung darf diese Nebenkosten ohne Einzelaufstellung in einem Gesamtbetrag in Rechnung stellen."*

In Belgien pflegt man im Allgemeinen den Kostenbegriff sehr weit auszulegen: *„Neben den Zinsen, Provisionen, Gebühren oder vertraglichen, gesetzlichen oder üblichen Steuern tragen die Kunden alle Kosten, gleich* *welcher Art, die normalerweise nicht zu Lasten der Bank gehen und die mit ihnen abgeschlossenen Geschäfte betreffen.*“ Desgleichen werden belgischen Bankkunden alle Auslagen in Rechnung gestellt, „*die in bezug auf ihr Vermögen infolge von behördlichen Maßnahmen oder Verfügungen Dritter sowie seitens der Bank zum Zwecke der Erhaltung oder Beitreibung ihrer Forderungen getroffenen Maßnahmen entstehen.*“

In Liechtenstein werden die Gebühren „*gemäß Gebührenreglement*“ verrechnet. Der Kunde hat hierbei zur Kenntnis zu nehmen und sich damit einverstanden zu erklären, „*dass die Bank Dritten auf von ihr verrechnete Gebühren markt- und branchenübliche Vergütungen gewähren kann*“. Soweit die Bank nicht schriftlich darauf verzichtet hat, behält sich die Bank das Recht vor, Zinssätze, Kommissionen und Gebühren mit sofortiger Wirkung den Verhältnissen anzupassen.

- **Pfand- und Verwertungsrecht**

Die Liechtenstein-Banken behalten sich an allen Vermögenswerten und Erträgen, die sie für ihre Kunden verwaltet und verrechnet, ein Pfandrecht vor. Ein solches Pfandrecht gilt für alle aus der Bankverbindung jeweils bestehenden Ansprüche ohne Rücksicht auf die Fälligkeit oder Währung. Sobald der Kunde in Verzug ist, kann die Bank das Pfandgut freihändig oder zwangsrechtlich verwerten.

- **Kündigung**

Die Banken können sich vorbehalten, bestehende Geschäftsverbindungen jederzeit und nach freiem Ermessen und ohne Angabe von Gründen aufzuheben.

## Ausgewählte diskrete Geschäftsbanken im Fürstentum Liechtenstein

Auf die vermögende in- und ausländische Privatkundschaft spezialisiert ist die *Centrum Bank.* Die Centrum Bank bildet zusammen mit der Rechtsanwaltskanzlei Marxer & Partner und der Confida Treuhand- und Revisions-Aktiengesellschaft eine Unternehmensgruppe, die auf eine jahrzehntelange Erfahrung im Treuhand- und Vermögensverwaltungsgeschäft zurückblicken und dadurch ganzheitliche und maßgeschneiderte Lösungen bieten kann.

**Centrum Bank AG**

Adresse: Kirchstrasse 3, FL-9490 Vaduz
Telefon: +423 238 38 38; Telefax: +423 238 38 39
E-Mail: info@centrumbank.li
Internet: www.centrumbank.li

Als weitere Privatbank ist die *Bank von Ernst (Liechtenstein) AG* seit April 1999 im Fürstentum tätig. Sie ist gemäß Abschluss per 31. Dezember 2004 die erfolgreichste ausländisch beherrschte Bank (Schweiz) im Fürstentum und residiert diskret abseits der Vaduzer „Bankenmeile". Die professionelle, individuelle Vermögensverwaltung gibt es ab 500.000,– Schweizer Franken oder Gegenwert. Auch Kunden mit kleineren Vermögen sind willkommen und werden den Bedürfnissen entsprechend verwaltet und betreut.

**Bank von Ernst (Liechtenstein) AG**

Adresse: Egertastrasse 10, FL-9490 Vaduz
Telefon + 423/2655353; Telefax: +423/2655363
E-Mail: Info@bve.li
Internet: www.bank-von-ernst.li.

Die *Hypo Alpe-Adria-Bank (Liechtenstein) AG* verfügt über ein Aktienkapital von 50 Mio. Schweizer Franken und ist eine 100%ige Tochtergesellschaft der Hypo Alpe-Adria-Bank International AG, Klagenfurt. Moody's hat das Mutterhaus mit einem Aa2 Rating bewertet; das Standard & Poor's Rating liegt bei AA-. Die Hypo Alpe-Adria-Bank (Liechtenstein) AG verfügt als einzige Bank des Fürstentums Liechtenstein über direkte, enge Verbindungen in die wachstumsstarke Region Südosteuropa. Die

Hauptaktivität liegt in der maßgeschneiderten und persönlichen Anlageberatung und Vermögensverwaltung für private und institutionelle Kunden. Für die Eröffnung eines Kontos ist keine Mindesteinlage erforderlich; die standardisierte Vermögensverwaltung wird ab 250.000 Schweizer Franken angeboten.

**Hypo Alpe-Adria-Bank (Liechtenstein) AG**
Adresse: Landstrasse 126 a, FL-9494 Schaan
Telefon: +423/2350111; Telefax: +423/2350102
E-Mail: info@hypo-alpe-adria.li.
Internet: www.hypo-alpe-adria.li.

Die *Hypo Investment Bank AG* ist ein in Liechtenstein konzessioniertes Bankunternehmen, welches sich ausschließlich auf die Veranlagung von Kundenvermögen konzentriert. Die Vorarlberger Landes- und Hypothekenbank AG ist alleinige Besitzerin; sie hat die Bonitäts-Bestwerte AAA. Die Unabhängigkeit der Hypo Investment Bank AG gegenüber Fondsgesellschaften und Treuhändern spricht für eine objektive Beratung in allen Investmentangelegenheiten. Die Hypo Investment Bank AG stattet Kundendepots bis 5 Mio. Schweizer Franken vorzugsweise mit Indexprodukten aus. Vermögensanlagen in Indexfonds oder Indexzertifikaten bieten eine optimale Risikostreuung, bedürfen nur gelegentlicher Umschichtungen und sind spesengünstig. Für Anlagebeträge ab 100.000 Schweizer Franken (Mindesteinlage) bietet die Hypo Investment Bank eine abgerundete Fondspalette an. Die standardisierte Vermögensverwaltung gibt's ab 500.000 Schweizer Franken.

**Hypo Investment Bank AG**
Adresse: Austrasse 59, FL-9490 Vaduz
Telefon: +423/2655656; Telefax: +423/2655699
E-Mail: info@hypo.li
Internet: www.hypo.li

Die im Jahre 1992 gegründete *Neue Bank AG* steht in der Tradition der klassischen Privatbank. Mittelpunkt ihrer Aktivitäten ist der anspruchsvolle in- und ausländische Privatkunde. Ihm bietet die Bank einen umfassenden und an hohen Qualitätsstandards ausgerichteten individuellen Service in der Vermögensberatung und -verwaltung vor dem

Hintergrund bewährter liechtensteinischer Standortvorteile. Um ihre Kundschaft interessenkonfliktfrei und unabhängig betreuen zu können, verzichtet die NEUE BANK AG auf eigene Produktentwicklungen. Der Privatbankcharakter, der den Verzicht auf das Massengeschäft bedingt, und die bewusst gewollte Eigenständigkeit spiegeln sich auch im Aktionariat der Bank wider, das sich ausschließlich aus Privatpersonen zusammensetzt, die zudem mehrheitlich liechtensteinische Staatsangehörige sind. Anlageberatungsmandate werden ab 100.000, Vermögensverwaltungsmandate ab 500.000 Schweizer Franken angeboten.

**Neue Bank AG**

Adresse: Marktgasse 20, FL 9490 Vaduz

Telefon: +423/2360808; Telefax: +423/2360735

E-Mail: info@neuebankag.li

Internet: www.neuebankag.li

Als unabhängige Privatbank hebt sich die *NewCenturyBank* vor allem durch ihre absolute Produkteneutralität ab. Dies bedeutet, dass die Bank selbst über keine eigenen Produkte wie Fonds und dergleichen verfügt.

Die NCB verfolgt einen ganzheitlichen Beratungsansatz und bietet einen umfassenden Service an. Als Family Office organisiert bietet die Bank nebst einer traditionellen Vermögensverwaltung auch sämtliche Belange rund um das Vermögen der Kundschaft an. So werden zum Beispiel umfassende Beratungen in Erb- und Steuerangelegenheiten sowie Dienstleistungen rund um die Nachfolgeregelung angeboten. In einem fortlaufenden Prozess werden in eingehenden Gesprächen zusammen mit der Kundschaft deren Bedürfnisse und Ziele erfasst. Darauf aufbauend erarbeitet die Bank eine individuelle Anlagestrategie und wählt ohne Verkaufsdruck die bestmöglichen Anlageinstrumente aus. Dem persönlichen Kontakt zu den Kunden wird dabei eine sehr hohe Bedeutung zugemessen. Das große Netzwerk von Partnern auf verschiedenen Gebieten garantiert zudem, dass die Kunden jederzeit umfassend und in allen Belangen beraten werden können.

**New Century Bank AG**

Adresse: Städtle 17, FL-9490 Vaduz

Telefon: +423 239 62 11, Telefax: +423 239 62 21

Internet: www.ncb.li

Die *Raiffeisen Bank (Liechtenstein) AG* wurde 1998 gegründet. Gesellschafter sind zu 75 % die Raiffeisenbank Kleinwalsertal AG und zu 25 % die Raiffeisenlandesbank Vorarlberg. Im Juli 2002 bezog die Raiffeisen Bank (Liechtenstein) AG ihr eigenes, neu errichtete Bankgebäude in der Austrasse in Vaduz. Im Juli 2003 fusionierte die Bank mit der ERSTE Sparkasse Bank (Liechtenstein) AG. Der Schwerpunkt der Geschäftstätigkeit liegt im Bereich Private Banking: Schon für Kunden mit mittleren Vermögen bietet sie Vermögensberatung auf höchstem Niveau. Dabei verbindet die Bank den herzlichen Service einer Privatbank mit der Vertrautheit der Marke Raiffeisen. Das betreute Kundenvermögen lag per 30.06.2005 bei 732 Mio. Schweizer Franken.

**Raiffeisen Bank (Liechtenstein) AG**
Adresse: Austrasse 51, FL-9490 Vaduz
Telefon: +423/2370707; Telefax: +423/2370777
E-Mail: info@raiffeisen.li
Internet: www.raiffeisen.li

Die *Verwaltungs- und Privat-Bank AG (VP Bank)* wurde 1956 gegründet. Kernkompetenz der Bank bildet das umfassende Private Banking in Liechtenstein, Schweiz und Deutschland sowie den Opportunitätsmärkten Zentraleuropa, Benelux, Italien, Spanien, Lateinamerika, Asien und Russland. Eine individuelle Vermögensverwaltung gibt es für Kunden der VP Bank ab 1 Mio. Schweizer Franken oder ca. 650.000 Euro. Eine standardisierte Vermögensverwaltung auf Basis bewährter Anlagestrategien bietet die VP Bank ebenfalls ab 1 Mio. Schweizer Franken oder ca. 650.000 Euro. Für Geldanleger mit tieferen Vermögenswerten empfiehlt die Bank eine fondsbasierte Vermögensverwaltung.

Die VP Bank gehört zu den größten Banken Liechtensteins. Sie verfügt über Tochtergesellschaften in Zürich, Luxemburg und auf den British Virgin Islands sowie über eine Vermögensverwaltungsgesellschaft in München und eine Repräsentanz in Moskau. Die Bank besteht aus den Geschäftseinheiten Private Clients, Trust Banking und Banking Services. Per 30. Juni 2005 beschäftigte die VP Bank Gruppe teilzeitbereinigt 549.1 Mitarbeitende. Die Bilanzsumme betrug 8.2 Mrd. Schweizer Franken und das betreute Kundenvermögen 27.6 Mrd. Schweizer Franken.

Die VP Bank Gruppe hat von Standard & Poor's das Rating „A" (A / stable / A-1) erhalten. Damit ist sie eine der wenigen offiziell bewerteten Privatbanken in Liechtenstein und der Schweiz.

**Verwaltungs- und Privat-Bank AG**

Adresse: Aeulestrasse 6, FL-9490 Vaduz
Telefon: +423 235 66 55; Telefax: +423 235 65 00
E-Mail: info@vpbank.com
Internet: www.vpbank.com

## Ausgewählte diskrete Geschäftsbanken in Kleinwalsertal/Vorarlberg und Jungholz/Tirol

Neben den in Innerösterreich tätigen Geschäftsbanken können sich diskrete Geldanleger besonders den Kreditinstituten in den Zollanschlussgebieten Kleinwalsertal/Vorarlberg und Jungholz/Tirol anvertrauen. Trotz wirtschaftlicher Angliederung der Gemeinden an Bayern sind Kleinwalsertal und Jungholz Bestandteile des österreichischen Hoheitsgebietes und gelten als österreichisches Zollausschluss- bzw. deutsches Zollanschlussgebiet. Es gilt österreichisches Recht, somit auch das strenge österreichische Bankgeheimnis. Die in den Exklaven ansässigen Banken sind mit den deutschen Börsen direkt verbunden. Im Gegensatz zu Innerösterreich fallen in den deutschen Zollanschlussgebieten keine zusätzlichen Auslandsspesen beim An- und Verkauf deutscher Wertpapiere an und die Zeichnung von Daueremissionen des Bundes ist über die Exklavenbanken möglich. Die Gemeinden sind im deutschen Gironetz integriert und Überweisungsaufträge zugunsten von Konten bei Exklavenbanken gelten als Inlandsüberweisungen.

### Kleinwalsertal

Als „die Bank zum Erfolg" bezeichnet sich die *Bank Austria Creditanstalt*. Diskrete Geldanleger, die auf anspruchsvolle, diskrete Beratung und gezielten Vermögensaufbau Wert legen, sind bei der Kleinwalsertal-Filiale der größten Bank Österreichs willkommen. Die Bank Austria Creditanstalt verfügt über zahlreiche internationale Verbindungen, die besonders jenen diskreten Geldanlegern nützlich sein dürften, die ihr Vermögen weltweit streuen wollen. Kernkompetenz der Bank bildet das gehobene Anlagegeschäft. Das Know-how und die persönliche, individuelle Betreuung der Fachspezialisten stehen diskreten Geldanlegern ab einer Anlagesumme von 50.000 Euro zur Verfügung.

**Bank Austria Creditanstalt**
Postanschrift: Walserstr. 36, D-87567 / A-6991 Riezlern
Telefon: (Hr. Kurt Fussenegger, Hr. Lukas Schuster,
Hr. Mathias Wünsche) 0043/5517/3248; Telefax: 0043/5517/3377

Die *Dornbirner Sparkasse Bank AG,* eine der führenden Regionalbanken im Vorarlberger Rheintal (Österreich), eröffnete im Dezember 1984 als einzige österreichische Sparkasse ihre Geschäftsstelle in Riezlern im Kleinwalsertal und hat sich hier auf das Anlagegeschäft privater Anleger spezialisiert. „In jeder Beziehung zählen die Menschen“ – dieser Werbeslogan wird wirklich gelebt. Größten Wert wird auf eine diskrete Abwicklung der Beratungsgespräche gelegt. Die Anlageberater sind sehr bemüht, auf die individuelle Kundenwünsche und die persönliche Situation der Kunden einzugehen und darauf abgestimmte Veranlagungsvorschläge zu unterbreiten. Grundsätzlich ist die Anlageentscheidung nicht an eigene Produkte gebunden. Die Dornbirner Sparkasse Bank AG kann aber neben zahlreichen Eigenemissionen auf die mehrfach prämierten Fonds der ERSTE-SPAR-INVEST KAG sowie auf die Produkte der sVersicherung zurückgreifen.

**Dornbirner Sparkasse Bank AG**
Postanschrift: Walserstr. 23, 87567 Riezlern
Servicetelefon aus Deutschland: 0180/5147899
Telefon: 0043 50100/74050; Telefax: 0043 500100/974050
E-Mail: riezlern@dornbirn.sparkasse.at
Internet: www.riezlern.sparkasse.at

Die *Hypo Landesbank Kleinwalsertal* ist die größte Filiale der Vorarlberger Landes-und Hypothekenbank. Die Vorarlberger Landes- und Hypothekenbank wurde von Standard & Poor's mit einem besonderen Gütesiegel ausgezeichnet: Die US-Rating-Agentur bescheinigte dem größten Einzelinstitut in Vorarlberg mit einem „AAA“-Rating höchste Bonität, Rentabilität und Professionalität. Die Hypo Vorarlberg hat sich auch als erste österreichische Bank durch die unabhängige Revisionsgesellschaft PriceWaterHouse Coopers einer Performance-Messung ihrer Vermögensverwaltung nach international anerkannten Branchenstandards – den

„Global-Investment Performance Standards“ – unterzogen und zertifizieren lassen. Mit der Einführung der GIPS unterstreicht die Hypo Vorarlberg ihr Bekenntnis zu einem transparenten Wettbewerb und professionellen Reporting. Unter den österreichischen Banken hat die Vorarlberger Landes- und Hypothekenbank AG dank ihrer jahrzehntelangen Erfahrung im Wertpapiergeschäft und ihrer günstigen geographischen Lage im 4-Länder-Eck von Österreich, Deutschland, Schweiz und Liechtenstein die besten Voraussetzungen für internationale Anleger. Die Hypo Kleinwalsertal zählt zur „Elite der Vermögensverwalter“ im deutschsprachigen Raum. Eine entsprechende Auszeichnung durch den „Elite-Report“ in Zusammenarbeit mit der Welt am Sonntag bestätigt, dass die Hypo Kleinwalsertal einer der besten 50 Vermögensverwalter unter 250 geprüften Banken im deutschsprachigen Raum ist. Neben Sicherheit und Wachstum für das Kundenvermögen ist es vor allem die persönliche und individuelle Betreuung, die bei der Hypo Kleinwalsertal im Vordergrund steht. Ein Beweis dafür ist der österreichische Bankenoskar in der Rubrik „Kundenzufriedenheit“, der an die Vorarlberger Landes- und Hypothekenbank durch das WU-Wien (Institut für Kreditwirtschaft) verliehen wurde.

**Landes- und Hypothekenbank Kleinwalsertal**
Postanschrift: Walserstr. 31, 87567 Riezlern
Telefon: Filiale Riezlern 0043 5517 5001-0
Filiale Mittelberg 0043 5517 5591
Telefax: 0043 5517 5001 8050
E-Mail: pkriezlern@hypovbg.at
Internet: www.hypo-kleinwalsertal.de

Die *Volksbank im Kleinwalsertal,* eine Niederlassung der Vorarlberger Volksbank, gilt als Top-Adresse im gehobenen Private Banking. Egal ob es um Diskretion, produktunabhängige Beratung oder Vermögensverwaltungen geht: die Vorarlberger Volksbank genießt seit 1888 international den Ruf eines renommierten Bankinstituts mit einer hohen Einlagensicherung. Die Vermögensberater der Volksbank im Kleinwalsertal kennen ihre Kunden persönlich und legen größten Wert auf gegenseitiges Verständnis und klares Erfassen der individuellen Erwartungen und Präferenzen. Die Volksbank im Kleinwalsertal vertreibt als Privatbank nicht primär hauseigene Produkte, was Unabhängigkeit und Neutralität in sämtlichen Anlageentscheidungen gewährleistet. Die Volksbank bietet keine Standardlösungen, sondern – ab einer Mindestanlagesumme von 25.000 Euro – individuelle und professionelle Anlagekonzepte für den diskreten Geldanleger. Geldanlegern, die keine vollumfängliche Vermögensverwaltung wünschen, bietet die Volksbank im Kleinwalsertal eine Betreuungsvereinbarung in Form einer aktiven Entscheidungshilfe an. Nach einem ausführlichen persönlichen Gespräch, unter Berücksichtigung des persönlichen Ertrag-Risiko-Profils des Anlegers, erarbeitet der Vermögensberater die jeweils passende Anlagestrategie. Diese Vereinbarung ist ab einer Depotgröße von 125.000 Euro kostenlos. Ebenfalls kostenlos ist die banklagernde Post des Depotkontos.

**Volksbank im Kleinwalsertal**
Postanschrift: Walserstr. 37, D-87567/A-6991 Riezlern
Telefon +43 5517/6767-0; Telefax: +43 5517/6767-100
E-Mail: kleinwalsertal@vvb.at
Internet: www.volksbank-kleinwalsertal.at

**Jungholz**

Als ein auf Vemögensberatung und -verwaltung konzentriertes Spezialinstitut präsentiert sich z.B. die *Raiffeisenbank in Jungholz* dem diskreten Geldanleger. Als Tochterinstitut der Raiffeisenbank Reutte bietet die Raiffeisenbank in Jungholz die Möglichkeit, Geldanlagegeschäfte sowohl in Jungholz als auch im Vermögensanlage-Center in Reutte der Raiffeisenbank Reutte diskret durchzuführen. Das Haus ermöglicht daneben das Discount-Broking genauso wie die Anlage über eine Schweizer Tochterbank. Die Bank zeichnet sich aus durch Professionalität, Diskretion und Produktunabhängigkeit. Dies attestierten auch die Berliner Fachzeitschrift „Fuchs-Report" und der „Spezialreport 2005" der Welt am Sonntag in ihren internationalen Finanztests „Vermögen im Ausland" und „Vermögensverwaltung". Die Raiffeisenbank war zweifacher Testsieger und ist damit sicher eine Reise wert.

**Raiffeisenbank in Jungholz**
Postanschrift: Jungholz 20, 87491 Jungholz
Telefon: +49 (0)180/221 23 23-0; Telefax: +49 (0)180/221 23 23-4800
E-Mail: info@jungholz.at
Internet: www.jungholz.at

## Diskrete Geschäftsbanken in Luxemburg

Luxemburgs Finanzsektor ist in den letzten Jahren stark angewachsen. Zum 30. November 2005 zählte das Großherzogtum 156 Banken, 44 davon sind Niederlassungen europäischer Geschäftsbanken, ganze 16 Kreditinstitute aus Belgien/Luxemburg. Von den luxemburgischen Kreditinstuten seien besonders erwähnt die *Banque Internationale á Luxembourg* (*BIL*) sowie die *Banque et Caisse d'Epargne de l'Etat (BCEE)*. Die BCEE ist das einzige staatseigene Kreditinstitut. Die Sparkasse verwaltet mehr als 75 Prozent des von „echten Luxemburg-Banken" verwalteten Vermögens und verbucht für sich den Löwenanteil des heimischen Kreditgeschäfts.

Diskrete Geldanleger, die sich der Luxemburger Tochter ihrer Hausbank oder eines „heimatlichen Kreditinstituts" anvertrauen wollen, sollten wissen, dass das Luxemburger Bankgeheimnis nur auf Luxemburger Territorium begrenzt ist. Das heißt: An der Grenze endet auch die Diskretion. Gerade die Angestellten der deutschen Niederlassungen haben ihre privaten Wurzeln vielfach in Deutschland. Was liegt daher näher, als das Luxemburger Bankgeheimnis dahingehend zu umgehen, dass man die Banker gleich hier in Deutschland über das Luxemburger Geschäft vernimmt. Dass das Luxemburger Bankgeheimnis nicht für Aussagen gegenüber Justizbehörden anderer Länder der Europäischen Union gilt, hat der Europäische Gerichtshof kürzlich festgestellt. Ein belgischer Untersuchungsrichter hatte gebeten, die Vereinbarkeit des Luxemburger Bankgeheimnisses mit dem Europarecht zu prüfen. Der Richter ermittelte nämlich gegen einen Angestellten einer Luxemburger Bank, der in Belgien gegen die dortigen Wirtschaftsgesetze verstoßen haben soll. Der Bankangestellte verweigerte gegenüber dem belgischen Untersuchungsrichter jegliche Aussage und stützte sich dabei auf das Luxemburger Bankgeheimnis. Letzteres half dem schlauen Angestellten aber nicht, denn das Luxemburger Bankgeheimnis zählte nicht.[118]

---

[118] Az. C-153/00.

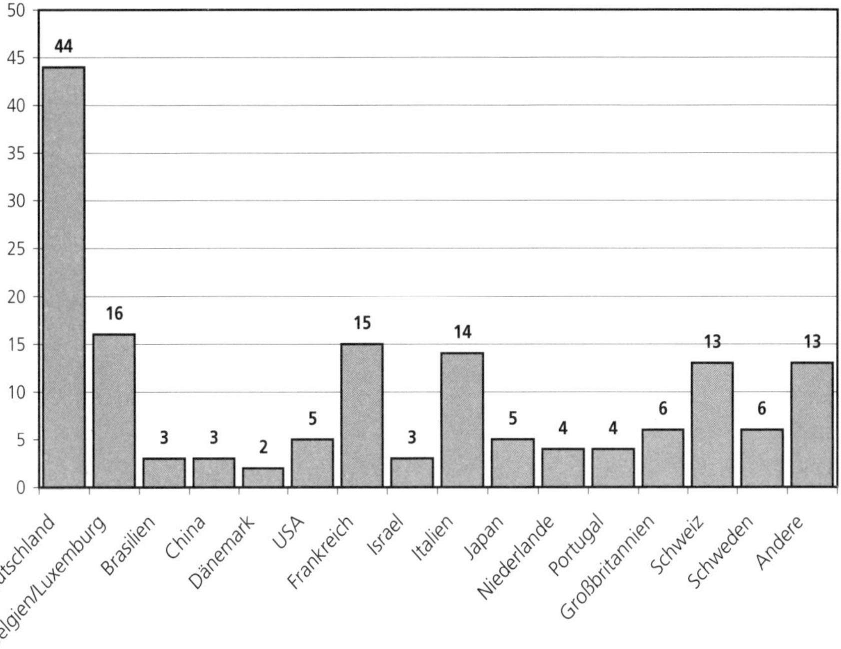


**Abbildung 5:** Diskrete Geschäftsbanken in Luxemburg: Anzahl nach Herkunftsland (Quelle: Commission de Surveillance du Secteur Financier – Statistiques-Banquel-Nombre de banques, Nov. 2005, www.cssf.lu)

## Ausgewählte diskrete Geschäftsbanken auf den Bahamas

Für alle Geldanleger, die noch nicht dort waren: Die Bahamas sind immer eine Reise wert, nicht nur zur Anlage diskreter Gelder. Die Bahamas befinden sich etwa 50 Meilen von der Ostküste Floridas entfernt und bestehen aus ca. 700 Inseln, Riffen und Klippen. Die Bahamas sind seit 1973 ein – von Großbritannien – unabhängiger Staat und eine der ältesten Demokratien der westlichen Hemisphäre. Etwa 60 Prozent des Bruttoinlandsprodukts (GDP) in Höhe von ca. 4,8 Mrd. $ entfallen auf den Tourismussektor und die Finanzindustrie, wobei die Finanzindustrie mit etwa 4.000 Beschäftigten ca. 20 Prozent des GDP erwirtschaftet.

Das Rechtssystem der Bahamas basiert auf englischem Common Law, welches durch eine große Anzahl an Bahamian Statute Laws ergänzt wird. Anzumerken ist, dass die Mehrzahl der auf den Bahamas agierenden Anwälte ihre Ausbildung in Großbritannien absolviert haben und daher dem englischen Recht inklusive dem Trustrecht sehr vertraut sind.

35 der Top-100-Banken aus 23 Ländern agieren auf den Bahamas. Insgesamt sind es etwa 360 Banken, davon etwa 120 aus OECD-Ländern. Der Finanzsektor untersteht strikten – dem Standard der OECD sowie der EU-Geldwäsche-Richtlinie entsprechenden – „Know-your-customer"-Regelungen. Verdächtige und ungewöhnliche Transaktionen sind meldepflichtig („suspicious and unusual transactions reporting"). Die im Dezember 2000 neu errichtete Geldwäsche-Überwachungsbehörde „Financial Intelligence Unit" (FIU) sammelt sämtliche Verdachtsanzeigen des Finanzsektors und wertet sie aus.

| **Name** | **Adresse** | **Telefon/Telefax/Website** |
|---|---|---|
| UBS Bahamas 9 Ltd | East Bay Street<br>PO Box N 7757<br>Nassau, Bahamas | Tel: +1 242 394 95 06<br>Fax: +1 242 394 93 33<br>www.ubs.com |
| Sentinel Bank & Trust Ltd. | Goodman's Bay Corp. Centre<br>PO Box 12407<br>Nassau, Bahamas | Tei: +1 242 502 7000<br>www.sentinelbahamas.com |
| Banque SCS Alliance Nassau Ltd, | Alliance House, East Bay Street PO Box N 1724<br>Nassau NP Bahamas | Tel.: +1 242 394 61 61<br>Fax : +1 242 394 62 62<br>E-Mail: scsnassau@scsalliance.com. |
| SG Hambros Bank & Trust | West Bay Street<br>PO Box N-7788<br>Nassau, Bahamas | Tel:+1 242 302 5000<br>www.sghambros.com |

**Tabelle 3:** Ausgewählte Geschäftsbanken auf den Bahamas im Überblick[119]

[119] Online-Broker Dealer auf den Bahamas sind in Teil VIII, Seite 233, aufgelistet.

## Bankenunabhängige Vermögensverwalter

Wie in Deutschland, so gibt es auch in Österreich, in Liechtenstein oder der Schweiz viele *Vermögensverwalter*, von denen einige sicherlich ganz gut sind, es aber nur wenige unter ihnen gibt, die man empfehlen könnte. Private Vermögensverwalter dienen als Mittler zwischen Ihnen und Ihrer Depotbank. Vermögensverwalter sind mit eingeschränkter Depotvollmacht ausgestattet, das heißt, sie können Wertpapiere zwar kaufen und verkaufen, den Verkaufserlös aber nicht abheben.

Eine gute Vertrauensperson finden diskrete Geldanleger in aller Regel nur durch Mundpropaganda. Und hat jemand einen wirklich guten Namen, wird er nicht der billigste sein. Der Anleger wird feste Honorarsätze akzeptieren müssen. Lässt er mit sich handeln, ist er auf jeden Klienten angewiesen, was dem Anleger zu denken geben sollte.

Dasselbe gilt, wenn der Verwalter dem Anleger gegenüber mit Anlageerfolgen prahlt, die er mit diskretem Geld anderer Klienten erzielt hat und dabei Unterlagen vorlegt, aus denen die Namen der besagten Erfolgskandidaten ersichtlich sind. Bei einem solchen Berater müssen Anleger damit rechnen, dass er auch einmal mit ihren Unterlagen Werbung macht.

Diskrete Geldanleger, die die Schweiz als Adresse für ihr diskretes Konto wählen, sollten auf der Suche nach einem seriösen und kompetenten Vermögensverwalter vom Internet-Angebot des *Verbandes Schweizerischer Vermögensverwalter (VSV)* Gebrauch machen. Der Verband mit Geschäftsstelle in Zürich und Büros in Genf und Lugano wurde 1986 von einer Handvoll Idealisten gegründet und verkörpert seit 1999 eine Selbstregulierungsorganisation im Sinne des Schweizer Geldwäschegesetzes.

Alle knapp 800 in dem Verband organisierten unabhängigen Schweizer Vermögensverwalter (die Mitglieder können namentlich über die Internet-Seiten des VSV abgerufen werden), haben sich einheitlichen Standesregeln unterstellt.[120] Die Mitglieder verpflichten sich hier u.a., „den Vertragspartner zu jeder Zeit als unabhängige Fachperson zu beraten und ihn über mögliche Risiken bei der Umsetzung der Anlagepolitik aufzuklären“ sowie die entsprechenden Geldwäschegesetze zu beachten. Was

---

120 Die Standesregeln des Verbands Schweizer Vermögensverwalter für die Ausübung der unabhängigen Vermögensverwaltung können ebenfalls auf den Internet-Seiten des Verbandes unter www.vsv-asg.ch eingesehen werden.

besonders wichtig ist: In Artikel 11 verpflichten sich die dem Verband angeschlossenen unabhängigen Vermögensverwalter „zur absoluten Verschwiegenheit über alle Informationen, die ihnen im Rahmen ihrer Tätigkeit als Vermögensverwalter zur Kenntnis gebracht werden".

Des Weiteren bestehen klare Regelungen bezüglich des Honorars: VSV-Mitglieder erheben *Verwaltungshonorare* von maximal 1,5 Prozent pro Jahr auf das verwaltete Aktivvermögen oder – bei Vereinbarung von *Erfolgshonoraren* – maximal 20 Prozent der Nettokapitalzunahme. Die Nettokapitalzunahme entspricht der Wertsteigerung des Depots unter Berücksichtigung von Einlagen und Rückzügen, Verlustvorträgen[121] sowie allfälliger nicht realisierter Verluste. Bei Kombination beider Honorarsysteme sollte das Verwaltungshonorar maximal ein Prozent und das Erfolgshonorar maximal zehn Prozent betragen.

Jeder dem Verband angehörende und hauptberufliche Vermögensverwalter (so genanntes Aktivmitglied) hat ein strenges Aufnahmeverfahren absolviert. So wird neben einer fünfjährigen Praxis in der Vermögensverwaltung und Anlageberatung auch ein guter Leumund und ein guter Ruf verlangt. VSV-organisierte Vermögensverwalter müssen außerdem über die notwendige Infrastruktur für eine unabhängige Beratungs- und Verwaltungstätigkeit verfügen.[122] Bankreferenzen, Handels- und Zentralstrafregisterauszug sowie persönliche Befragungen durch Vorstandsmitglieder der entsprechenden Region gehören zum Bewerbungsdossier.

**Verband Schweizerischer Vermögensverwalter (VSV)**
Bahnhofstr. 35, CH-8001 Zürich
Telefon: +41/44 228 70 10, Telefax: +41/44 228 70 11
Internet: www.vsv-asg.ch

Diskrete Geldanleger, die auf Jersey Geld anlegen wollen und sich dort einem Vermögensverwalter oder einer Bank anvertrauen, können einen unter der „Investment Business (Jersey) Law 1998" registrierten „financial advisor" erwarten. Artikel 17 des Gesetzes setzt – zum Schutz der Anleger – bestimmte Standards in puncto Qualifikation und Erfahrung, Eigenkapital (bei kleineren Institutionen und Trust Companies relevant)

---

121 Verluste aus früheren Abrechnungsperioden, welche noch nicht durch Gewinne kompensiert sind.

122 Art. 4 VSV-Statuten.

und Haftpflichtversicherung und – was insbesondere für das Trust-Business zutrifft – verlangt eine strikte Trennung der verwalteten Kundengelder vom operativen Vermögen der Bank bzw. des Trustee. Außerdem setzt das Investment Business (Jersey) Law 1998 für den Zugriff auf Kundengelder (beispielsweise im Rahmen eines Vermögensverwaltungsmandats) das so genannte „six-eyes-principle“ voraus, d.h. die Verfügung und Verwaltung von Kundeneinlagen erfordert mindestens drei Unterschriften.

## Treuhänder in der Schweiz und Liechtenstein

### Treuhänder in der Schweiz

Grundsätzlich ist die Ausübung des Treuhandberufs in der Schweiz von keiner Bewilligungspflicht abhängig. Auch die Berufsbezeichnung „Treuhänder“ ist in der Schweiz nicht geschützt. Faktisch kann also jeder – auch ohne spezielle Ausbildung – ein Treuhandbüro eröffnen. Insgesamt gibt es in der Schweiz ca. 7.000 Treuhandfirmen. Wollen diskrete Geldanleger ihre Vermögensanlagen über einen Treuhänder abwickeln, ist es umso wichtiger, den Vertragspartner zu überprüfen. Ein guter Treuhänder begleitet den Anleger bei der Gründung einer Firma (Stiftung) oder unterstützt diesen bei der persönlichen Finanz- und Steuerplanung. In der Schweiz sind die qualifizierten Treuhandfirmen entweder in der Treuhand-Kammer oder dem Schweizerischen Treuhänder-Verband angeschlossen (Kontaktadressen siehe unten).

Die Kundschaft des dem *Schweizerischen Treuhänder-Verbandes (STV/USF)* angeschlossenen Treuhänders besteht vor allem aus kleinen und mittleren Unternehmen (KMUs) und Privatpersonen. Die Mitglieder des STV/USF bieten ihren Kunden Finanz- und Steuerberatung, Buchhaltung, Revisionen, juristische und allgemeine Unternehmensberatung an. Der STV/USF stellt sicher, dass seine Mitglieder Mindestanforderungen in Bezug auf Ausbildung und berufliche Erfahrung erfüllen. So verlangt der STV/USF von seinen Mitgliedern mindestens einen Fachausweis im Treuhandwesen oder Controlling sowie vor der Aufnahme eine mindestens 5-jährige Praxis in leitender Position oder als Selbstständigerwerbender im Treuhandwesen. Selbstverständlich sind auch Inhaberinnen und Inhaber eines eidgenössischen Diploms als Treuhandexperte, Steuerexperte,

Experte in Rechnungswesen und Controlling oder Wirtschaftsprüfer willkommen. Auch Personen mit einer universitären Ausbildung als Juristen oder Ökonomen können aufgenommen werden. Im Übrigen überprüft der Verband den Leumund. Ebenso verpflichtet sich jedes Mitglied, sich den Standesregeln zu unterstellen und weiterzubilden. Die Standesregeln regeln die Einhaltung ethischer Grundsätze, der Verhaltensregeln gegenüber Kunden und Berufskollegen sowie der Regeln in Bezug auf Unabhängigkeit. Ebenso werden die beruflichen Verantwortlichkeiten dargelegt, die Rechenschaftspflicht sowie das Berufsgeheimnis geregelt. Der Schweizerische Treuhänder-Verband hat außerdem ein strenges Weiterbildungsreglement. Jeder Mandatsleiter einer Firma, welche Mitglied des STV ist, muss jedes Jahr mindestens vier Tage fachbezogene Weiterbildung nachweisen können. Dem STV/USF sind knapp 1.400 Firmenmitglieder angeschlossen.

Auf der Suche nach dem richtigen Treuhänder können sich interessierte Geldanleger auch an die *Treuhand-Kammer* wenden. Der Treuhand-Kammer sind ca. 900 Firmenmitglieder mit ca. 12.000 Mitarbeitenden angeschlossen. Die Treuhand-Kammer ist ein Fachverband für die Arbeitsbereiche externe und interne Revision, Steuerberatung, Treuhand (insbesondere Buchführung für Dritte, Treuhandfunktionen) und Unternehmensberatung. Die Kammer bezweckt den Zusammenschluss der fachlich und charakterlich ausgewiesenen und auf den genannten Arbeitsgebieten tätigen Personen sowie Unternehmen. Für eine Mitgliedschaft bei der Treuhand-Kammer ist zwingend ein Diplom als Wirtschaftsprüfer oder Steuerexperte erforderlich; dabei hat die Mehrzahl der Inhaber dieses Diplome vorgängig ein Universitätsstudium absolviert. Aufgabe der Kammer ist die Wahrung und Förderung des Ansehens und der Unabhängigkeit des Berufsstandes in der Öffentlichkeit sowie die Sicherstellung einer hohen Qualität der von den Mitgliedern angebotenen Dienstleistungen.

**Treuhand-Kammer**
Limmatquai 120, Postfach 6140, CH-8023 Zürich
Telefon: +41-44-267 75 75; Telefax: 0041-44-267 75 85
Internet: www.treuhand-kammer.ch

**Schweizerischer Treuhänder-Verband STV/USF**
Schwarztorstrasse 26, Postfach 8108, 3001 Bern
Telefon: +41-31- 382 10 85; Telefax: +41-31-382 10 87
E-Mail: info@stv-usf.ch
Internet: www.stv-usf.ch

### Treuhänder im Fürstentum Liechtenstein

Im *Fürstentum Liechtenstein* bedarf die Ausübung der Treuhändertätigkeit einer Bewilligung der Regierung. Die Bewilligung wird solchen Personen erteilt, die handlungsfähig und vertrauenswürdig sind, die die Staatsbürgerschaft aus einem Land des Abkommens über den Europäischen Wirtschaftsraum (EWR) besitzen oder aufgrund staatsvertraglicher Vereinbarung gleichgestellt sind und ihren Wohnsitz entweder in Liechtenstein oder in einem Vertragsstaat des Abkommens über den Europäischen Wirtschaftsraum haben (EWR-Antragsteller müssen einen Kanzleisitz im Fürstentum nachweisen).

Außerdem muss ein Treuhänder den gesetzlich vorgeschriebenen Ausbildungsnachweis erbringen,[123] eine mindestens dreijährige Praxis (im In- oder Ausland) in einer den Beruf des Treuhänders abdeckenden Tätigkeit bei einem Treuhänder oder einer Treuhandgesellschaft, einem Wirtschaftsprüfer oder einer Revisionsgesellschaft oder einem Rechtsanwalt nachweisen sowie die liechtensteinische Treuhänderprüfung erfolgreich absolviert haben.[124]

Der liechtensteinische Treuhänder muss eine Kanzlei im Fürstentum führen und sich verpflichten, seine Tätigkeit gewissenhaft und redlich auszuüben und durch sein Verhalten die Ehre und das Ansehen des Berufsstandes wahren. Des Weiteren ist jeder Treuhänder einerseits nach dem Treuhändergesetz zur Verschwiegenheit über die ihm anvertrauten Angelegenheiten und bekannt gewordenen Tatsachen verpflichtet; wie bereits im Zusammenhang mit dem liechtensteinischen Bankgeheimnis und der Auskunftspflicht des Bankers ausgeführt, bleiben jedoch auch bezüglich der Verschwiegenheitspflicht des Treuhänders die gesetzlichen Vor-

---

123 Universitäts- bzw. Hochschulabschluss über ein rechts- oder wirtschaftswissenschaftliches Studium oder Diplom einer anerkannten höheren Wirtschafts- und Verwaltungsschule oder Diplom als Treuhänder, Wirtschaftsprüfer, Buchhalter, Steuerexperte, Bankfachmann.

124 Gesetz vom 9. Dezember 1992 über die Treuhänder, LGBl. 1993 Nr. 42 v. 19. Februar 1993.

schriften über die Zeugnis- oder Auskunftspflicht gegenüber den Strafgerichten vorbehalten.

Als dritte Säule kann noch das Staatsschutzgesetz angeführt werden. Dieses alte Spionagegesetz ist immer noch rechtsgültig und untersagt die Weiterleitung von Informationen an ausländische Behörden. Das Staatsschutzgesetz findet für jeden Treuhänder Anwendung. Wenn der Treuhänder außerdem noch Rechtsanwalt ist, kommen die weitergehenden beruflichen Verschwiegenheitspflichten in jenem Umfang hinzu, in dem der Anleger als Mandant um Rechtsrat ersucht hat. Geheimhaltungspflichten eines Treuhänders dürfen durch gerichtliche oder sonstige behördliche Maßnahmen wie Vernehmung von Hilfskräften des Treuhänders, Herausgabe von Schriftstücken, Bild-, Ton- oder Datenträgern usw. nicht umgangen werden.[125]

Jeder der Treuhändervereinigung angehörende Berufsträger ist konzessioniert und hat eine obligatorische Berufshaftpflichtversicherung. Die Mindestversicherungssumme für liechtensteinische Treuhänder beträgt nach dem Treuhändergesetz 1 Million Schweizer Franken.

**Liechtensteinische Treuhändervereinigung**
Bangarten 22 P.O. Box 814 FL-9490 Vaduz
Telefon: +423 / 231 19 19; Telefax: +423 / 231 19 20
E-Mail: info@thv.li
Internet: www. thv.li

[125] Art. 11 Abs. 1 und 2 des Gesetzes vom 9. Dezember 1992 über die Treuhänder, LGBl. 1993 Nr. 42 v. 19. Februar 1993.

# Teil VII
## Diskrete direkte Geldanlagen

Unter „diskrete direkte Geldanlagen" sollen solche Geldanlageformen verstanden werden, bei denen der Geldanleger mit seiner Bank im direkten Kontakt steht, das Anlagegeschäft also selbst durchführt. Zur Unterscheidung hierzu werden in den nachfolgenden Teilen X bis XIII komplexere Formen dargestellt, bei denen dem diskreten Konto Versicherungen, Treuhänder, Trusts oder eigenständige juristische Personen wie Stiftungen vorgeschaltet werden.

Diskrete direkte Geldanlagen sind allerdings nur unter der Voraussetzung „diskret", dass der Postbote die Papierspur nicht in die Wohnung des diskretionsbedürftigen Geldanlegers trägt. Bleibepost oder „schalterlagernde Post" ist daher Grundvoraussetzung. Nummern- und Pseudonymkonten – dies kann nicht oft genug betont werden – sind keine anonymen Konten.

## Bleibepost für absolute Diskretion

Mit einer Bleibeposterklärung weist der diskrete Geldanleger seine Bank an, Konto-, Depotauszüge sowie sonstige Korrespondenz (Mitteilungen, Bewertungen, Auszüge, Belege etc.) nicht an seine Heimatadresse zu versenden, sondern in ein für ihn angelegtes Postfach bzw. in eine Postmappe einzulegen und gegen Verrechnung der Kosten auf erste Anforderung zur Verfügung zu halten. Die Bank hält hier die zurückbehaltene bzw. gespeicherte Korrespondenz zur persönlichen, schriftlichen oder telefonischen Verfügung des Kunden und seiner Bevollmächtigten bereit. Bevollmächtigte des Kunden sind ungeachtet der Art ihres Zeichnungsrechtes berechtigt, in die Korrspondenz Einsicht zu nehmen oder sie zu beziehen. Bei vereinbarter Bleibepost hat die Bank das Recht, aber keine Pflicht, die ihr von Dritten für den Kunden zugestellte Korrespondenz zu öffnen und ohne Rücksprache mit dem Kunden zu entscheiden, ob die zugestellten Unterlagen an den Absender retourniert, auf Daten- oder Bildträger gespeichert und die Originale vernichtet oder ob die Originale aufbewahrt werden.

Bleibeposterklärungen oder „Anweisungen zur Nichtzustellung von Korrespondenz“, wie man in Belgien auch sagt, haben dort z.B. folgenden Wortlaut: *„Bitte senden Sie auf keinen Fall irgendwelche Korrespondenz an meinen Wohnsitz. Ich werde mindestens einmal im Jahr die Post abholen und übernehme die volle Verantwortung für alle Folgen, die sich aus dieser Anweisung und einem eventuellen Nichtabholen der für mich bestimmten Korrespondenz ergeben.“*

In Liechtenstein umschreibt man das Thema „Bleibepost“ in etwa so: *„Der Unterzeichnete, nachstehend Kunde genannt, beauftragt die ... Bank Aktiengesellschaft, 9490 Vaduz, alle für ihn bestimmten Mitteilungen der Bank (Briefe, Anzeigen, Konto und Depotauszüge usw.) an Stelle des Postversandes in der Bank für ihn aufzubewahren. Er anerkennt die in seinem Ordner bei der Bank abgelegten Mitteilungen als ordnungsgemäß zugegangen. Als Zeitpunkt des Zuganges gilt ohne besonderen Vermerk das Datum, das die betreffenden Bankdokumente tragen“.*

Hat der diskrete Geldanleger Bleibepost vereinbart, sollte er sein Postfach (Postmappe) regelmäßig einsehen. Nachteile und Schäden, die sich aus der Zurückbehaltung bzw. elektronischen Speicherung der Korrespondenz und der sich daraus ergebenden mangelnden Information des

Kunden ergeben (z.B. Versäumung von Fristen), trägt der Kunde, sofern kein grobes Verschulden der Bank vorliegt. Die Bank ist berechtigt, aber ohne ausdrücklichen Auftrag nicht verpflichtet, unaufschiebbare Verwaltungshandlungen auf Rechnung und Gefahr des Kunden interessewahrend vorzunehmen (z.B. Bezugsrechte auszuüben oder bestens zu verkaufen, entstehende Debets zulasten von Guthabenkonten abzudecken etc). Für dringende Fälle sollte eine Notadresse vereinbart werden, unter der der Kunde zumindest mündlich erreichbar ist.

Diskrete Geldanleger sollten die österreichischen Bestimmungen, entweder die „Besonderen Bedingungen für die Führung von Privatkonten und die Abholung von Kontopost“ oder die „Bedingungen der Österreichischen Sparkassen für die Selbstabholung von Briefen und für die Beistellung von Briefschließfächern“ genau lesen. Nach den erstgenannten besonderen Bedingungen steht dem Geldanleger nämlich für die Abholung in aller Regel nur eine Frist von sechs Monaten zu. Nach Ablauf dieser Frist „werden nicht behobene Sendungen vernichtet, eine Reproduktion bleibt jedoch gegen Kostenersatz möglich“. Die Sparkassenbedingungen, an die sich im Übrigen auch andere Kreditinstitute halten, geben dem Geldanleger zumindest drei Jahre Zeit, bevor die Schriftstücke im Reißwolf landen. In Liechtenstein bewahrt man dagegen die Bleibepost mindestens fünf Jahre für den Kunden auf.

Die Kontopost muss in regelmäßigen Abständen eingesehen werden, um Reklamationsrechte nicht zu gefährden. Dies gilt besonders dann, wenn der diskrete Geldanleger für sein diskretes Nummerndepot einen Vermögensverwaltungsauftrag erteilt hat. Diskrete Geldanleger müssen sich ausdrücklich wehren, wenn sie eine Abrechnung über ein Geschäft erhalten, das außerhalb des ihrer Anlagevollmacht entsprechenden Aktionsrahmens liegt. Sieht der diskrete Geldanleger seine Kontopost nicht ein, hat er sämtliche Aktionen anerkannt.

Zum Thema „Reklamationen“ gilt in den allgemeinen Geschäftsbedingungen der Schweizer Banken Folgendes vereinbart: *„Reklamationen des Kunden wegen Ausführung oder Nichtausführung von Aufträgen jeder Art oder Beanstandungen von Rechnungs- oder Depotauszügen sowie anderen Mitteilungen sind sofort nach Empfang der diesbezüglichen Anzeige, spätestens aber innert der von der Bank angesetzten Frist, anzubringen, ansonsten die Ausführung bzw. Nichtausführung sowie die entsprechenden*

*Auszüge und Mitteilungen als genehmigt gelten; unterbleibt eine Anzeige, so hat die Beanstandung zu erfolgen, sobald die Anzeige dem Kunden im üblichen Geschäftsablauf hätte zugehen müssen.“*

In Liechtenstein heißt es allgemein: „*Bei Verspätung der Reklamation verliert der Kunde allfällige Schadenersatzansprüche.*“ Und auch in Österreich müssen „*Reklamationen gegen Anzeigen über Ausführung von Wertpapiergeschäften ... unverzüglich und auf dem kürzesten Weg*“ geltend gemacht werden.

Beanstandungen bezüglich der Kontoauszüge, -abschlüsse und Depotaufstellungen müssen „*binnen vier Wochen nach Zugang des betreffenden Schriftstücks an die Kreditunternehmung abgesandt werden*“ (Österreich), müssen „*spätestens 30 Tage nach Absendung erfolgen*“ (Luxemburg) oder „*innert eines Monats vom Versandtag an gerechnet*“ schriftlich beanstandet werden (Liechtenstein/Schweiz – Rechnungsauszüge im Kontokorrentverkehr betreffend). Sonst gelten die Schriftstücke als richtig anerkannt, in Liechtenstein/Schweiz auch dann, „*wenn die vom Kunden zu unterschreibende Richtigbefundsanzeige bei der Bank nicht eingetroffen ist.*“

In Belgien gilt die in den Abteilungen der Bank verwahrte Post als rechtsgültig zugestellt. Wie aus der oben zitierten üblichen Formulierung einer „Anweisung zur Nichtzustellung von Korrespondenz“ zu entnehmen ist, trägt der diskrete Geldanleger die volle Verantwortung für alle Folgen, die aufgrund eines eventuellen Nichtabholens der Korrespondenz entstehen. Im Übrigen sind die Kunden einer belgischen Bank gemäß den Allgemeinen Geschäftsbedingungen verpflichtet, „*der Bank unverzüglich schriftlich die Irrtümer zu melden, die sie in den ihnen zugesandten oder übergebenen Kontoauszügen oder anderen Dokumenten festgestellt haben*“. Reklamationen oder Bemerkungen bezüglich eines von der Bank ausgeführten Auftrags nimmt man im Königreich nur schriftlich und innerhalb von 30 Tagen nach Geschäftsabwicklung entgegen. Die Geschäftsbedingungen sehen für den Bankkunden zwar die Möglichkeit vor, die Anlagebank vor Versand der Kontoauszüge um Prüfung der Übereinstimmung mit dem exakten Kontostand zu bitten, diese Klausel nützt dem Anleger aber nichts, wenn er diskret bleiben will und Bleibepost vereinbart hat.

Bleibepost sollte in allen Fällen vereinbart werden, auch wenn die Bank Zusendungen in neutralen Umschlägen und mit Briefmarken frankiert verspricht. Dies nützt dem diskretionsbedürftigen Geldanleger nämlich wenig, wenn es zur Beschlagnahme seiner Post kommt. Der Postbeschlagnahme unterliegen alle Sendungen, die sich auf dem Postweg befinden bzw. von der Post befördert werden, unabhängig von Umschlag oder Briefmarke. Außerdem lassen sich Steuerfahnder unter ihrer Privatadresse von ausländischen Banken Informationsbroschüren zukommen, identifizieren so die Umschläge und können alsbald die Bankpost trotz „Neutralität“ einer ausländischen Bank zuordnen.

Banklagernde Korrespondenz wird dem diskreten Geldanleger während einer Frist von mindestens sechs Monaten, höchstens jedoch im Regelfall drei Kalenderjahre zur Verfügung gehalten. Bleibepost von gelöschten Konten halten die Banken meist noch während eines Jahres zur Verfügung. Für die von der Bank erstellte Korrespondenz besteht während der gesetzlichen Aufbewahrungsfrist von zehn Jahren die Möglichkeit, gegen Verrechnung der Kosten Kopien bereits bezogener oder vernichteter Unterlagen zu erhalten.

## Diskrete Nummern- und Pseudonymkonten

### Allgemeines

Diskrete Nummern- und Pseudonymkonten sind Geheimkonten, die nicht auf den bürgerlichen Namen des Kontoinhabers lauten, sondern auf eine bestimmte Nummer oder auf ein frei erfundenes Pseudonym (was nichts anderes ist als ein gewöhnlicher Name). Grundsätzlich kann jeder Kontotyp in Form eines Nummern- oder Pseudonymkontos eröffnet werden. Nummern- und Pseudonymkonten sind keine *anonymen Konten* und keineswegs ein „Schweizer Patent“. Solche Geheimkonten gibt es auch in Belgien, in Österreich oder in Liechtenstein, um nur einige unmittelbar benachbarte Finanzplätze zu nennen. Nummern- und Pseudonymkonten lauten zwar auf Nummer oder Pseudonym; dies bedeutet aber nicht, dass der Kontoinhaber seine Identität hinter einem solchen Zahlen- oder Buchstabencode geheim halten kann. Nummern- und Pseudonymkonten unterscheiden sich von Namenskonten nur dadurch, dass der bürgerliche Name des Kunden nach außen hin nicht erscheint und auf keinem Schriftstück vermerkt ist.

### Kontoeröffnung und Legitimation

Für Nummern- und Pseudonymkonten gelten in den entsprechenden Anlageländern, in denen solche Konten nach geltendem Recht errichtet werden können, dieselben Identifizierungs- und Legitimationspflichten wie für Namenskonten, nur mit dem kleinen Unterschied, dass die Bank für ein Nummernkonto zwei Kundenakte anlegt. Nur auf dem „ersten Kundenaktblatt" muss sich der diskrete Geldanleger der Bank gegenüber legitimieren. Das „erste" Dossier (vgl. Abbildung 8: Kundenaktblatt I), welches die persönlichen Daten und die Originalunterschriften sämtlicher Kontoinhaber und Zeichnungsberechtigten enthält, unterliegt der so genannten „Leitungsverwahrung", d.h. die Dokumente werden in einer Security-Zone unter Verschluss aufbewahrt. Zutrittsberechtigung zu dieser Security-Zone haben nur bestimmte Führungskräfte und mit besonderen Vollmachten ausgestattete Mitarbeiter. Allgemein zugänglich ist nur das zweite Kundenaktblatt (vgl. Abbildung 9: Kundenaktblatt II). Dieses zweite Kundendossier enthält jedoch nur den Wortlaut der Pseudonym-Unterschriften sowie das Abbild der Pseudonymunterschrift selbst, sonst nichts.

Nach Nennung der Kontonummer, des vereinbarten Losungswortes und der geleisteten Pseudonym-Unterschrift können Wertpapieraufträge und Auszahlungen vom Basiskonto sowie von allen Unterkonten durch jeden Zeichnungsberechtigten veranlasst werden. Die persönlichen Daten des diskreten Geldanlegers werden zur Abwicklung des täglichen Geschäftsverkehrs somit nicht benötigt. In aller Regel können bis zu maximal vier Personen als Kontoinhaber (Zeichnungsberechtigte) über das Depot allein oder gemeinsam jeweils unter ihren eigenen Pseudonymen verfügen. Das ausgeschriebene Pseudonym ersetzt die Originalunterschrift des Kunden. Die Kontodokumentationen sowie alle Wertpapierabrechnungen erfolgen selbstverständlich ohne Namenseindruck.

Für die Legitimierung im ersten Kundenaktblatt gilt im Einzelnen Folgendes:

- **Schweiz**

Schweizer Banken sind nach ihren „Standesregeln zur Sorgfaltspflicht"[126] gehalten, „bei Aufnahme einer Geschäftsbeziehung den Ver-

---

[126] Vereinbarung über die Standesregeln zur Sorgfaltspflicht der Banken (VSB 03) vom 2. Dezember 2002.

tragspartner zu identifizieren“ (Art. 2 VSB 03). Entsprechendes verlangen die Geldwäscherei-Richtlinien der Eidgenössischen Bankenkommission „mit der nach den Umständen gebotenen Sorgfalt“.

Identifizierungspflichtige Geschäftsfälle i.S. der Sorgfaltspflichtvereinbarung sind: Die Eröffnung von Konten oder Heften, die Eröffnung von Depots, die Vornahme von Treuhandgeschäften oder die Vermietung von Schließfächern. Bei persönlicher Vorsprache prüft die Bank die Identität des Vertragspartners, indem sie einen amtlichen Ausweis einsieht und fotokopiert und folgende Angaben festhält: Name, Vorname, Geburtsdatum, Staatsangehörigkeit und die Wohnsitzadresse. Bei Eröffnung eines Kontos auf dem Postweg benötigt das Schweizer Kreditinstitut zur ausreichenden Legitimation die Beglaubigung der Unterschrift des Kontoeröffners. Eine Echtheitsbescheinigung kann ausgestellt werden durch eine der das Konto einrichtenden Bank bekannten Korrespondenzbank. Außerdem lässt sich das Kreditinstitut die Wohnsitzadresse durch Postzustellung bestätigen.

Nach Rücksendung der erforderlichen Kontoeröffnungsunterlagen (Antragsformular, Formular A[127], beglaubigtes Unterschriftenspecimen) wird die Kontoeröffnung per Einschreiben unter Angabe der vergebenen Kontonummer bestätigt. Gleichzeitig versendet die Schweizer Bank eine Unterschriftenkarte, die vom Kontoeröffner zu unterzeichnen und zurükkzusenden ist. Nach Eingang der Unterschriftenkarte kann über das Konto verfügt werden.

Bei Eröffnung von Konten und Depots bzw. bei Anknüpfung dauernder Geschäftsbeziehungen darf die Bank grundsätzlich davon ausgehen, dass der ihr gegenüber Auftretende auch der wirtschaftlich Berechtigte ist. Diese Vermutung wird jedoch zerstört, wenn der Vertragspartner nicht der tatsächliche Eigentümer der zur Verwahrung, Anlage oder für einzelne Transaktionen bestimmten Vermögenswerte sein kann oder ungewöhnliche Feststellungen gemacht werden. Ergeben sich bereits zum Zeitpunkt der Aufnahme der Geschäftsbeziehungen Zweifel an der Personengleichheit des Kontoeröffners mit dem wirtschaftlich Berechtigten, sind Schweizer Banken sowohl nach den Standesregeln (Art. 3 VSB 03) als auch nach Art. 4 des Bundesgesetzes zur Bekämpfung der Geldwäscherei im Finanzsektor, vom das Konto/Depot Eröffnenden mittels Formular A

---

[127] Vgl. Abbildung 6: Formular A Seite 183.

eine schriftliche Erklärung darüber zu verlangen, ob er oder ein Dritter der wirtschaftlich Berechtigte ist. Bei Eröffnung eines Kontos auf dem Postweg fordern Schweizer Banken eine schriftliche Erklärung über den wirtschaftlich Berechtigten mittels Formular A immer ein.

Zweifel an der Personengleichheit des Kontoeröffners mit dem wirtschaftlich Berechtigten bestehen:

- wenn Vollmacht an ein Person erteilt wird, welche erkennbar nicht in einer genügend engen Beziehung zum Vertragspartner steht;
- sofern der Bank die finanziellen Verhältnisse einer Person, die ein Konto eröffnet, bekannt sind und die mitgebrachten oder in Aussicht gestellten Werte außerhalb dieses finanziellen Rahmens liegen, oder
- wenn der Kontakt mit dem Kunden andere außergewöhnliche Feststellungen ergibt.

Sowohl die Standesregeln als auch das Geldwäschereigesetz lassen aber in allen Fällen die bloße schriftliche Erklärung des Vertragspartners über den wirtschaftlich Berechtigten genügen, die er mittels Formular A abgibt. Die Feststellung des wirtschaftlich Berechtigten besteht also in der bloßen Frage an den Vertragspartner, ob ihm oder einem Dritten die Vermögenswerte gehören. Der Bankier/Financier ist nicht verpflichtet, Untersuchungen über die wirtschaftlich berechtigte(n) Person(en) durchzuführen. Er wird jedoch dazu angehalten, den Umständen entsprechende Fragen zu stellen, auf die er plausible Antworten vom für den Schwarzgeldanleger agierenden Treuhänder bekommen muss. Die Pflicht zur Feststellung der wirtschaftlichen Berechtigung gilt auch dann, wenn ein identifizierungspflichtiges Kassageschäft getätigt wird oder die Vertragspartei ein Trust[128], eine Stiftung oder eine sonstige Sitzgesellschaft ist. Jede Schweizer Geschäftsbank muss innerhalb angemessener Frist in der Lage sein, auf Begehren der Strafverfolgungsbehörden darüber Auskunft zu geben, ob eine Person ihr Vertragspartner oder/und wirtschaftlich Berechtigter der verwahrten Vermögenswerte ist oder Kassageschäfte im Wert von über 25.000 Schweizer Franken getätigt hat. Zur Erfüllung dieser Auskunfts- und Nachweispflichten führen Schweizer Banken neben separaten

---

[128] Vgl. Teil XII, Seiten 295 ff.

**A** Kto-/Depot-Nr.: ____________________ Vertragspartner: ____________________

**Feststellung des wirtschaftlich Berechtigten**
(Formular A gemäss Art. 3 und 4 VSB)

Der Vertragspartner erklärt hiermit:
(Zutreffendes ankreuzen)

☐ dass der Vertragspartner allein an den Vermögenswerten wirtschaftlich berechtigt ist

☐ dass an den Vermögenswerten folgende Person/en wirtschaftlich berechtigt ist/sind:

Name, Vorname (evtl. Firma), Geburtsdatum, Nationalität, Wohnadresse/Sitz, Staat

Der Vertragspartner verpflichtet sich, der Bank Änderungen von sich aus mitzuteilen.

Das vorsätzlich falsche Ausfüllen dieses Formulars ist strafbar (Art. 251 des Schweizerischen Strafgesetzbuches, Urkundenfälschung; Strafandrohung: Zuchthaus bis zu fünf Jahren oder Gefängnis).

Ort, Datum

Unterschrift des Vertragspartners

**Abbildung 6:** Formular A

Kundendossiers ein Zentralregister der Vertragspartner und der wirtschaftlich Berechtigten, das im Prinzip dem Gläubiger- und Bevollmächtigtenverzeichnis deutscher Banken gleicht. In das Zentralregister werden alle neu hinzugewonnenen dauernden Kundenbeziehungen aufgenommen. Sämtliche Korrespondenzunterlagen, Rechnungsbelege und Identifizierungsunterlagen müssen dabei so erstellt und abgelegt worden sein, dass einzelne Transaktionen rekonstruiert werden können.

- **Liechtenstein**

In Liechtenstein ist die Pflicht zur Identifizierung eines jeden ein Nummernkonto oder Wertpapierdepot eröffnenden Neukunden sowie – allgemein gehalten – die Identifizierung des Vertragspartners bei der Aufnahme einer Geschäftsbeziehung für Finanzgeschäfte seit Inkrafttreten des *Gesetzes über die beruflichen Sorgfaltspflichten bei Finanzgeschäften*[129] und der die Art und Weise der Identifizierung näher bestimmenden *Sorgfaltspflichtverordnung*[130] für alle auf dem Gebiet der Vermögensverwaltung tätigen natürlichen und juristischen Personen rechtsverbindlich geworden. Dem Sorgfaltspflichtgesetz unterstehen alle im Fürstentum tätigen Banken und Finanzgesellschaften, alle zur Vermögensverwaltung berechtigten Berufsgeheimnisträger wie Rechtsanwälte, Treuhänder und Mitglieder der Geschäftsleitung oder Vertreter einer Stiftung oder Treuhänderschaft (Trust), Versicherungsgesellschaften, Investmentunternehmen (Anlagefonds) sowie auch Wechselstuben.

Die Pflicht zur Identifizierung des Vertragspartners erstreckt sich auf die Aufnahme von Geschäftsbeziehungen jeglicher Art, wenn sie zum Zweck der Entgegennahme von Vermögenswerten dienen. Hierunter fällt neben der Eröffnung eines Kontos/Depots bei einer liechtensteinischen Bank auch die Vornahme von Treuhandgeschäften, die Vermietung von Schrankfächern sowie die Abwicklung von Kassageschäften ab einem bestimmten Grenzbetrag.

Die Identifizierung der Vertragspartner ist durch Vorlage eines beweiskräftigen Dokuments (amtlicher Ausweis) und Festhalten der wesentlichen persönlichen Daten durchzuführen. Darüber hinaus legen die Liechtenstein-Banken für jeden Kunden gemäß Art. 6 der Sorgfalts-

---

[129] LGBl. Nr. 116 v. 22. August 1996 i.d.F. LGBl. 2002 Nr. 62.
[130] LGBl. Nr. 236 v. 11. Dezember 2000 i.d.F. LGBl. 2002 Nr. 58.

pflichtverordnung ein „Profil“ an. Diese Profile sollen im Rahmen der Geldwäschebekämpfung zur besseren Unterscheidung von gewöhnlichen und ungewöhnlichen Transaktionen dienen. Kundenprofile für natürliche Personen enthalten u.a. folgende Daten:[131]

- Angaben über den Kontoinhaber, insbesondere, ob dieser ein Politiker oder eine sonstige wirtschaftliche Persönlichkeit ist,
- Angaben über die berufliche Tätigkeit des Kontoinhabers,
- wirtschaftlicher Hintergrund und Herkunft der eingebrachten Vermögenswerte; die Bank fragt hier u.a. nach dem Einkommen, Erlöse aus Beteiligungen, Immobilien, Erbschaften und Schenkungen usw.
- Daten über Art und Eingang der Vermögenswerte; in diesem Zusammenhang von besonderem Interesse ist, ob die Vermögenswerte u.a. durch Bareinzahlung erfolgen oder auf sonstigem Wege (mit erforderlichen Referenzen),
- Angaben über Bevollmächtigte,
- Angaben über die wirtschaftlich berechtigte Person,
- Verwendungszweck der eingehenden und angelegten Vermögenswerte.

Bestehen bei Kontoeröffnung bzw. bei der „Entgegennahme von Vermögenswerten“ Zweifel, dass es sich bei dem eingebrachten Vermögen um dasjenige des Erschienenen handelt – etwa weil das mitgebrachte Bargeld nicht in den persönlichen Rahmen des Betreffenden passt –, ist dieser zu befragen, ob die eingebrachten Werte ihm oder einem Dritten gehören. Erklärt der Vertragspartner, für Rechnung einer oder mehrerer Person(en) zu handeln, ist derjenige, für den der Erschienene tätig wird, festzustellen und mit Name und Adresse in den Akten festzuhalten.

Die hinter einem treuhänderisch tätigen Vertragspartner stehende Person bezeichnet das Gesetz als die „wirtschaftlich Berechtigte“ oder als die „Begünstigte“ der in Frage stehenden Güter und Geldmittel. Wirtschaftlich Berechtigter ist stets derjenige, von dem das Vermögen herstammt, wobei das liechtensteinische Sorgfaltspflichtgesetz jene Personen als die wirtschaftlich Berechtigten ansieht, welche „an den in Frage stehenden Vermögenswerten letztendlich wirtschaftlich berechtigt sind“

---

131 Vgl. Abbildung 7: Fragebogen Profil für natürliche Personen, Seite 186.

Kto./Depot:________________________________________________Nr.:__________

## Profil der Geschäftsbeziehung gem. Art. 6 Sorgfaltspflichtverordnung

### Natürliche Personen:

1. **Kontoinhaber/Vertragspartner** (Name, Vorname, Geburtsdatum, Nationalität, Wohnsitzadresse, Wohnsitzstaat)

____________________________________________________________________

____________________________________________________________________

- Politiker/Wirtschaftliche Persönlichkeit: ☐ Ja ☐ Nein

2. **Berufliche Tätigkeit**

- Branche/Haupttätigkeit (Handel, Produktion, Investition, Dienstleistung, sonst. Tätigkeit):
____________________________________________________________________
- involvierte Länder:_________________________________________________

☐ selbständig ☐ unselbständig

3. **Herkunft der eingebrachten Vermögenswerte/Wirtschaftlicher Hintergrund**

- Erwerbseinkommen/Geschäftstätigkeit ☐
- Beteiligungen/Gesellschaftsverkauf ☐
- Immobilien ☐
- Erbschaft/Schenkung ☐
- Finanzerträge ☐
- Sonstiges ☐

- wirtschaftlicher Hintergrund:_______________________________________
____________________________________________________________________
- Zeitraum, in welchem die Mittel erwirtschaftet wurden:__________________
- geplante Zielgrösse:_______________________________________________
- Datum, bis wann die Zielgrösse erreicht werden soll:____________________
- geschätztes Totalvermögen:__________________________________________

4. **Information über Art und Eingang der Vermögenswerte**

Bareinzahlung ☐
Überweisung ☐
Übertrag ☐
Scheckeinreichung ☐
Sonstiges/Referenzen mit Adresse: ☐______________________________

5. **Bevollmächtigte** (Name, Vorname, Geburtsdatum, Wohnsitzadresse, Wohnsitzstaat, Nationalität, Verbindung/Verhältnis zum wirtschaftlich Berechtigten)

____________________________________________________________________

____________________________________________________________________

6. **Angabe zur wirtschaftlich berechtigten Person** mit Name, Adresse, Beruf, Geschäftstätigkeit (nur bei Aufnahme der Geschäftsbeziehung auf dem Korrespondenzweg)

____________________________________________________________________

____________________________________________________________________

7. **Verwendungszweck der eingehenden Vermögenswerte**
(z. B. Kommerzielle/Strukturbedingte Transaktionen, Vermögensanlagen)

Vermögensanlage/Verwaltung ☐
Geschäftskonto ☐
Kredit-/Hypothekarkonto ☐
Sonstiges ☐

Ort und Datum Visum Kundenbetreuer

**Abbildung 7:** Fragebogen Profil für natürliche Personen

(„Ultimate Beneficial Owner"). Eine juristische Person gilt als „letztendlich" wirtschaftlich Berechtigte nur dann, wenn sie im Sitzstaat einen Handelsbetrieb oder ein anderes nach kaufmännischer Art geführtes Gewerbe betreibt. Nicht als letztendlich wirtschaftlich berechtigt im Sinne des liechtensteinischen Sorgfaltspflichtgesetzes gelten Stiftungen und Treuhänderschaften (Trusts), sofern sie nur zur Vermögensanlage dienen. Letztendlich wirtschaftlich berechtigt ist bei Stiftungen und Trusts immer der diskrete Geldanleger, von dem die Vermögenswerte stammen, was im Klartext heißt, dass der Geldanleger von der das Stiftungsnummernkonto führenden Liechtenstein-Bank namentlich festzustellen ist.

- **Luxemburg**

In Luxemburg ist die Führung von Nummern- und Pseudonymkonten von der Luxemburger Bankaufsichtsbehörde zugelassen; jeder Kontotyp kann dort auf Nummer oder Pseudonym lauten. Um zu garantieren, dass das Bank- und Finanzwesen nicht zum Transfer von aus kriminellen Handlungen stammenden Gelder missbraucht wird, sind die Banken dazu aufgefordert, eine Legitimation von allen Klienten zu verlangen, die mit ihnen in Geschäftsbeziehung treten wollen. Ohne Ausnahme gilt, dass sich jede natürliche oder juristische Person, die mit einer Luxemburger Bank in Geschäftsbeziehungen treten möchte, bei Eröffnung von Konten (Nummernkonten) aller Art, Sparbüchern, oder wenn komplette Depot- und Vermögensverwaltungsverträge angeboten werden (Art. 39 Abs. 1 Gesetz vom 5. April 1993), gegenüber dieser auszuweisen hat. Identitätsprüfungen sind vom Bankangestellten stets selbst durchzuführen; sie sind nicht delegierbar. Als offizielles Ausweisdokument gelten Reisepass oder Personalausweis.

Die Legitimationspflicht bezieht sich dabei nicht ausschließlich auf denjenigen, der das Konto einrichtet. Der im Gesetz gebräuchliche Begriff „Klient" umfasst vielmehr sämtliche Kontomitinhaber und Treuhänder. Luxemburger Banken verlangen außerdem eine schriftliche Erklärung, ob das Nummernkonto zur Anlage eigener Geldmittel verwendet wird oder ob es sich bei den eingebrachten Geldmitteln um Vermögen Dritter handelt. Erklärt der Kunde, nicht im eigenen Namen zu handeln bzw. besteht die Gewissheit, dass der Kunde für fremde Rechnung handelt, ist die Identität derjenigen Personen einzuholen, für die der Kunde handelt (Art. 39 Abs. 3 Gesetz vom 5. April 1993). Für die Identifizierung dieses so genannten *wirtschaftlich Berechtigten* gelten dieselben Regeln wie für die Identifizierung des Kontoinhabers. Lautet das Nummernkonto auf Namen einer Holding oder eines Trust, muss der Bankier entweder die schriftliche Erklärung des Kontoinhabers einholen, dass dieser auf eigene Rechnung handelt, oder den hinter solchen Gebilden stehenden wirtschaftlich Berechtigten – wie dargelegt – identifizieren.

- **Österreich**

Österreichische Kredit- und Finanzinstitute haben nach dem Bankwesengesetz die Identität des Kunden bei Anknüpfung einer *dauernden Geschäftsbeziehung*, d. h. bei Eröffnung von Konten und Depots aller Art, festzustellen. Einschlägige Vorschriften für die Identifizierung der Kontoinhaber und Zeichnungsberechtigten ergeben sich aus dem Bankwesengesetz (BWG) und dem Devisenrecht (Feststellung des devisenrechtlichen Status).

Kredit- und Finanzinstitute haben außerdem jeden Kunden vor Eröffnung eines Nummernkontos zu fragen, ob er für eigene oder fremde Rechnung tätig wird. Gibt der Kunde zu erkennen, dass er ein Konto auf fremde Rechnung eröffnen will (z.B. bei Eröffnung eines Treuhand- oder Anderkontos), ist er nach § 40 Abs. 2 Satz 2 BWG verpflichtet, dem Kreditinstitut gegenüber die Identität des Treugebers (des wirtschaftlich Berechtigten) nachzuweisen. Werden über das neu eingerichtete Konto sowohl Treuhandgelder als auch eigenes Vermögen verwaltet, ist dieser Umstand dem Kreditinstitut ebenfalls bekannt zu geben wie auch bekannte Treugeber. „Der Kunde muss dann aber nicht von sich aus tätig werden, so dass dem Gesetzeszweck nur dadurch Rechnung getragen werden kann, dass das Kreditinstitut bei Aufnahme einer dauernden Geschäftsbeziehung den Kunden auch verpflichtet, weitere Treugeber, für die er allenfalls in der Zukunft tätig werden wird, dem Kreditinstitut bei der ersten Transaktion für diesen Treugeber bekanntzugeben“.[132]

- **Kanalinseln**

Die Kanalinseln sind zwar diskret, aber die dort eröffneten Nummernkonten ebenfalls nicht anonym! Anonym geht auf den Inseln gar nichts – schon allein aus der Notwendigkeit der Geldwäschebekämpfung

---

[132] Laurer, René, in: Fremuth/Laurer/Linc/Pötzelberger/Strobl, 2003: BWG, § 40, Rz. 8.

# Konto- und Depoteröffnungsantrag

Kontonummer: / Depotnummer:

**Konto-/Depotnummer:** /

## Zeichnungsberechtigung für Konto, Depot und allfällige Subkonten

Zeichnungsart: Es gilt für alle Konto- und Depotinhaber und Zeichnungsberechtigten Einzelverfügungs- bzw. Zeichnungsberechtigung. Die Zeichnungsberechtigten bestätigen die Kenntnisnahme und Anerkennung der Bedingungen und Regelungen zu diesem Konto bzw. Depot.

| | | |
|---|---|---|
| **1** | Name und Vorname des (der) Kontoinhabers (in) bzw. des (der) Zeichnungsberechtigten | |
| | Geburtsname — Geburtsdatum | Wortlaut der Pseudonym-Unterschrift** |
| Straße / Nummer | | |
| Staat / PLZ / Ort | | Pseudonym-Unterschrift** |
| PA* ☐ RP* ☐ Nr. — Behörde — Ausstellungsdatum | | |
| Originalunterschrift | | ☐ KI oder ☐ ZB<br>☐ Touch-Lock |
| **2** | Name und Vorname des (der) Kontoinhabers (in) bzw. des (der) Zeichnungsberechtigten | |
| | Geburtsname — Geburtsdatum | Wortlaut der Pseudonym-Unterschrift** |
| Straße / Nummer | | |
| Staat / PLZ / Ort | | Pseudonym-Unterschrift** |
| PA* ☐ RP* ☐ Nr. — Behörde — Ausstellungsdatum | | |
| Originalunterschrift | | ☐ KI oder ☐ ZB<br>☐ Touch-Lock |
| **3** | Name und Vorname des (der) Kontoinhabers (in) bzw. des (der) Zeichnungsberechtigten | |
| | Geburtsname — Geburtsdatum | Wortlaut der Pseudonym-Unterschrift** |
| Straße / Nummer | | |
| Staat / PLZ / Ort | | Pseudonym-Unterschrift** |
| PA* ☐ RP* ☐ Nr. — Behörde — Ausstellungsdatum | | |
| Originalunterschrift | | ☐ KI oder ☐ ZB<br>☐ Touch-Lock |
| **4** | Name und Vorname des (der) Kontoinhabers (in) bzw. des (der) Zeichnungsberechtigten | |
| | Geburtsname — Geburtsdatum | Wortlaut der Pseudonym-Unterschrift** |
| Straße / Nummer | | |
| Staat / PLZ / Ort | | Pseudonym-Unterschrift** |
| PA* ☐ RP* ☐ Nr. — Behörde — Ausstellungsdatum | | |
| Originalunterschrift | | ☐ KI oder ☐ ZB<br>☐ Touch-Lock |

* Personalausweis (PA) bzw. Reisepass (RP)
** nicht möglich bei Wertpapier-Namenskonto

☐ weitere Zeichnungsberechtigte(n) sind vorhanden: siehe Zusatzblatt „Zeichnungsberechtigung".

**Abbildung 8:** Kundenaktblatt I

Konto- und Depotnummer: _______________

**Festlegung der Zeichnungsberechtigungen** und bei Nummernkonten **Vereinbarung einer Pseudonym-Unterschrift** auf Basis der auf der Rückseite angeführten „Bedingungen zur Vereinbarung einer Pseudonym-Unterschrift für die Abwicklung bestimmter Transaktionen". Die Pseudonym-Unterschrift kann (muss jedoch nicht) gleich lauten wie das Losungswort. Sie hat mindestens 5, maximal 15 Buchstaben (keine Ziffern).

ZEICHNUNGSBERECHTIGUNG FÜR KONTO UND DEPOT

ZEICHNUNGSART: Es gilt für alle Kontoinhaber und Zeichnungsberechtigten Einzelverfügung bzw. -zeichnungsberechtigung. Die Zeichnungsberechtigten bestätigen die Kenntnisnahme und Anerkennung der Bedingungen und Regelungen zu diesem Konto bzw. Depot.

Pseudonym-Unterschrift

[redacted]

Wortlaut der Pseudonym-Unterschrift

Pseudonym-Unterschrift

Wortlaut der Pseudonym-Unterschrift

Pseudonym-Unterschrift

Wortlaut der Pseudonym-Unterschrift

Pseudonym-Unterschrift

Wortlaut der Pseudonym-Unterschrift

Pseudonym-Unterschrift

Ort, Datum, 2 x KZ, Ref. Nr.

**Abbildung 9:** Kundenaktblatt II

heraus. Zwar gehören die Inseln nicht der FATF, der Geldwäschebekämpfungs-Sondergruppe der OECD, an, weil die Inseln Dependenzen der britischen Krone sind, sie halten sich aber dennoch an die Empfehlungen der FATF. Die Channel-Islands-Banken verfolgen strikt das „Know-your-customer"-Prinzip. Das „Proceeds of Crime (Jersey) Law" sieht ein vierstufiges System der Customer-Identifizierung vor: „Identification", „record-keeping", „internal reporting procedures" und sonstige Verfahrensweisen der internen Kontrolle und Kommunikation.

### Das geheime Postfach

Zum Servicepaket eines Geheimkontos gehört die Einrichtung eines Postfachs oder einer persönlichen Postmappe. Postfach und Postmappe können nur entweder vom Kontoinhaber selbst oder seinem Betreuer eingesehen werden. Der Vorteil solcher Einrichtungen liegt darin, dass die Korrespondenz bei der Bank hinterlegt werden kann und dem Kontoinhaber nicht zugesandt werden muss.

## Das diskrete österreichische Losungswort-Sparbuch

Die Sparbuch-Anonymität ist in Österreich zum 1. Juli 2002 aufgehoben worden. Was übrig geblieben ist, sind die so genannten „Losungswort-Sparbücher". Diese Sparbücher sind insofern noch im Außenverhältnis anonym, als sie keine Namenssparbücher sein müssen, sondern auf eine bestimmte Bezeichnung lauten können, wobei allerdings erdichtete Namen wie beispielsweise „Peter Müller" oder „Franz Huber" nicht mehr zulässig sind (§ 31 Abs. 1 BWG). Zulässig ist hingegen jede andere Bezeichnung wie „Haus", „Urlaub" usw.

Der Sparbucheröffner muss sich gegenüber der Bank nach den für Namenskonten geltenden Vorschriften legitimieren. Die kontoführende Bank stempelt nach erfolgter Legitimation den Aufdruck „identifiziert" unter die Sparbuchnummer, trägt aber nicht den bürgerlichen Namen des Kontoeröffners ein. Die Vereinbarung eines Losungswortes ist hier zwingend (§ 31 Abs. 3 BWG). Nach erfolgter Legitimation und Losungswortvereinbarung kann jede Person über das Sparbuchguthaben verfügen, welche dieses vorlegt und das vereinbarte Losungswort nennt (§ 32 Abs. 2, Abs. 4 Nr. 1 BWG).[133] Auf der Sparurkunde ist grundsätzlich jede Transaktion in Form einer Ein- und Auszahlung zu vermerken (§ 32 Abs. 1 BWG).

Beim Losungswort-Sparbuch darf die Höhe des Guthabens die Grenze von 15.000 Euro nicht erreichen bzw. übersteigen. Erreicht oder überschreitet der Guthabensstand diese Grenze durch bare oder unbare Geldeingänge (nicht aber durch Zinsgutschriften), ist das Losungswort-Sparbuch fortan als Namenssparbuch zu führen. Verfügungsberechtigt ist ab diesem Zeitpunkt nur noch derjenige, der sich der Bank gegenüber identifiziert hat. Das ist im Regelfall der Sparbucheröffner; nur an diesen darf ausbezahlt werden (§ 32 Abs. 4 Nr. 2 BWG). Wird die Guthabensgrenze von 15.000 Euro hingegen nur durch Zinsgutschriften überschritten, kann das Losungswort-Sparbuch als solches weiter geführt werden, sofern die Zinsen unmittelbar nach dem Nachtrag abgehoben werden und sich der Guthabensstand so wieder unter 15.000 Euro mindert. Andernfalls kann das Losungswort-Sparbuch nur noch als Namenssparbuch geführt werden mit der Konsequenz, dass verfügungsberechtigt nur der zuletzt der Bank gegenüber legitimierte Sparbuchhalter ist.

Werden Losungswort-Sparbücher von Todes wegen erworben, kann darüber auch ohne Losungswort verfügt werden (§ 31 Abs. 3 BWG). Der rechtmäßige Erwerb einer Sparurkunde von Todes wegen setzt aber einen gerichtlichen Beschluss voraus, der als Nachweis für den Vermögensübergang gilt und die Bank in der Frage der Eigentumszuordnung entlastet. Regelmäßig haben sich Erben eines Losungswort-Sparbuches – wenn sie das Losungswort nicht wissen – der kontoführenden Stelle gegenüber zu legitimieren, um ihre erbrechtlichen Ansprüche nachweisen zu können.

Über Guthaben auf Losungswort-Sparbüchern, die nach dem Tod eines Erblassers nicht aufgefunden werden können, kann von Seiten der Erben nicht verfügt werden. Finden die Erben ein Sparbuch nicht, von dem sie aber wissen, dass es existiert, wird angenommen, dass es am Todestag nicht im Besitz des Erblassers gewesen ist. Es stellt dann keinen Be-

---

[133] Ist das Sparbuch als verloren gemeldet, hemmt ein behördliches Verbot oder eine behördliche Sperre die Auszahlung, dürfen keine Zahlungen angewiesen werden (§ 32 Abs. 4 Satz 2 BWG). Dasselbe gilt bei begründetem Verdacht auf Geldwäsche (§ 41 BWG), es sei denn, die Strafverfolgungsbehörde hat sich nicht innerhalb der gesetzlich festgelegten Frist geäußert.

standteil des Nachlasses dar[134]. Die Bank, von der der Erbberechtigte weiß, dass sie die Einlage verwaltet, ist selbst dann nicht verpflichtet, das von Todes wegen erworbene Sparguthaben auszuzahlen, wenn der Erbe zum Nachweis seiner Erbberechtigung zwar Erbschein und Personalausweis, jedoch nicht das Sparbuch selbst vorlegen kann.

Einlagen nicht mehr auffindbarer anonymer Sparbücher werden in aller Regel ca. 30 Jahre als „herrenlose Einlage" verzinst und gehen schließlich in das Eigentum der Bank über. Es ist aber auch möglich, dass unberechtigte Dritte an das Sparbuch geraten, das Losungswort herausfinden und das Guthaben abräumen. Österreichische Banken sind zwar verpflichtet, Verfügungen über Konten und Depots nur aufgrund eines Beschlusses des Abhandlungsgerichts oder der Einantwortungsurkunde zuzulassen, sobald sie vom Ableben eines Kunden Kenntnis erlangt haben. Die Vorschrift kann aber auf Losungswort- Spareinlagen keine Anwendung finden, da Banken solche Sparbücher nicht dem Vermögen eines Verstorbenen zuordnen können. Denn der zu diesem Sparbuch als zuletzt identifizierte Kunde könnte das Sparbuch genauso gut zu Lebzeiten verschenkt haben, so dass das Sparguthaben in das Eigentum eines unbekannten beschenkten Dritten übergegangen sein könnte.

## Das Goldfinger-Nummernkonto für höchste persönliche Sicherheit und Diskretion

Bei der Raiffeisenbank in Jungholz genießt privates Geldvermögen mit dem nur für Kunden der Bank entwickelten und weltweit einzigartigen „Goldfinger-Nummernkonto" absolute Diskretion. Das Goldfinger-Nummernkonto beugt außerdem Unterschriftsfälschungen vor und macht die Vorlage eines Lichtbildausweises überflüssig. Die Verfügungsberechtigung wird stattdessen mittels eines vollelektronischen Fingerabdruck-Scanners geprüft. Das „Biometrische System zur Personenidentifikation" verwendet keinen herkömmlichen Fingerabdruck, aus dem etwa die Steuerfahndung die Identität eines diskreten Anlegers feststellen könnte. Das Fingermuster kann nicht mit einem bestehenden Original-Abdruck ver-

[134] Landesgericht für Zivilrechtssachen (LGZ), Urt. v. 4.10.1990, 47 R 736/90.

glichen werden. Die Speicherung erfolgt elektronisch und ist nur mit dem bankinternen Goldfinger-System zu entschlüsseln.

Das Goldfinger-Nummernkonto dient als Basiskonto für sämtliche Anlagevarianten, z.B. als Kontokorrentkonto, als Festgeldkonto oder als Wertpapier- und Edelmetalldepot. Bei Transaktionen nennt der Kontoinhaber – und nur dieser – einfach sein Losungswort und quittiert mit seinem Fingermuster und seiner Pseudonymunterschrift. Das System gewährt auch einen optimalen Schutz vor Datenveruntreuung, da die persönlichen Daten des Anlegers nicht in der EDV gespeichert sind.

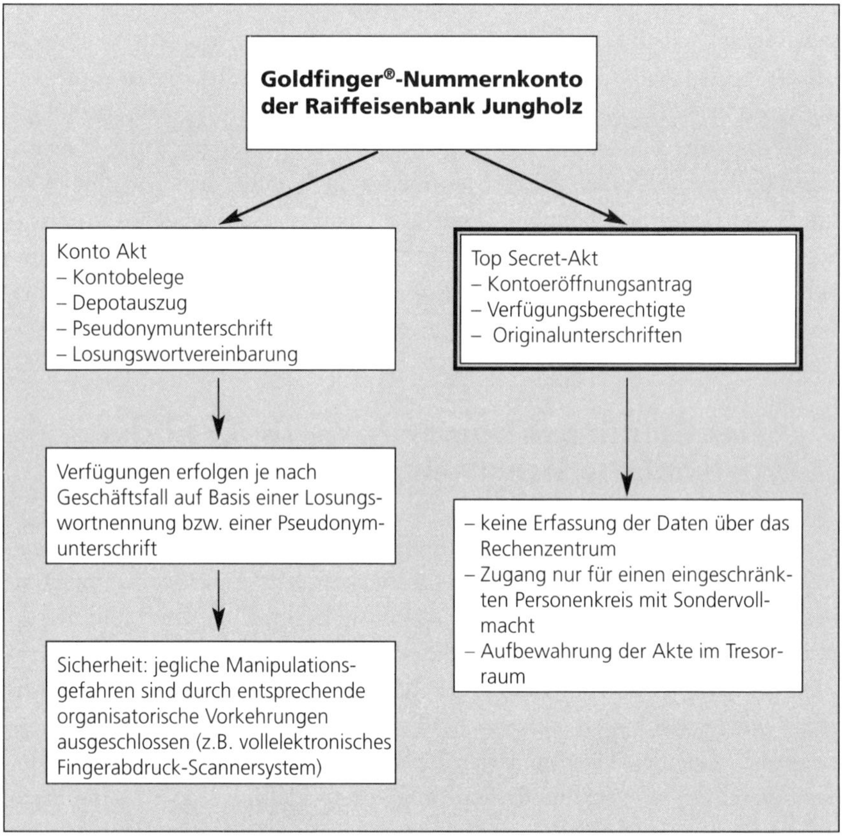


**Abbildung 10:** Das diskrete Goldfinger-Nummernkonto
Quelle: Raiffeisenbank in Jungholz

## Diskrete Sondervermögen „Liechtensteiner Art"

Sondervermögen ist, wie anfänglich bereits dargestellt, fremdverwaltetes, von einem bestimmten oder unbestimmten Anlegerkreis aufgebrachtes Vermögen, welches von einer bestimmten Stelle (der Bank) verwaltet wird und vom eigenen Vermögen des Verwalters (der Bank) zu trennen ist. Es stellt daher eine als „Sondervermögen" bezeichnete separate und kollektive Vermögenseinheit dar. Sondervermögen sind nach dem so genannten „Vertrags- oder Treuhandtyp" aufgebaut und in Form einer Gesellschafts- oder eines sonstigen Beteiligungstyps organisiert. Das Sondervermögen wird für Rechnung und zu Gunsten des Kunden, aber in eigenem Namen bzw. Namen des Sondervermögens in Wertpapiere usw. angelegt. Beteiligungen an Sondervermögen können beispielsweise in Form von Aktienanteilen an einer der Bank gehörenden Portfolio Management-Gesellschaft erworben werden. Diese Gesellschaft ist vielfach eine „Limited" mit Sitz in einer Steueroase.

Sondervermögen von Banken sind dem liechtensteinischen Gesetz über Investmentunternehmen nicht unterstellt und stellen auch keine Publikumsfonds dar. Sondervermögen sind mit einem öffentlichen Werbeverbot belegt, jede Form öffentlicher Werbung ist untersagt. Als Nichtkunde wird der diskrete Geldanleger diese Art der diskreten Geldanlage nicht offen angeboten bekommen. Das von den Anlegern aufgebrachte und von der Bank verwaltete Sondervermögen besitzt keine eigene Rechtspersönlichkeit. Der Anleger erwirbt ein vom Vermögen der Bank getrenntes Sondervermögen durch die Zeichnung bestimmter Rechnungseinheiten oder Beteiligungsscheine.

Zu unterscheiden ist im Regelfall zwischen den „festverzinslichen Sondervermögen", den „Aktien-Sondervermögen" und den „Strategie-Sondervermögen". Festverzinsliche Sondervermögen können wiederum unterteilt sein in „Geldmarkt-Sondervermögen" und „Obligationen-Sondervermögen". Geldmarkt-Sondervermögen investieren in Anleihen mit kurzer Restlaufzeit, Commercial Papers, Floater oder Eurofestgelder. Geldmarkt-Sondervermögen eignen sich für einen Anlagezeitraum von ca. drei Monaten. Obligationen- oder Anleihe-Sondervermögen legen einen mehrjährigen Anlagehorizont zugrunde. Anleger, die Anleihe-Sondervermögen zeichnen, beteiligen sich an den wichtigsten Obligationenmärkten der drei wichtigsten Kernwährungen Schweizer Franken, Euro und US-Dollar. Aktien-Sondervermögen setzen einen gewissen Grad an Risikobereitschaft voraus. Aktien-Sondervermögen beinhalten eine breite Auswahl von Aktien aus unterschiedlichen Ländern und Regionen. Die Performance von Aktien-Sondervermögen hängt wesentlich von der Entwicklung der Aktienmärkte ab. Strategie-Sondervermögen investieren in den Geld-, Obligationen- und Aktienmarkt. Strategie-Sondervermögen bilden eine komplette Anlagepolitik in einem Produkt ab; sie basieren auf Modellportfolios der betreffenden Bank. Die Anlagepolitik ist dabei in diverse Risikostufen eingeteilt. So kann sich der risikoscheue Anleger beispielsweise für ein Strategie-Sondervermögen „Zins", bestehend aus erstklassigen Anleihen entscheiden; dem risikofreudigen Anleger steht ein Sondervermögen „Kapitalertrag" zur Wahl, mit dem er sich an einer ausgewogenen Aktienanlage, gemanagt nach den Vorgaben des gleichnamigen Musterportfolios, beteiligen kann.

Sondervermögen ermöglichen niedrigere Börsenkommissionen, günstigere Festgeldsätze und engere Devisenmargen als Einzelanlagen. Sie kosten keinen Ausgabeaufschlag.[135] Für die Verwaltung stellt die Bank eine Gebühr in Rechnung. Hinzu kann je nach Sondervermögen eine jährliche Erfolgsgebühr treten. Der Verkauf erfolgt ausschließlich an Anleger, welche bei einer Liechtenstein-Bank ein Depot eröffnet haben bzw. bereits Kunde sind. Die Abgabe geschieht zum Inventarwert; der Anleger zahlt keine Depotgebühren und im Falle eines Wechsels von einem Sondervermögen in ein anderes im Regelfall keine Konversionsgebühr.[136]

Jedes Sondervermögen basiert auf eigenen Anlagegrundsätzen. Diese sowie weitere Bestimmungen muss die Bank in einem Reglement definieren. Das Reglement informiert über Anlagepolitik, die Anlageformen, Kosten, Organisation, Handelbarkeit der Anteile sowie über die Ausgabe- und Rücknahmepreise. Dieses Reglement sollte beim Kauf unbedingt erst einmal gründlich studiert werden. Hieraus ist u.a. ersichtlich, ob derivate Finanzinstrumente (Futures) auf Wertpapiere, Devisen, Zinsen oder Börsenindices verwendet werden dürfen und unter welchen Bedingungen, in

[135] Beim Anteilskauf wird eine eidgen. Pflichtabgabe von 0,15 Prozent erhoben.

[136] Konversionsgebühren werden dagegen bei segmentierten Fonds beim Wechsel in ein anderes Segment erhoben.

welche Währungen die Anlagen erfolgen können und welche Rechnungswährung für das Sondervermögen gilt, in welche Anlagefonds investiert wird und welche Kosten für die Verwaltung anfallen.

## Konten auf Namen Dritter (Strohmannkonten)

### Allgemeines

Deutsche diskrete Geldanleger wissen, dass die Errichtung von Konten, die auf eine Nummer, auf einen falschen oder erdichteten Namen lauten, wegen des Gebots der „Kontenwahrheit" verboten ist (§ 154 Abgabenordnung). Wohl aber ist es zulässig, in Deuschland ein Konto auf den Namen eines Dritten zu eröffnen und auf dessen Bezeichnung lauten zu lassen. So erreicht der diskrete Geldanleger beispielsweise, dass das Kontoguthaben nicht in die Erbmasse fällt. Der Zustimmung des Dritten bedarf es zur Kontoeröffnung nicht; der Dritte muss zwar rechtsfähig, braucht aber nicht geschäftsfähig sein. Es ist lediglich ein Existenznachweis erforderlich, der die Verwendung eines erdichteten Namens ausschließen soll.

Die Eröffnung eines Kontos auf den Namen eines Dritten ist nicht mit einer *Handlung unter fremdem Namen* oder einer *Stellvertretung* zu verwechseln. Von einer Handlung unter fremdem Namen kann dann gesprochen werden, wenn sich der Kontoeröffner gegenüber der Bank als eine andere Person ausgibt, also einen falschen Namen benutzt und die Bank das Konto unter dem angegebenen Namen errichtet. Bei der Stellvertretung handelt der Kontoeröffner im Namen des Vertretenen. Zivilrechtlich kommt die Vertragsbeziehung in diesen Fällen nicht zwischen dem Handelnden und der Bank, sondern ausschließlich zwischen dem Namensträger, für den sich der Handelnde ausgibt, bzw. zwischen dem Vertretenen und der Bank zustande.

Bei einem Konto auf den Namen eines Dritten ist die Vertragsbeziehung diskreter Kunde–Bank dagegen zweigeteilt: Während die Pflichten aus dem Vertrag weiterhin dem Eröffnenden (also dem diskreten Geldanleger) obliegen, weil es schließlich Verträge zu Lasten Dritter nicht geben kann, wird ein gewisser Grad an Berechtigung (Begünstigung) an den Dritten übertragen, auf dessen Name der diskrete Geldanleger das Konto eröffnet. Der Bank stehen also sozusagen zwei Vertragspartner gegenüber, einmal der Geldanleger als Eröffner und einmal der Dritte, auf dessen Namen das Konto lautet. Behält sich der Anleger als Kontoeröffner nicht die generelle Verfügungsmacht über das Konto vor und darf der (förmliche) Kontoinhaber gewisse (ihn begünstigende) Transaktionen ausführen, tritt bei unklarer Abgrenzung regelmäßig das Problem der so genannten *konkurrierenden Verfügungsmacht* auf.

### Wann liegt Namensmissbrauch vor?

Bankintern kann die Beurteilung, unter welchen Voraussetzungen Namensmissbrauch oder ein rechtmäßiges Konto auf den Namen eines Dritten vorliegt, nicht in allen Fällen klar und eindeutig erfolgen. In der Tat sind die Grenzen fließend. Anhand folgender fünf Fallbeispiele werden einige diskrete Anlagetechniken unter Verwendung von Konten auf Namen Dritter aufgezeigt:

- **Fall 1:**

Der langjährige Kunde der Bank X, Großvater A, errichtet auf den Namen seiner neunjährigen Enkelin B ein Sparkonto. Er zahlt monatlich einen gewissen Sparbetrag ein. Über das anwachsende Vermögen behält er sich das alleinige Verfügungsrecht bis zu seinem Tode vor. Danach soll der Enkelin die Verfügungsmacht übertragen werden. Die Existenz der Enkelin wird dadurch nachgewiesen, dass der Großvater das Kind zur Kontoeröffnung mitbringt. Der Sachbearbeiter der Bank X führt die Legitimationsprüfung für Großvater A nach den Vorschriften des Geldwäschegesetzes durch (er lässt sich von A also den Ausweis zeigen und fertigt eine Kopie an). A wird in das Gläubiger- und Bevollmächtigtenverzeichnis eingetragen.

Hier liegt eine Kontoeröffnung auf den Namen eines Dritten vor. Der Name der B ist weder falsch noch erdichtet. Der Existenznachweis wurde durch die Anwesenheit des Kindes rechtmäßig erbracht.

Der *Existenznachweis* ist von der Legitimationsprüfung klar zu unterscheiden. Ein Existenznachweis ist im Vergleich zur Legitimation immer ein *Weniger* und hat lediglich zu beweisen, dass der Dritte auch wirklich lebt, also existent ist. Natürlich könnte es sich bei der mitgebrachten B gar nicht um die Enkelin des A handeln. Doch um dies festzustellen, müsste sich die B ausweisen, was aber auf eine Legitimationsprüfung hinauslaufen würde. B ist über das Kontoguthaben nicht sofort verfügungsberechtigt. Vielmehr behält sich A das alleinige Verfügungsrecht bis zu seinem Tod vor.

Die Bank trägt A in das Gläubiger- und Bevollmächtigtenverzeichnis ein. Ob B überhaupt Verfügungsmacht über das Kontoguthaben erlangt, bleibt im Zeitpunkt der Kontoeröffnung offen. A gibt jedoch zum Ausdruck, dass er die B als Gläubigerin nach seinem Tode einzusetzen plant. Aus diesen Umständen lässt sich ableiten, dass der Name der B nicht ausschließlich dazu benutzt wurde, steuerliche Verhältnisse zu verschleiern. Folglich liegt ein rechtmäßiges Konto auf den Namen eines Dritten vor. Anhaltspunkte für einen Namensmissbrauch sind nicht zu erkennen.

- **Fall 2:**

Der in Frankfurt wohnende Geschäftsmann B sucht eine Bankfiliale der Bank A in Düsseldorf auf. Er will ein Konto auf den Namen seines Neffen N, der in Stuttgart wohnt, eröffnen und darauf den bereits mitgebrachten Geldbetrag einzahlen. Dabei möchte er sich das alleinige Verfügungsrecht über das Konto vorbehalten. Da der Neffe noch minderjährig ist, soll er erst nach seinem Tod von der Existenz des Kontos Kenntnis erlangen. Bank A entspricht dem Wunsch des B, notiert Adressen und Personaldaten von B und N, führt B gegenüber eine Legitimationsprüfung durch und trägt diesen in das Gläubiger- und Bevollmächtigtenverzeichnis ein. Der Existenznachweis des Neffen wurde anhand der Geburtsurkunde geführt.

Hier liegt eine rechtmäßige Kontoeröffnung auf den Namen eines nicht verfügungsberechtigten Dritten vor. Die kontoführende Bank hat gegenüber dem alleinigen Gläubiger B die Legitimationsprüfung durchgeführt, B in das Gläubiger- und Bevollmächtigtenverzeichnis eingetragen und die Angaben über Person und Anschrift von B und N festgehalten. B hat durch Vorlage einer Geburtsurkunde des N dessen Existenz rechtmäßig nachgewiesen.

- **Fall 3:**

Der unbekannte Kunde K erscheint in den Geschäftsräumen einer ländlichen Bankfiliale mit einem dezenten, schwarzen Aktenkoffer. Nachdem er seine Entrüstung über die hohen Fiskalabgaben unseres Landes lautstark kundgetan hat, erklärt er augenzwinkernd gegenüber dem Schaltersachbearbeiter S, er hätte Schwarzgeld dabei, das er anlegen möchte. K bittet daraufhin den S, ein Konto auf den Namen seiner Freundin F einzurichten. Den Existenznachweis führt K anhand der zahlreichen Liebesbriefe und Postkarten aus dem Urlaub. K behält sich das alleinige Verfügungsrecht über das Kontoguthaben vor und erklärt gegenüber der Bank, dass das Kontoguthaben im Fall seines Todes seinen Kindern zufallen soll.

Fall 3 unterscheidet sich von den ersten beiden Beispielen insofern, als K mit der Bank B eine vertragliche Vereinbarung getroffen hat, nach der im Todesfall des K nicht die F, sondern die Kinder des K über das Kontoguthaben Verfügungsberechtigung erlangen. Damit hat K deutlich zum Ausdruck gebracht, dass er F zu keiner Zeit als Gläubigerin über das Kontoguthaben einsetzen will. Sein „außergewöhnliches Verhalten“ gegenüber dem Bankangestellten unterstreicht die daraus resultierende Vermutung, dass K das im Namen der F errichtete Konto nur zu Steuerhinterziehungszwecken oder zur Geldwäsche missbrauchen will. Obwohl ein Namensmissbrauch im rechtlichen Sinne nicht gegeben ist (denn K ist ja mit seinem richtigen Namen aufgetreten), dürfte ein solches Konto nicht eingerichtet werden.

- **Fall 4:**

Mutter M eröffnete 1991 ein Konto bei ihrer Hausbank. Als Bevollmächtigten setzte sie ihren Sohn ein. Die Bank nahm die Personalien des Sohnes in ihre Bevollmächtigtendatei auf. Am Tage der Kontoeröffnung reichte M zwei Schecks ein. Weitere Habenumsätze beruhten ausschließlich auf Scheckeinreichungen des Sohnes. Er allein verfügte über das Kontoguthaben und nahm Barabhebungen vor. M ist seit Kontoeröffnung nicht mehr erschienen.

Diesem sich tatsächlich so zugetragenen Fall liegt im Gegensatz zu den übrigen Sachverhaltsdarstellungen keine Kontoerrichtung auf den Namen eines Dritten zugrunde. Denn M ist persönlich erschienen und hat das Konto auch selbst eingerichtet. Nur das Kreditinstitut sah aus der Tatsache, dass der Sohn über das Konto allein verfügte, einen Verstoß gegen das Gebot der Kontenwahrheit und weigerte sich später, Guthaben ohne Zustimmung des Finanzamts auszuzahlen. M klagte gegen die Bank und verlangte die Aufhebung der Kontosperre. Mit Erfolg!

Die Voraussetzungen für eine Kontosperre lagen nach Ansicht des Bundesgerichtshofs[137] nicht vor. Denn M hatte das Konto nicht auf falschen, sondern auf ihren eigenen Namen errichtet und auch keine Buchungen unter falschem Namen vornehmen lassen. „Aus wessen Mitteln die eingezahlten Gelder stammten, ist demgegenüber ebenso unerheblich wie der Umstand, dass auf dem Konto Geldbeträge verbucht wurden, die steuerlich möglicherweise einem Dritten – dem Bevollmächtigten – zuzuordnen sind", so der BGH. Für die Bank ist es allein entscheidend, wer bei der Kontoeröffnung als Forderungsberechtigter nach außen erkennbar aufgetreten ist. Und das war M. Freilich verhinderte die Aufhebung der Kontosperre letztlich nicht, dass die Finanzbehörden von der Verfügungsmöglichkeit beider Personen über das Konto erfahren haben und zielgerichtete Ermittlungen anstellen konnten.

- **Fall 5:**

Kaufmann K erscheint in den Geschäftsräumen seiner Hausbank H in der Absicht, drei Konten zu eröffnen. Dabei schlägt er das nebenliegende Telefonbuch auf und sucht wahllos drei Personen mit den dazugehörigen Adressen aus, auf deren Namen die Konten lauten sollen. K vertritt dabei die Meinung, dem Existenznachweis sei dadurch Genüge getan. Von einer Legitimationsprüfung wird abgesehen, da K bereits mehrere Geschäftskonten bei der Bank unterhält. K behält sich das alleinige Verfügungsrecht vor. Nach seinem Tode wünscht er, dass die Kontoguthaben seiner Frau zugesprochen werden.

Obwohl die Namen, die K aus den Telefonbüchern ausgewählt hat, weder falsch noch erdichtet sind, darf die Bank keine Konten auf solche Namen eröffnen. Denn aus den Umständen ist ersichtlich, dass K das Konto und die Namen der Telefonteilnehmer nur zur Verschleierung wahrer Vermögensverhältnisse missbrauchen will.

## Wie diskret sind solche Konten?

Für den deutschen diskreten Geldanleger beantwortet sich diese Frage danach, ob es gelingt, einem Eintrag in das Gläubiger- und Bevollmächtigtenverzeichnis zu entgehen. Bundesdeutsche Kreditinstitute haben ihrer Auskunftssicherungspflicht wegen ein „besonderes alphabetisch

[137] Urt. v. 18. 10. 94, XI ZR 237/93.

geführtes Namensverzeichnis der Verfügungsberechtigten" zu führen. Dieses Verzeichnis wird Gläubiger- und Bevollmächtigtenverzeichnis genannt und geht sechs Jahre zurück. Solche Verzeichnisse gibt es übrigens auch in anderen Ländern und sogar in der so verschwiegenen Schweiz. Dort führen die Banken neben separaten Kundendossiers ein so genanntes *Zentralregister der Vertragspartner und der wirtschaftlich Berechtigten*, das im Prinzip einem Gläubiger- und Bevollmächtigtenverzeichnis deutscher Banken gleicht.

Einem Eintrag in das Gläubiger- und Bevollmächtigtenverzeichnis entgeht der deutsche diskrete Geldanleger mit einem Konto auf den Namen eines Dritten in aller Regel nicht. Auf eine Legitimationsprüfung und auf die Eintragung in das alphabetisch geführte Namensverzeichnis kann nur dann verzichtet werden, wenn Eltern als gesetzliche Vertreter ihrer minderjährigen Kinder ein Konto zu deren Gunsten eröffnen und die Voraussetzungen für die gesetzliche Vertretung durch amtliche Urkunden nachgewiesen werden. Weitere Ausnahmetatbestände bestehen unter anderem für Vormundschaften und Pflegschaften, für Konkursverwalter, Zwangsverwalter, Nachlassverwalter oder Testamentsvollstrecker, für Pfandnehmer bei Mietkautionskonten, bei denen die Einlage auf einem Konto des Mieters erfolgt und an den Vermieter verpfändet wird, sowie bei Vollmachten auf den Todesfall (auch nach diesem Ereignis), zur einmaligen Verfügung über ein Konto oder bei Verfügungsbefugnissen im Lastschriftverfahren. Solche Ausnahmetatbestände greifen bei diskreten Konten und dem damit verbundenen Anlagemotiv nicht, da der Kontonamensträger als sofortiger Verfügungsberechtigte einzusetzen ist und selbst alle Vollmachten über das Guthaben aufgegeben werden müssen. Dann gilt das Geld praktisch als verschenkt! Behält sich dagegen der diskrete Geldanleger das alleinige Verfügungsrecht vor – was er schließlich will –, liegt eine Kontoeröffnung auf den Namen eines nichtverfügungsberechtigten Dritten vor. Der Geldanleger wird als alleinig Verfügungsberechtigter in das Gläubiger- und Bevollmächtigtenverzeichnis eingetragen und der Dritte ist dann nur Strohmann.

Konten auf Namen nichtverfügungsberechtigter Dritter aus dem nahen Verwandtenkreis werden zum Versteck für diskrete Gelder gerne zweckentfremdet. Dessen ist sich auch die Finanzverwaltung bewusst. Steuerstrafrechtliche Ermittlungen dehnen sich deshalb regelmäßig auch auf „Oma-Konten“ und Konten von nahen Verwandten aus, die in bescheidenen Verhältnissen leben. Solche Personenkreise werden üblicherweise nicht näher überprüft, weil es bei diesen häufig zu gar keiner Steuerfestsetzung kommt.

### Hinweise für deutsche diskrete Geldanleger

Strohmänner werden allgemein als „Treuhänder im weiteren Sinn“ behandelt, das heißt die vom Strohmann gehaltenen Vermögenswerte werden als *sein Eigentum* betrachtet und nicht dem Hintermann zugerechnet. Der Hintermann hat im Fall eines Konkurses des Strohmanns weder ein Aussonderungsrecht, noch kann er einer Zwangsvollstreckung seitens der übrigen Gläubiger widersprechen.

Dafür aber können dem „Hintermann“ die Kapitaleinkünfte steuerlich zugerechnet werden, selbst wenn er nicht Inhaber des Kapitalvermögens war. Kapitalerträge sind nämlich nach höchstrichterlicher Rechtsprechung demjenigen zuzuordnen, der im Zeitpunkt der Fälligkeit der Zinsen berechtigter Inhaber der Kapitalforderung ist. Die Finanzgerichtsrechtsprechung stellt im Bereich der Einkünfte – anders als bei der Vermietung und Verpachtung – nicht allein darauf ab, wer die rechtliche und tatsächliche Macht hat, das den Kapitalerträgen zugrunde liegende Kapitalvermögen anderen entgeltlich auf Zeit zur Nutzung zu überlassen. Inhaber einer Kapitalforderung ist derjenige, der den Vertrag über die Eröffnung des Spar- oder Depotkontos oder den Wertpapier-Kaufvertrag mit der Bank abgeschlossen hat.

Richten Eltern ein Spar- oder Depotkonto zugunsten ihrer minderjährigen Kinder ein, können die Erträge nur dann dem Kind steuerlich zugerechnet werden, wenn die Eltern bei Abschluss des Vertrags über die Einrichtung des Kontos und bei der Einzahlung der Einlagen den Willen hatten, die Guthabenforderung dem Kind sofort zuzuwenden, und dieser Wille für die Bank erkennbar war. Richten die Eltern dagegen das Konto zwar auf den Namen des minderjährigen Kindes ein, verwalten sie dieses Vermögen aber wie eigenes Vermögen, so sind die Kapitalerträge den Eltern zuzurechnen. Um nun mit einem auf den Namen des Kindes errichteten Konto den Sparerfreibetrag des Kindes nutzen zu können, dürfen die Eröffnungsblätter weder für die Bank noch fürs Finanzamt erkennen lassen, dass sich die Eltern die Gläubigerschaft an den Wertpapieren und

Kapitalforderungen vorbehalten haben. Vertragspartner der Bank muss ausschließlich das Kind sein.

Was deutschen diskreten Geldanlegern mit Konten auf den Namen der Kinder oder mit Strohmannkonten nicht gelingt, können diese mittels eines Jersey Trusts oder einer liechtensteinischen Stiftung sehr leicht und ohne Risiko erreichen. Trusts und Stiftungen offerieren die Möglichkeit, Anlagegelder diskret über Wertpapierkonten und Depots zu verwalten, die keine Konten des diskreten Geldanlegers sind, diesem jedoch die mittelbare Verfügungsmacht über diese Konten zusteht. Trusts und Stiftungen sind in den nachfolgenden Teilen XII (Seite 295 ff) und XIII (Seite 325 ff) näher dargestellt.

## Automated Savings Plans, Premier Banking und Custody Accounts auf Jersey

Jerseys „finance industry" trägt mehr als 50 Prozent zum Bruttoinlandsprodukt der Insel bei und stellt den am stärksten expandierenden Wirtschaftsfaktor dar. Besonders an Stellenwert hat dabei das Private Banking gewonnen. Es erfuhr in den letzten Jahren erhebliche Änderungen. So wendet man sich auf Jersey mehr und mehr dem „Mittelklasse-Kunden" zu. Angeboten werden unter anderem Tagesgeldkonten in Pfund Sterling oder anderen frei konvertierbaren Währungen („Instant Access Account"), Anlagekonten mit 30, 60 oder 90-tägiger Kündigungsfrist („30, 60, 90 Day Notice Accounts") oder Festgeldkonten in Pfund Sterling mit Laufzeiten von 30 Tagen bis zu einem Jahr („One Year Term Account" oder „Fixed Deposits"). Verfügungen über das Guthaben können weltweit beispielsweise über einen Sterling Scheck, einen Bankscheck oder mit Reiseschecks getroffen werden („Cheque Deposit Account").

Selbstverständlich sind auch Kreditkarten („International Debit Cards") erhältlich. 24-Stunden Telefon-, Fax- und Internetbanking ist bei vielen Offshore-Banken bereits selbstverständlich, wobei Geldanleger in den „General terms and conditions" vielfach den Hinweis finden, dass keine schnurlosen Telefone benutzt werden sollten. Zumindest übernehmen Offshore-Banken keine Haftung, wenn der Kunde abgehört wird und man Passwort und „Personal Banking Number" knackt.

Interessant für den diskreten Geldanleger sind so genannte „Automated Savings Plans“. Der Automated Savings Plan hat den Vorteil, dass diskrete Gelder ohne große Formalität oder Einzelordererteilung am Kapitalmarkt laufend platziert werden können und dennoch in bestimmter Höhe jederzeit verfügbar sind. Im Rahmen eines solchen Sparplans überträgt die Offshore Bank im ersten Schritt jeden Monat bestimmte Beträge vom Tagesgeldkonto („Offshore Bank Account“) auf ein 30-Tage-Festgeldkonto („30 Day Notice Account“). Diese Übertragungen vollziehen sich – einmal vereinbart – diskret und ohne Formalität. Der Geldanleger, der sich allerdings gegenüber der Offshore Bank legitimieren muss, teilt lediglich die Mindestsumme („trigger balance“) mit, die er auf seinem Tagesgeldkonto zur freien Verfügung halten will.

Im zweiten Schritt integriert die Bank quartalsweise Beträge vom 30 Tage Festgeldkonto in ein „Managed Investment Service Portfolio“. Hierbei kann der Anleger zwischen folgenden drei Musterportfolios auswählen: Gehört er zu den eher konservativen Anlegern, wählt er das „Cautious Portfolio“. Die vierteljährlich investierten Gelder werden hier ausschließlich in festverzinslichen Wertpapieren (gilts, bonds) und nur ein geringer Teil in Aktien investiert. Das „Balanced Portfolio“ ist dagegen für risikofreudigere Investoren konzipiert, der Aktienanteil entsprechend höher. Wer höhere Risiken für größere Gewinnchancen in Kauf nimmt, wählt schließlich das „Adventurous Portfolio“. Dieser Portfoliotyp investiert in Aktien von stark expandierenden Newcomern mit allgemein niedriger Marktkapitalisierung.

Für den „Discretionary Portfolio Management Service“, also der Erteilung eines Vermögensverwaltungsmandats, sind in aller Regel 250.000 britische Pfund mitzubringen. Die umfassende Vermögensverwaltung kostet zwischen 0,90 Prozent (Portfolio kleiner als 1 Mio. Pfund) und 0,50 Prozent (Portfolio größer als 5 Mio. Pfund) vom Kurswert der durchschnittlich gehaltenen Vermögenswerte.

Das „premier banking“, das eine regelmäßige Vermögensaufstellung und Gewinnplanung beinhaltet, gibt es aber schon ab 25.000 Pfund. 50.000 Pfund sind für ein komplettes Fonds-Management erforderlich. Es wird sozusagen der Fonds aus Fonds offeriert.

Jersey-Niederlassungen Schweizer Privatbanken offerieren Kontokorrent- bzw. Wertschriftendepots ab 100.000 Pfund. Für dieselbe Mindesteinlage gibt's auch „Custody-Accounts" ab 100.000 Pfund. Hier kann der Anleger einen unabhängigen Treuhänder für sein Vermögen benennen. Normale Festgeldanlagen mit Laufzeiten von mindestens 30 Tagen gibt es ab 50.000 Pfund, wer eine halbe Million bringt, kann auch wochenweise anlegen. Selbstverständlich wird auf Wunsch ein banklagerndes Dossier eröffnet und sämtliche Korrespondenz zurückbehalten.

Offshore-Banking ist auf Jersey nicht anonym. Verlangt wird stets der vollständige Name des Kontoantragstellers (applicant) sowie die vollständigen Namen aller Kontomitinhaber und Verfügungsberechtigten (second applicants). Darüber hinaus ist anzugeben unter anderem Nationalität, Wohnsitzstaat, Geburtsdatum, Familienstand, Anzahl der unterhaltsberechtigten Kinder und ggf. der Geburtsname. Bei Kontoeröffnung auf dem Postweg ist stets eine von der Hausbank gegengezeichnete Ausweiskopie beizulegen. Des Weiteren müssen diskrete Geldanleger die Offshore-Bank in aller Regel zur Einholung einer Bankreferenz ermächtigen.

Anonym geht also nichts. Geldanleger können aber dafür sorgen, dass es am diskretesten geht. Erfahrene diskrete Geldanleger geben der Bank gegenüber keine Telefonnummern bekannt, erklären unter „Keeping you informed", dass keine laufenden Kundeninformationen (das heißt Werbesendungen) gewünscht sind, und vereinbaren unter „Summary statement", dass dieses bei der Bank zur Abholung zu hinterlegen ist.

## Was diskrete Geldanleger über Namensaktien wissen sollten

### Gegen Namensaktien ist im Grunde nichts einzuwenden ...

In den vergangenen Jahren haben immer mehr Unternehmen begonnen, ihre Inhaberaktien in Namensaktien umzuwandeln. Dahinter ist sicherlich nichts Anrüchiges versteckt. Die börsennotierten Aktiengesellschaften begründeten diesen Schritt u.a. mit der Möglichkeit einer besseren Pflege der Beziehungen zu ihren Anteilseignern. Dagegen ist nichts einzuwenden: Kennt man die Namen und Adressen seiner Aktionäre, kann man selbstverständlich engeren Kontakt pflegen.

### … doch was die Vorstände der AGs übersehen haben!

Folgender Negativeffekt: Auch die Finanzbehörden dürften sich Zugang zu der Adressdatei der Namensaktionäre verschaffen können. Und dann kann es sein, dass nicht ein Brief vom Vorstand der Aktiengesellschaft, sondern ein Brief von einem Finanzamtsvorsteher im Briefkasten des ahnungslosen Aktionärs landet. Letzterer hat sicher auf das Bankgeheimnis vertraut und dabei vergessen, dass sich Informationen über seinen Anteilsbesitz auch aus anderen Quellen erschließen lassen.

### Was für Schweizer Namensaktien gilt

Diskrete Geldanleger sollten für Schweizer Namensaktien eine generelle Eintragungsermächtigung erteilen. Bei banklagernder Post und beim Handel mit Schweizer Namensaktien sollte, um unnötigen Schriftverkehr an die Heimatadresse zu vermeiden, der Depotbank eine generelle Eintragungsermächtigung erteilt werden. Diese Ermächtigung ermöglicht es der Bank, sämtliche im Zusammenhang mit dem Erwerb von Schweizerischen Namensaktien anfallenden Eintragungsformalitäten direkt mit dem Aktienregister der betreffenden Gesellschaft zu erledigen. Es steht dem Anleger selbstverständlich jederzeit frei, die generelle Eintragungsermächtigung zu widerrufen.

## Edelmetalle glänzen auch in Sachen Diskretion

Wenn diskrete Anleger wieder einmal in krisensichere Anlagen flüchten, haben sie vielleicht Angst vor einem neuen Börsencrash. Doch die immer wieder neu aufflammende Euphorie für Gold, Silber und Platin hat auch andere Gründe, z.B. ihre Wertbeständigkeit. Ein weiteres Kaufargument ist aber sicherlich auch die Diskretion. Denn durch den Kauf und Verkauf von Edelmetallen wird die so genannte „Papierspur“, also diejenige, die bis zur ursprünglichen Herkunft der diskreten Geldmittel führt, buchmäßig verlängert und komplizierter, ja durch den physischen Bezug sogar ganz unterbrochen. Barren sind im Verhältnis zu Münzen immer günstiger. Beim Kilobarren muss der diskrete Geldanleger mit einem Aufgeld (für Herstellungskosten und Prägung) von ca. 2,3 Prozent rechnen. Bei Münzen dagegen sind Aufschläge in Höhe von sechs bis zehn Prozent üblich. Bei den so genannten „Bullion Coins" (z.B. beim Wiener Philharmoniker) zahlt der diskrete Anleger nur den reinen Goldpreis und nichts extra für aufwendige Prägungen. Gold ist also unbestritten eine Geldanlage, bei der diskrete Geldanleger nicht mit dem Problem der diskreten Einlösung von Zinskupons konfrontiert werden. Goldmünzen lassen sich außerdem diskret „aus dem Geldbeutel" weiter übertragen, an die Erben oder einfach an eine Person besonderer Wahl.

## Diskrete Tafelgeschäfte und Tafelpapiere

Als Tafelgeschäft bezeichnet man ein Handelsgeschäft, das Zug-um-Zug (Geld gegen Ware) über die Tafel, d.h. am Bankschalter[138] und gegen Bargeld abgewickelt wird und keine dauernde Geschäftsbeziehung begründet. Als Tafelpapier werden jene Anleihen bzw. Wertpapiere bezeichnet, die im Zuge eines Tafelgeschäftes erworben wurden.

Tafelgeschäfte in der klassischen Form sind in der heutigen Bankenpraxis nicht mehr anzutreffen. Ein echtes oder „klassisches" Tafelgeschäft lag vor, wenn eine Bank aus ihrem Eigenbestand oder ihrem Konsignationslager Wertpapiere entnimmt und diese dem Schalterkunden gegen Barzahlung ausgehändigt hatte und die Verbuchung des Geschäftsfalls ausschließlich über bankinterne Verrechnungskonten erfolgte. Da Tafelpapiere häufig zur Steuerhinterziehung genutzt wurden, ist man in *Deutschland* und anderen Ländern von der Praxis abgekommen, Tafelpapiere anonym zu verkaufen und einzulösen. Nach einer Entscheidung des deutschen Bundesfinanzhofs[139] soll der (Anfangs-)Verdacht einer Steuerhinterziehung schon dann begründet sein, wenn ein Kunde Wertpapier-Tafelgeschäfte bei seiner Bank in bar abwickelt, obwohl er dort ein Konto oder ein Depot führt. Dies wurde damit begründet, dass bei anonymer Barabwicklung derartiger Geschäfte trotz Vorhandenseins eines Konto oder Depots der Verdacht bestehe, dass der Kunde mit dieser Art der Geschäftsabwicklung möglicherweise die Weiche für eine nachfolgende Steuerverkürzung oder Steuerhinterziehung stellen will.

---

[138] Daher kommt auch der Begriff OTC-Produkte, für over the counter.
[139] Beschluss vom 15.6.01 – VII B 11/00.

In Luxemburg wurden Tafelgeschäfte seit jeher nicht praktiziert. Denn im Großherzogtum bestehen für den An- und Verkauf von Wertpapieren einschlägige, von der Geldwäsche-Bekämpfung unabhängige Legitimationspflichten nach dem Gesetz vom 3. September 1996 „concernant la possession involontaire de titres au porteurs". Die Legitimationspflicht nach diesem Gesetz ist unabhängig von der Höhe der Wertpapiertransaktion und der Tatsache, dass die für sonstige Schalterbar- oder Geldwechseltransaktionen geltende Legitimationsgrenze von 15.000 Euro nicht überschritten wird. Das Verbot des diskreten Verkaufs von Wertpapieren gilt auch für die Luxemburger Filialen deutscher Kreditinstitute und schließt alle mit Wertpapiertransaktionen zusammenhängende Nebengeschäfte ein. Luxemburger Kreditinstitute lösen jedoch grundsätzlich Kupons von allen Emittenten ein. Sofern der Kuponeinbringende allerdings nicht Kunde ist, kann eine Barauszahlung nur gegen Vorlage eines gültigen Personalausweises erfolgen; ggf. ist EU-Zinssteuer einzubehalten.[140] Ein weiterer Grund für das „aussterbende" Tafelgeschäft ist, dass Schuldner von Anleihe-Neuemissionen heute keine effektiven Stücke mehr emittieren.

In der heutigen Bankenpraxis spielen Tafelpapiere praktisch nur noch in solchen Fällen eine Rolle, in denen der Anleger am Bankschalter Zinskupons zur Einlösung vorlegt, das Tafelpapier „fällig" und dem Emittenten (der Bank) zur Rückzahlung vorgelegt wird oder der diskrete Anleger eine Einbuchung der Papiere in sein Wertpapierdepot wünscht. Geschieht die Einbuchung in Deutschland, kann eine Verrechnung von vereinnahmten mit gezahlten Stückzinsen nicht erfolgen, weil mangels Legitimation keine Verrechnung mit beim Kauf von anderen Wertpapieren gezahlten Stückzinsen möglich ist. Werden Tafelpapiere mit Zinskupons vor Endfälligkeit und zwischen den einzelnen Zinsterminen veräußert, fallen ebenfalls Stückzinsen an, welche bei in Deutschland veräußerten Tafelpapieren voll dem Zinsabschlag unterliegen.

Unter Bezeichnungen wie „Übernahme von Tafelpapieren auf EDV-mäßige Depotverwahrung" bieten österreichische Banken die Einlieferung von Tafelpapieren auf ein österreichisches diskretes Wertpapierdepot an. Die Einlieferung von Tafelpapieren empfiehlt sich insbesondere des Diebstahlschutzes wegen. Tafelpapiere sind Inhaberpapiere, die vom Dieb zu

140 Vgl. hierzu Teil XIV, Seiten 337 ff.

Bargeld gemacht werden können. Des Weiteren entfällt mit der Einlieferung in ein österreichisches Wertpapierdepot das lästige Schnibbeln der Kupons. Bei Fälligkeit werden die Zinserträge valutagerecht von der Bank dem Konto (ggf. unter Abzug einer EU-Zinssteuer) gutgeschrieben. Die Verwahrung von Tafelpapieren im Depot einer Bank beinhaltet außerdem eine Verlosungskontrolle. Die Bank überwacht Kündigungen, Auslosungen und Schließung von Fonds – so kann dem diskreten Geldanleger aus der Nichtkenntnis dieser Umstände kein Nachteil entstehen.

Die Gebühren für die Einlieferung von Tafelpapieren betragen je nach Institut zwischen 30 und 50 Euro pro Position zzgl. 20 Prozent Mehrwertsteuer und fremder Spesen. In den österreichischen Zollausschlussgebieten Jungholz und Kleinwalsertal werden in aller Regel 0,2 Prozent vom Nominalwert berechnet, mindestens aber 50 Euro/Position zzgl. 16 bzw. ab 2007 19 Prozent Mehrwertsteuer (in den Zollausschlussgebieten gilt der deutsche Mehrwertsteuersatz). Grob gerechnet müssen diskrete Geldanleger für Wertpapiere im Nennwert von 100.000 Euro mit etwa 200 Euro einmaliger Gebühr rechnen.

An Depotgebühren werden jährlich etwa 0,5 Prozent des Kurswertes zzgl. 20 Prozent Mehrwertsteuer (in den Zollausschlussgebieten 16 bzw. ab 2007 19 Prozent) fällig. Für im Zeitpunkt der Einlieferung bereits fällige Kupons berechnen österreichische Kreditinstitute ein zusätzliches Inkasso von ca. drei Prozent vom Kuponerlös zzgl. 20 Prozent Mehrwertsteuer (in den Zollausschlussgebieten 16 Prozent Mehrwertsteuer). Tafelpapiere sollten deshalb schon mindestens sechs bis acht Wochen vor dem Kupontermin (der Fälligkeit) in ein Depot einer österreichischen Bank eingeliefert werden. Denn nur wenn die Wertpapiere bei Einlieferung noch nicht fällig sind, fällt keine österreichische Kapitalertragsteuer an. Reines Kuponinkasso sowie die Einlieferung von bereits fälligen Anleihen oder Laufzeitfonds sind generell kapitalertragsteuerpflichtig.

Zinsen, Tilgungs- und Verlosungserlöse fordert das depotführende Kreditinstitut nach der Einlieferung automatisch an und legt die Beträge (ohne Abzug der österreichischen Kapitalertragsteuer) bis zum Datum der Behebung verzinslich an, und zwar auf einem so genannten *diskreten Ertragniskonto*. Dieses Konto ist ein im Außenverhältnis anonymes Konto, dient ausschließlich der Gutschrift der Zinserträge aus Tafelpapieren und kostet eine Jahrespauschale von ca. 12 Euro.

Die Schweiz sowie das Fürstentum Liechtenstein erhebt seit dem 1. Juli 2005 einen so genannten „EU-Steuerrückbehalt“[141] auf die der EU-Zinssteuer-Richtlinie unterliegende Kapitalerträge. Sofern Einnahmen aus Tafelpapieren unter die vom Steuerrückbehalt erfassten Kapitalerträge fallen, was regelmäßig der Fall ist, wenn es sich um „Zinszahlungen“ aller Art handelt, ist die auszahlende Schweizer Bank als Zahlstelle angehalten, Identität und Adressangabe in jedem Fall und unabhängig vom Betrag auf der Grundlage von beweiskräftigen Dokumenten festzustellen.[142] Führt die Adressfeststellung dabei dazu, dass der Schalterkunde einen Wohnsitz in einem EU-Mitgliedstaat hat, wird ein Steuerrückbehalt einbehalten.

## Der diskrete Safe

Für die sichere Aufbewahrung (in der Vergangenheit erworbener) Tafelpapiere, Sparbücher, Goldmünzen und -barren sowie für andere Wertgegenstände ist die Anmietung eines diskreten Schrank- oder Schließfachs unbedingt erforderlich. Geschieht die Anmietung eines Safes durch deutsche diskrete Geldanleger bei einer deutschen Bank, kann es allerdings sein, dass eines Tages Steuerfahnder auftreten und eine lückenlose Auflistung aller Schließfachinhaber verlangen.

In Österreich ist der diskrete Nummernsafe hingegen die Maxime. Bei Anmietung eines solchen Nummernsafes ist allerdings die Legitimation des Kunden erforderlich, weil die Bank bei Anmietung von Schrankfächern eine dauernde Geschäftsbeziehung mit dem Mieter knüpft, für die das Bankwesengesetz die Festhaltung der Identität des Kunden verlangt. Die Anmietung eines Schließfachs zur sicheren Verwahrung von Losungswortsparbücher ist daher nur nach Legitimation gemäß § 40 Abs. 1 Nr. 1 BWG möglich.

Zutrittsberechtigt ist, wer den Safeschlüssel vorlegt und das Losungswort nennen kann. Mehr ist nicht erforderlich: weder Einlasskarte (wie in Deutschland üblich), Ausweisvorlage oder Unterschriftsleistung. Je

---

[141] Eine ausführliche Darstellung des EU-Steuerrückbehalts in der Schweiz und Liechtenstein erfolgt in Teil XIV, Seite 360.

[142] Vgl. Wegleitung der Eidgenössischen Steuerverwaltung zur EU-Zinsbesteuerung (Steuerrückbehalt und freiwillige Meldungen) vom 24.6.2005 Tz. 82.

nach Fachhöhe müssen Anleger beispielweise im deutschen Zollanschlussgebiet Jungholz mit einer Mietgebühr von jährlich 25 Euro (bei einer Fachhöhe von 6 cm) und 81 Euro (bei einer Fachhöhe von 21 cm) rechnen[143]. Diskrete Geldanleger, die bei der *Volksbank im Kleinwalsertal* ein Bankschließfach unterhalten, benötigen keinen Safeschlüssel. Der diskrete Geldanleger erhält die Zugangsberechtigung mittels seines „Fingerprint". Hierzu braucht er einfach seinen Finger auf ein Fingerprint-Gerät legen und kann schnell und einfach über sein Bankschließfach verfügen. Das Fingerprint-System hat für den diskreten Geldanleger zwei Vorteile: Das Mitführen eines Schlüssels ist nicht mehr notwendig und er kann sicher sein, dass nur er Zugang zu seinem verwahrten Vermögen bekommt.

In der Schweiz können Mietverträge für Schrankfächer auf eine feste Zeitdauer oder auf unbestimmte Zeit abgeschlossen werden. Der Zugang zu den Tresorräumen steht dem Kunden werktäglich in aller Regel bis 16.30 Uhr, donnerstags auch vielfach bis 18.00 Uhr offen. Bei Betreten der Tresorräume wird eine Zugangslegitimation verlangt. Jedes Schrankfach steht unter dem eigenen Verschluss des Mieters und dem Mitverschluss der Bank. Der Safe kann nur von beiden gemeinschaftlich geöffnet und geschlossen werden. Der Kunde hat für jeden Zutritt eine Unterschrift auf der Kundenkarte zu leisten und sich vor dem Verlassen der Bank beim zuständigen Fachpersonal zu melden, damit das Schrankfach wieder ordnungsgemäß verschlossen werden kann. Der Tag des Zugangs zum Tresorraum wird EDV-mäßig erfasst, die Uhrzeit jedoch nicht.

Verfügungsberechtigt über den Tresor ist jeder, der der Bank als Mieter bzw. als „Mieter in Solidarität" durch Referenzen/Identitätsausweis bekannt ist, sich „nach dem Ermessen der Bank" als hierzu berechtigt ausweist und einen Safeschlüssel hat. Dritte können bevollmächtigt werden. Die Vollmacht ist schriftlich zu erteilen und der Bank zu übergeben.

Der diskrete Geldanleger zahlt bei Schweizer Banken für ein kleines Schrankfach (ca. 6 cm hoch, 30 cm breit, 48 cm tief) um die 86 bis 90 Schweizer Franken/Jahr, für ein mittelgroßes (ca. 30 cm hoch/breit und 48 cm tief) zwischen 370 und 590 Schweizer Franken und für große Schrankfächer mit 94 cm Höhe, 60 cm Breite und 100 cm Tiefe von 1.900 zu 2.500 Schweizer Franken, jeweils zzgl. 7,6 % MwSt. Die Gebühr für eine eventuelle Schlüs-

---

[143] Quelle: Raiffeisenbank in Jungholz, Stand Juli 2005, Preise incl. 16 Prozent Mehrwertsteuer.

selverwahrung (in einem versiegelten Umschlag) beträgt um die 90 Schweizer Franken pro Jahr. Eine Aufbewahrung der Schlüssel bei der Bank ist nicht nur aus Diskretionsgründen zu empfehlen: Bei Verlust muss der Mieter für jede missbräuchliche Benützung des Schlüssels haften und der Bank für die Kosten einer Änderung des Schlosses aufkommen. Die Verwahrungsgebühr ist wie die Safemiete jährlich im Voraus zu entrichten. Anzumerken ist, dass die meisten Schweizer Banken im Regelfall nur an solche Kunden diskrete Safes vermieten, die bereits dort Kunde sind, also ein Konto/Depot unterhalten.

Diskrete Safes sind auch in Luxemburg erhältlich, allerdings auch dort nur mit Legitimation. In Luxemburg werden Safegebühren meist nach Kubikdezimetern berechnet. Ähnliches gilt auch in Belgien. Auch dort ist der Einzelmieter („locataire“) und bei mehreren Mietern jeder Safemieter („co-locataire“) sowie jeder Verfügungsberechtigte („mandataire“) der Bank namentlich bekannt.

Nach Bezahlung der ersten Jahresrate erhält der „locataire“ Safeschlüssel und Zugangskarte („carte d’accès aux installations“) ausgehändigt. Die Zugangskarte berechtigt zum Betreten der Tresorräume. Mehrere „co-locataires“ erhalten zusammen einen Schlüssel und je eine Zugangskarte; Zugangskarten erhalten auch die Verfügungsberechtigten. „Co-locataires“ und „mandataires“ müssen bei jedem Zutritt Unterschrift im „registre ad hoc“ der Bank leisten. Wertpapiere in belgischen Safes sind in aller Regel bis zu einer Höhe von vier Millionen belgische Francs gegen Diebstahl versichert. Für Bargeld, Gold oder Schmuck gelten vielfach niedrigere Haftungsgrenzen.

Verstirbt der Safeinhaber unverhofft, kommt die Lebensgefährtin, deren Vermächtnis in diesem Safe schlummert, oftmals nur schwer an den Safeinhalt heran. So sind z.B. belgische Banken berechtigt – selbst wenn es sich um den Vermächtnisnehmer handelt –, den Zugang zu den von dem Verstorbenen gemieteten Banksafe nur auf Vorlage des schriftlichen Einverständnisses aller Erben zu gestatten, die gemäß Erbschein die Gesamtheit oder einen Teil des Nachlasses – sei es auf Grund der gesetzlichen Erbfolge oder einer testamentarischen Verfügung – erhalten sollen, und unabhängig davon, ob die betreffenden Personen bestimmt sind oder nicht, die Vermögenswerte in Empfang zu nehmen, die sich im Besitz der Bank oder in einem von der Bank vermieteten Safe befinden.

Besser wäre es, die Vermächtnisnehmerin als Safemieterin oder als Mitverfügungsberechtigte eintragen zu lassen, so dass diese noch an das Vermögen gelangt, bevor die Bank vom Tod des Safeinhabers Kenntnis erhält. Natürlich darf hierbei nicht übersehen werden, dass die Vermächtnisnehmerin als zweite Safemieterin („co-locataire“) oder als Verfügungsberechtigte („mandataire“) beim Betreten der Tresorräume Unterschrift im „registre ad hoc“ der Bank leisten musste. Damit gelingt den Erben stets der Nachweis, dass die Lebensgefährtin nach dem Tod des Erblassers noch Dispositionen tätigte. Die Erben bleiben dabei freilich noch den Beweis schuldig, ob der Tresor erst nach dem Todesfall geleert worden ist oder ob er seit jeher leer war. Die Lebensgefährtin kann auch – sofern sie als Zweitmieterin legitimiert ist – den Mietvertrag kündigen und einen neuen Vertrag im eigenen Namen abschließen. Dann ist es vielfach gar nicht notwendig, die Sachen aus dem Tresor zu räumen.

Stille und diskrete Schenkungen werden oft auf diese Weise bewerkstelligt. Das ist auch österreichischen Gerichtskommissären bekannt. Diese machen sich jedenfalls kaum mehr auf den Weg und halten Nachschau nach dem Inhalt solcher Safes, bei denen der Verstorbene nur ein Mitmieter war. Anscheinend zeigte es die Praxis, dass keine Nachlasswerte mehr zu holen waren.

| Höhe (cm) | Breite (cm) | Tiefe (cm) | Preis pro Jahr in Schweizer Franken (jew. excl. 7,6 % MwSt) |
|---|---|---|---|
| 6 | 30 | 48 | 50,– |
| 9 | 30 | 48 | 70,– |
| 12 | 30 | 48 | 90,– |
| 15 | 30 | 48 | 100,– |
| 30 | 30 | 48 | 200,– |
| 36 | 30 | 48 | 250,– |
| 30 | 60 | 48 | 400,– |
| 36 | 60 | 48 | 450,– |
| 60 | 60 | 48 | 750,– |

**Tabelle 4:** Mietgebühren für Schrankfächer (Durchschnittswerte Finanzplatz Liechtenstein), Quelle: Liechtensteinische Landesbank AG, Stand: Juli 2005.

In der Schweiz legt man besonderen Wert darauf, Zutritts- und Verfügungsrechte ausschließlich im Verhältnis des Mieters (der Mieter) zur Bank zu regeln. Interne Verhältnisse bzw. Eigentumsrechte der Mieter ihren Rechtsnachfolgern gegenüber interessieren dort nicht. Über ein Schweizer Schrankfach haben im Falle des Ablebens eines Mieters die übrigen Mieter Zutritts- und Verfügungsrecht – wohlgemerkt unter Ausschluss der Erben und Testamentsvollstrecker.

## Auslandsimmobilie als diskrete Geldanlage?

Inwieweit der diskrete Geldanleger diskretes Geld nun getrost zum Kauf von Auslandsimmobilien verwenden kann, kommt auf die Auskunfts- und Meldefreudigkeit der Behörden des jeweiligen Landes an. Besonders die Meldefreudigkeit diverser EU-Länder hat sich seit Einführung der EU-Zinssteuer seit dem 1. Juli 2005 erheblich gesteigert! Diskrete Immobilienanleger übersehen nämlich in diesem Zusammenhang oft, dass sie für die Abbuchung laufender Unterhaltskosten, Hausgelder usw. im Regelfall ein Girokonto in Spanien oder Frankreich oder in einem anderen „meldepflichtigen“ Ferienland eingerichtet haben, in dem sie diese Immobilie besitzen. Wird dieses Girokonto im Haben geführt und werden auf dieses Guthaben Tagesgeldzinsen bezahlt, meldet die Bank das Konto und den Zinsertrag. Damit erlangen heimische Finanzbehörden Kenntnis von dem Konto im Ausland und einer damit zusammenhängenden Immobilie, die man vor dem heimischen Finanzamt lieber geheim gehalten hätte. Diskretionsbedürftige Auslandsimmobilienanleger verzichten daher auf ein verzinsliches Tagesgeld-Girokonto zur Abrechnung von Wohngeld und Nebenkosten.

Dass Auslandsimmobilien mehr und mehr ins Visier der Steuerbehörden der Hochsteuerländer geraten, ist nicht neu. Für Unruhe sorgen aber diverse Anweisungen deutscher Oberfinanzdirektionen an die Finanzämter. Einmal gibt es da die Verfügung der Oberfinanzdirektion Münster (S 1301 – 35 St 22 34) sowie die Verfügung der Oberfinanzdirektion Kiel (Aktenzeichen S 1301 A – St 365). Die Kieler Finanzbeamten bestätigen darin, dass „die spanische Steuerverwaltung“ damit begonnen hat, „den deutschen Finanzbehörden Spontanauskünfte über Grundstücke in Spanien, die in Deutschland ansässigen Personen gehören, zur steuerlichen Auswertung zu erteilen". Die übermittelten Informationen sollen Einnahmen aus in Spanien belegenem Grundbesitz betreffen und der Klärung der Frage dienen, ob die Mieteinnahmen in Deutschland zutreffend versteuert worden sind.

Die Frage nach Mieteinnahmen dürfte Eigennutzer zunächst wenig berühren. Doch in der Verfügung steht auch, dass die Frage nach der Mittelherkunft bzw. -verwendung von besonderem Interesse sei. Und „sollten die Spontanauskünfte steuerlich relevant sein, ist der Steuerpflichtige im Rahmen der Auswertung auf seine erhöhte Mitwirkungspflicht bei Auslandssachverhalten hinzuweisen und um Auskunftserteilung zu bitten," heißt es in der Verfügung weiter.

In der Tat genießt der deutsche diskrete Geldanleger *im Besteuerungsverfahren* (anders als im Steuerstrafverfahren) kein Auskunfts- oder Mitwirkungsverweigerungsrecht. Der Steuerpflichtige sowie sonstige Beteiligte sind für die Finanzbehörde die erste und zunächst auszuschöpfende Informationsquelle. Es bestehen für diese Personenkreise daher Mitwirkungspflichten bei der Ermittlung aller Steuersachverhalte, die seine Steuerpflicht betreffen. Die Mitwirkungspflichten des Steuerpflichtigen bzw. der Beteiligten bestehen u.a. auch in der Beantwortung „ergänzender Fragen" der Finanzbehörde und der Vorlage von Urkunden.

Was nun das hier zu behandelnde Immobilienvermögen im Ausland betrifft, so obliegt dem deutschen Steuerpflichtigen hier eine *besondere Mitwirkungspflicht*. Eine solche „besondere" Mitwirkungspflicht trifft den Steuerpflichtigen bei der Aufklärung ausländischer Rechtsgeschäfte und Tatbestände, sofern diese Vorgänge im Inland eine Steuerpflicht hervorrufen. Die besondere Mitwirkungspflicht geht über die „normale" Mitwirkungspflicht bei der Ermittlung von Steuersachverhalten dergestalt hinaus, dass der Steuerpflichtige den Auslandssachverhalt aufzuklären und die erforderlichen Beweismittel zu beschaffen hat.

Die Finanzämter können diskrete Geldanleger aber nicht nach Belieben zur Mitwirkung zwingen. In Deutschland wie auch beispielsweise in Österreich gilt, dass Auskunftsbegehren *erforderlich, verhältnismäßig, erfüllbar* und *zumutbar* sein müssen. Nutzte der diskrete Geldanleger die Auslandsimmobilie bisher ausschließlich privat, kann es unter Umständen an der Erfüllbarkeit des Auskunftsbegehrens fehlen; nämlich dann, wenn private Kontounterlagen fehlen, mit denen die „legale" Finanzierung der Spanien-Finca nachgewiesen werden soll. Die Mitwirkungspflichten des Steuerpflichtigen gehen nicht so weit, dass dieser einen in sich geschlossenen, lückenlosen Nachweis über die Herkunft seines Privatvermögens zu führen hätte. Es besteht auch keine über die allgemeine – für Belege und Buchungsunterlagen – geltende Aufbewahrungspflicht hinausgehende Aufbewahrungspflicht für private Kontounterlagen, Urkunden usw.

Sollte sich der „böse" diskrete Geldanleger nicht kooperativ zeigen, müssen die ausländischen Finanzkollegen um weitere Auskünfte gebeten werden. So schreibt denn auch die OFD Kiel in der o.g. Verfügung: „Sofern die Sachverhaltsaufklärung durch den inländischen Beteiligten nicht zum Ziel führt oder keinen Erfolg verspricht, kann versucht werden, den Sachverhalt durch ein Auskunftsersuchen an die spanischen Finanzbehörden aufzuklären."

Maßgebliche Rechtsgrundlage wäre hier das EU-Amtshilfe-Gesetz. Das EU-Amtshilfe-Gesetz ist Ergebnis der Umsetzung einer Richtlinie der Europäischen Gemeinschaften über die gegenseitige Amtshilfe im Bereich der direkten Steuern und der Mehrwertsteuer in deutsches Recht und regelt die Amtshilfe an und durch deutsche Steuerbehörden. Das hier über die Erteilung von Amtshilfe durch deutsche Finanzbehörden Gesagte gilt daher stellvertretend für die Steuerbehörden aller EU-Staaten. Das EU-Amtshilfe-Gesetz bzw. die Richtlinie der Europäischen Gemeinschaften über die gegenseitige Amtshilfe in Steuersachen berührt dagegen jene diskrete Geldanleger nicht, die diskrete Geldanlagen auf den Channel Islands tätigen, nach Liechtenstein gehen oder ein Haus in der Schweiz kaufen.

Das EU-Amtshilfe-Gesetz lässt Auskünfte auf Ersuchen, Spontanauskünfte und einen automatischen Auskunftsverkehr für steuerliche Zwecke zu. Spontanauskünfte erteilen die Finanzbehörden der EU-Staaten unter anderem, wenn Gründe für die Vermutung bestehen, dass Steuern verkürzt worden sind oder werden könnten oder wenn ein Sachverhalt für den Steuerpflichtigen zu einer Besteuerung oder Steuererhöhung in einem Mitgliedstaat führen könnte.

Solche Spontanauskünfte erfassen auch Zufallserkenntnisse und Zufallsfunde, die innerhalb eines Steuerstrafverfahrens gewonnen werden und die in keinem Besteuerungsverfahren hätten mitgeteilt werden müssen. Ob die deutschen Finanzbeamten allerdings auf diesem Wege in

Sachen diskreter Spanien-Immobilien fündig werden, ist fraglich. Denn einerseits fällt der Tatbestand des Eigentums und der Eigennutzung von Spanien-Immobilien nicht unter den Anwendungsbereich dieses Gesetzes. Des Weiteren erfahren die spanischen Finanzbehörden im Regelfall nur über das Grundbuch vom Besitzwechsel oder Kauf einer Spanien-Immobilie durch Deutsche. Wenn sich im Grundbuch nichts ändert, erfährt der spanische Fiskus nichts. Dies gilt dann auch für den deutschen Fiskus. So werden viele größere Objekte über spanische Gesellschaften (GmbH-Sociedad Limitada. SL) gehalten oder über Gesellschaften, die in Steueroasen sitzen. Die Gesellschaftsanteile werden in einer Stiftung oder einem Trust gehalten und intern weiter gereicht, sodass Außenstehende von einem Besitzwechsel nichts erfahren und die Spur zum wahren Eigentümer für die Finanzbehörden kaum mehr nachvollziehbar ist. Auch aus dem Handelsregister dürften die spanischen Finanzämter nicht viel erfahren. Denn nur Gründungsgesellschafter sind und bleiben eingetragen, spätere Übertragungen werden nicht vermerkt. Des Weiteren dürften wohl die wenigsten deutschen oder österreichischen diskreten Geldanleger von einem Einfamilienhaus in Spanien profitieren, sondern eine Wohnung in einer Wohnanlage innehaben und einer Wohnungseigentümergemeinschaft angehören. Die Daten von einer Wohnungseigentümergemeinschaft unterliegen aber dem Datenschutz nach innerspanischen Vorschriften. Diskrete Geldanleger sind darin also gut und diskret aufgehoben.

Schließlich könnte da noch die Ausländererkennungsnummer (die NIE) etwas verraten. Diese NIE, wie sie verwaltungsintern abgekürzt wird, sollte jeder ausländische nicht residierende Immobilieneigentümer beantragen, muss dies aber nicht unbedingt. Wer auf die NIE verzichtet, taucht in den Akten erst gar nicht als Ausländer auf. Und wie heißt es so schön: Nicht in den Akten – nicht in der Welt!

**Fazit:** Auslandsimmobilien können – richtig gekauft wohlgemerkt! – durchaus eine solide und diskrete Geldanlage darstellen.

# Teil VIII

## Diskretes Online- und Telefon-Banking

Diskretes Online-Banking gewinnt zunehmend an Bedeutung. Ein Online-Konto beispielsweise auf den Bahamas ist faktisch nicht weiter entfernt als das Online-Konto eines Discount Brokers in Deutschland oder der Schweiz. Um ein diskretes Online-Konto, welches vom Wohnzimmer aus irgendwo auf der Welt eingerichtet ist, zu beheben und die Zinserträge, Dividenden oder Spekulationsgewinne vereinnahmen zu können, müssen diskrete Geldanleger nicht um die halbe Welt reisen oder Bargeld physisch in den Euro-Raum zurückschleusen. Wer Online geht, lässt sich im Regelfall auch gleich eine Kreditkarte ausstellen, mit der er weltweit an jedem Geldautomaten Bares bekommt. Discount Broker auf den Bahamas oder den Cayman Islands bieten Kreditkarten gleich mit an, mit Kreditkartenkonten, die auf den Namen eines Trusts oder einer verschleierten Offshore-Gesellschaft lauten. Eine Kreditkarte von Axxess International, einer Tochter der Leadenhall Bank & Trust, Nassau Bahamas kostet mit diskretem Verrechnungskonto etwa 250 US-$ im Jahr. Mit dem zunehmenden Einsatz des Internets zum Online-Banking und der Möglichkeit, mit Kreditkarten an jedem Geldautomaten Bargeld abheben zu können, könnte sich die neue, in Teil V erläuterte EU-Verordnung über die Überwachung des grenzüberschreitenden Bargeldverkehrs als Papiertiger erweisen.

## Allgemeines

Online-Banking erfreut sich immer größerer Beliebtheit, und zwar nicht nur bei diskreten Geldanlegern. Verwaltete der in San Francisco ansässige Online-Banking Pionier Charles Schwab Mitte der 90er noch 2,2 Mio. Online-Konten weltweit und Online-Assets von 174 Mrd. US-$, waren es in 2004 schon mehr als 8 Mio. US-$. Außer diverse Englischkenntnisse braucht der Geldanleger nichts; wer es besonders diskret haben will, geht ins Internet-Café um die Ecke oder nutzt ein öffentliches Internet-Terminal. Denn im Gegensatz zur eigenen Telefonleitung lassen sich nicht alle Anschlüsse sämtlicher Internet-Cafés gleichzeitig anzapfen, ein Problem, mit dem Geldwäsche- und Steuerfahnder alltäglich zu kämpfen haben. Auch spezielle Computerkenntnisse sind nicht erforderlich. Man tippt die Internet-Adresse seines Discount Brokers ein und findet schon auf der Homepage den Hinweis zu „your account". Diesen Button anklicken, dann Kontonummer und Passwort eingeben und schon geht es los. Für den ungeübten Investor verfügen Online-Broker wie Charles Schwab & Co oder DBS TD Waterhouse über so genannte „Demos". Einfach auf „Demo" klicken, und es startet eine audiovisuelle Show, die den Online-Anleger alle Schritte aufzeigt.

## Eröffnung diskreter Online-Konten und Wertpapierverwaltung

Die Eröffnung eines Online-Kontos ist mit wenigen Mausklicken erledigt. Bei *Charles Schwab* oder *DBS TD Waterhouse Hongkong* geht es online. Sämtliche Kontoeröffnungsformblätter stehen auf der Homepage zum Herunterladen bereit. Die Kontoeröffnungsformulare müssen eigenhändig unterschrieben und die Unterschrift muss notariell beglaubigt sein, ebenfalls wie die den Formblättern beizulegende Kopie des Reisepasses bzw. Personalausweises. Zum Nachweis, dass die Adresse stimmt, reicht den Institutionen ein Bankauszug, eine Kopie der letzten Steuererklärung (sofern darauf die eigene Zustelladresse sichtbar ist) oder einfach ein anderes „Address-proof-Dokument". Den Kontoeröffnungsunterlagen sollte der diskrete Geldanleger, der nicht US-Staatsbürger ist, das so genannte

W8BEN-Formular ausgefüllt beilegen. Anhand dieses Formulars W8BEN versichert der diskrete Geldanleger, dass er nicht in den USA steuerlich veranlagt wird. Auf US-Anlagen fallen in diesem Fall keine Quellensteuern auf Verkaufserlöse an. Verkaufserlöse sind stattdessen vom diskreten Geldanleger in seinem Heimatstaat zu versteuern. Sämtliche Unterlagen sind per Post an die auf den Kontoeröffnungsformularen angegebene Adresse des Online-Brokers zu schicken, und nach wenigen Tagen kann es schon losgehen.

In bestimmten Steueroasenländern wie z.B. den Bahamas hält man es allerdings für wichtig, dass man einander persönlich kennt. Der „Code of Conduct“, also die vom bahamesischen Bankenverband aufgestellten Sorgfaltspflichten, erfordert dort, dass Banken und Broker ihre Kunden kennen. Diskrete Geldanleger, die ihre Gelder auf die *Bahamas* auslagern wollen, müssen also mindestens einmal dorthin reisen und mit ihrem Online-„Broker-Dealer“ persönlich sprechen und sich identifizieren.

Wer auf den Bahamas ein Online-Konto eröffnet, kann sicher sein, dies bei einem geprüften und staatlich überwachten Broker-Dealer getan zu haben. Online-Banken und -Broker auf den Bahamas oder auch den Cayman Islands benötigen ebenso wie die namhaften Geschäftsbanken eine staatliche Lizenz zum Betreiben von Finanzgeschäften. Diese erhalten sie nur, wenn sie alle Voraussetzungen erfüllen, die nationale Regulierungs- und Aufsichtsbehörden auf Basis ihrer Gesetzgebung auferlegen. So unterliegen Banken oder Online-Broker auf den Bahamas den Vor-

| **Schritte zum Online-Konto** | |
|---|---|
| 1. | Homepage des jeweiligen Online-Brokers aufrufen |
| 2. | Kontoeröffnungsformulare herunterladen und ausdrucken |
| 3. | Formulare ausfüllen und unterschreiben (bei Postversand im Regelfall Unterschriftsbeglaubigung notwendig) |
| 4. | Kopien des Reisepasses/Personalausweises beilegen (bei Postversand im Regelfall Beglaubigung notwendig) |
| 5. | W8BEN-Formular ausfüllen und beilegen |
| 6. | So genanntes „Address-proof"-Dokument beilegen |
| 7. | Unterlagen per Post an die auf den Kontoeröffnungsformularen angegebene Adresse des Online-Brokers schicken |

**Tabelle 5:** In sieben Schritten zum diskreten Online-Konto.

schriften des „Banks and Trust Company Registration Act 2000“ und werden von der dortigen Zentralbank laufend überwacht. Der Finanzplatz Bahamas ist dem der Schweiz sehr ähnlich und dies einschließlich des strikten Bankgeheimnisses und der Gesetzgebung. Auf die Tatsache, dass sich die Bahamas und Cayman Islands im Einzugsbereich der USA befinden, reagieren die dortigen Online-Banker gelassen. In der Tat haben die Amerikaner nach den Ereignissen vom 11. September 2001 ihre Zügel im Umgang mit Steueroasen stark angezogen und 2001/2002 mit den namhaften Karibik-Offshore-Finanzplätzen Cayman Islands, Bahamas und den British Virgin Islands so genannte TIEAs (Tax Information Exchange Agreements) abgeschlossen. Diese TIEAs sehen einen uneingeschränkten Informationsaustausch in Steuerstrafsachen sowie einen Informationsaustausch auf Anfrage für alle übrigen Steuerangelegenheiten vor. Diskrete Geldanleger aus Europa betrifft dies jedoch nicht: Sofern Geldanleger aus der EU nicht noch eine amerikanische Staatsbürgerschaft haben oder im Besitz einer Green Card sind, interessiert sich die amerikanische Steuerbehörde für diese Geldanleger nicht.

## Geldtransfer auf ein Offshore-Online-Konto

Der bloße Wechsel der Bank bzw. ein Geldtransfer von der bisherigen Anlagebank auf ein legitimiertes Konto bei einem zugelassenen und lizenzierten Online-Broker in einem Offshore Finanzplatz ist problemlos möglich und stellt keinen nach den Geldwäschebestimmungen meldepflichtigen Verdachtstatbestand dar. Entscheidet sich ein diskreter Geldanleger, sein klassisches diskretes Konto bei seiner Hausbank aufzulösen und will er online auf die Bahamas oder nach Singapur gehen, ist das kein Geldwäschedelikt, sondern eine gewöhnliche Kontoauflösung. Ein solcher Verdachtstatbestand würde höchstens dann vorliegen, wenn der Anleger größere Geldbestände schnell wieder abzieht oder ohne plausiblen Grund die Verbuchung des Geldtransfers über bankinterne Durchlaufkonten, Nostro- oder CpD-Konten verlangen würde. Verlegt also ein legitimierter und der Bank bekannter langjähriger Kunde seine Einlagen online z.B. auf die Bahamas, schützt ihn das Bankgeheimnis des jeweiligen Landes, in dem er seine bisherigen Depotbestände hatte.

# Abhör- und Aufspürmöglichkeiten von Online-Internet- und Telefonverbindungen

Der in den Jahren 1997/1998 viel diskutierte „große Lauschangriff" sollte die Strafverfolgungsbehörden vordergründig nur mit zusätzlichen Kompetenzen ausstatten, um effizienter gegen die organisierte Kriminalität vorzugehen. Tatsächlich aber brachte das Gesetzeswerk[144] einschneidende Änderungen im Geldwäschegesetz wie beispielsweise eine Beweislastumkehr: Weil Geldwäscheverdachtsanzeigen für Steuerzwecke ausgewertet werden können, kann es passieren, dass der Steuerbeamte die steuerpflichtigen Einkünfte einfach höher festsetzt. In solchen Fällen muss dann der diskrete Geldanleger selbst den Gegenbeweis antreten und darlegen, diese Einnahmen gar nicht gehabt zu haben.

Vielfach bedarf es aber gar nicht einer Geldwäscheverdachtsanzeige durch eine Bank, um diskrete Geldanleger als Steuerbetrüger herauszufiltern. Auch muss kein äußerst „großer Lauschangriff" angestrengt werden. Digitale Telekommunikationssysteme wie die moderne ISDN-Technik liefern den Nachrichtendiensten alles „frei Haus". ISDN schickt Sprache in Form von Datenpaketen durch die Leitung. Wer heute als diskreter Geldanleger auf ein verräterisches Knacken in der Leitung wartet, wartet vergebens. Eine „Dreierkonferenz" gehört beispielsweise zum Standard von Telefon-Komfortanlagen. Findet ein „Dritter" heraus, wie der Warnton zu unterdrücken ist, der sein Einschalten signalisiert, kann er munter mithören.

Bei ISDN findet die Digitalisierung der Sprache bereits in den Endgeräten statt, was digitale Übertragungstechnik höchstens für gewöhnliche Bastler abhörsicher macht. Für die Behörden, genauer gesagt für die Nachrichten- und Geheimdienstbehörden, hat sich mit der digitalen Übertragungstechnik ein neues Feld der unbegrenzten Möglichkeiten eröffnet. Vielfach nicht bekannt ist, dass in das internationale CCITT Protokoll entsprechende Möglichkeiten eingebaut sind, um es innerhalb des Integrated Services Digital Network ISDN zu ermöglichen, Gespräche in der Nähe eines ISDN-Telefons von außen mitzuhören (via D Kanal), ohne dass

[144] In der Form des Gesetzes zur Verbesserung der Bekämpfung der Organisierten Kriminalität, BGBl. 1998 I S. 845.

es der Nutzer merkt und selbstverständlich ohne den Telefonhörer abzuheben.[145]

Der diskrete Geldanleger praktiziert es vielleicht schon im kleinen Stil selbst: Er ruft seinen Computer zum Diktat. Moderne Spracherkennungssysteme ermöglichen dies heute schon mehr oder weniger genau. Ähnlich, aber mit Supercomputern ausgestattet, geht die National Security Agency (NSA), der aggressivste US-Geheimdienst, vor. Ob in Elm, einem waldreichen Höhenzug in der Nähe von Braunschweig, in Frankfurt oder im oberbayerischen Bad Aibling: Überall ragen geriffelte Aluminiumkuppeln „wie riesige Golfbälle“ aus der Ebene heraus.[146] Die abgeschirmten Anlagen sind Knotenpunkte eines unsichtbaren Netzes – der amerikanische Geheimdienst lauscht weltweit, rund um die Uhr. Die riesigen Antennenschüsseln der Lauschstationen sind nicht nur auf die Satellitenübertragung getrimmt. Sie sind auch präzise auf die Richtfunkfrequenzen ausgerichtet, die die Deutsche Telekom zur Übermittlung für nahezu jedes dritte Telefongespräch nutzt.

Natürlich müssen die Horcher angesichts der Menge, die über Richtfunkstationen[147] läuft, schon das „Richtige“ herausfiltern. Doch dies ist durch die digitale Verschlüsselung und der Computertechnologie weniger problematisch geworden, allerdings bei weitem nicht so einfach wie das Computerdiktat. Das Problem, das die Geheimdienste (zum Vorteil des diskreten Geldanlegers) mit solchen Worterkennungssystemen haben, ist, dass sie sich mit ihren großen Ohren in einem mehrsprachigen Sektor bewegen mit einer Vielzahl unterschiedlicher Stimmen und Sprecher. Jeder Telefonteilnehmer hat eine andere Artikulation, einen unterschiedlichen Sprachausdruck, den der Computer erst einmal lernen muss. So verlangt das Spracherkennungssystem, das der diskrete Geldanleger nutzt, monatelanges Training. Der PC des diskreten Geldanlegers muss dabei aber nur eine Stimme, die Stimme „seines Herrn“, lernen. Der Computer der Ge-

145 Beispiel: System X in Großbritannien (Quelle: Steve Wright, An appraisal of the technology of political control, Januar 1998 Page 19), vgl. auch Leprevot Franck, „Development of surveillance technology and risk of abuse of economic information“, part 3, Seite 3.

146 Der Spiegel 8/89 Seite 30 ff.

147 Wer als Schwarzgeldanleger glaubt, seine Telefonverbindung geht entlang dem Kabel unter der Erde und wäre abhörsicher, täuscht sich gewaltig. Es ist nur die so genannte „letzte Meile“, also die Strecke vom Hausanschluss zur Ortsvermittlung, die über Kabel verläuft. Die längste Strecke bei Auslandsgesprächen geht aber über Richtfunk; und das unverschlüsselt.

heimdienste hat es dagegen mit Tausenden zu tun, die er aus dem Telefonsprechkanal herausfiltern soll.[148]

Doch die Technik ist dieselbe. So, wie der diskrete Geldanleger eben seinem Computer diktiert, filtert die NSA Ferngespräche nach „Schlüsselwörtern". Die Sicherheitsbehörde erstellt so genannte „Wortbanken". Nur Gewünschtes soll so aufgefangen und zu einem Operator-Arbeitsplatz durchgeschaltet werden. Im von der NSA/CIA in den USA und den britischen Geheimdiensten GCHQ[149] und MI6 weltumspannend betriebenen ECHELON-Netz[150] liefert jede Teilnehmernation „Wörterbücher" für Kennwörter oder bestimmte Sätze. Die so herausgefilterten Gespräche werden an das entsprechende Teilnehmerland weitergeleitet.[151] Legt der diskrete Geldanleger z.B. in der für Geldwäscher signifikanten Dollar-Währung an, und fällt der Begriff „Dollar" im Telefongespräch mit dem Anlageberater der Schweizer Bank, vielleicht auch noch im Zusammenhang mit „Steuern" und „Bankgeheimnis", kann er schon ausgefiltert sein, vorausgesetzt das „intelligence collection system" erkennt seine Worte. Ein solches System kann eine Million Inputs in jeder halben Stunde generieren. Nur ca. 1.000 Inputs erfüllen die vorgegebenen Kriterien und nur ca. 10 Inputs werden von Analysten ausgewählt.[152]

Wenn auch die US-Geheimdienste (noch) nicht über absolut treffsichere „voice keyword recognition systems" verfügen dürften, so ist der diskrete Geldanleger in vielen Fällen dennoch enttarnt. Mit seinem Gespräch wird nämlich quasi als Huckepacksignal gleichzeitig auch die Anschlussnummer des Teilnehmers mitübertragen. Der diskrete Geldanleger kann die Rufnummernanzeige zwar unterdrücken lassen, indem er an seinem Telefon eine entsprechende Taste drückt oder dies bei der Telekom beantragt. Die Anschlussnummer wird aber dennoch übertragen und der Unterdrückungsbefehl kann sehr leicht wieder aufgehoben werden bzw. muss sogar wieder aufgehoben werden, wenn Überwachungsorgane dies verlangen. Die in Deutschland geltende Verordung über die technische und

---

[148] Zur Problematik von Speech Recognition Systems vgl. Duncan Campbell, „Development of surveillance technology and risk of abuse of economic information", part 4, technical annex.

[149] Government Communications Headquarters der britischen Regierung.

[150] Überwiegend verwendet zur Überwachung der Intelsat-Satelliten, welche zur Übermittlung von Telefongesprächen, E-Mails, Faxe, Telexe usw. verwendet werden.

[151] Wright Steve, a.a.O. Page 20.

[152] Duncan Campbell, a.a.O.

organisatorische Umsetzung von Maßnahmen zur Überwachung der Telekommunikation (Telekommunikations-Überwachungsverordnung [TKÜV] vom 22. Januar 2002) [153] verlangt von den Betreibern von Fernmeldeanlagen, den Überwachungsbehörden (so genannte „Bedarfsträger“) die von einem überwachten Anschluss gewählten Rufnummern sowie die Rufnummern der Anschlüsse, die den überwachten Anschluss gewählt haben, mitzuteilen(vgl. insbesondere § 7: bereitzustellende Daten).

Ganz egal, ob es nur Details aus dem Privatleben bestimmter Prominenter sind oder ob nähere Informationen über bestimmte Finanztransaktionen gewünscht werden: die NSA verfügt über die präzisen Daten. „Wenn wir Schweizer Bankauszüge verlangten, haben wir sie von dem Dienst auch bekommen“, erinnerte sich ein ehemaliges Mitglied der Reagan Regierung.[154] Die Abwicklung von Wertpapiertransaktionen und des internationalen Zahlungsverkehrs konzentriert sich auf diverse Clearing-Häuser, die man in der Abhörbranche eben kennt und anzapft.

Das GSM-Handy, welches vielfach als „abhörsicher“ gepriesen wird, ist dies keinesfalls. Es nützt dem diskreten Geldanleger nichts, wenn er seinen Banker in der Schweiz mit dem Handy anruft. Dies zu empfehlen, wäre ein fataler Rat. Telefoniert der diskrete Geldanleger im Netz, sucht sich sein Handy immer die nächstliegende und am besten empfangbare Funkzelle[155] aus und nimmt Kontakt mit der dazugehörigen Basisstation auf. Um dem diskreten Geldanleger aber das Telefonieren während des Autofahrens zu ermöglichen, werden dem Handy ständig Alternativfrequenzen zugesandt, die es ständig abscannt und bei Bedarf wechselt. Wenn man nun einen Mobilfunktransceiver in die Nähe des abzuhörenden Handys bringt und ein starkes Funksignal aussendet, dessen Frequenz einer der ständig abgescannten Alternativfrequenzen entspricht, erkennt das Handy diesen Transceiver als die bessere Funkverbindung und schaltet um. Es findet ein so genanntes Handover auf den Transceiver der Lauscher statt. Das Gespräch des diskreten Geldanlegers ist umgeleitet; dieser und auch sein Banker bekommen davon selbstverständlich nichts mit. Nur die Betriebsdaten des Handy wie Arbeitskanal, Zeitschlitz oder Ti-

---

[153] BStBl. 2002 I S. 458.

[154] Der Spiegel 36/96 Seite 203.

[155] Die Funkzellen müssen bei einem überwachten Anschluss übrigens den „Bedarfsträgern“ gemeldet werden (§ 3 Abs. 2 Nr. 4 FÜV).

ming-Advance ändern sich.[156] Aber gewöhnliche Handys, die der diskrete Geldanleger in jedem D-Netz-Laden kauft, zeigen dergleichen nicht an.

In der Praxis brauchen sich Geheimdienste und Strafverfolgungsbehörden aber gar nicht um einen Mobilfunktransceiver zu bemühen. Verstrebt mit der dritten Säule des Maastricht-Vertrags, auf der die Zusammenarbeit in der Innen- und Justizpolitik der EU-Staaten lastet, wurde im Oktober 1995 die Erstellung eines europaweiten Abhörnetzes beschlossen, wonach Fernmeldebehörden und private Telekommunikationsanbieter per Gesetz gezwungen werden, „zur Überwachung der Telekommunikation berechtigten Stellen auf deren Anforderung einen Netzzugang für die Übertragung der im Rahmen einer Überwachungsmaßnahme anfallenden Informationen unverzüglich und vorrangig bereitzustellen" (§ 88 Abs. 4 Telekommunikationsgesetz- TKG)[157]. Zur Verfügung zu stellen sind so genannte „technische Schnittstellen", welche nicht schlechter sein dürfen als diejenigen, die dem überwachten Teilnehmer geboten werden. Des Weiteren haben die Betreiber vollständige Kopien der Gespräche zur Verfügung zu stellen und die Nutzung der Überwachungseinrichtungen automatisch zu protokollieren.

Die Kosten zur Überwachung sind von dem Betreiber der TK-Anlage zu zahlen. Diese geben die Kosten selbstverständlich an diejenigen weiter, die im Auge des Gesetzes und hinter ihrem Rücken abgehört werden: die Telefonkunden. Das Abhören muss dabei „unverändert" erfolgen, wie die neue TKÜV bestimmt. Unverändert heißt, dass die Überwachungsmaßnahmen technisch so einwandfrei gestaltet sein müssen, dass die zahlenden Telefonkunden davon nichts merken. Dafür liefert man aber Anschlussdaten wie Name und Anschrift, Rufnummern und Rufnummernkontingente usw. „frei Haus" und ebenfalls lautlos ohne Knacken an Gerichte, Staatsanwaltschaften, an die Polizei, die Zollfahndungsämter und selbstverständlich an den Bundesnachrichtendienst.

---

[156] Vgl. Serie: Der kleine Lauschangriff, Teil 4 in: Radio-Scanner 4/98 Seiten 41 ff.
[157] BGBl. 1996 I S. 1120.

## Sicherheitstipps und -tools für ein diskreteres Online-Banking

### Allgemeines

Online-Banking ist aus dem täglichen Leben des diskreten Geldanlegers nicht mehr wegzudenken. Für den Nutzer und Bankkunden stellt Online-Banking jedoch ein massives Sicherheitsrisiko dar, falls nicht gewisse Spielregeln beachtet werden. Nachfolgende Ausführungen sollen Anlegern den richtigen Weg in Richtung eines sicheren und diskreten Online-Bankings aufzeigen.

Zu Beginn steht ein PC-Selbsttest: Als Erstes sollte der diskrete Anleger den PC-Selbsttest des Landesbeauftragten für Datenschutz Niedersachsen (Deutschland) durchführen. Dieser Test prüft, wieweit Informationen eines Internet-Nutzers im Internet ersichtlich und Ressourcen verfügbar sind und zeigt dem Anleger, welche breite Datenspur dieser hinter sich herzieht. Anleger gelangen auf die Website des Datenschutzbeauftragten unter http://lfd.niedersachsen.de. Dort erfährt der diskrete Geldanleger dann auch gleich, wie schnell externe „Dritte" die IP-Adresse seines Rechners ermitteln können und wie schnell er damit identifizierbar ist. Wie oben bereits erläutert, müssen Anbieter von Kommunikationsdienstleistungen Daten ihrer Kunden speichern.

### E-Mail und Phishing-Mails

Online-Banking wird für diskrete Geldanleger meist durch einen sorglosen Umgang mit E-Mails zum Sicherheitsrisiko. Anleger veranlassen vielfach ihre Finanzberater per E-Mail zum Wertpapierkauf und zu Depotumschichtungen, Überweisungen usw. und geben dabei ganz sorglos Kontodaten bekannt. Wenn Anleger ihrer Bank einen Auftrag per E-Mail erteilen, ist es in keinem Fall notwendig, die persönlichen Daten wie Bankkonto, PIN und TAN, Kreditkartendaten oder Passwörter preiszugeben. Dies gilt insbesondere für das Nummern- und Pseudonymkonto. Weil der diskrete Geldanleger unter der Nummer bzw. dem Pseudonym der Bank namentlich bekannt ist, braucht er bei Übersendung einer E-Mail auch seinen bürgerlichen Namen nicht zu nennen.

Mit so genannten Phishing-Mails fordern Datendiebe in betrügerischer Absicht Bankkunden auf, vertrauliche Daten preiszugeben. Dabei werden die Kunden per E-Mail gebeten, persönliche Daten wie PIN und TAN in ein Eingabe-Fenster einzutragen, das dem Design des Anbieters – beispielsweise einer Bank – täuschend ähnlich sieht. Solche Phishing-Mails sollten Anleger stets ignorieren. Denn Banken fragen niemals nach persönlichen Identifikationsnummern (PIN), Transaktionsnummern (TAN) oder anderen Passwörtern – weder per Telefon noch übers Internet oder per E-Mail. Diskrete Geldanleger sollten sich stets vergewissern, ob die auf der Webseite umfassend geforderten Eingaben in Zusammenhang mit der von ihnen gewünschten Aktion sinnvoll sind.

### Sicherer Bankzugang nur über SSL-Verbindungen

Persönliche Daten darf der Anleger nur über SSL-verschlüsselte Internetseiten eingeben und auch nur auf den Seiten von Unternehmen, die der Anleger kennt und denen er vertrauen kann. SSL-gesichertes Online-Banking erkennt der Anleger am Schlosssymbol in seinem Browser. Darüber hinaus ist zu prüfen, ob die in der Adresszeile des Browsers angegebene Internet-Adresse mit der zertifizierten Adresse der Bank übereinstimmt. Die zertifzierte Adresse kann der Anleger per Doppelklick auf das Schlosssymbol unten rechts in seinem Browser prüfen. Bei Verdacht auf eine manipulierte Webseite sollte diese sofort verlassen werden. Auf keinen Fall dürfen die dort angegebenen Anweisungen befolgt werden. Schließlich sind sämtliche Kontobewegungen regelmäßig zu prüfen und Unstimmigkeiten dem Bankberater mitzuteilen. Ein sicherer Bankzugang ist niemals gewährleistet, wenn der Anleger über Links in E-Mails, Internetseiten oder sonstigen Nachrichten auf seine Bankseite gerät! Die Adresse der Bank ist stets von Hand in die Adresszeile des Browsers einzugeben. Gefahrlos ist es auch, den Eintrag in den Favoriten des Microsoft Internet-Browsers abzuspeichern.

### Das richtige Handling mit PIN und TAN

Diskrete Geldanleger speichern vertrauliche Daten wie PIN und TAN oder Passwörter niemals auf der Festplatte. Anleger, die dies tun, schaffen sich selbst eine fatale Sicherheitslücke, da Datenhacker den gesamten Datenbestand auf einer Festplatte mühelos ausspionieren können. Sicherheitsorientierte Anleger ändern wenn möglich regelmäßig ihre PIN und die Passwörter. Sollte die TAN-Liste verloren worden sein, ist der Online-Zugang sofort zu sperren.

### Die richtige Passwortwahl

Ein vom diskreten Geldanleger frei gewähltes Passwort stellt dann ein großes Sicherheitsrisiko dar, wenn dieser leicht zu erratende Kennwörter wie gleiche Zeichen und regelmäßige Zeichenfolgen (12345) oder Geburtstage, Postleitzahlen, Telefonnummern oder bekannte Zeichenfolgen wie 4711 und 0815 wählt. Wie sicher ein frei gewähltes Kennwort ist, kann der Anleger mittels eines „Passwörter-TÜV" unter www.datenschutz.ch feststellen. Während die Passwortfolge 12345 in weniger als einer Sekunde herauszufinden ist, würde ein Hacker für REM3bD4 beispielsweise 51 Jahre bei 500.000 Tests pro Sekunde benötigen. Das Passwort muss gewechselt werden, wenn die Möglichkeit besteht, dass es publik wurde, spätestens aber nach 2 Monaten oder wenn es nicht den vorgenannten Kriterien entspricht.

Ein sicheres Passwort sollte mindestens 6 Zeichen (bei sensitiven Anwendungen besser 8 Zeichen) umfassen. Es sollte viele verschiedene Zeichen sowie Ziffern, Sonderzeichen und Groß- und Kleinschreibung enthalten. Es darf auch kein Wort sein, das im Wörterbuch steht. Das Passwort sollte auch niemals gleich sein wie die Benutzer-Identifikation. Gute Passwörter enthalten Groß- und Kleinschreibung.

Gefährliche Passwörter sind: eigener Name (Eigennamen), Name des Partners, der Eltern oder Kinder, Name des Haustiers, Namen von Kollegen, Namen von bekannten Persönlichkeiten, Name des Betriebssystems oder des Rechners, Wörter aus Wörterbüchern, Telefonnummern, Autonummern, PIN-Code der Bankkarte, Geburtstage, typische persönlich Daten, leicht tippbare Sequenzen.

### Zwischenschaltung eines Proxy-Server

Um es vorwegzunehmen: Ein absolut wasserdichtes und anonymes Online-Banking gibt es trotz Anwendung modernster Techniken nicht! Geltende Gesetze wie oben erläutert stehen dem schon aus rechtlicher Seite entgegen. Der diskrete Geldanleger kann sich jedoch eine „Tarnkappe" überstülpen bzw. mittels einer „Tarnkappe" vom Wohnzimmer aus seinen diskreten Geldgeschäften nachgehen. Eine solche Tarnkappe stellt ein „Proxy-Server" dar. Der Proxy-Server ist der Online-Verbindung des diskreten Geldanlegers mit seiner (Offshore-)Bank zwischengeschaltet und übernimmt folgende Funktion: Lädt der diskrete Geldanleger mit einem

Internet-Browser eine Seite, die auf dem Server seiner Online-Bank auf den Bahamas oder den Cayman Islands usw. liegt, bedeutet dies normalerweise, dass der Browser eine TCP-Verbindung über das Internet zu dem Server in Amerika aufbaut und von dort die Daten empfängt. Konfiguriert der diskrete Geldanleger diesen Browser für die Verwendung eines Proxy-Servers, baut der Browser eine Verbindung zum Proxy-Server auf, sagt diesem die Adresse (URL) der gewünschten Seite auf den Bahamas oder den Cayman Islands, und der Proxy-Server holt die Daten über das Internet vom Original-Server und reicht sie an den Browser des diskreten Geldanlegers – den Client – durch. Ein Proxy-Server erledigt somit Übertragungen aus dem Internet auf Anforderung von Clients (dem Browser des diskreten Geldanlegers). Ist ein Proxy-Server mit einem Cache konfiguriert – das ist dann der Proxy-Caching-Server –, speichert er die empfangenen Dokumente zusätzlich auf einem lokalen Datenträger. Letzteres hat den Vorteil, dass der Proxy-Server dem Client die gewünschten Informationen bei erneutem Aufruf schnell zur Verfügung stellen kann, ohne die Daten nochmals via Internet empfangen zu müssen. Teils kostenfreie Dienste im Netz finden diskrete Geldanleger unter: www. anonymsurfen.com, www. anonymizer.com oder safersurf.com.

### Maßgeschneiderte Software-Lösungen

Die Sicherheitslücke für den diskreten Geldanleger liegt bei Zwischenschaltung eines Proxy-Servers darin, dass der Betreiber des Proxy-Servers die Herkunft, das Ziel und die verschickten Inhalte des diskreten Geldanlegers kennt und im Rahmen seiner gesetzlichen Pflichten als Telekommunikationsanbieter den Strafverfolgungsbehörden Auskunft geben muss. Als Weiterentwicklung bieten daher Datenschützer und Wissenschaftler den so genannten „AN.ON-Dienst" an (www.anon-online.de) mit entsprechender „JAP"-Software.[158] Mit JAP benutzt der diskrete Geldanleger zum Internet-Surfen eine feste Adresse, die er sich mit den anderen JAP-Nutzern teilt. Dadurch erfährt weder der angefragte Server noch ein Lauscher auf den Verbindungen, welcher Nutzer welche Webseite auf-

---

[158] JAP ist eine Entwicklung im Projekt Anonymität im Internet, das von der Deutschen Forschungsgemeinschaft und vom Bundesministerium für Wirtschaft und Technologie (BmWi) gefördert wird. Das Projekt arbeitet eng mit dem Unabhängigen Landeszentrum für den Datenschutz Schleswig-Holstein zusammen.

gerufen hat. Die Anonymisierung der Internetzugriffe erreicht JAP, indem sich die Computer der Nutzer nicht direkt zum Webserver verbinden, sondern ihre Kommunikationsverbindungen verschlüsselt über einen Umweg mehrerer Zwischenstationen, so genannter Mixe, schalten. Im Regelfall werden die Zwischenstationen (Mixe) von unabhängigen Institutionen betrieben, die in einer Selbstverpflichtung erklären, dass sie weder Log-Files über die geschalteten Verbindungen speichern, noch derartige Daten mit den anderen Mix Betreibern austauschen. Bei JAP ist vorgegeben, in welcher Reihenfolge die Mixe verwendet werden können. Eine Folge zusammengeschalteter Mixe nennt man Mixkaskade. Die Nutzer können zwischen verschiedenen Mixkaskaden auswählen.

Da viele Benutzer gleichzeitig diese Zwischenstationen des Anonymitätsdienstes nutzen, werden die Internetverbindungen jedes Benutzers unter denen aller anderen Benutzer versteckt: Niemand, kein Außenstehender, kein anderer Benutzer, nicht einmal der Betreiber des Anonymitätsdienstes kann herausbekommen, welche Verbindungen zu einem bestimmten Benutzer gehören.

Eine rückwirkende Aufdeckung von Verbindungen durch die Mix-Kaskaden ist nach Angaben der Anbieter der Software nahezu unmöglich: Wenn ein so genannter Bedarfsträger die nachträgliche Aufdeckung einer Verbindung wünscht, muss er alle eingehenden und ausgehenden Nachrichten aller Mixe aufzeichnen und dem jeweiligen Mix zur Deanonymisierung vorlegen. Dies hätte allerdings nur Sinn, solange der öffentliche Schlüssel des Mix noch gültig ist. Nach einem Schlüsselwechsel kann selbst der Mix die alten Nachrichten nicht mehr entschlüsseln, da der private Schlüssel vernichtet wird. Im derzeitigen Zustand ist das allerdings noch nicht implementiert. Wie oft der öffentliche Schlüssel gewechselt wird, hängt vom Mix-Betreiber ab. Im Endausbau des Systems kann dies alle paar Stunden geschehen.

Eine Überwachung zukünftiger Verbindungen durch die Mix-Kaskaden setzt voraus, dass jeder Mix die Ein-Ausgabe-Zuordnung einer bestimmten Nachricht sofort online mitprotokolliert. Es wird die zu enttarnende Verbindung markiert. Dadurch kann unter Mitarbeit aller Mixe die Nachricht deanonymisiert werden. Diese Markierung kann lediglich von den beteiligten Mixen erkannt werden. Die Funktionsweise ähnelt der der Fangschaltung im Telefonnetz. Auf diese Weise ist es möglich, die Zugriffe auf eine bestimmte Webadresse zu protokollieren. Die aktuelle Version der Mix-Software enthält eine entsprechende Strafverfolgungsfunktion, die dies erlaubt. Zur Aufdeckung einer Verbindung ist auch bei Aktivierung dieser Funktion die Mitarbeit aller Mix-Betreiber erforderlich.

In einer Erklärung der Partner des Projektes „AN.ON – Anonymität.Online" zum zukünftigen Umgang mit Strafverfolgungsbehörden verpflichten sich die Projektbetreiber u.a., dass ein in Zukunft gegenüber den Projektpartnern eingehender richterlicher Beschluss gemäß §§ 100a, b StPO „zunächst von den Mitarbeitern des Unabhängigen Landeszentrums für Datenschutz einer juristischen Prüfung unterzogen wird, danach werden gegebenenfalls von den Projektpartnern an der Technischen Universität Dresden und der Freien Universität Berlin technische Maßnahmen zur Umsetzung des Beschlusses ergriffen". Die JAP-Software erschwert somit zwar die Aufdeckung diskreter Geldgeschäfte über das Internet, schützt aber jene diskrete Geldanleger nicht mehr, gegen die ein Steuerstrafverfahren eingeleitet ist.

### Bankenkorrespondenz via E-Mails

Anonyme Mails lassen sich erzeugen über Plattformen (www.anonymouse.ws) oder mit Software (www.safersurf.com). Auch eine digitale Signatur kann für Online-Banking sinnvoll sein. Sie ist Ausweis für die Echtheit des Absenders und zeigt dem Empfänger (dem Bankvertreter), dass die Mail nicht verändert wurde. Das Bundesamt für Sicherheit in der Informationstechnik bietet eine kostenlose Software plus Handbuch unter www.bsi-fuer-buerger.de an. Eine für diskrete Geldanleger empfehlenswerte Verschlüsselungsmethode ist PGP (vgl. www.datenschutzzentrum.de).

## Übersicht: Ausgewählte Internet-Discount-Broker und Online-Broker-Dealer

### Charles Schwab & Co. Inc. (Schwab US)

Sitz: San Francisco (Schwab International Service Center)

Online Wertpapierkauf/Verkauf möglich in Börsen: USA

E-Mail: international@schwab.com

Internet: www.schwab-global.com

**Charles Schwab Hong Kong Ltd.**
Sitz: Hongkong
Online Wertpapierkauf/Verkauf möglich in Börsen: USA, Asien
E-Mail: Asia@schwab.com.hk
Internet: www.schwab.com.hk

**DBS TD Waterhouse**
Sitz: Hongkong, Singapore
Online Wertpapierkauf/Verkauf möglich in Börsen: USA, Kanada, Hongkong
E-Mail: info@dbstdwaterhouse.com
Internet: www.dbstdwaterhouse.com

**Dominion Investments**
Sitz: Nassau, Bahamas
Online Wertpapierkauf/Verkauf möglich in Börsen: USA
E-Mail: W.davis@bloomberg.net
Internet: www.dominioninvestments.com

**The Winterbotham Company Ltd.**
Sitz: Nassau, Bahamas
Online Wertpapierkauf/Verkauf möglich in Börsen: USA, Kanada
E-Mail: dbourbeau@winterbotham.com
Internet: www.winterbotham.com

# Teil IX

## Die diskrete Vermögensverwaltung

Will der diskrete Geldanleger sein eigener Portfolio Manager sein, muss er nicht nur über die notwendigen Kenntnisse der zur Verfügung stehenden Anlagemöglichkeiten verfügen. Er muss auch über volkswirtschaftliche Zusammenhänge und deren Einflüsse auf die Finanzmärkte im Bilde sein und deren Auswirkungen auf seine Finanzanlagen richtig einschätzen können. Darüber hinaus gehören auch spezielle Kenntnisse rechtlicher und steuerlicher Art dazu sowie die Zeit und die Möglichkeit, jederzeit rasch reagieren und handeln zu können.

Der durchschnittliche Geldanleger ist hier im Regelfall überfordert. Sowohl die Bestimmung und Formulierung seiner Anlageziele als auch die Auswahl der für dieses Anlageziel adäquaten Anlageinstrumente erfordert entsprechende Fachkenntnis. Unerfahrene diskrete Geldanleger sollten daher ein Vermögensverwaltungsmandat erteilen. Ein Vermögensverwaltungsmandat hat nicht nur den Vorteil, sich um nichts mehr kümmern zu müssen; auch die Aufrechterhaltung eines stetigen fernmündlichen oder schriftlichen Kontakts mit der Depotbank erübrigt sich.

## Grundzüge der standardisierten und diskretionären Vermögensverwaltung

*Leider gibt es sie nicht!* Gemeint ist die optimale Geldanlagestrategie ohne Risiko, höchstem Ertrag und kurzer Anlagedauer. Es gilt vielmehr der Grundsatz oder die „Gesetzmäßigkeit“, dass ein hoher Ertrag nur mit entsprechendem Risiko erwirtschaftet werden kann. Die moderne Portfoliotheorie, welche im Tenor besagt, dass sich langfristige Anlageerfolge nur einstellen, wenn die Anlageprodukte breit gestreut werden, setzt sich mehr und mehr durch. Statistiken zufolge schlagen Vermögensverwalter mit Engagements in Einzelaktien die jeweiligen Indices nur in Ausnahmefällen und dann nur unter Inkaufnahme höherer Risiken. Dies ist mit ein Grund, weshalb die *fondsgestützte Vermögensverwaltung* in den vergangenen Jahren einen solch breiten Zulauf gewinnen konnte.

Die individuelle – vom Fondsgedanken losgelöste – Verwaltung größeren Vermögens stellt hohe Anforderungen an den Portfolio Manager. Zwar unterstützt die Bank beispielsweise in Liechtenstein, der Schweiz oder dem verschwiegenen Jungholz den Anleger im Rahmen der Anlageberatung bei der Finanzanlageentscheidung. Diese allgemeine Finanz- oder Anlageplanung, eine Vorstufe zur Vermögensverwaltung, nimmt aber dem Anleger die definitive Anlageentscheidung selbst nicht ab. Mit Erteilung eines Vermögensverwaltungsmandates kann der Anleger die erforderlichen Anlageentscheidungen auf Experten seiner Auslandsbank delegieren.

Diskrete Anleger können ihrer Bank den Auftrag erteilen, das Wertpapierdepot

- im Rahmen einer „diskretionären Vermögensverwaltung“ nach festgelegten Vorgaben (Anlagestrategien) und innerhalb eines definierten Anlagerahmens, oder
- im Rahmen einer standardisierten Vermögensverwaltung unter Zuhilfenahme eines dem Risikoprofil des Geldanlegers entsprechenden Musterportfolios

eigenmächtig zu verwalten.

Die diskretionäre oder standardisierte Vermögensverwaltung:

- berücksichtigt individuellen Anlageziele,
- entlastet den diskreten Geldanleger von der zeitraubenden und kostspieligen Informationsbeschaffung,

- entbindet den diskreten Geldanleger von der ständigen Beobachtung der internationalen Finanzmärkte,
- gewährleistet eine dem stetig wechselnden Umfeld angepasste Verwaltung des Portfolios durch erfahrene Wertpapierexperten,
- ermöglicht eine breite Risikostreuung und
- gewährleistet die jederzeitige Verfügbarkeit des Kapitals.

Im Rahmen eines Vermögensverwaltungsauftrages kann der diskrete Geldanleger selbstverständlich alle Wertpapiere in allen Währungen kaufen lassen. Er kann auch Anlagen in ausländischen Devisen tätigen oder einen kleinen Schritt an den Terminmarkt wagen. Maßgeblich ist jeweils die mit der Bank getroffene Vereinbarung, welche jederzeit abänderbar oder kündbar ist. Monatliche oder vierteljährliche Statements sorgen dafür, dass der Geldanleger über die Entwicklung seines Vermögens stets im Bilde ist.

Die Mindestanlagesummen für die professionelle Vermögensverwaltung sind je nach Bank verschieden; im Regelfall sollte der Anleger mindestens 100.000 Euro anlegen können bzw. in der Schweiz/Liechtenstein zwischen 150.000 und 2 Millionen Schweizer Franken mitbringen, wobei die standardisierte Vermögensverwaltung mit Hilfe von Musterdepots im Mittelbereich, die fondsgestützte Vermögensverwaltung im unteren Bereich und die diskretionäre Vermögensverwaltung Einlagen von über 500.000 Euro bzw. in der Schweiz/Liechtenstein eine Mindesteinlagesumme von einer Million Schweizer Franken erfordert.

## Welches Anlegerprofil ist das passende?

Am Anfang eines diskreten Vermögensverwaltungsmandats steht stets das Kunden-Analysegespräch, in dem der Anlageberater mit dem Kunden zusammen unter Berücksichtigung und Analyse seiner persönlichen Verhältnisse und seinen Zielen das passende Anlegerprofil ermittelt. Dabei werden sämtliche relevante Aspekte wie Renditeerwartungen, Risikobereitschaft, Liquidität, familiäre Aspekte, der Zeithorizont oder die Referenzwährung des Kunden (die Währung, in der der Anleger rechnet und denkt) in die Überlegungen einbezogen.

Ist der diskrete Geldanleger ein eher defensiver, nicht risikobereiter Anleger mit mittel- bis langfristigem Zeithorizont und überdurchschnittlichen Liquiditätsbedürfnissen, und stehen bei ihm laufende Einnahmen im Vordergrund, gilt er als „konservativ". Das Anlegerprofil lautet also „konservativ". Ist der Geldanleger dagegen schon etwas, aber nur wenig risikobereit, plant er sein Geld diskret mittel- bis langfristig anzulegen und steht bei ihm die Kapitalerhaltung und das laufende Einkommen im Vordergrund, wird ihn der Vermögensberater der Kategorie „ausgewogen" zuordnen. Ist der Anleger ein eher risikobereiter Anleger mit längerfristigem Zeithorizont und geringen Liquiditätsbedürfnissen und steht in erster Linie der Kapitalzuwachs im Vordergrund (noch vor dem Einkommen), ist der Anleger „liberal". „Dynamische" diskrete Geldanleger sind schließlich risikobereit, fassen einen längerfristigen Zeithorizont ins Auge und haben nur geringe Liquiditätsbedürfnisse. Beim dynamischen Anleger steht allein der reale Kapitalzuwachs im Vordergrund. Er wird sein Anlageschwergewicht auf Aktien setzen.

Der Kundenanalyse folgt im Regelfall eine umfassende Marktanalyse. Hier beurteilt die Bank die Chancen und Risiken auf den Wertpapier- und Devisenmärkten, und zwar bezogen auf diejenigen Anlageinstrumente, welche dem analysierten Profil gerecht werden. Aus der Kundenanalyse und der Marktanalyse bestimmt der Berater das für den Anleger zugeschnittene Portfolio.

## Die diskrete Vermögensverwaltung mit standardisierten Musterportfolios

Welche Anlagestrategie der Portfolio Manager nun für das Depot eines diskreten Geldanlegers zugrunde legt, hängt von den Zielen und der Einstellung zu Risiko und Ertrag ab, also dem Anlegerprofil, das im Rahmen der Kundenanalyse erarbeitet worden ist. Grundsätzlich setzt sich jede Portfoliostrategie aus den Bestandteilen Aktien, Anleihen (Obligationen) und Geldmarktanlagen zusammen. Fallweise können auch Goldwerte gewählt werden. Diese einzelnen Elemente werden je nach gewählter Anlagestrategie und Anlageprioritäten unterschiedlich gewichtet, in verschiedene Währungen und auf einzelne Finanzmärkte oder Regionen verteilt. Die Gewichtungen werden der internationalen Wirtschaftsentwicklung entsprechend angepasst.

Je nach Höhe des Anlagebetrages stehen dem diskreten Geldanleger im Rahmen der professionellen Vermögensverwaltung zwei Wege offen: Er kann sein Depot

- nach eigenen Vorgaben individuell managen lassen (diskretionäre Vermögensverwaltung)
- oder ein auf sein Anlegerprofil zugeschnittenes *Musterportfolio* wählen (standardisierte Vermögensverwaltung).

Mit einem Musterportfolio erwirbt der Anleger ein ganzes Leistungsbündel mit einem ausgewogenen Verhältnis zwischen Risiko, eingesetzten Mitteln und erwirtschafteten Erträgen, abgestimmt auf ein bestimmtes Anlegerprofil. Jede Bank, zu deren Kerngeschäft die professionelle Vermögensverwaltung zählt, wird über mehrere Musterportfolios verfügen, die dem Anleger als Entscheidungs- und Orientierungshilfe dienen.

Die Namen für solche Musterportfolios und Anlagestrategien sind so vielfältig wie die Anlagephilosophie jeder einzelnen Bank. So kann ein Portfolio, das die Erhaltung des Kapitals und die Erwirtschaftung eines regelmäßigen Einkommens zum Ziel hat, ein „*Ertragsmodell*“, ein „*Einkommensportfolio*“ oder – dem hierfür passenden Anlegerprofil entsprechend – ein *konservatives Portfolio* sein. Die Portfoliozusammenstellung (Asset Allocation) gleicht sich aber weitgehend: Angelegt wird überwiegend in kurzfristige Anlagen wie Geldmarktpapiere und Anleihen, bankspezifisch kann ggf. auch ein geringer Anteil in Aktien investiert werden. Mit der Anlagestrategie „Einkommen“ oder „Ertrag“ wird der Anleger zwar nicht reich, trägt dafür aber ein nur geringes bzw. bei ausschließlicher Investition in Anleihen und Geldmarktpapieren so gut wie kein Risiko.

Mit dem Musterportfolio „*Erhaltung*“ soll das Vermögen bei kurz- bis mittelfristigem Zeithorizont erhalten und ein regelmäßiges Einkommen erzielt werden. Ertragsziel ist die durchschnittliche Rendite von Anleihen. Die gängigste Asset Allocation dabei ist: Geldmarktpapiere (40–50 Prozent), Anleihen (20–30 Prozent), Aktien (10–20 Prozent). Das Musterportfolio „*Erhaltung*“ ist geeignet für den konservativ bis ausgewogenen Anleger, der ruhig schlafen will und sich mit Durchschnittsrenditen von 4 bis 5 Prozent im Jahr zufrieden gibt.

Bei der Anlagestrategie „*Vermögen*“ setzt der Portfolio Manager einen mittelfristigen vier- bis fünfjährigen Zeithorizont voraus und setzt mit einem Aktien- und Rentenanteil von jeweils 40 bis 50 Prozent auf eine stetige Vermehrung des Kapitals unter Inkaufnahme diverser, oftmals auch deutlicher Schwankungen. Zur Erwirtschaftung eines regelmäßigen Einkommens können Geldmarktpapiere von – je nach Aktien-/Rentenanteil – bis zu 20 Prozent hinzugefügt werden. Die Anlagestrategie *Vermögen* eignet sich für den liberalen Anleger, der höhere Risiken zugunsten einer der Durchschnittsrendite für Anleihen entsprechend höheren Rendite tragen kann.

Die Anlagestrategie „*Zuwachs*" (oder auch „*Wachstum*" genannt) setzt mit einer Übergewichtung an Aktien (Anteil 50 bis 70 Prozent) unter Inkaufnahme erheblicher Kursrisiken auf Kapitalbildung. Zur Erwirtschaftung eines regelmäßigen Einkommens wird zwar ein Anteil an Anleihen von etwa einem Drittel und ein Anteil an Geldmarktpapieren von höchstens 5 Prozent ins Depot genommen; die Einkommenserzielung tritt aber im Vergleich zur Vermögensmehrung in den Hintergrund. Die Strategie „*Zuwachs*" oder „*Wachstum*" setzt beim Kapitalanleger einen langfristigen Zeithorizont voraus. Das geeignete Anlegerprofil lautet hier „dynamisch".

Die Anlagestrategie „*Kapitalgewinn*" (oder auch zutreffend „*Aktien*" genannt) ist ebenfalls dem „dynamischen Anleger" vorbehalten. Mit dieser Anlagestrategie bestückt der Portfolio Manager das Depot – abgesehen von einem geringen Prozentsatz an liquiden Mitteln oder aktienähnlichen Anlageinstrumenten wie Wandel- und Optionsanleihen – ausschließlich mit Aktien und verfolgt rein das Ziel der Kapitalvermehrung.

Freilich liegt es letztlich in der Entscheidung des Geldanlegers selbst, wie er sein Geld anlegen will. Somit kann nur er seine persönliche Anlagestrategie definieren und muss sich im Labyrinth der zahlreichen Musterportfolio-Bezeichnungen, welche gerade beispielhaft vorgestellt worden sind, zurecht finden. Aber ganz egal, wie die einzelne Bank ihre Musterportfolios auch nennt: sie laufen alle entweder auf regelmäßigen moderaten Ertrag bei geringem Risiko oder einem langfristigen Vermögenszuwachs bei höherem Risiko, dafür aber mit überdurchschnittlichen Renditechancen hinaus.

# Rechtliche Rahmenbedingungen und Hinweise

## Allgemeines

Ist eine dem Anlegerprofil entsprechende Anlagestrategie gefunden, folgt sich die Erteilung eines Vermögensverwaltungsmandates. Mit der Vergabe eines Vermögensverwaltungsmandates schließt der Geldanleger mit seiner Auslandsbank einen Depot- und einen Verwaltungsvertrag ab. Beide Verträge sind unabhängig voneinander und hinsichtlich ihrer ordentlichen Vertragserfüllung separat zu werten.

Mit Unterzeichnung solcher Verträge beauftragt der Anleger die Bank – und räumt dieser die Befugnis ein –, „alle Handlungen auszuführen, die sie im Rahmen der üblichen bankmäßigen Vermögensverwaltung als zweckmäßig erachtet", wie es in Kapitel I Ziffer 1 der „Richtlinien der Schweizerischen Bankiervereinigung für Vermögensverwaltungsaufträge" heißt. Mit Übernahme einer aktiven Vermögensverwaltung verpflichtet sich die Bank, das Depot *aktiv* zu verwalten, d.h. es sind Anlageentscheide für den Kunden zu treffen und zu vollziehen; mindestens aber ist das Depot zu überwachen. Die Anlageentscheide müssen selbstverständlich im Interesse des Kunden getroffen werden, stehen jedoch innerhalb der Rahmenvorgaben des diskreten Geldanlegers im freien Ermessen der Bank.

Im Allgemeinen empfiehlt es sich, „All-in-Fees" zu vereinbaren. Unter All-in-Fees versteckt sich nichts anderes als eine Gebührenpauschale, die der Anleger an die Bank zahlt und die alles abdeckt. Dadurch wird dem Banker der Anreiz für unnötige Depotumschichtungen genommen. Mit einer All-in-Fee-Vereinbarung weiß der Anleger bereits von Anfang an, wie viel das Vermögensverwaltungsmandat samt Depot kostet und bleibt vor bösen Überraschungen gefeit.

## Der Vermögensverwaltungsvertrag im Einzelnen

Der Vermögensverwaltungsvertrag bedarf der Schriftform und sollte mindestens folgende zu regelnde Punkte enthalten:

**Anhang B:** Im schriftlichen Vermögensverwaltungsvetrag zu regelnde Punkte:

1. **Exakte Bezeichnung der Parteien**
2. **Betroffene Bankbeziehung**
   (immer bei bankmässig verwahrten Vermögenswerten)
3. **Beauftragung und Ermächtigung zur Verwaltung der Vermögenswerte**
   - Anlageziel(e) des Kunden, welche auch in einem Besprechungsprotokoll festgehalten werden können;
   - Verwaltung nach eigenem Ermessen, nach spezifischen Richtlinien bzw. besonderen Instruktionen, wobei spezifische Richtlinien auch in einem Besprechungsprotokoll festgehalten werden können;
   - Referenzwährung;
   - Werden spezifische Richtlinien erteilt, so hat der Vermögensverwaltungsvertrag oder das entsprechende Besprechungsprotokoll über folgende Punkte Auskunft zu erteilen;
     - Depotstruktur (Depotanteil Beteiligungspapiere, Festverzinsliche, Edelmetalle etc.);
     - Länder/Währungen/Branchen, die bei der Anlage berücksichtigt werden oder von der Anlage ausgeschlossen werden sollen;
     - Maximalengagements pro Land/Währung/Branche;
     - Mindestanforderungen an Qualität und Handelbarkeit der zu tätigenden Anlagen;
     - Zulässigkeit und Umfang dauernder Kreditbenutzung;
     - Zulässigkeit und Umfang von Termin- und Derivatgeschäften bzw. Anlagen in hybride und strukturierte Finanzprodukte.
   - Berechtigung des Vermögensverwalters zur direkten Belastung seines Honorars auf den Konti des Kunden.
   - Soweit vorstehend ausgeführte Punkte individuelle Vereinbarungen über Anlageziele, Instruktionserteilung etc. enthalten, können diese auch in einem vom Vermögensverwalter und – wenn immer möglich – vom Kunden zu unterzeichnenden Besprechungsprotokoll festgehalten werden.
4. **Verschwiegenheitspflicht des Vermögensverwalters.**
5. **Berichterstattung und Rechnungslegung durch den Vermögensverwalter**
   - Eigene Performanceauswertungen;
   - Periodizität;
   - Aufbewahrung durch Vermögensverwalter oder schriftliche Zustellung an den Kunden.

6. **Art der Instruktionserteilung durch den Kunden**
   - schriftlich, per Telefax, telefonisch, E-Mail;
   - Haftung für Kommunikationsfehler.
7. **Honorierung des Vermögensverwalters**
   - Berechnungsweise;
   - Fälligkeit;
   - Behandlung von Retrozessionen.
8. **Vertragsauflösung (Empfehlung)**
   Zu beachten ist, dass nach schweizerischem Recht ausgeschlossene Vermögensverwalterverträge zwingend jederzeit und ohne Beachtung von Kündigungsfristen beendet werden können.
9. **Rechtswahl und Gerichtsstand (Empfehlung)**
   Zum Schutz des Kunden wird die Wahl schweizerischen Rechts und die Vereinbarung des schweizerischen Gerichtsstandes am Sitz des Vermögensverwalters empfohlen.

**Abbildung 11:** Im Vermögensverwaltungsvertrag zu regelnde Punkte (Quelle: Anhang B Standesregeln des Verbands Schweizerischer Vermögensverwalter für die Ausübung der unabhängigen Vermögensverwaltung)

Erteilt der diskrete Geldanleger einen Vermögensverwaltungsauftrag an eine Bank, richtet sich dieser Auftrag nicht gegen einen einzelnen Kundenbetreuer der Bank oder ein leitendes Bankorgan. Gemäß geltender Standesregeln muss die Bank zur Annahme eines Vermögensverwaltungsauftrages über eine geeignete professionelle und ihren internen Verhältnissen angemessene Organisation verfügen. Vorsicht ist allerdings geboten, wenn derjenige Bankmitarbeiter, welcher sich mit der Vermögensverwaltung und der Anlagepolitik befasst, auch Konto- und Depotauszüge für Kunden erstellt!

Vermögensverwaltungsaufträge sind im Regelfall auf die „banküblichen Anlageinstrumente“ beschränkt. Hierunter fallen insbesondere Festgeld- und Treuhandanlagen, Edelmetalle sowie Geld- und Kapitalmarktanlagen in Form von Wertpapieren wie Anleihen, Geldmarktpapiere, Aktien oder Investmentfonds, sofern der Fonds seinerseits in bankübliche Anlagen investiert.[159] Anteilscheine an von der Bank kontrollierten

[159] Nicht dazu gehören Immobilienfonds!

oder errichteten Gesellschaften gelten nur dann als banküblich, wenn es sich hierbei um börsenkotierte „übliche Publikumsinstrumente" handeln. Die Bank sorgt im Rahmen der Vertragsbeziehungen für eine angemessene Risikoverteilung und vermindert dadurch titelspezifische Risiken.[160]

Sofern der Anleger keine anderslautenden Weisungen erteilt, kann die Bank auch von Aktien, Anleihen usw. abgeleitete Instrumente wie Derivate bzw. Termingeschäfte zur Absicherung bestehender Positionen – aber nur hierzu – einsetzen. Wichtig ist, dass der Vermögensverwaltungsvertrag die *Termingeschäfte* betreffende Einschränkung enthält, dass solche von der Bank nur im Rahmen diverser bankaufsichtlicher (z.B. „Richtlinien der Schweizerischen Bankiervereinigung für Vermögensverwaltungsaufträge") oder standesrechtlicher Richtlinien wie beispielsweise den „Standesregeln des Verbands Schweizerischer Vermögensverwalter für die Ausübung der unabhängigen Vermögensverwaltung" getätigt werden dürfen. Nach den Richtlinien der Schweizerischen Bankiervereinigung für Vermögensverwaltungsaufträge darf beispielsweise eine Bank in der Schweiz oder in Liechtenstein so genannte „standardisierte Optionsgeschäfte" (das sind solche Optionsgeschäfte, die über vereinheitlichte Produkte lauten, die auf einem organisierten Markt gehandelt und über eine anerkannte Clearingstelle, welche für die Erfüllung der Optionskontrakte Sicherheit bietet, abgewickelt werden) nur dann ausüben, wenn diese auf das Gesamtportfolio des Anlegers keine Hebelwirkung haben und das Geschäft im Rahmen der Anlagepolitik der Bank liegt.[161] Die Standesregeln des Verbands Schweizerischer Vermögensverwalter lassen Anlagen in Termin- und Derivatgeschäfte bzw. Anlagen in hybride und strukturierte Finanzprodukte nach individueller Ermächtigung des Anlegers zu.[162]

Keine Hebelwirkung übt das Termingeschäft dann auf das Gesamtportfolio aus, wenn das Depot beispielsweise beim Verkauf einer Kaufoption und dem Kauf einer Verkaufsoption eine dem Basiswert der Optionen entsprechende Position aufweist. *Mit anderen Worten*: Das Depot muss

---

[160] In der Fachsprache „Klumpenrisiken" genannt.

[161] Vgl. Richtlinien für Vermögensverwaltungsaufträge der Schweizerischen Bankiervereinigung vom 18. September 2003, Ziffer 13.

[162] Vgl. oben Abbildung 11: Im Vermögensverwaltungsvertrag zu regelnde Punkte (Quelle: Anhang B Standesregeln des Verbands Schweizerischer Vermögensverwalter für die Ausübung der unabhängigen Vermögensverwaltung)

über genügend Substanz oder Liquidität verfügen, um die eingegangenen Kontrakte jederzeit erfüllen zu können. Dies gilt im besonderen Maße bei so genannten „Stillhaltergeschäften", sofern die Bank für den Kunden solche durchführt. Des Weiteren muss den Richtlinien gemäß beim Verkauf von Financial Futures eine entsprechende Position in Basiswerten gegeben sein. Handelt es sich um Aktienindex-, Devisen- oder um Zinssatz-Futures, so genügt es, wenn das Depot den Basiswert ausreichend repräsentiert.

Vertraglich ausgeschlossen sein sollte in allen Fällen die Befugnis, Guthaben oder Wertpapiere zurückzuziehen oder für Rechnung des Kunden zu verpfänden oder Vergütungen, soweit sie nicht für Anlagezwecke erforderlich sind, vorzunehmen. Auch die Aufnahme von Krediten soll ausgeschlossen sein.

Nach schweizerischem Recht abgeschlossene Vermögensverwaltungsverträge unterliegen keiner Kündigungsfrist und können jederzeit von beiden Parteien mit sofortiger Wirkung aufgelöst werden; er erlischt allerdings nicht automatisch beim Tod oder bei allfällig eintretender Handlungsunfähigkeit des Depotinhabers.

Vermögensverwaltungsverträge mit österreichischen Banken werden mit Unterzeichnung wirksam und auf bestimmte Dauer abgeschlossen und können vom diskreten Geldanleger jederzeit unter Einhaltung einer Kündigungsfrist gekündigt werden. Vermögensverwaltungsverträge, die auf Nummernkonten basieren, können auch durch handschriftliche Anbringung des entsprechenden Losungswortes gekündigt werden.

## Vermögensverluste: Haftungsfragen beim Vermögensverwaltungsvertrag

Ein Vermögensverwaltungsvertrag ermächtigt die Bank, für Rechnung des Kunden Verwaltungshandlungen jeglicher Art vorzunehmen, Vermögenswerte anzulegen, Wertpapierkäufe und -verkäufe zu tätigen, Wertpapiere zu konvertieren (umzuwandeln, z.B. Wandelanleihen in Aktien), Bezugsrechte auszuüben oder bestmöglich zu verkaufen, Guthaben auf Zeit anzulegen sowie alle sonstigen Maßnahmen zu treffen, die zur Verwaltung, Betreuung und Vertretung des Depotguthabens *im Rahmen der gewählten Anlagestrategie,* sonstiger vorgegebener *Anlagerestriktionen* oder diverser *Verwaltungsrichtlinien* für nützlich oder notwendig erachtet werden. Der diskrete Geldanleger ermächtigt die Bank mit der

Unterfertigung eines Vermögensverwaltungsvertrages zu obigen Handlungen im Regelfall ohne vorherige Einholung von Weisungen; ausgenommen ist regelmäßig die Aufnahme von Krediten. Vermögensverwaltungsmandate ermächtigen die Bank im Regelfall auch dazu, neue Spar-, Festgeld-, Fremdwährungskonten oder Depots zu eröffnen und darüber zu verfügen und diese auch wieder zu schließen, soweit dies für die Bank zweckmäßig erscheint.

*In diesem „freien Ermessen" liegt naturgemäß eine breite Grauzone.* Schweizer Banken schulden ihren Anlegern aus einem Vermögensverwaltungsmandat nämlich keinen bestimmten Erfolg. Der Verwaltungsvertrag verlangt lediglich eine Tätigkeit, die unter Beachtung der *gebotenen Sorgfalt* erbracht werden muss. Sorgfalt heißt, dass die Bank ihrem Kunden gegenüber ihre Aufklärungs- und Beratungspflichten erfüllt, welche sich insbesondere auch aus dem Schweizerischen Obligationenrecht begründen. Sorgfalt heißt hier aber nicht, dass die Bank den „Vormund" spielen muss oder etwa unvorhersehbare Kursverluste trägt oder dass sie für die Sicherheit der Titel einzustehen hat. Wurden die gesetzlichen und vertraglichen Sorgfaltspflichten nicht verletzt, ist der Vertrag auch mit einer erfolglosen oder gar verlustbringenden Vermögensverwaltung erfüllt. Der Sorgfaltspflicht schließt sich die Informations- und Treuepflicht des Artikel 11 des Schweizerischen Börsen- und Effektenhandelsgesetzes an. Da die Beratung Teil der Hauptschuld aus dem Vermögensverwaltungsvertrag ist, muss der Berater auch unaufgefordert aufklären. Ebenfalls von sich aus tätig werden muss der Berater, wenn der Anleger zwar erfahren ist, der Berater aber erkennt, dass der Anleger bestimmte mit dem gewünschten Geschäft im Zusammenhang stehende Risiken nicht sieht.

Bankkunden, die sich als Spezialisten anbieten, können sich nach Ansicht des Schweizer Bundesgerichts grundsätzlich nicht mit der Begründung entlasten, die Bank hätte das Fehlen von Spezialkenntnissen für das gewünschte Geschäft erkennen müssen[163]. Der Kunde wird in solchen Fällen keine Anhaltspunkte dafür vorbringen können, dass die Bank den Mangel an Fachwissen tatsächlich gekannt und die Risiken bewusst in Kauf genommen hat. Die Inanspruchnahme einer Schweizer Bank wegen Missachtung ihrer Sorgfaltspflichten setzt voraus, dass der Kunde ihr

---

[163] BGE 4 C.427/1995 v. 7.10.97.

gegenüber eine Vertragsverletzung und den erforderlichen Kausalzusammenhang zwischen der Vertragsverletzung und dem erlittenen Vermögensschaden nachweist. Die Bank muss ihren Vermögensverwaltungsauftrag nicht so erfüllt haben, wie dies von einem professionellen und auf die Vermögensverwaltung spezialisierten Unternehmen zu erwarten ist. Eine diesbezügliche Beweisführung obliegt dem Auftraggeber (Geldanleger).

Bei fehlgeschlagenen Termingeschäften haben Privatanleger Schweizer Banken im Allgemeinen gute Karten, „verzockte" Anlagegelder wieder zurückzuholen, wenn sie unmittelbar nach Kenntnisnahme reklamieren (d.h. nicht erst dann, wenn Verluste eintreten). Laut einem neuen Grundsatzurteil des Schweizer Bundesgerichts ist der Kunde hinsichtlich der Risiken der beabsichtigten Investitionen aufzuklären, nach Bedarf in Bezug auf die einzelnen Anlagemöglichkeiten sachgerecht zu beraten und vor übereilten Entschlüssen zu warnen, wobei diese Pflichten inhaltlich durch den Wissensstand des Kunden einerseits und die Art des in Frage stehenden Anlagegeschäfts andererseits bestimmt werden. Unerfahrene Kunden sind über das Verlustrisiko sowie über die Minderung der Gewinnchancen je nach Höhe der von der Bank verrechneten Provisionen aufzuklären und mit der Gefahr vertraut zu machen, das Anlagegeld in kurzer Zeit zu verlieren[164], so der Tenor des Bundesgerichts.[165]

Die Wahrscheinlichkeit, dass Gerichte Haftungsausschlüsse Schweizer Banken für unzulässig erklären, ist angesichts des engen Haftungsmaßstabs, den das Bundesgericht bei Verlusten aus Vermögensverwaltung vorgibt, relativ hoch. Aber allein aus der Rechtsprechungstendenz heraus lässt sich nicht konkludent schließen, dass Schweizer Banken ihre Haftung für eine Vertragsverletzung nicht beschränken können. Es empfiehlt sich deshalb, vor Abschluss eines Vermögensverwaltungsvertrags über diverse Haftungsbeschränkungsklauseln im Kleingedruckten genau zu verhandeln.

Schließlich wird ein mit der Vermögensverwaltung beauftragte Bank für ein bestimmtes Verwaltungsergebnis oder eine bestimmte vom diskreten Geldanleger erwartete Vermögensentwicklung nicht verantwortlich zeichnen und dafür nicht einstehen, dass das Wertpapierdepot

---

[164] BGE 124 III 163 E.3.a.

[165] BGE v. 7.10.97, a.a.O.

Verluste erlitten hat. Der diskrete Geldanleger entbindet die Vermögensverwaltungsbank auch von jeglicher Haftung für die Richtigkeit der von ihr getroffenen Verfügungen, Maßnahmen und Anlageentscheidungen, insbesondere für die Auswahl der Wertpapiere oder anderer Vermögenswerte und für eventuell eintretende Kurs-, Währungs- oder sonstige Vermögensverluste.

**Fazit:** Die Vermögensverwaltungsbank haftet dem diskreten Geldanlager im Regelfall nur für grobe Fahrlässigkeit oder Vorsatz, nicht aber für leichte Fahrlässigkeit. Soweit sich die Vermögensverwaltungsbank bei der Durchführung des Vermögensverwaltungsauftrags Dritter bedient, haftet sie nur für grobes Auswahlverschulden.

## Sorgfaltspflichten der Schweizer Banken nach den Richtlinien für Vermögensverwaltungsaufträge der Schweizerischen Bankiervereinigung

Im Bestreben, das Ansehen der schweizerischen Vermögensverwaltung im In- und Ausland und insbesondere deren hohe Qualität zu wahren und zu fördern, hat die Schweizerische Bankiervereinigung Richtlinien für Vermögensverwaltungsaufträge[166] aufgestellt, die für Schweizer Banken als „Standesregeln" verbindlich sind, jedoch keine direkten Auswirkungen auf das zugrunde liegende zivilrechtliche Verhältnis zwischen den Banken und ihren Kunden hat. Diskrete Geldanleger, die einer Schweizer Bank einen Auftrag zur Vermögensverwaltung gestellt haben, sollen sich darauf verlassen können, dass ihre Vermögen professionell und in ihrem Interesse verwaltet werden, auch wenn sie den Banken außer einer Zielvorstellung keine weiteren speziellen Weisungen erteilen.

Den Richtlinien liegen folgende Grundsätze zu Grunde:

1. *Durch den Vermögensverwaltungsauftrag wird die Bank ermächtigt, alle Handlungen auszuführen, die sie im Rahmen der üblichen bankmässigen Vermögensverwaltung als zweckmässig erachtet. Die Bank übt den Auftrag nach bestem Wissen und Gewissen aus, unter Berücksichtigung der persönlichen Verhältnisse des*

[166] In der aktuell geltenden Fassung vom 18. September 2003.

*Kunden, soweit sie ihr bekannt sein können. Sie handelt nach freiem Ermessen im Rahmen der mit dem Kunden festgelegten Anlageziele und unter Berücksichtigung von allfälligen speziellen Weisungen des Kunden. Dagegen erlaubt der Vermögensverwaltungsauftrag nicht, Aktiven zurückzuziehen.*

Die Schweizer Bank hat danach den Kunden zu Beginn des Vermögensverwaltungsauftrages über dessen Inhalt zu orientieren. Sie soll mit dem Kunden in direktem Kontakt seine Anlageziele erörtern und daran festhalten. Zur Erreichung dieser Ziele legt die Bank die Anlagepolitik nach freiem Ermessen fest. Die Bank kann die Anlagepolitik entweder für alle Kunden einheitlich, nach bestimmten Kundengruppen oder für jeden Kunden individuell ausrichten. Erteilt der Kunde der Bank spezielle Weisungen (ständige oder auf einzelne Transaktionen bezogene), so gelten die vorliegenden Richtlinien subsidiär. Ständige Weisungen und spätere Änderungen sind von der Bank schriftlich festzuhalten. Die übrigen Aufträge sind in geeigneter Form zu registrieren.

Sind beim Vollzug von speziellen Weisungen besondere Risiken mit der betreffenden Geschäftsart verbunden, so orientiert die Bank den Kunden darüber.

2. *Der Vermögensverwaltungsauftrag wird in schriftlicher Form nach dem von der Bank festgelegten Text erteilt und vom Kunden unterzeichnet.*

Es genügt nicht, dass der diskrete Geldanleger mündlich einen Auftrag zur bestmöglichen Verwaltung seines Vermögens erteilt.

3. *Die Bank sorgt dafür, dass der ihr erteilte Vermögensverwaltungsauftrag durch die zuständigen Mitarbeiter gemäss diesen Richtlinien und allfälligen internen Weisungen sowie im Rahmen der jeweils gewählten Anlagepolitik ausgeübt wird.*

Durch diese Bestimmung wird die Verantwortlichkeit klar geregelt: Der Vermögensverwaltungsauftrag wird der Bank selber und nicht einem leitenden Bankorgan oder einem Bankmitarbeiter persönlich erteilt.

4. *Eine Bank, welche Vermögensverwaltungsaufträge entgegennimmt, muss über eine professionelle und den Verhältnissen des Betriebes angemessene Organisation verfügen.*

Eine angemessene Organisation setzt voraus, dass diejenigen Bankmitarbeiter, welche sich mit der Vermögensverwaltung und mit der Anlagepolitik befassen, nicht zugleich auch die ordentlichen Auszüge von Konti und Depots für den Kunden erstellen. Letzteres dürfte bei renommierten Schweizer Banken, an die sich der diskrete Geldanleger wendet, die Ausnahme sein.

5. *Der Kunde erhält die Konto- und Depotauszüge vereinbarungsgemäss, damit er diese überprüfen kann.*

Der Sinn dieser Bestimmung ist, dass der Kunde, auch wenn er nur sporadisch bei seiner Bank vorspricht, nicht in Unkenntnis der für ihn getätigten Bankgeschäfte gehalten wird.

6. *Die internen Kontrollorgane der Bank haben periodisch zu überprüfen, ob die hier erlassenen Richtlinien eingehalten werden.*

Die Prüfung bezieht sich auf die Anwendung der vorliegenden Richtlinien und allfälligen internen Weisungen. Nicht der Prüfung unterliegt jedoch die Auswahl der Anlagen.

Hinsichtlich der Durchführung des Vermögensverwaltungsauftrags bestimmen die Richtlinien Folgendes:

7. *Das anvertraute Vermögen ist im Rahmen des Vermögensverwaltungsauftrags und dieser Richtlinien regelmässig zu überwachen. Die Bank ist verpflichtet, die ins Depot des Kunden aufzunehmenden Anlagen mit Sorgfalt auszuwählen.*

Bei der Wahl der Anlagen hat sich die Bank auf zuverlässige Informationsquellen zu stützen. Sie überwacht die getätigten Anlagen regelmäßig. Die Bank kann jedoch nicht verantwortlich gemacht werden, wenn in der Folge sorgfältig ausgewählte Anlagen an Wert verlieren.

8. *Der Vermögensverwaltungsauftrag ist auf die banküblichen Anlageinstrumente beschränkt.*

Als bankübliche Anlageinstrumente im Sinne dieser Richtlinien gelten insbesondere Festgeld- und Treuhandanlagen, Edelmetalle, Geld- und Kapitalmarktanlagen in Form von Wertpapieren und Wertrechten (z.B. Aktien, Obligationen, Notes, Geldmarktbuchforderungen), davon abgeleitete Instrumente und deren Kombinationen (Derivate, Hybride etc.) sowie Anlagefonds, Investmentgesellschaften und andere Instrumente der kollektiven Anlage (Anteile von Anlagefonds, bankinternen Sondervermögen, Unit Trusts etc.). Bei Investmentgesellschaften und Instrumenten der Kollektivanlage gilt als Voraussetzung, dass sie ihrerseits in bankübliche Anlagen oder Immobilien investieren.

Nicht banküblich im Sinne dieser Richtlinien sind alle Direktanlagen in Immobilien, Nichtedelmetallen, Rohstoffen etc., deren Indizes sowie Anlagen mit Derivaten darauf. Für solche Transaktionen muss der Kunde eine spezielle Weisung erteilen.

9. *Die Bank vermeidet Klumpenrisiken infolge unüblicher Konzentration auf eine zu kleine Anzahl von Anlagen.*

Schweizer Banken müssen danach eine angemessene Risikoverteilung durch eine ausreichende Diversifikation zur Verminderung titelspezifischer Risiken bewerkstelligen.

10. *Die Vermögensanlage in Wertpapieren, Wertrechten und Edelmetallen beschränkt sich auf leicht handelbare Anlageinstrumente. Anlagen in Instrumenten, die von durch die Bank direkt oder indirekt kontrollierten oder errichteten Gesellschaften ausgegeben werden, sind nur insofern gestattet, als es sich um übliche Publikumsinstrumente handelt.*

Kriterium für die leichte Handelbarkeit ist die Kotierung an einer Börse oder das Bestehen eines repräsentativen Marktes für den betreffenden Wert.

11. *Aufgrund des Vermögensverwaltungsauftrags dürfen weder Kredite aufgenommen noch potentielle Sollpositionen eingegangen werden.*

Schweizer Banken dürfen danch ohne ausdrückliche Zustimmung des Kunden keine Kreditoperationen oder ähnliche Geschäfte tätigen, und zwar auch dann nicht, wenn die von der Bank intern festgelegte Sicherheitsmarge eingehalten werden kann.

12. *Nicht-traditionelle Anlagen: Zur Diversifikation des Gesamtportfolios können nicht-traditionelle Anlagen eingesetzt werden, wenn sie nach dem Fund-of-Funds-Prinzip strukturiert sind oder sonst für eine gleichwertige Diversifikation Gewähr bieten und die leichte Handelbarkeit im Sinne von Ziff. 10 gewährleistet ist.*

Als nichttraditionell gelten Anlagen in Hedge Funds, Private Equity und Immobilien. Deren Anlagen sind nicht notwendigerweise auf bankübliche oder leicht handelbare Instrumente beschränkt. Beim Fund-of-Funds-Prinzip erfolgt die Anlage des Fonds in eine Mehrzahl rechtlich selbständiger Instrumente der kollektiven Anlage. Eine diesem Prinzip gleichwertige Diversifikation liegt vor, wenn die Anlage in einer einzigen

Kollektivanlage zusammengefasst, aber nach dem Multi-Manager-Prinzip (durch mehrere, unabhängig voneinander arbeitende Manager) verwaltet wird.

Die Aufnahme von nichttraditionellen Anlagen muss durch die Anlagepolitik der Bank abgedeckt sein.

*13. Standardisierte Optionsgeschäfte (Traded Options) auf Wertschriften, Devisen, Edelmetallen, Zinssatzinstrumenten und Börsenindizes (Kauf und Verkauf von Calls und Puts) sind zulässig, wenn sie auf das Gesamtportfolio keine Hebelwirkung haben und im Rahmen der Anlagepolitik der Bank liegen. Für Geschäfte in Optionsinstrumenten, die nicht standardisiert sind (z.B. OTC-Optionen, Warrants, Stillhalteroptionen u.a.), gelten die gleichen Grundsätze. Stillhaltergeschäfte (Hinterlegung von Titeln des Kunden als Deckung für die Ausgabe von Optionen durch die Bank oder einen Dritten) dürfen nur mit ausdrücklicher Zustimmung des Kunden getätigt werden.*

„Standardisiert" im Sinne dieser Bestimmung sind Optionsgeschäfte über vereinheitlichte Produkte, die auf einem organisierten Markt gehandelt und über eine anerkannte Clearingstelle, welche für die Erfüllung der Optionskontrakte Sicherheit bietet, abgewickelt werden.

*14. Financial Futures sind im Rahmen der Anlagepolitik wie folgt einsetzbar: Beim Verkauf von Financial Futures muss eine entsprechende Position in Basiswerten gegeben sein. Handelt es sich um Aktienindex-, Devisen- oder um Zinssatz-Futures, so genügt es, wenn der Basiswert ausreichend repräsentiert wird. Beim Kauf von Financial Futures muss die notwendige Liquidität bereits beim Kaufabschluss vollumfänglich vorhanden sein. Für nicht standardisierte Termingeschäfte gelten die gleichen Grundsätze.*

Regel Nummer 14 besagt schließlich, dass beim Verkauf von Devisen-Futures die Position in Basiswerten, insbesondere auch aus Anlagen, bestehen kann, die auf die entsprechende Währung lauten.

## Ganzheitliche Vermögensberatungs- und -betreuungskonzepte

Noch umspannender als die traditionelle Vermögensverwaltung präsentieren sich die im Regelfall von Privatbanken angebotenen ganzheitlichen Vermögensberatungs- und -betreuungskonzepte. Dieses Leistungspaket beinhaltet neben der Vermögensverwaltung auch die Beratung im Bereich Altersvorsorge, Steuern und Erbschaften. Dabei wird die gesamte finanzielle Situation des Kunden erfasst, analysiert und unter Berücksichtigung persönlicher und steuerlicher Gegebenheiten des Kunden nach seinen Wünschen und Zielen optimiert.

Die ganzheitlichen Vermögensberatungs- und -betreuungskonzepte schließen auch *nicht bankübliche Finanzanlagen* wie Immobilien, Antiquitäten, Rohstoffe oder Unternehmensbeteiligungen etc. ein. Solche Konzepte schließen im Regelfall auch die Gründung und Verwaltung von Trusts, Stiftungen oder privater Investitionsgesellschaften (so genannte PICs oder „Private Investment Companies") ein. Stiftungen und Trusts sichern Vermögen auf diskrete Weise vor dem Zugriff Dritter und erleichtern die Übertragung im Zuge der vorweggenommenen Erbfolge[167].

---

[167] Zu Trusts und Stiftungen vgl. Teile XII und XIII.

# Teil X

## Diskrete Geldanlagen in liechtensteinischen Lebensversicherungen

Liechtenstein ist Mitglied des Europäischen Wirtschaftsraums; Versicherungsnehmer profitieren dadurch insbesondere von den europäischen Richtlinien („Europäischer Pass"). Liechtensteinische Versicherungen verfügen über die Möglichkeit, offiziell im freien Dienstleistungsverkehr in den EU-Ländern zu verkaufen, was besonders für deutsche Geldanleger den steuerlichen Vorteil hat, dass diese Lebensversicherung in das deutsche Steuerrecht eingebunden ist und damit u.a. vielfältige Möglichkeiten im Rahmen der Erbschaft- und Schenkungsteuer bietet. Eine fondsgebundene Lebensversicherungspolice weist wie im Anschluss noch ausgeführt gegenüber einer standardisierten fondsgestützten Vermögensverwaltung von Banken keine großen oder nachteiligen Unterschiede auf. Liechtensteinische Lebensversicherungen sind pfändungssicher. Deutsche diskete Geldanleger sollten liechtensteinische Lebensversicherungen auch in Zukunft zu schätzen wissen. Das geplante „Gesetz zur Änderung der Insolvenzordnung, des Kreditwesengesetzes und anderer Gesetze" will deutsche Lebensversicherungen, die der Altersvorsorge dienen, pfändungssicher machen. Ein absoluter Pfändungsschutz – so wie in Liechtenstein – wird jedoch nicht erreicht. Weil Liechtenstein die gleichen Systeme hat wie die Schweiz (Währung, Sprache, Post, etc.) und ein Versicherungsabkommen zwischen der Schweiz und Liechtenstein existiert, können liechtensteinische Versicherungen auch durch Schweizer Staatsbürger gezeichnet werden.

## Warum eine liechtensteinische Lebensversicherung?

Liechtenstein verfügt über moderne Gesetze: Es existiert ein Versicherungsgeheimnis, absolute Sicherheit der Kundendaten, es existiert ein Konkursprivileg (Unpfändbarkeit). Des Weiteren ist das liechtensteinische Versicherungsaufsichtsgesetz so flexibel, dass jedem Kunden eine personalisierte Lösung „nach Maß" angeboten werden kann. Zudem kann die Anlagestrategie jederzeit geändert oder mit einer flexiblen Todesfalldeckung kombiniert werden.

Versicherungsnehmer genießen darüber hinaus die freie Wahl der Anlagestrategie. Die Kapitalanlage (Prämie) kann durch den persönlichen Bankberater des Versicherungsnehmers verwaltet werden. Es bestehen im Allgemeinen keine Beschränkungen bei der Wahl der zugrunde liegenden Finanzprodukte. Die Zusammensetzung des Wertpapierdepots kann jederzeit mittels einer einfachen Mitteilung an die Versicherungsgesellschaft geändert werden. Die Erlöse aus der Police unterliegen nicht dem EU-Steuerrückbehalt auf Zinsen von Spareinlagen.[168]

Der Kunde kann seine Hausbank als depotführendes Institut wählen, bei dem ein auf den Namen der Versicherungsgesellschaft lautendes Wertschriftenkonto eröffnet wird. Liechtensteinische Lebensversicherungen ermöglichen eine diskrete Geldanlage, ohne dass der Anleger bei einer Bank ein legitimiertes Konto eröffnen muss. Bei Abschluss einer Lebensversicherung eröffnet der Versicherer ein Konto, das beispielsweise lautet auf: „Lebensversicherungspol. Nr. 1810/000xx." Auf dieses Konto kann der Anleger die Prämien einzahlen und, wie bereits erwähnt, individuell anlegen bzw. verwalten lassen.[169]

Liechtensteinische Lebensversicherungen ermöglichen die spezifische und freie Bezeichnung der Begünstigten, erlauben damit eine maßgeschneiderte Planung der Erbschaft, den Schutz für die Familie oder für Dritte, die Errichtung eines Vorsorgeplans, um nur ein paar Beispiele zu nennen.

---

[168] Zum EU-Steuerrückbehalt in der Schweiz und Liechtenstein siehe Teil XIV Abschnitt: Besteuerung diskreter Geldanlagen in der Schweiz und im Fürstentum Liechtenstein (EU-Steuerrückbehalt als Äquivalent zur EU-Zinssteuer), Seite 360.

[169] Je nach Versicherungsgesellschaft und Tarif können unterschiedliche Regelungen zutreffend.

In Liechtenstein gibt es keinen Abzug von Quellensteuer (mit Ausnahme der in der Schweiz oder in Liechtenstein wohnhaften Versicherungsnehmer),[170] bei Fälligkeit werden die Leistungen ohne Steuerabzug ausbezahlt. Es ist allerdings Sache des Begünstigten, die erhaltenen Leistungen der Steuerbehörde seines Wohnsitzlandes zu melden und somit seine persönliche Situation zu regeln!

Eine liechtensteinische Versicherungspolice hat Ähnlichkeit mit einem Wertpapier. Der diskrete Geldanleger kann sie bei seiner Hausbank

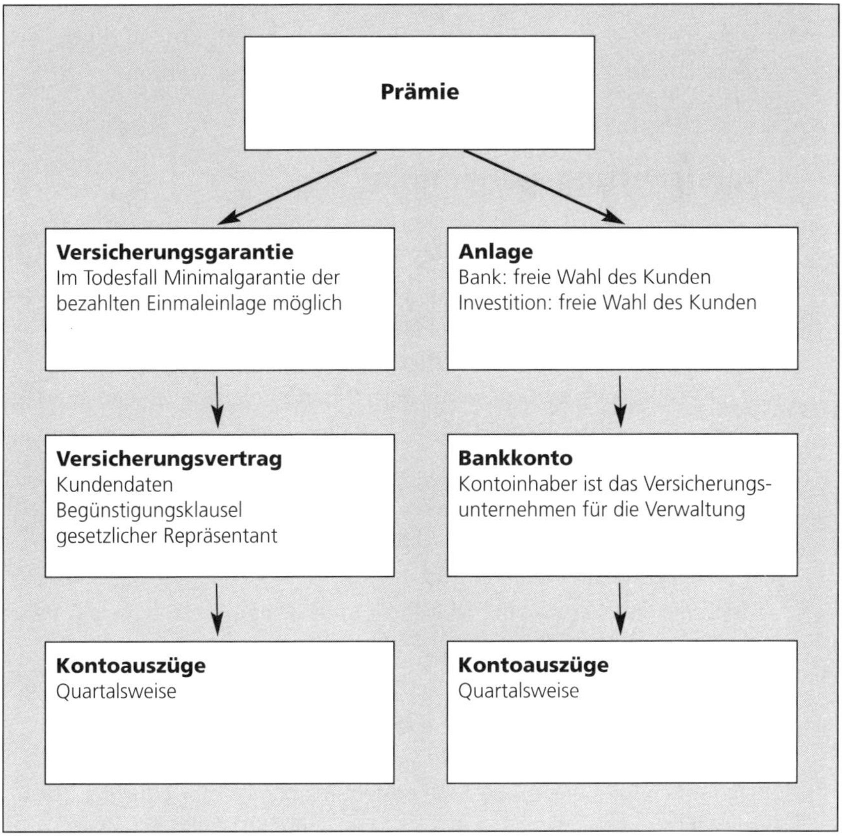


**Abbildung 12:** Diskrete Vermögensanlagen in eine liechtensteinische Lebensversicherung, Prämienverlauf (Quelle: Valorlife, Vaduz)

[170] Steuerliche Situation für Schweizer diskrete Geldanleger siehe in diesem Teil Abschnitt: Steuerliche Hinweise für diskrete Geldanleger aus der Schweiz, Seite 280.

zusammen mit seinen Wertpapieren hinterlegen; die Police kann verpfändet oder bei Privatpersonen oder Banken als Sicherheit hinterlegt werden (wie jedes andere Wertpapier: Obligationen, Aktien, Anteilscheine von Anlagefonds usw.). Der Anspruch aus einem Versicherungsvertrag kann auch an Dritte abgetreten (verkauft) werden. Eine liechtensteinische Versicherungspolice erfüllt alle Anforderungen des diskreten Geldanlegers, der eine Alternative zu einer Treuhänderschaft (einem Trust) oder einer Stiftung sucht, und stellt für geringere Vermögen eine einfachere Lösung dar (kürzere administrative Abläufe und kostengünstiger). Die Erbschaftsplanung ist beliebig gestaltbar und dem Versicherungsantrag kann ein Testament oder ein gleichwertiges Dokument beigelegt werden.

## Versicherungsgeheimnis

Das im liechtensteinischen Versicherungsaufsichtsgesetz (VersAG) unter Artikel 44 VersAG verankerte Versicherungsgeheimnis sichert diskreten Geldanlegern das Recht auf vertrauliche Handhabung zu.

Art. 44 Versicherungsaufsichtsgesetz[171] lautet:

„1) Die Mitglieder der Organe von Versicherungsunternehmen und ihre Mitarbeiter sowie sonst für solche Gesellschaften tätige Personen sind zur Geheimhaltung von nicht öffentlich bekannten Tatsachen verpflichtet, die ihnen auf Grund der Geschäftsverbindungen mit Kunden anvertraut oder zugänglich gemacht worden sind. Die Geheimhaltungspflicht gilt zeitlich unbegrenzt.

2) Werden Behördenvertretern bei ihrer dienstlichen Tätigkeit Tatsachen bekannt, die dem Versicherungsgeheimnis unterliegen, so haben sie das Versicherungsgeheimnis als Amtsgeheimnis zu wahren.

3) Vorbehalten bleiben die gesetzlichen Vorschriften über die Zeugnis- oder Auskunftspflicht gegenüber Gerichtsbehörden.

4) Die Aufsichtsbehörde kann vom Versicherungsgeheimnis entbinden, sofern dafür ein ausgewiesenes Interesse besteht, namentlich zur Erfüllung gesetzlicher Informationspflichten oder zur Erfassung und Überprüfung von Versicherungsrisiken. Die Aufsichtsbehörde nimmt in einem solchen Fall Rücksprache mit dem Datenschutzbeauftragten."

---

[171] I.d.F. LGBl. 2002 Nr. 157.

Das Versicherungsgeheimnis entspricht in Wesen und Umfang dem liechtensteinischen Bankgeheimnis. Diskrete Geldanleger in liechtensteinischen Lebensversicherungen sind also sozusagen „zweimal“ geheimnisgeschützt. Begünstigend für diskrete Geldanleger wirkt, dass die Beaufsichtigung der Lebensversicherungsgesellschaften mit Sitz in Liechtenstein ausschließlich durch die liechtensteinische Aufsichtsbehörde erfolgt (so genanntes Single-licence- und Home-country-control-Prinzip). Es sickert nichts an ausländische Behörden durch. Absolute Verschwiegenheit in Bezug auf Vertragsabschluss und Policenverwaltung sind dem diskreten Geldanleger somit zugesichert.

## Versicherungsaufsicht

Das liechtensteinische Versicherungsaufsichtsgesetz (VersAG) und die Versicherungsaufsichtsverordnung (VersAV) sehen für diskrete Geldanleger folgende Kapitalschutzregelungen vor:

- Artikel 15 VersAG bestimmt, dass Versicherungsgesellschaften freie Eigenmittel und ungebundene Reserven mindestens im Umfang einer gewissen Solvabilitätsspanne auszuweisen haben. Der so genannte Garantiefonds soll ein Drittel der Solvabilitätsspanne ausmachen und muss mindestens 1,5 Mio. Schweizer Franken (ca. 1 Mio. EUR) betragen.
- Die Versicherungsaufsichtsverordnung (VersAV) schreibt zudem vor, welche Eigenmittel und welche Art der Reserven zur Deckung der Solvabilitätsspanne angerechnet werden können und in welcher Höhe (Art. 19 Abs. 2 VersAV). Zur Deckung der Solvabilitätsspanne sind nur Eigenmittel und Reserven zugelassen, welche nicht an immaterielle Anlagewerte gebunden sind. Die Eigenmittel und Reserven werden permanent durch die Aufsichtsbehörden überwacht.
- Sollten Eigenmittel und Reserven unter die vorgeschriebene Solvabilitätsspanne fallen, hat das Unternehmen der Aufsichtsbehörde eine Strategie zur Wiederherstellung gesunder finanzieller Verhältnisse zur Genehmigung vorzulegen.
- Art. 16 VersAG verpflichtet Versicherungsgesellschaften, ausreichende technische Rückstellungen zu bilden. Diese technischen

Reserven müssen so berechnet werden, dass allen jetzigen und künftigen, aus Versicherungsverträgen resultierenden Verpflichtungen nachgekommen werden kann. Zu den technischen Reserven zählen Reserven für bestehende Versicherungsverträge, Reserven für künftige Versicherungsleistungen und Reserven für gewinnbeteiligte Policen. Die technischen Reserven werden von einem dafür ernannten „Aktuar" berechnet und beglaubigt. Sie werden jährlich durch die Aufsichtsbehörden und durch die Revisionsgesellschaft überprüft. Der ernannte verantwortliche Aktuar muss bei der Aufsichtsbehörde angemeldet und von dieser bezüglich fundierter Ausbildung und beruflicher Erfahrung anerkannt werden (Art. 13 VersAG). Das Gleiche gilt für die Revisionsgesellschaft (Art. 40 VersAG).

- Liechtensteinische Versicherungsgesellschaften schützen sich gegen Risiken (wie z.B. Todesfall und Invalidität) durch Rückversicherungsverträge. Der Risikoanteil, welcher von den Versicherungen selbst getragen wird, hängt von der Höhe der Versicherungssummen ab. In zweiter Linie werden die Verträge an führende Rückversicherungsgesellschaften retrozediert.
- Die Richtlinie 2001/17/EG des Europäischen Parlaments vom 19. 3. 2001 und Art. 59a des liechtensteinischen Versicherungsaufsichtsgesetzes (Vers AG)[172], welcher die Sanierung und Liquidation von Versicherungsunternehmen regelt, sehen vor, dass Leistungen aus Lebensversicherungen bei Konkurs einer Versicherungsgesellschaft Vorrang vor allen anderen Forderungen haben. In der Tat werden Versicherungsforderungen im Konkursfall einer Versicherungsgesellschaft durch ein absolutes Vorrecht begünstigt. Dies bedeutet konkret: Vermögenswerte aus Versicherungspolicen diskreter Geldanleger zur Deckung der versicherungstechnischen Rückstellungen bilden eine – insolvenzgeschützte – Sondermasse.

## Konkursprivileg

Liechtentsteinische Lebensversicherungen genießen einen absoluten Pfändungsschutz, verankert in Artikel 78 des liechtensteinischen Ver-

[172] I.d.F. LGBl. 2005 Nr. 14.

sicherungsvertragsgesetzes (VersVG). Das Insolvenzprivileg gewährleistet, dass bei der Begünstigung naher Angehöriger im Falle eines Konkurses die privat getroffene Altersvorsorge dem Gläubigerzugriff entzogen ist.

Artikel 78 lautet: „Sind der Ehegatte oder die Nachkommen des Versicherungsnehmers Begünstigte, so unterliegen, vorbehaltlich allfälliger Pfandrechte, weder der Versicherungsanspruch des Begünstigten noch derjenige des Versicherungsnehmers der Exekution zugunsten der Gläubiger oder dem Konkurs des Versicherungsnehmers oder des Begünstigten. Dem Ehegatten gleichgestellt sind Personen, die mit dem Versicherungsnehmer in eheähnlicher Gemeinschaft leben."

Mit anderen Worten: Schließt ein deutscher oder österreichischer diskreter Geldanleger in Liechtenstein eine Lebensversicherung ab und setzt er einen direkten Nachkommen oder den Ehepartner als den Begünstigten ein, ist der Versicherungsanspruch privilegiert. Gläubiger eines in Liechtenstein Versicherten haben selbst dann keinen Zugriff, wenn ein ausländisches Gericht die Beschlagnahme der Police oder den Einschluss des Versicherungsanspruchs in das Insolvenzverfahren anordnet. Das Insolvenzprivileg gilt zudem selbst dann, wenn die Begünstigtenstellung widerruflich ist.

## Konkursprivileg versus Pfändungsschutz für deutsche Lebensversicherungen

Um es vorwegzunehmen: Einen „Liechtensteiner Standard" vergleichbaren Pfändungsschutz für Lebensversicherungen gibt es in Deutschland nicht und wird es auch in absehbarer Zeit nicht geben. Die Bundesregierung sieht es zwar als unbefriedigend an, dass Vermögenswerte, die Selbstständige in Deutschland für ihre Altersvorsorge vorgesehen haben, von Gläubigern schrankenlos gepfändet werden können. Besonders betroffen sind hierbei Alters- oder Berufsunfähigkeitsrenten sowie private Lebensversicherungen. Eine bislang vielfach praktizierte Methode, die Lebensversicherungspolice durch unwiderrufliche Bestellung eines Dritten als Bezugsberechtigten vor dem Gläubigerzugriff zu schützen, funktionierte nur bedingt. Denn die deutsche Police stand dann bei diesem Dritten Bezugsberechtigten „im Feuer". Außerdem kann der Bezugsberechtigte vor dem Versicherungsnehmer versterben. Damit fällt die Police wieder an den Schuldner zurück und steht zur Pfändung frei. Schließlich ist das Bezugsrecht nur mit Zustimmung des Bezugsberechtigten wieder änderbar. Der Versicherungsnehmer kann also nur mit Willen des Bezugsberechtigten über die Versicherungsleistung verfügen (im Scheidungsfall problematisch!).

Das geplante „Gesetz zur Änderung der Insolvenzordnung, des Kreditwesengesetzes und anderer Gesetze", welches gegenwärtig in Form eines Referentenentwurfes diskutiert wird, soll den Erhalt „existenzsichernder Einkünfte" gewährleisten, tut es aber nur bedingt. Dies soll in der Weise geschehen, dass der für öffentlich-rechtliche Rentenleistungen geltende Pfändungsschutz auf Altersrenten aus Kapitallebensversicherungen und privaten Rentenversicherungen ausgedehnt wird. Ziel der Erweiterung des Pfändungsschutzes auf Altersrenten ist wohl weniger die Schaffung eines „an der Menschenwürde des Art. 1 GG ausgerichteten Vollstreckungsrechts" oder die Schaffung neuer Anreize „für eine private Altersvorsorge", wie es in der Gesetzesbegründung heißt. Sinn und Zweck der neuen Gesetzesinitiative ist wohl eher, dass Selbstständige nach gepfändeter Altersvorsorge dem Staat nicht auf der Tasche liegen.

Diskrete Geldanleger mit öffentlich-rechtlichen Rentenleistungen aus gesetzlichen Rentenversicherungen genießen bereits seit Jahren einen Pfändungsschutz. Ihre Bezüge können nur wie Arbeitseinkommen gepfändet werden, sind also jenseits der Pfändungsgrenzen dem Zugriff von Gläubigern entzogen (§ 54 Abs. 4 SGB I). Dies soll nun künftig für alle Altersrenten in gleichem Maße gelten. Hierzu sieht der Gesetzentwurf eine Ergänzung der Zivilprozessordnung um einen neuen Paragrafen vor, den Paragrafen 851c Z 90. Dieser soll bestimmen, dass „Renten, die auf Grund von Verträgen gewährt werden, die der Absicherung des Schuldners im Alter dienen", unter bestimmten Voraussetzungen nur wie Arbeitseinkommen gepfändet werden dürfen.

Im Ergebnis soll der geplante Pfändungsschutz Versicherungsnehmern von privaten Lebensversicherungen künftig im Insolvenzfall in etwa die gleiche Rente zukommen lassen „wie einem Bezieher einer Rente aus der gesetzlichen Rentenversicherung"[173]. Letzteres soll durch einen zweifachen Pfändungsschutz gewährleistet werden: Zum einen sollen die nach

[173] Vgl. Referentenentwurf, S. 8 bb.

Eintritt des Versicherungsfalles von einem Versicherer zu zahlenden Renten in gleicher Weise wie Renten aus öffentlichen Kassen geschützt werden, d.h. nicht schrankenlos, sondern nur wie Arbeitseinkommen innerhalb der Pfändungsgrenzen der Zwangsvollstreckung unterliegen. Zum anderen plant die Bundesregierung, auch das angesparte Versicherungskapital zu schützen. Dies vor dem Hintergrund, dass Gläubiger nicht mehr – wie bisher – vor Eintritt des Versicherungsfalles das Recht auf Rückvergütung des Vorsorgekapitals zusammen mit dem Recht auf Kündigung des Versicherungsvertrages pfänden können. Auch dieses Kündigungsrecht wird daher in dem Umfang pfändungsfrei gestellt, in dem eine Pfändung im Versicherungsfall die Zahlung einer unpfändbaren Rente verhindern würde.

Mit einem umfassenden Insolvenzprivileg, wie etwa nach Liechtensteiner Tradition, ist die neue Gesetzesinitiative allerdings nicht vergleichbar. So soll das Pfändungsprivileg nur für solches Vorsorgekapital gelten, das von dem Schuldner unwiderruflich seiner Altersvorsorge gewidmet ist, wenn er die Versicherungsleistungen nicht zu einem anderen Zweck als den der privaten Altersvorsorge nutzt. Dies ist dann der Fall, wenn gewährleistet ist, dass die Leistungen aus dem angesparten Kapital erst mit dem Eintritt des Rentenfalls, also ab dem 65. Geburtstag, oder bei Eintritt der Berufsunfähigkeit und die Leistungen dann nicht in einer Summe, sondern als lebenslange Rente erbracht werden. Es darf also kein Kapitalwahlrecht (außer für den Todesfall) vereinbart sein.

Außerdem soll der Pfändungsschutz auf den für die Existenzsicherung im Alter notwendigen Bedarf begrenzt bleiben. Unpfändbar ist daher nur der Teil des Vorsorgekapitals, der notwendig ist, um im Versicherungsfall eine erforderliche Rente zu erlangen, welche dem Existenzminium entspricht, d.h. eine Rente in Höhe der jeweiligen Pfändungsfreigrenze. Darüber hinausschießende Beträge können von den Gläubigern ungehindert abgeschöpft werden.

Gar kein Pfändungsschutz besteht für die private Renten- oder Lebensversicherungspolice dann, wenn der Schuldner den für die Existenzsicherung im Alter notwendigen Bedarf aus anderen Einkünften finanzieren kann (beispielsweise aus Mieteinnahmen usw.). Ebenso keinem Pfändungsschutz unterliegen Kapitallebensversicherungen, die nicht nur der Altersvorsorge, sondern allgemein dem Zweck der Vermögensbildung dienen oder als Kreditsicherheit verpfändet sind.

Des Weiteren muss der Schuldner unwiderruflich darauf verzichten, über seine Ansprüche aus dem Versicherungsvertrag, etwa durch Abtretung oder Kündigung, zu verfügen. Außerdem muss die Bestimmung eines Dritten als Berechtigten, außer für den Todesfall, ausgeschlossen sein. Das kann fatale Folgen haben: Da kein Bezugsberechtigter bestimmt werden darf, fällt das Versicherungsguthaben im Fall des vorzeitigen Todes des Schuldners in den Nachlass und damit den Erben zu, welche – sofern sie die Erbschaft nicht ausschlagen – auch für die Schulden geradestehen müssen. Im Extremfall geht dann das ganze Ersparte den Bach hinunter.

Welchen Betrag ein überschuldeter Selbstständiger, der seine Altersvorsorge in die Hand einer deutschen Kapitallebensversicherungspolice gelegt hat, vor dem Zugriff seiner Gläuber retten kann, liegt letztlich in den Händen des Versicherungsmathematikers, der unter Zugrundelegung der im Zeitpunkt der Pfändung maßgebenden Freigrenzen für Arbeitseinkommen sowie diverser anderer Unterhaltsverpflichtungen des Schuldners die Höhe des unpfändbaren Deckungskapitals ermittelt. Da eine exakte Berechnung des gläubigergeschützten Deckungskapitals von vielen veränderlichen Faktoren abhängt – wie der Kapitalmarktsituation, dem Sterblichkeitsrisiko usw. –, sieht der Referentenentwurf eine Pauschalierung des geschützten Vorsorgevermögens vor. Wie hoch diese pauschalierten Werte sein sollen, darüber scheiden sich noch die Geister.

**Fazit für deutsche diskrete Geldanleger:** An einer liechtensteinischen Lebensversicherung geht aus heutiger Sicht kein Weg vorbei, wenn Vermögen diskret angespart und vor Zugriffen Dritter bewahrt werden soll. Die Angebotspalette der liechtensteinischen Lebensversicherer ist vielfältig; da kann für jeden Anlegertyp etwas Passendes zurechtgeschnitzt werden. Nachfolgende Ausführungen bieten einen Überblick.

## Versicherungsprodukte im Überblick

Das liechtensteinische Versicherungsaufsichtsgesetz beinhaltet einen weniger strikten Versicherungsbegriff als beispielsweise das deutsche Recht. So können in Liechtenstein „Lebensversicherungen" abgeschlossen werden, die eigentlich gar keine sind, weil sie nichts anderes darstellen als reine Sparversicherungen mit garantierten Erlebensfallleistungen, ohne Todesfallschutz (so genannte Kapitalisationsversicherungen). Als Kapitalisationsgeschäfte gelten Geschäfte, denen ein mathematisches Verfahren zugrunde liegt, wobei gegen im Voraus festgesetzte einmalige oder regelmäßig wiederkehrende Zahlungen bestimmte Verpflichtungen übernommen werden, deren Dauer und Höhe genau festgelegt sind.

Beim Kapitalisationsprodukt zahlt der Versicherungsnehmer laufend während der vereinbarten Prämienzahlungsdauer – oder einmalig – Prämien ein. Im Erlebensfall erhält er die vereinbarte Versicherungssumme, zuzüglich aufgelaufener Gewinnbeteiligungen, ausbezahlt. Stirbt er während der Vertragsdauer, wird das *Deckungskapital* fällig. Das Deckungskapital ist die von der Versicherungsaufsichtsbehörde verlangte Sicherstellung des Kapitals, das benötigt wird, um jederzeit die Verpflichtung gegenüber den Versicherungsnehmern erfüllen zu können. Im Klartext heißt dies, dass die Hinterbliebenen von einer Kapitalisationsversicherung nur das bis dato mit dem garantierten (technischen) Zinssatz[174] verzinste Sparkapital plus die Gewinnbeteiligung zurückerwarten können.

Bei der *fondsgebundenen Kapitalisationsversicherung* kann der Versicherte seine Prämien beispielsweise in diejenigen Anlagefonds investieren, die in einem *Anlagestrategieplan* des Versicherers enthalten sind. Selbstverständlich kann sich der Anleger auch sein eigenes Versicherungsfondsdepot zusammenstellen, wobei die Auswahl auf bestimmte Fonds begrenzt sein kann. Bei Vertragsablauf erhält der Versicherungsnehmer im Erlebensfall das entsprechende Anteilguthaben ausbezahlt.

### Gemischte Kapitallebensversicherung gegen Einmaleinlage

Die *gemischte Lebensversicherung* vereinigt Sparvorgang mit Risikoschutz. Unterschied zur Kapitalisationsversicherung: Bei der gemisch-

[174] Derzeit 2,5 Prozent.

ten Lebensversicherung erhält der Versicherungsnehmer bei Vertragsablauf im Erlebensfall, also auch wenn die versicherte Person während der Vertragslaufzeit verstirbt, immer die volle vereinbarte Versicherungssumme ausbezahlt, zuzüglich eines vorhandenen Überschusses, soweit dieser einem Überschuss-Sparkonto gutgeschrieben wurde. Beim Kapitalisationsprodukt leistet der Versicherer wie oben gesehen nur das Deckungskapital, also das zum technischen Zinssatz verzinste Sparkapital plus die aufgelaufenen Überschüsse. Mit einer gemischten Kapitallebensversicherung gegen Einmaleinlage[175] deckt der diskrete Geldanleger sein Todesfallrisiko und bildet gleichzeitig Kapital für den Erlebensfall, ganz diskret, ohne Bankverbindung und Nummernkonto.

Die Versicherungssumme wird entweder im Versicherungsfall oder spätestens bei Vertragsablauf (im Erlebensfall) diskret ausbezahlt. Bei Eintritt des versicherten Ereignisses, also im Todesfall, erhalten die Begünstigten einen eigenen, direkten Anspruch.

Versicherungsschutz besteht grundsätzlich ab dem in der Police angegebenen Tag. Doch schon während der Antragsprüfung genießt der diskrete Geldanleger einen „provisorischen" Versicherungsschutz, der im Übrigen wie der „definitive" weltweit gilt. Der provisorische Versicherungsschutz beginnt, sobald der Anleger bei der Versicherungsgesellschaft vorgesprochen hat und der Antrag unterschrieben wurde, bzw. frühestens ab dem für das Inkrafttreten der Versicherung vereinbarten Datum. Die provisorische Deckung beträgt im Regelfall maximal 250.000 Schweizer Franken.

Gemischte Lebensversicherungen lassen sich auch in Form einer aufgeschobenen lebenslänglichen Leibrentenversicherung mit jährlichen garantierten Renten abschließen. Die jährliche Überschussbeteiligung wird hier auf einem zinstragenden Konto thesauriert und im Todesfall oder am Ende der Aufschubzeit in einer Summe ausbezahlt oder zu Beginn der Rentenzahlungen in eine Zusatzrente umgewandelt. Überschüsse entstehen stets dann, wenn der Kapitalertrag höher ist und/oder die Entwicklung der gedeckten Risiken und die Kosten vorteilhafter sind, als es die der Prämienberechnung zugrunde gelegten Annahmen voraussehen lassen.

---

[175] Daneben besteht auch die Möglichkeit, Beträge in unregelmäßigen Abständen in ein Prämiendepot einzubezahlen, das entsprechend verzinst wird und aus dem die fälligen Jahresbeiträge entnommen werden.

### Fondsgebundene Lebensversicherungen

Fondsgebundene Lebensversicherungen kombinieren die steuerlichen Vorteile einer Versicherungspolice mit den Ertragschancen am Kapitalmarkt. Bei einer *fondsgebundenen Lebensversicherung auf den Erlebens- und Todesfall* wählt der Anleger vor Vertragsbeginn zwischen diversen Anlageplänen aus, die der Versicherer für ihn zusammengestellt hat. Mit dem Anlageplan bestimmt der Anleger das Quotenverhältnis Aktien–Renten, nach welchem seine Prämien aufgeteilt werden. Änderungen der Anlage sind jederzeit möglich, wobei die gegenwärtigen Fonds zum Rücknahmepreis veräußert und die neuen Fonds zum Ausgabepreis ins Depot genommen werden.

Bei fondsgebundenen Lebensversicherungen bestimmt sich das Anteilguthaben immer durch Multiplikation der Anzahl der der Police zuordenbaren Fondsanteile mit dem Rücknahmepreis des jeweiligen Fondsanteils am Stichtag. Diskrete Geldanleger sollten darauf achten, dass der Versicherer im Erlebensfall das gegenwärtige Anteilguthaben ohne jegliche Abschläge auszahlt. Im während der Vertragslaufzeit eintretenden Todesfall erhalten die Begünstigten entweder das aktuell vorhandene Anteilguthaben (Gesamtwert der Fonds) oder aber mindestens das Inventardeckungskapital einer analogen nicht fondsgebundenen Versicherung.

*Beispiel:* Beträgt das Anteilguthaben im Todeszeitpunkt 250.000 Schweizer Franken, würde sich aber bei einer konventionellen Kapitallebensversicherung unter Zugrundelegung derselben Beitragsleistung und Laufzeit eine Todesfallleistung von 300.000 Schweizer Franken errechnen, erhalten die Begünstigten der versicherten Person 300.000 Schweizer Franken. Würde im umgekehrten Fall das Anteilguthaben mehr als 300.000 Schweizer Franken betragen, würden die Begünstigten dieses Anteilguthaben erhalten.

Bei *fondsgebundenen Leibrentenversicherungen* sind Änderungswünsche bezüglich der Anlagestrategie nur an jedem Fälligkeitszeitpunkt einer Rente zulässig. Nach Ablauf der Aufschubdauer (das ist die Sparphase bis zum gewählten Rentenbeginn) ist das Guthaben entweder in Form einer Rente auszahlbar oder der Versicherte übt eine Option zur Kapitalablöse der Rente aus. Im Erlebensfall wird stets das bei Vertragsablauf vorhandene *Anteilguthaben* ausbezahlt.

# Anlagebeispiele

## Policen aus der Produktreihe „VipValor" von ValorLife

Die VipValor-Policen der ValorLife-Lebensversicherung in Vaduz/ Liechtenstein sind Kapital bildende Policen auf Basis eines fondsgebundenen Anlage- und Versicherungskonzeptes. Für die beiden angebotenen Modelle „Standard" und „Privatissimo" gelten gemeinsam:

- Ein Todesfallschutz während der Kapitalbildungsphase (auf Wunsch des Kunden);
- die Auszahlung in Form von lebenslänglichen Renten nach Abschluss der Aufbauphase;
- die Einzahlung von zusätzlichen Einlagen in bestimmten Mindestbeträgen;
- eine Geldanlage in ausgewählte Qualitätsfonds, wobei der Anleger die Anlagestrategie selbst bestimmt und auch ggf. ändern kann;
- die Anlagen können in Schweizer Franken, Euro oder US-$ erfolgen, jeweils mit der Diskretion des Finanzplatzes Liechtenstein.

Die VipValor-Standard-Version spricht in erster Linie den Kleinsparer an und ist eine gewöhnliche fondsgebundene Lebensversicherung. Investiert wird in Fonds der Schweizer Großbank United Bank of Switzerland (UBS). Die Mindesteinlage beträgt 20.000 Schweizer Franken. Die Einlagesumme kann jederzeit in Schritten von mindestens 5.000 Schweizer Franken erhöht werden.

*Beispiel*: Hans Mustermann, geboren am 1.5.1950, schließt eine VipValor *Standard* gegen Einmaleinlage von 300.000 Schweizer Franken ab. Die Vertragsdauer beträgt 10 Jahre. Das Anlagekapital wird abzüglich einer Abschlusskommission von insgesamt 3,5 Prozent (= 10.500 Schweizer Franken) in Anlagestrategiefonds der UBS AG angelegt. Das Anlagekapital von 289.500 Schweizer Franken wird zu je 50 Prozent verteilt auf die beiden Fonds „UBS (Lux) Strategy Fund Balanced B" und die „UBS (Lux) Strategy Fund, Growth". Im Zeitpunkt des Vertragsabschlusses weisen die beiden Fonds eine (angenommene) Rendite von 8,3 bzw. 10,7 Prozent auf. Herr Mustermann kann sich am Ende der Vertragsdauer einen Betrag von über 691.700 Schweizer Franken vor Steuern auszahlen lassen. Er kann sich die Summe aber auch – aus Altersvorsorgegesichtspunkten – in einer maßgeschneiderten lebenslänglichen Rente auszahlen lassen.

Beim VipValor *Privatissimo* hat der Versicherungsnehmer die freie Wahl einer individuellen Kapitalanlage oder Anlagestrategie, die er durch die Bank seiner Wahl verwalten lassen kann. Als Referenzwährungen gelten der Schweizer Franken, der Euro sowie der US-Dollar. Hat der Anleger keine geeignete Bank, kann er sein Depot auch durch den Versicherer und seine Partnerbank verwalten lassen. Er kann hierzu nach seinem Anlageziel und seiner Präferenz entsprechend zwischen drei verschiedenen, individuell verwalteten Anlagestrategien wählen. Die Anlagestrategie „Vermögen" stellt mit einem Aktienanteil von nur 40 Prozent die konservativste Schiene dar. Geldanleger, die sich in der Vergangenheit für die Anlagestrategie „Vermögen" entschieden haben, erzielten Renditen von – je nach Referenzwährung – 9 (Schweizer Franken) bis 10 Prozent (Euro). Mit 65 Prozent Aktienanteil stellt die Anlagestrategie „Zuwachs" das Mittelmaß zwischen konservativer und spekulativer Geldanlage dar. Zuwachsportfolios werden vorwiegend mit internationalen Aktien bestückt. Anleihen werden nur zur Erwirtschaftung von regelmäßigem Ertrag beigemischt, wobei auch Geldmarktanlagen einen Bestandteil bilden. Investoren, die sich für die Strategie „Zuwachs" entschieden haben, konnten sich über Renditen zwischen 11 Prozent (Schweizer Franken) und 12 Prozent (Euro) freuen. Die Anlagestrategie „Dynamik" zielt auf die hundertprozentige Aktienanlage ab. „Dynamik" setzt einen langfristigen Zeithorizont voraus und auch die Bereitschaft, größere Kursschwankungen auszusitzen. Mutige Anleger, die sich getraut haben, im Rahmen der Anlagestrategie „Dynamik" alles auf eine Karte zu setzen, konnten bislang Zuwachsraten zwischen 15 Prozent (Schweizer Franken) und 12 Prozent (US-$) verbuchen. Eine einmal gewählte Anlagestrategie kann der Anleger aber jederzeit abändern.

Die VipValor *Privatissimo* spricht also alle diejenigen Anleger an, die über ein großes Wertpapierdepot verfügen, das sie in eine Versicherung einbringen möchten, also das Private Banking mit dem Policengeschäft verbinden wollen. Die Privatissimo spricht aber auch all jene Anleger an, die ihr Depot nicht bei der Steuererklärung angeben wollen. Nach Integration des Wertpapierdepots in die Versicherung erscheint im

Außenverhältnis nur noch eine Police mit einem entsprechenden Policenwert[176], aber kein Wertpapierdepot.

Die Mindesteinlage bei VipValor Privatissimo beträgt 250.000 Schweizer Franken; die Einlagesumme kann jederzeit um jeweils mindestens 50.000 Schweizer Franken erhöht werden. Die VipValor-Privatissimo-Version ist auch mit jährlich wiederkehrenden Prämien als VipValor Crescendo möglich. Als Mindestbestand gilt ein Betrag von 200.000 Schweizer Franken. Darüber hinausgehende Beträge können jederzeit zurückgenommen werden. So ist etwa bei einer vorzeitigen Pensionierung die Festlegung jährlicher Teilrückkäufe im Voraus möglich. Der laufende Kapitalbedarf kann somit bis zum Rentenbeginn abgedeckt werden.

Nach Ablauf der Kapitalaufbauphase ermittelt die ValorLife die Höhe einer lebenslänglichen Leibrente auf Grund des Anlagewertes unter Berücksichtigung der dann gültigen Rententarife und Bedingungen. Die optionale Todesfalldeckung kann mit 20 Prozent der Anlagesumme, aber maximal 100.000 Schweizer Franken ohne Gesundheitsprüfung eingeschlossen werden.

Diskrete Geldanleger, die ihre VipValor-Versicherung direkt bei der Versicherungsgesellschaft abschließen, können mit einer niedrigeren Abschlusskommission rechnen. Der diskrete Anleger spart in diesem Fall die Prämie für den Versicherungsmakler.

**ValorLife Lebensversicherung AG**
Heiligkreuz 43 FL-9490 Vaduz
Telefon: +423 399 29 50
E-Mail: info@valorlife.li
www.valorlife.com

## Liechtenstein FundLife-Policen von CapitalLeben

CapitalLeben bietet seine Produkte unter dem Oberbegriff Liechtenstein FundLife an. Sie wird in zwei Versionen angeboten: zum einen als CapitalOpen und zum anderen als PensionOpen.

Die CapitalOpen ist eine anlagegebundene Lebensversicherung auf den Erlebens- und Todesfall. Bei Ablauf oder vorzeitigem Versicherungs-

---

176 Der Policenwert entspricht allerdings der Summe der Inventarwerte der Fonds in jeweiliger Referenzwährung, vermindert um eventuell geschuldete Risikoprämien für den Todesfallschutz und diverser anderer Kosten, die der Versicherungsnehmer zu tragen hat.

fall wird der dann aktuelle Wert des Deckungsstockes ausgezahlt – in bar oder durch Wertpapierübertrag.

Die PensionOpen bezeichnet man als anlagegebundene, aufgeschobene Rentenversicherung. Bei Ablauf der Versicherung hat der Versicherungsnehmer die Wahl zwischen der Auszahlung des Deckungsstockes, der Auszahlung als lebenslange Rente, in Form einer Zeitrente (z.B. 10 Jahre) oder einer Kombination aller drei Möglichkeiten.

Für beide Tarife gilt ein frei vereinbarer Mindesttodesfallschutz zwischen 10 Prozent und 60 Prozent der vereinbarten Beitragssumme. Dies ist gedacht als „Abfederung nach unten" im Fall, dass der Wert des Deckungsstockes im vorzeitigen Versicherungsfall aufgrund volatiler Marktveränderungen den gewählten Wert unterschreitet.

Die sonstigen Rahmenbedingungen der CapitalOpen oder PensionOpen sind dann wieder gleich. Der Abschluss ist möglich ab einer Einmalprämie von mindestens 100.000 Euro und/oder einer jährlichen Beitragszahlung von 10.000 Euro. Die Laufzeit eines Versicherungsvertrages kann bis zu 99 Jahre betragen, das Eintrittsalter des Versicherungsnehmers kann zwischen 18 und 99 liegen.

CapitalLeben bezeichnet seine Angebote mit dem Begriff Private Insuring. Damit ist gemeint – in Anlehnung an das Private Banking der Banken –, dass im Rahmen der Versicherungslösung individuelle Vermögensverwaltung betrieben werden kann. Zum einen kann sich der Versicherungsnehmer die Bank bzw. den Vermögensverwalter seiner Wahl aussuchen. Dort erfolgt dann im Namen der CapitalLeben die Steuerung der gewählten Assets (Kauf, Verkauf, Umschichtung).

Für die Dauer der Lebensversicherung erfolgt diese Anlage weitgehend steuerfrei. Dies bedeutet z.B. einen nicht unerheblichen Steuerstundungseffekt für den Versicherungsnehmer, denn in seinem privaten Vermögensdepot wären permanente Steuerzahlungen auf Erträge und ggf. Verkäufe fällig.

Weiterhin besteht für Geldanleger die Möglichkeit, fast das gesamte Anlageuniversum zu nutzen. Die Wertpapieranlagen beschränken sich nicht nur auf inländische Investmentfondsanteile. Sofern es sich um depot- und bewertungsfähige Anlagen handelt, können Einzeltitel wie Aktien, ausländische Investmentfonds, Optionen, Zertifikate, Wandelanleihen, Schuldscheindarlehen, Festzinsanleihen, Gewinnobligationen, Hedgefonds, Private-Equity-Beteiligungen etc. in den Deckungsstock eingebracht werden. Dabei ist es unerheblich, ob die Prämienzahlung in Form von Geldüberweisung oder als Einbringung bereits vorhandener Wertpapiere erfolgt.

Weitere Zusatznutzen für den Anleger als Versicherungsnehmer sind z.B. zinslose Policendarlehen zur Erhöhung der Fungibilität einer CapitalOpen oder PensionOpen oder die völlige Transparenz des Produktes. Der Versicherungsnehmer weiß immer aktuell, wie sich der Wert seiner Lebensversicherung entwickelt (keine Black Box wie bei herkömmlichen Anbietern).

Sofern die Rahmenbedingungen dem deutschen Alterseinkünftegesetz angepasst sind (Mindestlaufzeit 12 Jahre, frühester Auszahlungstermin der Versicherung ist das Erreichen des 60. Lebensjahres) erfolgt die Besteuerung der ausgezahlten Gewinne nur zur Hälfte mit dem persönlichen Steuersatz des Versicherungsnehmers (CapitalOpen) oder dem geringen Ertragsanteilsatz (PensionOpen).[177]

In Summe bietet die CapitalLeben damit eine Konstruktion an, die im Besonderen für langfristig orientierte Anleger ein hohes Maß an Flexibilität bietet, eingebettet in europäische und nationale rechtliche Rahmenbedingungen.

**CapitalLeben Versicherung AG**
Laurentiusplatz, FL-9494 Schaan
Telefon: +423 377 70 00
E-Mail: office@capitalleben.li
Büro Deutschland: d.eckhardt@capitalleben.li
www.capitalleben.li

## Der Lebensversicherungs-Policenvertrag – das Kleingedruckte

### Grundlagen des Vertrages

Bestandteil eines jeden Versicherungsvertrages sind der Versicherungsantrag, die Police, die Allgemeinen Versicherungsbedingungen mit

177 Vgl. unten Teil X Steuerliche Hinweise für deutsche diskrete Geldanleger, Seite 278.

ggf. besonderen Bedingungen sowie bei fondsgebundenen Versicherungen die Anlagereglemente.

- **Versicherungsnehmer, versicherte Person und Begünstigter**

Versicherungsnehmer ist derjenige, der gegenüber der Versicherung auftritt und den Vertrag abschließt. Versicherte Person ist jene Person, auf deren Leben die Versicherung abgeschlossen worden ist. Begünstigter oder Bezugsberechtigter ist derjenige, der als Leistungsempfänger benannt ist. Bekannt und legitimiert ist dem Versicherer gegenüber der Versicherungsnehmer. Ist der diskrete Geldanleger Versicherungsnehmer und zugleich versicherte Person, zahlt der Versicherer Leistungen nach seinem Ableben entweder nach entsprechenden Weisungen (Begünstigungen) aus oder – sofern keine anders lautende Erklärung vorliegt – an den Ehegatten, bei dessen Fehlen an die Kinder und bei deren Fehlen an die gesetzlichen Erben des diskreten Geldanlegers. Ist der diskrete Geldanleger Versicherungsnehmer und Bezugsberechtigter, aber nicht auch die versicherte Person, erhält er vertragliche Todesfallleistungen nur unter Vorlage eines amtlichen Todesscheins der versicherten Person.

- **Pflichtinformationen über das Einlagekapital**

Strenge Vorschriften zur Bekämpfung der Geldwäsche und dem internationalen Standard entsprechende „Know-your-Customer"-Regelungen zwingen liechtensteinische Versicherer zur Verifizierung der in eine Lebensversicherung eingebrachten Gelder. Der Versicherungsnehmer muss hierzu bestätigen, dass er der wirtschaftlich Berechtigte ist, oder die wirtschaftlich berechtigten Personen angeben. Ab ca. 500.000 Schweizer Franken oder Gegenwert in Euro müssen liechtensteinische Versicherungsgesellschaften auch die persönliche und berufliche Situation des wirtschaftlich berechtigten Versicherungsnehmers abklären. Abzuklärende Punkte sind u.a. Familienzusammensetzung, die Ausübung öffentlicher Ämter, die berufliche Situation, Angaben zum jährlichen Umsatz (bei Selbstständigen) sowie der Ursprung und die Herkunft der für die Prämienfinanzierung verwendeten Gelder (z.B. aus beruflicher Tätigkeit, aus Scheidung, aus Erbschaft oder Schenkungen, jeweils unter Angabe der Daten des Erblassers/Schenkers, aus dem Verkauf von Immobilien oder sonstiger Anlagen).

- **Kündigung/Liquidation**

Soll das Versicherungsverhältnis gekündigt werden, ist dies im Regelfall frühestens nach einem Jahr Vertragslaufzeit möglich. Der diskrete Geldanleger kann den Rückkauf oder die Umwandlung seiner Versicherung verlangen. Der Rückkauf erfolgt zum aktuellen Rückkaufswert, welcher sich aus dem aktuellen *Inventardeckungskapital*, gekürzt um einen entsprechenden Rückkaufsabzug, errechnet. Der Rückkaufswert ist stets niedrig und für den Versicherten ein schlechtes Geschäft. In vielen Fällen mag es daher vorteilhafter sein, die Versicherungssumme zu beleihen. Im Regelfall können bis zu 90 Prozent des Rückkaufswertes beliehen werden. Bei fondsgestützten Policen kann allerdings im Regelfall jederzeit der Wert des Depots als Rückkauf des Vertrages bezogen werden.

- **Umwandlung**

Soll die Versicherungspolice umgewandelt werden, wird der Rückkaufswert (ist das Anteilguthaben, gekürzt um einen entsprechenden Rückkaufsabzug) als Einlage für eine andere prämienfreie Versicherung verwendet. Hat der diskrete Geldanleger beispielsweise eine fondsgebundene Lebensversicherung abgeschlossen, wandelt der Versicherer die Police in eine prämienfreie, nicht fondsgebundene, lebenslänglich zahlbare Leibrente mit demselben Rentenzahlungsbeginn um.

- **Auszahlung der Lebensversicherungspolice bei Fälligkeit**

Ob im Versicherungs- oder im Erlebensfall: Liechtensteinische Versicherer zahlen die Versicherungsleistung diskret auf jedes gewünschte Konto. Der Anleger bestimmt, wer Bezugsberechtigter sein soll. Werden vom Versicherungsnehmer bestimmte Begünstigte bestimmt, fallen die Ablaufleistungen beim Tod des Versicherungsnehmers nicht in dessen Nachlass. Den Hinterbliebenen wird dadurch ein langwieriges Verlassenschaftsverfahren erspart. Als begünstigt geltende Hinterbliebene können die Leistungen einer Liechtenstein-Lebensversicherung auch dann annehmen, wenn sie die übrige Erbschaft ausschlagen.

Hat der diskrete Geldanleger keine begünstigte(n) Person(en) bestimmt, zahlt die Gesellschaft im Erlebens- oder – je nach Vertragsgestaltung auch im Erwerbsunfähigkeitsfalle – an den Versicherungsnehmer aus. Im Todesfall gelangen der Ehepartner oder die Kinder an das Geld.

Hat die versicherte Person weder Kinder noch andere Nachkommen, zahlen die Lebensversicherer an Eltern oder Geschwister sowie an die übrigen Erben aus. Zu den „übrigen Erben" gehören keine Drittpersonen. Diese müssen als begünstigte Personen im Vertrag ausdrücklich genannt sein. Bei Auszahlung der Versicherungsleistung ergehen keine Meldungen an ausländische Behörden.

- **Provisorischer Versicherungsschutz**

Bei Versicherungen auf den Erlebens- und Todesfall tritt bereits provisorischer Versicherungsschutz ein, sobald der ausgefüllte und unterzeichnete Antrag beim Versicherungsunternehmen eingegangen ist. Der provisorische Versicherungsschutz beträgt für liechtensteinische Lebensversicherungen im Höchstfall 200.000 Schweizer Franken pro versicherte Person. Kein provisorischer Versicherungsschutz besteht bei fondsgebundenen Lebensversicherungen. Hier beginnt der Versicherungsschutz zu dem im Antrag festgehaltenen Zeitpunkt, jedoch frühestens mit dem Eingang der ersten Einlage beim Versicherer.

- **Rücktrittsrecht**

Diskrete Geldanleger können im Regelfall innerhalb von 14 Tagen nach Abschluss des Versicherungsvertrages diesen schriftlich widerrufen.[178] Die Frist beginnt mit Zugang der Versicherungspolice, jedoch erst, wenn das Versicherungsunternehmen alle Unterlagen vollständig vorgelegt hat. Vorzulegen sind neben der Police auch die Versicherungsbedingungen. In allen Fällen muss der Versicherer den Versicherungsnehmer über sein Rücktrittsrecht und die Widerspruchsfrist schriftlich belehrt haben. Ist dies nicht geschehen, endet die Widerspruchsfrist erst nach *einem Jahr*. Kosten darf das Unternehmen im Rücktrittsfall nicht berechnen.

- **Nachweise bei Eintritt der versicherten Ereignisse**

Zur Begründung der Versicherungsansprüche müssen im Allgemeinen folgende Unterlagen eingereicht werden: Die Versicherungspolice, eine beglaubigte Pass- oder Ausweiskopie des/der Anspruchsberechtigten, bei Tod der versicherten Person zusätzlich ein amtlicher Todesschein und

[178] VipValor-Versicherungen der ValorLife binnen 30 Tagen, Art. 3 AVB, Stand August 2005.

ein ärztliches Zeugnis über die Todesursache. Der Versicherer überweist die geschuldeten Leistungen innerhalb von 5 Arbeitstagen nach Erhalt des Anspruchsnachweises auf das von der anspruchsberechtigten Person bezeichnete Konto. Ist keine Zahladresse bekannt, erfüllt der Versicherer seine Zahlungspflicht am Sitze der Gesellschaft. Können die der Police zugrunde liegenden Referenzaktiven nicht innerhalb von sechs Wochen nach Fälligkeit der Leistung realisiert werden, werden den Anspruchsberechtigten die nicht realisierten Aktiven übergeben.

- **Leistungseinschränkungen im Todesfall**

In den Versicherungsbedingungen der liechtensteinischen Versicherer befinden sich im Allgemeinen folgende Einschränkungen: Stirbt die versicherte Person

- durch Suizid oder als Folge einer Krankheit innert dreier Jahre nach dem Inkrafttreten der Versicherung,
- infolge freiwilliger Teilnahme an Aufständen oder bürgerkriegsähnlichen Wirren politischer, wirtschaftlicher oder sozialer Art,
- in der direkten oder indirekten Folge eines kriegerischen Ereignisses oder einer anderen militärischen Handlung,
- in der Folge eines Flugunfalls, an dem sie als Militärpilot beteiligt war,

zahlen die Versicherer im Regelfall lediglich den Policenwert (vgl. Fn. 176) bzw. den Betrag aus, der der Deckungsrückstellung entspricht. Die Deckungsrückstellung errechnet sich aus der Anzahl der in der Versicherung gehaltenen Fondsanteile mit dem jeweiligen Rücknahmepreis. Ebenfalls zu Leistungseinschränkungen in Form der Auszahlung einer bloßen Deckungsrückstellung kommt es im Regelfall bei Ableben infolge der Teilnahme an Wettfahrten oder zugehörigen Trainingsfahrten in einem Land-, Luft- oder Wasserkraftfahrzeug oder bei Ableben infolge der Ausübung einer gefährlichen Sportart (z.B. Extremklettern, Fallschirmspringen, Tiefseetauchen) sowie bei Ableben infolge länger dauernden Aufenthaltes in klimatisch ungünstigen Zonen usw.

Bewirkt eine zweite oder weitere Einlage eine Erhöhung des Versicherungsschutzes, so beginnt eine neue Frist von drei Jahren ausschließlich für die Erhöhung. Ist der Policenwert bzw. die Deckungsrückstellung auf null abgesunken, erlischt die Risikodeckung im Todesfall automatisch.

- **Anpassung der Anlagepolitik an geänderte Wünsche des Geldanlegers**

Der Versicherungsnehmer kann jederzeit die Zusammenstellung seines Sparguthabens oder die vereinbarte Strategie ändern. Diese Anpassung erfolgt aufgrund einer vom diskreten Geldanleger erteilten schriftlichen Aufforderung. Die Anpassung wird innerhalb der üblichen Bankfristen vorgenommen. Erfolgt eine Anpassung, so stellen die Versicherer im Regelfall Umwandlungskosten nach dem im entsprechenden Zeitpunkt gültigen Reglement in Rechnung. Teilweise kann der Anleger auch bis zu einer gewissen Anzahl im Jahr kostenlos umschichten.

- **Rückkauf des Versicherungsvertrages**

Der diskrete Geldanleger kann durch schriftliche Mitteilung an den Versicherer den vollständigen oder den teilweisen Rückkauf seines Vertrags verlangen. Eine in der Police enthaltene Todesfalldeckung erlischt ganz oder teilweise im Zeitpunkt des Rückkaufs. Erteilt der Geldanleger keine anders lautenden Weisungen, so werden Teilrückkäufe anteilsmäßig über die in der Police vorhandenen Fonds aufgeteilt. Jeder Rückkauf bewirkt Kosten, deren Höhe bei ValorLife erfragt werden kann. Bei vollem Rückkauf werden die Kosten und Risikoprämien direkt vom Rückkaufswert in Abzug gebracht. Bei Teilrückkauf werden die Kosten beim darauf folgenden Quartalsauszug berücksichtigt. Nach Zahlung der ersten Leibrente kann der Vertrag im Regelfall nur noch im Rahmen der dann gültigen Allgemeinen Versicherungsbedingungen für sofort beginnende Leibrenten zurückgekauft werden.

- **Jahresprämien**

Sind Jahresprämien vereinbart, müssen diese zu Jahresanfang bezahlt werden. Bei unterjähriger Zahlungsweise verrechnet der Versicherer im Regelfall einen Zuschlag.

- **Referenzwährung**

Referenzwährung ist diejenige Währung, in der alle Leistungen aus dem Versicherungsvertrag bemessen und bezahlt werden. Diskrete Geldanleger sollten als Referenzwährung diejenige Währung festsetzen, in der sie denken und welche am Wohnsitz gesetzliches Zahlungsmittel ist. Allfällige

Wechselgebühren, die nach Versicherungsabschluss durch den Wechsel der Währung entstehen, gehen zu Lasten des Versicherungsnehmers.

- **Kosten bei Änderungen der Anlagestrategie**

Alle Lebensversicherer räumen ihren Anlegern eine Option zur Änderung des gewählten Anlageplans während der Versicherungsdauer ein. Wird mehr als ein Änderungswunsch pro Jahr ausgesprochen, können entstandene Mehrkosten dem Versicherungsnehmer weiterbelastet werden.

- **Sonstige Nebenkosten und Gebühren**

Die Lebensversicherer können beispielsweise eine von der Höhe der Deckungsrückstellung abhängige laufende Risikoprämie und einen Verwaltungskostenanteil verrechnen. Darüber hinaus werden den Versicherten die gesetzlich vorgeschriebenen Abgaben, Portospesen und Gebühren für Mehraufwendungen, die er veranlasst hat, in Rechnung gestellt. Bankgebühren im Zusammenhang mit dem Vermögensmanagement rechnen die Versicherer im Regelfall gleich von der Deckungsrückstellung ab.

- **Zustelladresse**

Wird vom diskreten Geldanleger eine Zustelladresse in Liechtenstein gewünscht, stehen hierzu stets Adressen von Treuhändern oder Wirtschaftsprüfungsgesellschaften parat, welche als Rechtsdomizil gelten. Es genügt auch die Nennung einer Bank als Zustellungsbevollmächtigte. Manche Lebensversicherer versenden aber die Post im Doppel. Diskrete Geldanleger sollten ihrer Versicherung deshalb ausdrücklich mitteilen, dass sie keine Post an die Wohnsitzadresse geschickt haben wollen.

## Steuerliche Hinweise für deutsche diskrete Geldanleger

Ablaufleistungen aus Kapitallebensversicherungen wie auch Auszahlungen aus fondsgebundenen privaten Rentenversicherungsverträgen (mit Todesfallschutz als Alternative zur Kapitallebensversicherung), die seit dem 1. Januar 2005 abgeschlossen worden sind, unterliegen einer hälftigen Besteuerung, wenn der Vertrag nur die Auszahlung einer monatlichen lebenslangen Rente und erst nach Vollendung des 60. Lebensjahres vorsieht (§ 10 Abs. 1 Nr. 2b EStG) und außerdem erst nach 12 Jahren seit dem Vertragsabschluss ausgezahlt wird (§ 20 Abs. 1 Nr. 6 Satz 2 EStG)[179]. Des Weiteren müssen liechtensteinische Lebensversicherungspolicen als private Vorsorgemodelle, d.h. wie private Leibrentenversicherungen, konzipiert sein, falls der diskrete Geldanleger die Beiträge bei seiner Einkommensteuererklärung als Sonderausgaben im Rahmen „sonstiger Vorsorgeaufwendungen" geltend machen will. Liechtensteinische Lebens- bzw. private Rentenversicherungspolicen dürfen danach nicht vererblich, nicht übertragbar, nicht beleihbar, nicht veräußerbar und nicht kapitalisierbar sein und darüber hinaus darf auch kein Anspruch auf Auszahlungen des Kapitalstocks bestehen (z.B. Auszahlung der Ablaufleistung nach Vertragsende in einem Betrag bei der Kapitallebensversicherung bzw. einmalige Auszahlung des angesparten Fondsguthabens nach Vertragsende).

Unabhängig davon, ob die Beitragzahlungen in eine ausländische Lebensversicherung als Sonderausgaben abgezogen werden können oder nicht, bleiben Erträge aus ausländischen Lebensversicherungen steuerbegünstigt, wenn die Versicherung den obigen Kriterien (nach § 10 Abs. 1 Nr. 2b EStG) entspricht.[180] Ein Sonderausgabenabzug ist dem deutschen diskreten Geldanleger dann versagt, wenn er Prämien an ein Versicherungsunternehmen zahlt, das ihren Sitz außerhalb eines Mitgliedstaats der EU hat und das Versicherungsgeschäft in Deutschland nicht betreiben darf. Dies wäre beispielsweise bei schweizerischen Lebensversicherungen gegeben. Liechtenstein hingegen gehört zum Europäischen Wirtschaftsraum. Prämien an liechtensteinische Lebensversicherer können dann als Sonderausgabe abgezogen werden, wenn die liechtensteinische Versicherungsgesellschaft mit Sitz in Liechtenstein das Versicherungsgeschäft in Deutschland betreiben darf bzw. ihr eine Erlaubnis zum Geschäftsbetrieb im Inland erteilt wurde.[181]

---

179 Jeweils in der geänderten Fassung durch das so genannte „Alterseinkünftegesetz" v. 5.7.2004 BGBl. I S. 1427.

180 FG Baden-Württemberg, Urt. v. 14.10.2004, 3 K 399/01 DStRE 2005 S. 639. In diesem Fall waren Zinsen und Überschussbeteiligungen aus einer schweizerischen Lebensversicherung von einem deutschen Finanzamt der Besteuerung unterworfen worden.

181 § 10 Abs. 2 Nr. 2a deutsches EStG.

## Steuerliche Hinweise für österreichische diskrete Geldanleger

Geldanlagen in liechtensteinische Lebensversicherungen bewirken für österreichische Geldanleger eine – ganz legale – Steuerstundung, eine steuerbegünstigte Rentenauszahlung bzw. steuerfreie Kapitalauszahlung. Zinsen, Dividenden und Gewinne sind innnerhalb der Versicherung steuerfrei. Liechtensteinische Lebensversicherungen unterliegen keiner Kapitalertragsteuer, keiner Sicherungssteuer, keiner Spekulationssteuer und Fondssteuer. Bei Übertragung eines noch nicht fälligen Lebensversicherungsvertrages kann 1/3 vom Steuerwert der Versicherung schenkungssteuerfrei übertragen werden. Die Versicherung fällt nicht in den Nachlass.

## Steuerliche Hinweise für diskrete Geldanleger aus der Schweiz

Schweizer Staatsbürger schulden eine Stempelabgabe von 2,5 Prozent der Einmalprämie. Wenn der Vertrag eine jährliche und während der ganzen Vertragsdauer konstante Prämie vorsieht, fällt die Stempelabgabe nicht an. Wenn der Versicherungsnehmer nach 5 Jahren die Prämienbefreiung verlangt, ist die Stempelabgabe ebenfalls nicht geschuldet.

# Teil XI

## Diskrete Geldanlagen über einen Treuhänder

Der Beruf des Treuhänders hat in Liechtenstein weitaus mehr Bedeutung als in Deutschland oder in Österreich. Während die Ausübung der Treuhändertätigkeit in Liechtenstein an strenge Voraussetzungen gebunden ist, darf sich in Deutschland oder auch in der Schweiz quasi jedermann „Treuhänder" nennen. Deshalb ist es gerade in diesen Ländern so wichtig, die Spreu vom Weizen zu trennen. Wie diskrete Geldanleger das am besten tun können, wurde bereits in Teil VI erläutert. Geldanlagen über einen Treuhänder sind diskret, aber nicht anonym. Geltende Normen zur Bekämpfung der Geldwäsche verlangen die Feststellung des Treugebers als wirtschaftlich Berechtigten von der das Vermögen verwaltenden Bank. Keinen Schutz und keine Diskretion versprechen dem deutschen diskreten Geldanlager Anderkonten; auch diese sind vom automatischen Kontenabruf nicht ausgenommen. In der Schweizer Bankenpraxis und auch in Liechtenstein spielen Treuhandanlagen eine besondere Rolle. Bei Treuhandanlagen verwalten Schweizer (oder liechtensteinische) Banken Kundengelder auf Treuhandkonten, die auf den Namen der Bank bei ausländischen Drittbanken (Anlagebanken) geführt werden. In angelsächsischen Anlageländern bieten sich Pooled Client's Call Deposit Accounts für diskrete Geldanleger an.

## Was versteht man unter einer Treuhand?

Nach liechtensteinischem Recht ist ein Treuhandverhältnis entstanden, wenn eine Einzelperson, eine Firma oder Verbandsperson bewegliches oder unbewegliches Vermögen eines anderen (des Treugebers) oder ein Recht, welcher Art auch immer, als Treugut im eigenen Namen als selbstständiger Rechtsträger zugunsten eines oder mehrerer Dritter (Begünstigter) mit Wirkung gegen jedermann verwaltet und verwendet.[182] Liechtensteinische Treuhänderschaften stehen insbesondere wegen ihrer absoluten Diskretion in der Gunst ausländischer Anleger. Die liechtensteinische Rechtsordnung zeichnet sich außerdem durch ein strenges Berufsgeheimnis der Treuhänder aus sowie – im Insolvenzfall – durch die Aussonderung der Treugüter aus der Konkursmasse des Treuhänders.

Im deutschen Recht ist die Treuhand nicht geregelt oder definiert. Allgemein unterscheidet man zwischen: (1) der uneigennützigen (fremdnützigen) oder Verwaltungstreuhand und (2) der eigennützigen Treuhand. Bei der eigennützigen Treuhand überträgt der Treugeber (in der Eigenschaft als Schuldner) Wertgegenstände, Forderungen oder sonstige Rechte an den Treuhänder (in der Eigenschaft des Gläubigers bzw. Abtretungsempfängers) mit der schuldrechtlichen Abrede, dass der Treuhänder nur dann über die übertragenen Rechtsgüter verfügen kann, wenn der Treugeber eine dem Treuhänder gegenüber bestehende Verbindlichkeit nicht anderweitig erfüllen kann. Die eigennützige Treuhand stellt also eine Art Forderungsabtretung dar, nur mit dem feinen Unterschied, dass der Abtretungsempfänger (Zessionar) nicht sofort über das abgetretene Gut frei verfügen kann und im Fall einer Leistung des Treugebers zur Rückerstattung der Sicherheiten verpflichtet ist.

Die fremdnützige Treuhand (Verwaltungstreuhand) – und nur diese soll uns im weiteren Verlauf interessieren – bewirkt eine Vollrechtsübertragung, verbunden mit einer schuldrechtlichen Abrede über die Verwaltung von Vermögen im eigenen Namen. So kann auf einem Bankkonto anstatt der eigenen Werte das Guthaben eines Dritten verbucht sein. Der nach außen erscheinende Kontoinhaber ist in solchen Fällen ein Treuhän-

[182] Art. 897 PGR.

der, dem das diskrete Geld als Treugut voll übertragen wurde. Der Treuhänder unterscheidet sich vom Stellvertreter dadurch, dass er nach außen im eigenen Namen auftritt. Gegenüber dem Treugeber ist der Treuhänder durch eine schuldrechtlich wirkende Treuhandabsprache (Treuhandurkunde) gebunden. Bestes Beispiel einer fremdnützigen Treuhand ist die *liechtensteinische Treuhänderschaft.* Hierüber mehr in Teil XII.

## Sorgfaltspflichten der Treuhänder bei der Anlage und Verwaltung fremder Gelder in der Schweiz

Wie im anschließenden Abschnitt „Verdeckte und offene Treuhandkonten" noch dargestellt wird, stellt die die Treuhandgelder verwaltende Bank den Treugeber, also den wirtschaftlich Berechtigten, nur fest, und zwar nach den Angaben des Treuhänders. Weitergehende Prüfungspflichten hinsichtlich der Richtigkeit der Angaben sind erst bei begründetem Verdacht auf Geldwäsche nötig. Diese relativ „freie" und unkontrollierbare Feststellung des wirtschaftlich Berechtigten eines Treuhandkontos setzt hinsichtlich einer möglichen Verschleierung wahrer Vermögensverhältnisse zum Zweck der Geldwäsche bereits beim Treuhänder selbst gewisse Sorgfaltspflichten voraus.

Das schweizerische Bundesgesetz zur Bekämpfung der Geldwäscherei im Finanzsektor (GwG), das am 1. April 1998 in Kraft getreten ist, trägt dem Rechnung. Es verpflichtet Finanzintermediäre, darunter fallen insbesondere Treuhänder bzw. alle Personen, die berufsmäßig fremde Vermögenswerte annehmen oder aufbewahren oder helfen, sie anzulegen oder zu übertragen, sich einer indirekten Beaufsichtigung durch privatrechtlich organisierte Selbstregulierungsorganisationen (so genannte SROs) zu unterwerfen.

Der Berufsverband muss in diesem Zusammenhang u.a. Sorge tragen, dass:

- das Verbandsmitglied seinen Vertragspartner bei der Aufnahme von Geschäftsbeziehungen mittels eines beweiskräftigen Dokuments identifiziert;

- das Verbandsmitglied von seinem Mandanten eine schriftliche Erklärung darüber einholt, wer die wirtschaftlich berechtigte Person[183] ist, wenn
  - der Klient nicht mit der wirtschaftlich berechtigten Person identisch ist oder daran Zweifel bestehen,
  - die Vertragspartei eine Sitzgesellschaft[184] ist,
  - erhebliche Geldsummen bar eingebracht oder umgetauscht werden;
- das Verbandsmitglied den wirtschaftlich Berechtigten erneut feststellt, wenn im Laufe der Geschäftsbeziehungen Zweifel über die wahre Identität aufkommen;
- das Verbandsmitglied die gesetzlichen Dokumentationspflichten beachtet und über sämtliche Transaktionen Belege so erstellt, dass fachkundige Dritte sich ein zuverlässiges Urteil über die Transaktionen und Geschäftsbeziehungen bilden können;
- das Verbandsmitglied bei begründetem Verdacht auf Geldwäsche gegenüber der Zentralstelle zur Bekämpfung des organisierten Verbrechens Meldung erstattet.

Die Berufsverbände als Selbstregulierungsorganisationen unterliegen ihrerseits der Aufsicht durch eine staatliche Kontrollstelle, die die Eidgenössische Finanzverwaltung führt. Die Kontrollstelle überwacht hauptsächlich die Durchsetzung der Reglemente. Verstöße gegen die Reglemente müssen verbandsintern durch Konventionalstrafen oder – in gravierenden Fällen – durch Ausschluss geahndet werden.

## Verdeckte und offene Treuhandkonten

### Allgemeines

Ein Geldanlagekonto kann als *Treuhandkonto* bezeichnet werden, wenn darauf ausschließlich Vermögenswerte eines *Treugebers* verbucht sind. Bei Treuhandkonten stehen Konto (und Depot) dem der Bank gegen-

---

[183] Zum Begriff vgl. in diesem Teil Abschnitt: Die Feststellung des wirtschaftlich Berechtigten (Treugebers), Seite 285.

[184] Hierunter fallen sowohl die eigentlichen Gesellschaften als auch Stiftungen und Trusts. Festzustellen ist, „welche Person oder welche Gruppe von Personen die Gesellschaft dominiert oder einen entscheidenden Einfluss auf sie ausübt".

über Berechtigten nur treuhänderisch zu; effektiver Eigentümer ist also nicht der Kontoinhaber, sondern ein Dritter.

Das Bankgewerbe unterscheidet zwischen *offenen* und *verdeckten* Treuhandkonten. Ein offenes Treuhandkonto liegt vor, wenn ein solches für die Bank erkennbar ist oder unter normalen Umständen erkennbar sein muss (wenn es z.B. den Zusatz „für Herrn oder Frau X" oder „Sonderkonto Y" trägt). Nach ständiger Rechtsprechung des Bundesgerichtshofs gilt ein Treuhandkonto als offen, wenn seine Treuhandnatur der Bank im Zeitpunkt der Kontoerrichtung offen gelegt und ihr deutlich gemacht wird, dass darauf ausschließlich Werte gelangen sollen, die dem Kontoinhaber nur fiduziarisch zustehen.

Ein verdecktes Treuhandkonto liegt vor, wenn es für die Bank als solches nicht erkennbar ist. Verdeckte Treuhandkonten erscheinen der Bank gegenüber als „normale" Giro- oder Festgeldkonten. Vom Namen des Treugebers erhält die Bank keine Kenntnis. Die Bank weiß auch nichts darüber, dass sie anstatt eigener Werte des Kontoinhabers fremde Werte darauf verbucht, welche im Verhältnis des Kunden zu einem Dritten (Treugeber) Letzterem zustehen. Diesbezügliche Offenlegungen würden selbstverständlich auf Kosten der Diskretion geschehen. Denn die Bank hätte dann dem Geldwäschegesetz entsprechend nach dem wirtschaftlich Berechtigten zu fragen. Hält man sich aber bedeckt, setzt man als Treugeber eigenes Vermögen der Pfändung aus, wenn der Treuhänder der Bank gegenüber in Zahlungsverzug gerät. Denn schließlich bleibt bei verdeckten Treuhandkonten das Fremdinteresse im Bankverhältnis unerheblich.

### Die Feststellung des wirtschaftlich Berechtigten (Treugebers)

Als „wirtschaftlich Berechtigter" wird der eigentliche Eigentümer von Vermögenswerten (Bankeinlagen, Geld- oder Wertpapiervermögen) bezeichnet. Der wirtschaftlich Berechtigte ist gegenüber dem treuhänderischen Kontoinhaber im Innenverhältnis weisungsbefugt. Das Verhältnis zwischen dem wirtschaftlich berechtigten Hintermann und dem der Bank gegenüber als Kontoinhaber auftretenden Strohmann ist ein Treuhandverhältnis, wobei der Hintermann der „Treugeber" und der Strohmann der „Treuhänder" ist. Wirtschaftlich Berechtigter ist also nicht beispielsweise das Familienmitglied, das im Einzelfall eine bestimmte Transaktion ausübt, weil der Kontoinhaber derzeit selbst verhindert ist.

In Deutschland ist jeder, der ein Konto oder Depot eröffnen will, das heißt eine dauernde Geschäftsbeziehung mit einem Kreditinstitut anknüpft, den Vorschriften des Geldwäschegesetzes entsprechend zu befragen, ob er für eigene oder fremde Rechnung handelt.

Schweizer Banken gehen bei Eröffnung von Konten und Depots grundsätzlich von der Vermutung aus, dass der Vertragspartner auch der wirtschaftlich Berechtigte ist – was sie laut ihren Standesregeln auch dürfen.[185] Nur wenn Zweifel bestehen, ob der Vertragspartner auch der tatsächliche Eigentümer der zur Verwahrung, Anlage oder für einzelne Transaktionen bestimmten Vermögenswerte ist, holen Schweizer Banken eine schriftliche Erklärung über Name und Adresse des wirtschaftlich Berechtigten ein. Hierzu sind so genannte A-Formulare aufgelegt worden, die vom Kontoinhaber ausgefüllt und unterschrieben werden müssen.[186] Gemäß Artikel 3 der Standesregeln zur Sorgfaltspflicht (VSB 03) muss der wirtschaftlich Berechtigte in Zweifelsfällen[187] festgestellt werden: bei Eröffnung von Konten und Depots, bei der Vornahme von Treuhandgeschäften, bei der Annahme von Aufträgen zur Verwaltung von Vermögen, die bei Dritten liegen, sowie bei der Ausführung von Handelsgeschäften über Effekten und Devisen sowie Edelmetalle und andere Waren über Beträge von mehr als 25.000 Schweizer Franken.

In Belgien ist der wirtschaftlich Berechtigte eines Kontos festzustellen, wenn entweder Zweifel bestehen, ob der Kunde auf eigene Rechnung handelt, oder wenn es offensichtlich ist, dass dieser als Treuhänder auf das Konto nur Vermögen eines anderen platziert.

Luxemburger Kreditinstitute müssen Informationen über die Identität von Personen einholen, für die ein Kunde tätig ist, sofern nicht hinreichend festgestellt werden kann, ob im eigenen Namen und für eigene Rechnung gehandelt wird.

Und österreichische Kreditinstitute fragen auf jedem Kontoeröffnungsformular, ob auf eigene oder fremde Rechnung gehandelt wird. Nach

---

185 Vgl. Art. 3 Vereinbarung über die Standesregeln zur Sorgfaltspflicht der Banken (VSB 03).

186 Vgl. Teil VII Abbildung 6, Formular A, Seite 183.

187 Zweifel sind u.a. angebracht: bei Erteilung einer Vollmacht an eine Person, welche erkennbar nicht in einer genügend engen Beziehung zum Vertragspartner steht, oder wenn die mitgebrachten oder in Aussicht gestellten Werte außerhalb des finanziellen Rahmens liegen, der der Bank über die Person, die eine Kontoeröffnung beantragt, bekannt ist, oder wenn der Kontakt mit dem Kunden andere außergewöhnliche Feststellungen ergibt (vgl. Erläuterungen zu Art. 3 VSB 03).

§ 40 Abs. 2 des österreichischen Bankwesengesetzes sind dortige Kreditinstitute verpflichtet, den Kunden aufzufordern, „bekannt zu geben, ob er die Geschäftsbeziehung“ (also die Eröffnung eines Kontos) „oder die Transaktion auf eigene oder fremde Rechnung betreiben will“. Geschieht die Kontoeröffnung auf fremde Rechnung, hat der Kontoinhaber auch die Identität des Treugebers nachzuweisen.

Gleiche Feststellungspflichten gelten auch für die Liechtenstein-Bank. Bestehen bei Kontoeröffnung bzw. bei der „Entgegennahme von Vermögenswerten“ Zweifel, dass es sich bei dem eingebrachten Vermögen um dasjenige des Erschienenen handelt – etwa weil das mitgebrachte Bargeld nicht in den persönlichen Rahmen des Betreffenden passt –, wird die Liechtenstein-Bank den Treuhänder befragen, ob die eingebrachten Werte ihm oder einem Dritten gehören. Erklärt der Vertragspartner, für Rechnung einer oder mehrerer Personen zu handeln, ist derjenige, für den der Erschienene tätig wird, festzustellen und mit Name und Adresse in den Akten festzuhalten, wobei das liechtensteinische Sorgfaltspflichtgesetz jene Personen als die wirtschaftlich Berechtigten ansieht, welche „an den in Frage stehenden Vermögenswerten letztendlich wirtschaftlich berechtigt sind“ („Ultimate Beneficial Owner“) . Eine juristische Person gilt als „letztendlich“ wirtschaftlich Berechtigter nur dann, wenn sie im Sitzstaat einen Handelsbetrieb oder ein anderes nach kaufmännischer Art geführtes Gewerbe betreibt. Nicht als letztendlich wirtschaftlich berechtigt im Sinne des liechtensteinischen Sorgfaltspflichtgesetzes gelten Stiftungen und Treuhänderschaften (Trusts), sofern sie nur zur Vermögensanlage dienen. Letztendlich wirtschaftlich berechtigt ist bei Stiftungen und Trusts immer der diskrete Geldanleger, von dem die Vermögenswerte stammen, was im Klartext heißt, dass der diskrete Geldanleger von der das Stiftungs- oder Trustkonto führenden Liechtenstein-Bank namentlich festzustellen ist. Doch dazu noch mehr in den Teilen XII und XIII.

Was alle genannten Finanzplätze aber gemeinsam haben, ist, dass die Kreditinstitute Name und Anschrift des wirtschaftlich Berechtigten zwar feststellen, den Treugeber aber nicht identifizieren müssen. Es genügen jeweils die Angaben des Kontoinhabers (Treuhänders). Außerdem bleibt offen, ob nicht der vom Kontoinhaber angegebene wirtschaftlich Berechtigte selbst Treuhänder ist. Oftmals wird es einem Treuhänder auch nicht möglich sein, Nachforschungen anzustellen, ob er für den tatsächlichen wirtschaftlich Berechtigten handelt oder ob dieser wiederum einen Strohmann vorgeschoben hat. So bedienen sich Geldwäscher großen Stils des so genannten *Treuhandkonstrukts*[188]: Hier schließt eine Person mit einem Treuhänder einen so genannten Call/Put-Vertrag ab, das heißt der Treugeber verkauft einem Treuhänder irgendwelche Beteiligungen und behält sich gleichzeitig vor, diese zu einem bestimmten Preis wieder zurückkaufen zu können. In der Zwischenzeit gründet der Treuhänder eine Briefkastenfirma, in die er die Beteiligungen einbringt und anschließend verwaltet. Als wirtschaftlich Berechtigter erscheint der Treuhänder. Es lassen sich hier viele Beteiligungen verwalten und entsprechende Geldbeträge „säubern". Selbstverständlich funktioniert ein solches Konstrukt auch bei größeren Summen diskreten Geldes.

### Anderkonten als offene Vollrechtstreuhandkonten

Bei einem Vollrechtstreuhandkonto tritt der Treuhänder gegenüber der Bank im eigenen Namen auf und eröffnet ein Konto, das allein auf seinen Namen lauten soll. Ist nach außen hin nicht erkennbar, ob der Betreffende das Konto zur Einzahlung eigener Guthaben oder zur Verwaltung eines ihm überlassenen Treuvermögens einrichten möchte, liegt ein so genanntes *verdecktes Vollrechtstreuhandkonto* vor.

Anderkonten gehören dagegen zu den „offenen Vollrechtstreuhandkonten", das heißt der Bank ist bekannt, dass hierauf Vermögenswerte verbucht sind, über die der Kontoinhaber nur uneingeschränkte Verfügungsmacht hat. Die wirtschaftliche Berechtigung liegt dagegen bei einem Dritten.

Anderkonten unterscheiden sich von den oben dargestellten offenen Treuhandkonten lediglich in der Kontoführungsberechtigung. Während zur Eröffnung von Treuhandkonten alle geschäftsfähigen Personen berechtigt sind, dürfen Anderkonten ausschließlich von Angehörigen bestimmter Berufsgruppen eröffnet und unterhalten werden, die bezüglich der Kontoführung ihrem eigenen Standesrecht und einer entsprechenden Standesaufsicht unterliegen. Hierzu zählen: Rechtsanwälte, Rechtsbeistände, Notare, Patentanwälte sowie Treuhänder im Sinne der Geschäftsbedingungen für Anderkonten und Anderdepots von Angehörigen der öffentlich bestellten

---

[188] Vgl. Schwander-Auckenthaler, Katharina: Missbrauch von Bankgeschäften zu Zwecken der Geldwäscherei, Bern 1995, Seite 19.

wirtschaftsprüfenden und wirtschafts- und steuerberatenden Berufe (das sind Wirtschaftsprüfer, vereidigte Buchprüfer, Steuerberater und Steuerbevollmächtigte). Diese „besonderen Berufsgruppen" genießen dem kontoführenden Kreditinstitut gegenüber keine Sonderrechte.

Österreichische Anderkontoinhaber (das sind neben dem o.g. Personenkreis auch so genannte „Wirtschaftstreuhänder") dürfen sich nicht auf ihre berufsmäßige Schweigepflicht berufen, wenn das Kreditinstitut nach dem wirtschaftlich Berechtigten fragt. Treuhänder in Österreich haben die Identität des Treugebers dem Kreditinstitut gegenüber bekannt zu geben. Mitzuteilen sind (jeweils in Schriftform) der Vor- und Zuname, das Geburtsdatum und die Tatsache, ob es sich um einen Devisen-In- oder -Ausländer handelt.

Anderkontounterlagen, die sich bei einer deutschen Geschäftsbank befinden, sind beschlagnahmefähig. Der Bankangestellte, der das Anderkonto führt, gilt nicht als *Berufshelfer* eines Berufsgeheimnisträgers. Es stehen ihm somit keine gesonderten Auskunftsverweigerungsrechte zu. In der Praxis führt dieser Umstand selbstverständlich dazu, dass das gesetzliche Auskunfts- und Zeugnisverweigerungsrecht eines Berufsgeheimnisträgers bei Anderkonten völlig unterlaufen wird.

Vollständig umgangen wird das gesetzliche Auskunfts- und Zeugnisverweigerungsrecht deutscher Berufsträger auch durch den automatisierten Kontenabruf. Ein solcher ist auch gegenüber Anderkonten nach Ansicht des deutschen Bundesfinanzministeriums zulässig. Denn ein Kontenabruf erfolgt bei dem Kreditinstitut und nicht bei dem Berufsgeheimnisträger. Das Kreditinstitut hat aber kein Auskunftsverweigerungsrecht und muss daher Auskunft darüber geben, ob bei festgestellten Konten eines Berufsgeheimnisträgers eine andere Person wirtschaftlich Berechtigter ist.[189]

Ein automatisierter Kontenabruf ist auch im Besteuerungsverfahren eines deutschen Berufsgeheimnisträgers grundsätzlich zulässig. Einziges Zugeständnis der deutschen Finanzbehörden: Über Anderkonten eines Berufsgeheimnisträgers, die durch einen Kontenabruf im Besteuerungsverfahren des Berufsgeheimnisträgers festgestellt werden, fertigt die deutsche Finanzverwaltung keine Kontrollmitteilungen!

[189] Vgl. BMF v. 10.3.2005, IV A 4 – S 0062 – 1/05, Tz. 2.5. Zur Problematik des automatisierten Kontenabrufs vgl. Teil II Abschnitt: Der automatisierte Kontenabruf: Eine deutsche Spezialität, Seite 46.

Ähnlich ist es auch mit Anwälten in der Schweiz. Beauftragt der diskrete Geldanleger dort eine Anwaltskanzlei mit der Verwaltung von Vermögen, also mit Aufgaben, wie sie auch von Treuhändern oder Vermögensverwaltern getätigt werden können, ist das Berufsgeheimnis streng genommen gar nichts mehr oder zumindest nicht mehr wert als das Bankgeheimnis. Denn die Beschlagnahme von Anderkontounterlagen ist auch in der Schweiz uneingeschränkt zulässig.

In einem Fall beantragten spanische Behörden Schweizer Rechtshilfe zur Verfolgung eines ehemaligen Direktors der Guardia civil. Die Bank gab die Unterlagen über ein Rechtsanwalts-Anderkonto (wirtschaftlich Berechtigter über das Konto war ein deutsches Unternehmen), zu dessen Lasten diverse Schecks gezogen wurden, unter Hinweis auf das Bankgeheimnis nur versiegelt heraus. Der Untersuchungsrichter, den weder das Bank- noch das Berufsgeheimnis interessierte, brach das Siegel und leitete die Unterlagen weiter. Mehrere hundert Millionen Mark flossen über dieses Konto. Die Tätigkeit des Anwalts war deshalb rein kommerziell und hatte mit einem Anwaltsmandat nichts mehr zu tun. Die Kontounterlagen konnten daher nicht als „beschlagnahmefrei“ angesehen werden.[190]

## Treuhandanlagen

In der Schweizer Bankenpraxis und auch in Liechtenstein spielen Treuhandanlagen eine besondere Rolle. Bei Treuhandanlagen verwalten Schweizer (oder liechtensteinische) Banken Kundengelder auf Treuhandkonten, die auf den Namen der Bank bei ausländischen Drittbanken (Anlagebanken) geführt werden.

*Beispiel*: Der diskrete Geldanleger A möchte nicht sein gesamtes Vermögen bei der X-Bank in Vaduz angelegt wissen. Er beauftragt die X-Bank, einen Teil seines Vermögens bei der B-Bank auf Namen seiner Auslandsbank, der X-Bank in Vaduz, anzulegen. Das von der X-Bank im eigenen Namen, aber im Auftrag und für Risiko des diskreten Geldanlegers A angelegte Vermögen legt die B-Bank auf dem Euromarkt an.

---

[190] Schweiz. Bundesgerichtsentscheid 1P.64/1996 v. 11. April 1996.

*Vorteil für den diskreten Geldanleger*: Die Treuhandbank tritt gegenüber der Korrespondenzbank im eigenen Namen auf. Der Kunde bleibt nach außen hin anonym, ist aber der Treuhandbank selbstverständlich bekannt. Im Klartext: Vertragspartei der B-Bank ist ausschließlich die X-Bank in Vaduz; der Geldanleger A scheint bei der B-Bank nicht als Kunde auf. Das ganze Gebilde wird als „Vermittlung von Festgeldern (in- und ausländischer Währung) bei Banken oder Gesellschaften im Ausland gegen Erhebung einer Kommission" umschrieben[191].

Was die Schweiz betrifft, so haben Treuhandanlagen neben der Anonymität des Kunden noch einen weiteren Vorteil: die Befreiung von der Verrechnungssteuer. Im Fürstentum Liechtenstein tätigt man Treuhandanlagen mehr unter dem Gesichtspunkt der Bonitätsrisikostreuung. Treuhandanlagen ermöglichen es nämlich, Festgelder auf mehrere Banken zu verteilen. So erscheint beispielsweise das auf dem Euromarkt angelegte Treuhandgeld des diskreten Geldanlegers A nicht in der Bilanz der Vaduzer X-Bank, welche vielleicht nur ein Bonitätsrating von A+ besitzt. Das Verlustrisiko des diskreten Geldanlegers liegt vielmehr in der Bonität der B-Bank. Wäre diese in ihrer Bonität beispielsweise mit AAA bewertet, hätte der diskrete Geldanleger zu Gunsten einer besseren Bonitätsklasse gestreut.

Zur Begründung solcher Treuhandanlagen muss der diskrete Geldanleger über eine Kontoverbindung verfügen und – sofern kein Vermögensverwaltungsauftrag mit der Bank besteht – einen entsprechenden Treuhandvertrag abschließen, wobei er die Wahl zwischen zwei Vertragsarten hat: dem Rahmen(treuhand)vertrag für die mehrmalige Anlage von Festgeldern (der Rahmentreuhandvertrag regelt die Wiederanlage von Treuhandfestgeldern) und dem Einmalvertrag. Die Treuhandbank handelt dabei als treuhändig Beauftragte und legt die jeweilige Anlage entsprechend den Kundeninstruktionen fest. Selbstverständlich bleibt es dem Kunden vorbehalten, der Bank Einzelanweisungen zu erteilen. Beim *Einmalvertrag* schließt der Anleger für jedes einzelne Geschäft einen separaten Vertrag ab, wobei er die ausländische Bank, bei der die Anlage getätigt werden soll, selbst bezeichnen kann. In der Schweiz ist der Treuhandvertrag für mehrmalige bzw. einmalige Festgeldanlagen Voraussetzung für

---

[191] Schweizerische Bankiervereinigung: Empfehlungen betreffend Treuhandgeschäfte, Zirkular Nr. 1079 D v. 22. Juni 1993, Seite 1.

eine Quellensteuerbefreiung. Was die Schweiz betrifft, so liegt der Nachteil von Einmalverträgen darin, dass bei jeder späteren Wiederanlage ein neuer Vertrag unterzeichnet werden muss, weil die Zinserträge sonst verrechnungssteuerpflichtig werden.

Treuhandanlagen geschehen wie oben bereits erwähnt ausschließlich auf Rechnung und Risiko des Anlegers. – Sie sollten daher nur bei bekannten erstklassigen Instituten platziert werden, für welche bankintern entsprechende Treuhandanlage-Linien ausgesetzt worden sind. Auch innerhalb eines umfassenden Vermögensverwaltungsmandats dürfen Treuhandanlagen nur bei Bankinstituten platziert werden, für welche bankintern ein Limit ausgesetzt worden ist. Bei Treuhandanlagen ist die Bank alleinig verpflichtet, dem Kunden diejenigen Beträge zu vergüten, die ihr von der Korrespondenzbank zur freien Verfügung gutgeschrieben worden sind. Die Bank trägt weder das Währungs- noch das Transfer- oder Delkredererisiko. Der Grund hierfür mag unter anderem darin liegen, dass eine Übernahme des Währungs-, Transfer- und Delkredererisikos steuerrechtliche Vorteile aufheben und zu einer Bilanzierungspflicht bei der Treuhandbank führen würde.

Um Unregelmäßigkeiten bei Treuhandanlagen nach Möglichkeit auszuschließen, hat die Schweizerische Bankiervereinigung Empfehlungen im Hinblick auf die Durchführung, Abwicklung und Überwachung dieser Geschäftssparte aufgestellt.[192] Demnach sollte jede Bank eine Liste erstklassiger ausländischer Korrespondenzbanken (Anlagebanken) führen, welche für Treuhandanlagen in Frage kommen. Diese Liste ist von einer internen Zentralstelle laufend zu überwachen. Des Weiteren ist die Zusammensetzung der getätigten Treuhandanlagen stets zu überwachen, wobei innerhalb einer Treuhandbank nur wenige, genau bezeichnete Spezialisten ermächtigt werden sollen, die Platzierung von Treuhandanlagen vorzunehmen.

Treuhandanlagen und Treuhand-Call-Gelder werden zu Euromarktsätzen platziert. Aus markttechnischen Gründen können Treuhandanlagen erst ab Mindestbeträgen von ca. 200.000 Schweizer Franken getätigt werden. Bei Treuhand-Call-Geldern liegt die Mindestanlagesumme bei 5 Mio. Schweizer Franken. Die Treuhandbanken berechnen für Treu-

[192] Zirkular Nr. 1079 D v. 22. Juni 1993.

handanlagen eine von der Höhe des Anlagebetrages abhängige Kommission. In Liechtenstein sind Sätze zwischen 0,5 Prozent (bei Beträgen ab 200.000 Schweizer Franken) und 0,125 Prozent (bei Beträgen ab 10 Mio. Schweizer Franken) im Jahr üblich.

## Pooled Client's Call Deposit Accounts auf Guernsey/Jersey

Treuhandgesellschaften bieten diskreten Geldanlegern in Zusammenarbeit mit englischen und amerikanischen Banken so genannte *Pooled-Client's-Call-Deposit-Konten* an. Bei diesem Kontotyp handelt es sich im Grunde um ein auf Pfund-Sterling, US-Dollar oder Euro lautendes Festgeldkonto, allerdings mit dem wesentlichen Vorteil,

- dass für die „gepoolten" Gelder im Vergleich zur Individualanlage höhere Zinssätze erzielt werden können, und
- dass die Gelder dennoch täglich verfügbar sind und bei Behebung keine „Strafzinsen" anfallen.

Und was für diskrete Anleger von besonderem Vorteil ist: Es entfällt die Eröffnung und Unterhaltung eines eigenen Kontos. Die Pooled Client's Call Deposit Accounts lauten nämlich auf den Namen des Treuhänders (Nominees). Nur der Nominee tritt den Poolbanken gegenüber als Kontoinhaber auf. Kontodispositionen tätigt ausschließlich der „Nominee".

Zinsen werden quartalsweise gutgeschrieben, jedoch auf Tagesbasis berechnet. Das heißt, dass Einzahlungen sofort verzinst und Abhebungen inklusive der Zinsen jederzeit möglich sind. Monatlich erhält jeder „Client" einen seinen Anlageanteil betreffenden Kontoauszug, der sämtliche Geldbewegungen beinhaltet. Überweisungen können diskret unter Angabe eines „sort codes", der „account number" und einer Referenznummer getätigt werden. Bei den von den Nominees ausgewählten Korrespondenzbanken handelt es sich ausschließlich um Institute erster Bonität.

# Teil XII
## Diskrete Geldanlagen über einen Trust

Trustvermögen lässt sich im Außenverhältnis problemlos als Vermögen einer schweigsamen Bank darstellen, wenn das kontoführende Geldinstitut als Trustee fungiert und außerdem noch einem Bankgeheimnis unterliegt. So gesehen kommt man also mit einem Trust dem Herzenswunsch eines diskreten Geldanlegers erheblich näher: über ein Anlagekonto zu verfügen, das nicht auf seinen Namen lautet, sondern als Vermögen einer anderen Person oder gar als Vermögen der Bank erscheint und über das er dennoch Verfügungsmacht hat.

Trusts sind der kontinentaleuropäischen Rechtstradition und somit auch dem deutschen Recht fremd. Um die diskrete Geldanlage mittels eines Trusts zu betreiben, müssen sich diskrete Geldanleger in Länder des angelsächsischen Rechtskreises begeben, beispielsweise nach England, auf die Channel Islands, auf die Isle of Man oder auf die Cayman Islands.

In der unmittelbaren Nachbarschaft haben diskrete Geldanleger nur in Liechtenstein eine Chance. Dort existieren Instrumente der „besonderen Vermögenswidmung" wie die Treuhänderschaft, die einem angelsächsischen Trust weitgehend entspricht. Die liechtensteinische Treuhänderschaft wird in diesem Teil gesondert dargestellt.

## Was ist ein Trust?

Um es vorwegzunehmen: ein äußerst diskretes und flexibles Instrument zur treuhänderischen Geldanlage, Vermögensverwaltung und zur Erbfolgeplanung. Der Begriff *Trust* entstammt aus den beiden altdeutschen Begriffen „trost“ und „true“, was soviel wie Vertrauen oder Treue bedeutet. Der Trust ist eine privatrechtliche Vereinbarung zwischen mindestens zwei Personen, in der eine Person (Trustee genannt) verpflichtet wird, mit Vermögenswerten, die ihr von der anderen Person (dem Settlor) zuerkannt worden sind, in bestimmter Weise zu verfahren und zugunsten Dritter (den Begünstigten oder Beneficiaries) im eigenen Namen zu verwalten und zu verwahren. Der Trust gleicht damit einer Treuhand (fiducia), unterscheidet sich aber von dieser in zwei wesentlichen Punkten: Zum einen beruht der Trust nicht auf einem Vertrag, sondern einem einseitigen Rechtsgeschäft. Zum anderen ist der Trust, von Sonderfällen abgesehen, als Rechtsverhältnis nicht an die jeweilige Person von Treugeber und Treuhänder gebunden; der Trust bildet vielmehr ein verselbstständigtes – diskretes – Sondervermögen. Er ist ein eigenständiges Rechtsgebilde, das in Bestand und Identität von den an ihm beteiligten Personen unabhängig ist.

Der angelsächsische Trust lässt auch auf den ersten Blick starke Parallelen zur Stiftung[193] erkennen. Er unterscheidet sich von der Stiftung jedoch in zwei wesentlichen Punkten: Zum einen hält der Trust nicht selber das Zweckvermögen, sondern das Eigentum hieran liegt bei den Trustees. Des Weiteren hat der Trust aufgrund seiner mangelnden Rechtsfähigkeit auch keine formellen Verpflichtungen. Für die Verbindlichkeiten in Zusammenhang mit einem Trust sind vielmehr die Trustees verantwortlich. Einzige Pflicht, die dem Trust zukommt, ist die Leistungspflicht gegenüber den Begünstigten, zu denen sich regelmäßig der diskrete Geldanleger entweder ausschließlich oder zusammen mit weiteren Personen zählt.

Seit jeher war der Trust ein vitales und effizientes Instrument zur Umgehung von gesetzmäßigen Einschränkungen und Auflagen oder zur Verschleierung der wahren Herkunft von Vermögensmitteln. So bot der Trust im Mittelalter die einzige Möglichkeit, jemandem in Umgehung des

---

[193] Diskrete Geldanlagen über Stiftungen werden im nachfolgenden Teil XIII, Seiten 325 ff., erörtert.

Vererbungsverbots für Grundbesitztum (das Lehen) Liegenschaften zuzuwenden oder sich lehensrechtlichen Bindungen zu entziehen, um so etwaige Ansprüche von Lehensherrn (den Lords) abzuwenden.

Besondere Umstände wie die Pflicht zur Teilnahme an den Kreuzzügen sorgten vor allem dafür, dass der Trust fester Bestandteil der englischen Geschichte geworden ist. Die Kreuzritter übertrugen ihr Vermögen Freunden oder anderen Personen, um es zu Gunsten der zurückgebliebenen Familienmitglieder zu verwalten und zu erhalten. Auch die Kirche, die zur damaligen Zeit kein Grundvermögen haben durfte, bediente sich des Trusts, um sich die Herrschaft über diverse Besitztümer zu sichern.

Die Rolle als „Asset Protektor" ist dem Trust neben weiteren Funktionen bis heute geblieben.

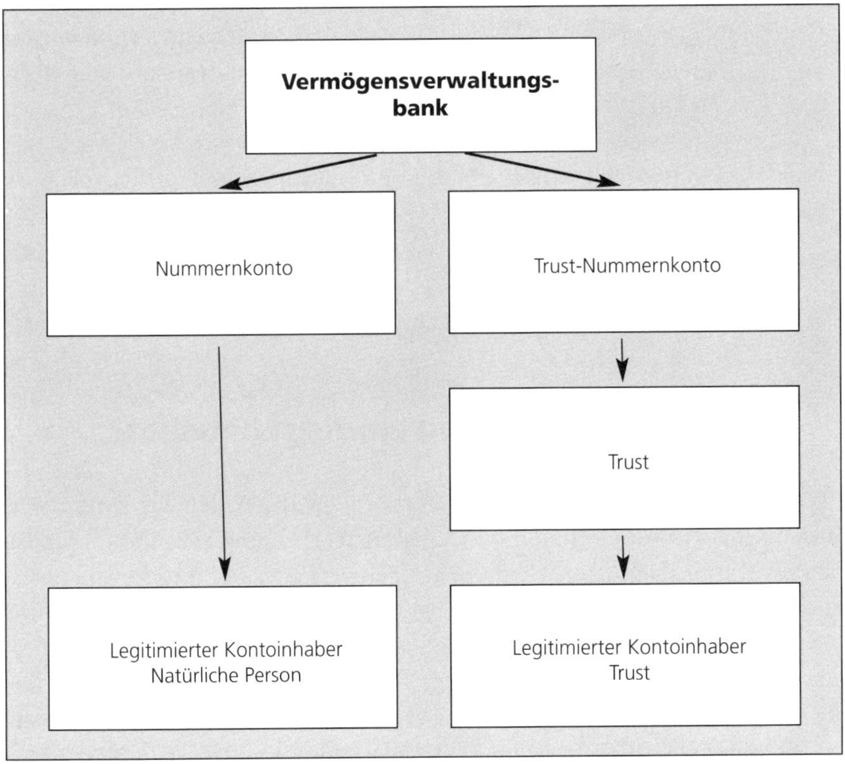


**Abbildung 13:** Diskrete Vermögensverwaltung mit Nummern- oder Trust-Nummernkonto

**Zusammenfassung:**

Trusts

- schützen Vermögen vor Devisenkontrollen oder übermäßigen politischen Eingriffen,
- helfen bei der Verwaltung von Vermögen, das über mehrere Länder verstreut ist,
- eignen sich besonders zur Verlagerung von Vermögen in Offshore-Niedrigsteuerländer,
- unterstützen bei der Länderrisikoplanung,
- verhelfen zu einem langfristigen Erhalt des Familienvermögens, da Zuwendungen des Trusts aus dem Vermögen an Begünstigte Familienangehörige in das Ermessen des Trustees gestellt werden können; der Trustee somit in der Lage ist, das Familienvermögen vor finanziell unerfahrenen oder verschwenderisch veranlagten Familienangehörigen zu schützen. Letztere sowie die übrigen Familienmitglieder können so vor dem finanziellen Ruin bewahrt werden;
- ersparen den Erben unnötige Formalitäten und Zeitverzögerungen bei der Vermögensübertragung, weil der Trust beim Tod des Erblassers (Trustgründers) mit den Erben als Begünstigten weiterlebt,
- ermöglichen ein Vererben ohne Erbschein und ohne Testament.

## Welche Personen sind am Trust beteiligt?

Am Trust sind beteiligt: der Settlor, der den Willen zur Errichtung eines Trusts bekundet und die Eigentumsübertragung veranlasst (das ist der diskretionsbedürftige Geldanleger), der Trustee, der mit der Übernahme und Verwaltung des Trustvermögens betraut ist, und schließlich – um das Triumvirat komplett zu machen – der Begünstigte oder auch Beneficiary genannt. Beneficiary ist derjenige, der aus dem Trustvermögen begünstigt werden soll (das können wiederum der Geldanleger und/oder seine Familienangehörigen sein). Diskrete Geldanleger, die von Natur aus misstrauisch sind, können zusätzlich einen Protektor bestimmen. Protektoren vertreten die Interessen des Trusterrichters und stellen sicher, dass die Wünsche und Absichten des Trusterrichters entsprechend in Übereinstimmung mit der Trusterrichtungsurkunde (trust instrument) berücksichtigt und umgesetzt werden. Zum Protektor kann jede Vertrauensperson ernannt werden. Selbstverständlich kann sich der diskrete Geldanleger selbst zum Protektor ernennen.

Hat der Geldanleger einen Protektor bestimmt, kann er in der Anlage zur Trusturkunde festlegen, welche Dispositionen der Trustee nur im Einvernehmen mit dem Protektor ausüben darf. Der Geldanleger kann den Protektor auch pauschal ermächtigen, Abschriften von Kontoauszügen und Kontobelegen einzusehen oder über die Ernennung und Abberufung von Trustees zu entscheiden.

Ein Protektor kann manchmal aber auch hinderlich sein, wenn etwa eilige Entscheidungen zu treffen sind und der „Aufseher" gerade einmal nicht zur Stelle ist. So werden Trustees empfehlen, auf einen Protektor entweder zu verzichten oder diesem bloße passive Kontroll- und/oder Mitspracherechte zukommen zu lassen (z.B. bei risikobehafteten Investments). Dessen ungeachtet sollte der Investor aber die Ernennung eines Protektors zumindest für eine befristete Zeit vornehmen, bis der Trustee seine Fähigkeiten bewiesen hat und ihm Vertrauen geschenkt werden kann.

## Wie und wo kann ein Trust gegründet werden?

Trusts können überall in Ländern des angloamerikanischen Rechtskreises (Länder des Common Law) oder in solchen Ländern formfrei gegründet werden, in denen zwar ein trustfremdes Rechtssystem herrscht, den Trust jedoch als eigenständige Entität der Vermögensanlage- und Erbfolgeplanung durch Unterzeichnung der so genannten Haager Konvention über das anwendbare Trustrecht und die Anerkennung danach begründeter Trusts vom 1. Juli 1985 ratifiziert haben. Das Übereinkommen ist seit dem 1. Januar 1992 in Kraft und gilt derzeit für Italien, die Niederlande, Malta, Australien, Kanada, Großbritannien und Hongkong. *Deutschland* und auch *Österreich* haben die Konvention bis dato weder signiert noch ratifiziert. In der *Schweiz* steht die Ratifizierung des Haager Übereinkommens über das auf Trusts anzuwendende Recht und über ihre Anerkennung unmittelbar bevor.

Trusts spielen bei den Eidgenossen etwa im internationalen Privatkundengeschäft der Schweizer Banken, aber auch bei der Unternehmensfinanzierung eine immer wichtigere Rolle. Der Trust wird nach dem geltenden schweizerischen Recht bereits weitgehend anerkannt. In der Schweiz kann der Trust u.a. folgende Funktionen des schweizerischen Rechts übernehmen: Verwaltungstreuhand, Sicherungsübereignung, Stiftung, Familienstiftung, Verein, Genossenschaft, Auflage bei Schenkung oder Verfügung von Todes wegen, Vermächtnis, Nacherbeneinsetzung oder Nachvermächtnis, Stockwerkeigentum, Aktionärsbindungsvertrag sowie Vermögensverwaltung oder -liquidation im Rahmen eines Nachlassvertrages. Ein Trust von Gesetzes wegen besteht bei: Nachlassverwaltung, Willensvollstreckung Vormundschaft, Verwaltung von Konkursmassen.[194]

Der formale Ablauf des Gründungsakts bemisst sich nach den Vorschriften des jeweiligen Trustrechts. So kann ein Jersey Trust auch formfrei (also mündlich oder durch schlüssige Handlung) gegründet werden, nicht aber ein Madeira Trust. Ein Madeira Trust muss ab Überschreiten einer bestimmten Dauer registriert werden. In allen Fällen ist es aber empfehlenswert, die Errichtung eines Trusts in Form einer Urkunde zu dokumentieren. Die Trusturkunde bzw. der Trustvertrag wird als *Trust Deed* oder *Trust Instrument* bezeichnet. Die Trusturkunde ist ein der Öffentlichkeit nicht zugängliches privatschriftliches Dokument, welches neben den Handlungsbefugnissen der Trustees sowie den Rechten und Pflichten aller am Trust Beteiligten auch das erstmals in den Trust eingebrachte Vermögen („Initial Property") dokumentiert. Üblich ist es, einen Trust zunächst mit einer nur kleinen Summe zu gründen (für einen Jersey Trust reichen im Prinzip schon 100 Pfund) und die hauptsächlichen Vermögensgegenstände („Substantial Assets") später nachzureichen.

Bei der Trusturkunde wird zwischen zwei Formen unterschieden: dem „Settlement" (der üblichen Form) und der „Declaration". Das Settlement unterzeichnen beide Parteien: Settlor und Trustee. Hingegen tritt bei der „Declaration" ausschließlich der Trustee in Erscheinung und erklärt, Vermögen für *einen anderen* zu verwalten. Hierbei nennt er den diskreten Geldanleger selbstverständlich nicht. Die Errichtung eines Trusts durch „Declaration" bietet sich an, wenn der Settlor aus Gründen der Diskretion

[194] Vgl. Bundesbeschluss über die Genehmigung des Haager Übereinommens über das auf Trusts anzuwendende Recht und über ihre Anerkennung vom 16. September 2004, Ziffer 1.2.2.

im Hintergrund bleiben möchte. Die Declaration führt allerdings nur *zusammen* mit einem vom Settlor verfassten „Letter of Intent", also einem Absichtsschreiben, das den Willen des Settlors klar hervorhebt, zur Errichtung eines rechtsgültigen Trusts.

Der Trust Deed müssen folgende drei Voraussetzungen zu entnehmen sein: dass (1) der Settlor festen Willens ist, einen Trust zu errichten, dass (2) ein Vermögenstransfer stattgefunden hat und dass (3) Begünstigte bestimmt sind. Diese drei Voraussetzungen werden im Fachjargon die „three certainties" genannt. Spricht der Trustee von „certainty of words", meint er die feste Intention, einen Trust zu errichten; „certainty of subject matter" bedeutet, dass bestimmtes Vermögen in den Trust einzubringen ist, und mit „certainty of objects" sind schließlich die Begünstigten gemeint.[195] Selbstverständlich kann auch der Geldanleger alleiniges „certainty of objects" sein.

## Der Eigentumsdualismus – Wem gehört das Trustvermögen?

Diese Frage scheint angesichts der eingangs erwähnten Tatsache, dass das Nummernkonto und Nummerndepot des diskreten Geldanlegers nach außen als dasjenige der Trustees bzw. des Trusts erscheint, durchaus berechtigt.[196] Denn diskrete Geldanleger, die einen Trust gründen wollen, müssen in Erfüllung der oben genannten „three certainties" ihr diskretes Vermögen zum formellen Eigentum des Trustee erklären. Um es deutlicher zu sagen: Der Trustee ist nicht nur Bevollmächtigter über das Vermögen, sondern er wird auch der *rechtliche Eigentümer*. Obwohl der Trustee das Treuvermögen des diskreten Geldanlegers von seinem Privatvermögen strikt trennen muss, kann er doch als rechtlicher Eigentümer darüber verfügen.

Die Vorstellung, dass der Trustee letztlich nur eine moralische Verpflichtung gegenüber seinem Treugeber (Settlor) hat, bereitete Geistlichen und Kreuzrittern schon vor mehreren hundert Jahren Probleme. Weder

---

[195] Vgl. J. G. Riddall, The Law of Trusts, London 1992, Seite 34.

[196] Siehe oben Abbildung 13: Diskrete Vermögensverwaltung mit Nummern- oder Trust-Nummernkonto, Seite 297.

der Settlor noch die Begünstigten besaßen gegen einen untreu gewordenen Trustee eine juristische Handhabe, weil das damalige angelsächsische Recht (das Common Law) die Treuhänderschaft nicht erfasste. Anfänglich schüchterten die Kirchenoberhäupter ihre Trustees unter Androhung geistlicher Strafen ein, bis schließlich der königliche Lordkanzler (Chancellor), welcher bis ins 16. Jahrhundert hinein selbst ein hoher Geistlicher war, Settlor und Begünstigten eines Trusts Schutz nach „Billigkeitsrecht" zusprach. Settlor und Beneficiary konnten sich an den Kanzler wenden, welcher daraufhin untreue Trustees vorladen ließ und sie unter Androhung ernster Konsequenzen zur Pflichterfüllung zwang.

Im Zuge der Zeit entstand daraus eine eigene (Kanzler-)Rechtsprechung, welche als „equity jurisdiction" bezeichnet neben das Common Law trat und dieses ergänzte bzw. korrigierte. Diese so genannte Billigkeitsrechtsprechung des Lordkanzlers stärkte mehr und mehr die Rechtsstellung von Settlor und Beneficiary gegenüber dem Trustee und verschaffte dem Trustvermögen zunehmend (etwas nach 1660) Konkursfestigkeit, indem sich die „equity jurisdiction" auch gegenüber den Gläubigern des Trustee durchsetzte und das Treuvermögen unpfändbar machte. Der Trustee verlor zwar das alleinige Eigentumsrecht am Trustgut nicht, doch stellte der Lordkanzler diesem Recht ein „eigentumsähnliches" Recht gegenüber, den so genannten „equitable title", der den rechtlichen Verfügungsrahmen der Trustees entsprechend den Billigkeitsrechten von Settlor und Begünstigten einschränkte.

Den „equitable title" (also das Billigkeitsrecht) besitzt ein Settlor oder ein Beneficiary gegenüber dem Trustee bis heute, nur der „Court of Chancery" ist verschwunden. Der „equitable title" darf auch in jener Vorstellung beruhigen, der Trustee könne über das Trustvermögen nach Belieben verfügen. Diskreten Geldanlegern oder den Personen, die als Begünstigte bestimmt sind, steht mit dem „equitable title" ein im Vergleich zum juristisch formalen *Eigentumsrecht* des Trustees nicht minder wirkendes *Vermögensrecht* zu, das heute jederzeit gegenüber dem High Court of Justice, der sowohl nach „equity" als auch nach Common Law entscheidet, eingeklagt werden kann.

Diese doppelten dinglichen Rechtsansprüche an ein und demselben Trustgut werden allgemein als Eigentumsdualismus bzw. im Original „duality of ownership" bezeichnet und klassifizieren den angelsächsischen

Trust. Die beiden nebeneinander kursierenden Rechtskreise – das Billigkeitsrecht einerseits und das strenge angelsächsische Recht andererseits – machen jeweils unterstützt durch eigene Rechtsprechungssysteme das Zusammenspiel von Settlor, Trustee und den Begünstigten überhaupt erst möglich.

## Wer fungiert als Trustee?

Ein Trust ist zwar schon durch Übertragung von Vermögen an eine einzelne Person rechtmäßig entstanden. Doch ist der Einzeltrustee heute auf Jersey kaum noch relevant und auf Madeira der „Standards" wegen gar nicht zugelassen. Kreditinstitute, international tätige Treuhand-, Steuerberatungs- und Wirtschaftsprüfungsgesellschaften oder Rechtsanwaltssozietäten bieten heute als „Corporate Trustees" den professionellen Trustservice an, der sich eigentlich von einem vollumfassenden Vermögensverwaltungsmandat nur dadurch unterscheidet, dass das Depot nicht auf den Namen des Geldgebers, sondern auf den Namen des Trusts lautet.

Diskrete Geldanleger, die einen Trust nach bestimmtem Trustrecht gründen, zum Beispiel nach dem Trustrecht der Kanalinsel Jersey, sollten einen Trustee beauftragen, der dort ansässig ist. Sofern nämlich die Trustees einem anderen Rechtskreis angehören, unterliegen sie nicht dem Common law und auch nicht der dortigen Rechtsprechung.

## Welche Vermögenswerte können in einen Trust eingebracht werden?

Theoretisch kann Vermögen aller Art in einen Trust eingebracht werden. Im Regelfall kommen Trusts aber nur für solche Vermögenswerte in Betracht, die in jenen Ländern belegen sind, die über ein entsprechendes Trustrecht verfügen und in denen der Trust als eigenständiges Rechtssubjekt anerkannt ist. Andernfalls kann sich der diskrete Geldanleger im Regelfall nicht auf eine wirksame Trusterrichtung berufen mit der Folge, dass die dem Trust gewidmeten diskreten Gelder weiter dem Trusterrichter steuer- und zivilrechtlich zugerechnet werden.

Gerade wenn pflichtteilsberechtigte Erben ihre Ansprüche gerichtlich durchsetzen[197], besteht die Gefahr, dass besonders deutsche und österreichische Richter in Anwendung des entsprechenden Erbrechts den Trust negieren und in ein artverwandtes nationales Rechtsinstitut umwandeln. In den meisten Fällen dürfte die Umdeutung in eine Dauertestamentsvollstreckung oder eine Treuhänderschaft münden.

Folglich kann man sich vor Gerichten in Nicht-Common-Law-Ländern nur dann wirksam auf die Übertragung von Vermögen auf einen Trust berufen, wenn diese Vermögenswerte in Common-Law-Ländern bzw. in Ländern belegen sind, welche den Trust als eigenständige Entität nach Maßgabe des Haager Übereinkommens anerkannt haben.

Trusts eignen sich also zur Übertragung des diskreten Auslandswertpapierdepots, das bisher beispielsweise von einer Schweizer Bank, einer liechtensteinischen Institution oder einem Treuhänder auf den Channel Islands gemanagt worden ist, jedoch nicht für beispielsweise in Deutschland oder Österreich belegenes Grundvermögen.

## Wie diskret ist der Trust gegenüber der das Trustvermögen verwaltenden Bank?

Um es vorwegzunehmen: Ein Vermögenstrust und mit ihm der diskrete Geldanleger als Trusterrichter ist nur im Außenverhältnis anonym! Die das Trustvermögen verwaltende Bank muss den Trusterrichter (Settlor) als den wirtschaftlich Berechtigten feststellen und kennen. Schweizer Banken verlangen unter Bezugnahme auf die Vereinbarung über die Standesregeln zur Sorgfaltspflicht der Banken (VSB 03) bei Eröffnung von Konten auf Namen des Trustees von diesem folgende Erklärungen: Bestätigung, dass der Trust ein Discretionary Trust ist, die Namen der Begünstigten, die Namen und Vollmachten sonstiger weisungsbefugter Personen sowie Namen und Adresse des wirtschaftlich Berechtigten (des Trusterrichters). Können keine wirtschaftlich Berechtigten genannt werden, weil – wie es beim Discretionary Trust der Fall ist – gar keine Berechtigten festgestellt werden können, verlangen die Schweizer Banken stattdessen eine

---

[197] Vgl. Teil XV Abschnitt: Mit Stiftungen und Trusts kann zwingendes nationales Pflichtteilsrecht im Prinzip nicht umgangen werden, Seite 405.

schriftliche Erklärung, welche diesen Sachverhalt bestätigt. Diese Erklärung muss Angaben enthalten über die effektiven (nicht treuhänderischen) Gründer und, falls bestimmbar, Angaben über Personen, die dem Vertragspartner oder seinen Organen gegenüber instruktionsberechtigt sind, sowie den Kreis von Personen, die als Begünstigte in Frage kommen können. Die Bank wird hier die Familienangehörigen des Gründers wissen wollen. Ist der Trust widerruflich (so genannter Revocable Trust), ist immer der Gründer (der effektive, nicht der treuhänderische) auch der wirtschaftlich Berechtigte, der somit in der Schweiz wie auch in anderen Ländern aktenkundig wird. Eine namentliche Feststellung des Trustgründers als wirtschaftlich Berechtigter obliegt auch jeder Liechtenstein-Bank. Im Fürstentum gelten Trusts (wie auch Stiftungen) nicht als letztendlich wirtschaftlich berechtigt im Sinne des liechtensteinischen Sorgfaltspflichtgesetzes, sofern sie nur zur Vermögensanlage dienen. Letztendlich wirtschaftlich berechtigt ist bei Trusts immer der diskrete Geldanleger, von dem die Vermögenswerte stammen. Im Klartext heißt das, dass der diskrete Geldanleger von der das Trustkonto führenden Liechtenstein-Bank namentlich festzustellen ist.

## Welche Trusts gibt es?

Trusts können in erster Linie in „private“ und „commercial“ Trusts unterteilt werden. Zu den Letzteren gehören unter anderem die Pension Trusts und Voting Trusts, die ESOP-Trusts („employee share ownership plan“), Unit Trusts oder Joint-Venture Trusts.

Für deutsche oder österreichische diskrete Geldanleger sind allerdings nur die *Private Trusts* relevant, und hier auch nur der Intervivos Trust, also der zu Lebzeiten durch Rechtsgeschäft errichtete Trust. Das angelsächsische Recht ließe zwar im Prinzip auch die Errichtung eines Trusts durch Testament („by will“) zu. Diese Art von Vermögens- und Erbfolgeplanung ist deutschen oder österreichischen Geldanlegern aber nicht zugänglich, weil diese in der Testamentsgestaltung dem deutschen bzw. österreichischen Recht (Erbstatut) unterstehen.

Der Intervivos Trust kann als widerruflich (revocable) oder unwiderruflich (irrevocable) errichtet werden. Kann der Trust während der vereinbarten Zeit von keiner Partei gekündigt werden, handelt es sich um einen Irrevocable Trust. Ist der Trust dagegen jederzeit widerrufbar, wie beispielsweise der unten dargestellte „Revocable Short Form Trust“, liegt ein Revocable Trust vor.

Des Weiteren unterscheidet man beim Intervivos Trust zwischen einem Strict bzw. Fixed Interest und einem Discretionary Trust (Ermessenstreuhand). Einen Strict bzw. Fixed Interest Trust können diskrete Geldanleger gründen, wenn sie unbedingt ständigen Einfluss auf die Zuteilung von Trusteinkommen und Trustvermögen ausüben wollen. Der Discretionary Trust hingegen räumt den am Trust Begünstigten keinerlei Ansprüche auf Zahlungen aus dem Trustvermögen und/oder dem Trusteinkommen ein. Das heißt, dem Treuhänder (Trustee) kommt eine selbstständige autonome Stellung zu. Der Trustee kann zwar durch Vereinbarung in der Errichtungsurkunde verpflichtet sein, vor Ausführung bestimmter Handlungen die Erlaubnis bestimmter Dritter, beispielsweise eines Protektors, einzuholen. Dennoch entscheidet der Trustee über die Verwaltung des Trustvermögens, über die Verwendung der Erträge und über die Auskehrung des Vermögens an die Begünstigten bei Auflösung des Trusts. Diskrete Geldanleger können dem Trustee allerdings mittels eines „Letter of Wishes“ mitteilen, wie sie ihr diskretes Vermögen verwaltet haben wollen und was er welchen Begünstigten zukommen lassen soll. Der Letter of Wishes ist zivilrechtlich allerdings nicht durchsetzbar, daher auch nicht steuerschädlich. Der Trustee wird den Letter of Wishes allerdings des Billigkeitsrechtes wegen respektieren.

## Trusts ausgewählter Offshore-Finanzplätze

### Der Jersey Trust: Diskretion nach feinster englischer Art

#### Allgemeines

Jersey ist mit einer Fläche von 116 km² und etwa 85.000 Einwohnern die größte und zugleich am südlichsten gelegene der Kanalinseln und teilt sich zusammen mit Guernsey das auf über 50 Mrd. Pfund geschätzte Trust Business. Die Stärke eines Jersey Trusts liegt zweifelsohne mitunter darin, dass er Vermögen verwalten kann, das auf der gesamten Welt verstreut ist, und zwar ohne jegliche Einschränkungen. Jersey verfügt über ein eigenes Trustrecht, das *Trusts (Jersey) Law 1984*. Gemäß Art. 2 dieses Gesetzeswerkes existiert der Jersey Trust bereits, wenn eine Person (als Trustee bezeichnet) fremdes Vermögen zugunsten irgendeiner Person (egal ob bereits existent oder namentlich bestimmt) oder für jeden nicht den Trustee begünstigenden Zweck hält.

Für den Jersey Trust gilt im Gegensatz zum englischen Trust die so genannte „rule against perpetuities" nicht. Die „rule against perpetuities" wendet sich gegen langfristige Nachlassbindungen und bezieht sich auf das so genannte „contingent interest" eines Begünstigten. Unter „contingent interest" eines am Trust Begünstigten versteht man einen Anspruch auf das Trustvermögen, welcher an den Eintritt eines unbestimmten Ereignisses gebunden ist. Die Regel verlangt, dass ein unbestimmtes Ereignis (contingency), das der Trusterrichter als Voraussetzung für eine Übertragung des Trustvermögens an Begünstigte bestimmt hat (zum Beispiel eine Heirat, die Geburt eines Enkelkindes oder ein Examensabschluss), unter objektiven Gesichtspunkten spätestens 21 Jahre nach Ende der Lebenszeit des Trusterrichters oder einer anderen frei bestimmten lebenden Person auch wirklich eintreten kann. Spätestens 21 Jahre nach dem Tod des Settlors muss sich nach der rule against perpetuities „contingent interest" in „vested interest" umwandeln. Dies ist der Fall, wenn ein Begünstigter ein Anrecht auf den sofortigen oder künftigen Besitz des Trustvermögens hat, und zwar unabhängig von „contingency", also unabhängig von einem unbestimmten Ereignis, das möglicherweise eintritt oder nicht.

Mit dem Jersey Trust lässt sich sozusagen „alles" konstruieren. So kann Vermögen eines Settlors in eine Offshore-Gesellschaft mit Sitz auf den Cayman Islands oder den British Virgin Islands eingebracht, von einem Jersey Trust verwaltet und das Vermögen selbst, das offiziell der Offshore-Gesellschaft gehört, über den Trust bzw. unter der „Regie" eines erfahrenen Trustees wiederum beispielsweise in Hongkong oder in Amerika investiert werden. Solche Konstruktionen sind unter dem Namen „multi or twin jurisdiction administrative arrangements" bekannt. Für derartige Zwecke behalten sich Trustees in der Trusturkunde in aller Regel „power to form companies" vor. Verfügen die Trustees über „power to form companies", kann ein in Deutschland oder Österreich belegenes Vermögen ohne größere Schwierigkeiten über eine offshore company gehalten werden. Insbesondere unbewegliche Vermögenswerte (real estate) werden von

Trusts über eine offshore company gehalten. So lauten deutsche Vermögenswerte beispielsweise auf den Namen der XYZ (offshore) Limited, deren Anteilseigner der Trust ist. Besitzverhältnisse über solche Vermögenswerte sind dann zweifach verschleiert: zum einen durch die Anonymität der offshore company und zum anderen durch die Diskretion des Jersey Trusts.

### Errichtung

Der Errichtungsakt selbst vollzieht sich sehr diskret. Es ist weder eine Eintragung in einem öffentlich zugänglichen Register erforderlich noch die Notwendigkeit gegeben, anderweitig den Besitz, die Existenz oder diverse Befugnisse der am Trust Beteiligten bekannt zu geben. Ein Jersey Trust kann ohne große Formalitäten entstehen; eine so genannte „Declaration of Trust" in Verbindung mit einem „Letter of Intent" genügt. Der Jersey Trust kann für einen beliebigen Zeitraum, maximal für 100 Jahre errichtet werden. Nach Ablauf der vereinbarten Zeit ist das Trustgut entweder zu Gunsten des diskreten Geldanlegers oder zugunsten der von diesem vorgeschlagenen Anfallsberechtigten (Letztbegünstigten) auszukehren, oder es wird ein Anschlusstrust gegründet (so genanntes „Resettlement"). Falls keine Anfallsberechtigten benannt sind, wird von Gesetzes wegen unterstellt, dass das Vermögen für den Settlor „absolutely" – also für den Geldanleger selbst – gehalten wurde. Infolgedessen fällt das Vermögen bei Auflösung eines Trusts (sofern dieser nicht für 100 Jahre ausgelegt war) grundsätzlich an den Anleger zurück.

### Pflichten und Befugnisse des Trustee bei der Vermögensanlage (Power of Investment)

Der Trustee (in aller Regel ein „Corporate Trustee" wie Bank, Wirtschaftsprüfungs- oder ein Treuhandunternehmen) ist verpflichtet, das Trustvermögen gewinnbringend zu investieren, und zwar so, wie es der gewöhnliche vorsichtig orientierte Anleger für Personen tun würde, für die er sich moralisch zur Unterstützung verpflichtet fühlt.[198] Die Sorgfalt des Trustees bei der Anlage von Trustvermögen geht also über das Maß jener (alleinstehenden) Person hinaus, welche eigenes Geld auch einmal in ris-

[198] J. G. Riddall, The Law of Trusts, London 1992, S. 279; freie Übersetzung des Autors.

kantere Anlageformen stecken würde. Die Interessen der Beneficiaries sind *primär* zu verfolgen.[199]

Trustees eines Jersey Trusts sind von Gesetzes wegen berechtigt, Zuwendungen aus dem Trustvermögen *im Voraus* an genau bestimmbare Personen zu gewähren, sofern dies der diskrete Geldanleger als Settlor nicht ausdrücklich untersagt hat. Beim im Regelfall als Discretionary Trust ausgelegten Jersey Trust hat der Trustee das Trustvermögen seinen Kenntnissen und Fähigkeiten entsprechend bestmöglich („to the best of his ability and skill") und in angemessener Weise zu verwalten.

Für den Settlor ergeben sich aus dem Trustverhältnis weder Rechte noch Pflichten. Der Trustee ist nicht Marionette, der Settlor kein die Fäden ziehender Marionettenspieler. Der diskrete Geldanleger kann sich jedoch in der Trusturkunde bestimmte Gestaltungsrechte vorbehalten, zum Beispiel in Form eines Widerrufsrechts, der Änderung der Trusturkunde, oder auch Begünstigtenstellung einnehmen.[200] Des Weiteren kann der Settlor dem Trustee mittels eines so genannten „Letter of Wishes" einen entsprechenden „Aktionsradius" vorgeben. Der „Letter of Wishes" ist ein informelles an den (die) Trustee(s) adressiertes Dokument, das weder für den Settlor oder für den Trustee bindend ist, jederzeit widerrufen, ersetzt oder abgeändert werden kann. Mit einem solchen „Wunschzettel" kann der diskrete Geldanleger beispielsweise darlegen, in welcher Weise er gerne das Trustvermögen verwaltet haben möchte oder mit welchen Anteilen laufende Kapitalerträge an bestimmte oder bestimmbare Begünstigte ausgeschüttet werden sollen und (wenn überhaupt) mit welchem Bruchteil von Einkommen und Vermögen karitative „Scheinbegünstigte" (zum Beispiel das Rote Kreuz) bedient werden sollen. Der Trustee wird sich im Rahmen seines Treuhandmandates und seiner Sorgfaltspflichten an die Vorschläge im „Letter of Wishes" halten, zumal der Settlor entweder durch Widerrufsvorbehalt (beim Revocable Trust) oder als Alleinbegünstigter die jederzeitige Rückführung des Trustvermögens erreichen kann[201].

Begeht ein Trustee Trustbruch (Breach of Trust), erstreckt sich seine Haftung sowohl auf den eigentlichen Vermögensverlust als auch auf

[199] J. G. Riddall, a.a.O., S. 280; Cowan v. Scargill: „The court held that the duty of trustees towards their beneficiaries was paramount."

[200] Vgl. nachfolgenden Abschnitt: Rechtsstellung der Begünstigten.

[201] Nach „Saunders v. Vautier", vgl. Abschnitt: Rechtsstellung der Begünstigten.

entgangene Gewinne (Kapitalerträge). Als „Breach of Trust" wird jede Zuwiderhandlung des Trustees gegen geltendes Jersey-Trustrecht oder gegen die Trustbestimmungen bezeichnet. „Breach of Trust" setzt nicht notwendigerweise voraus, dass der Trustee bewusst vertrauenswidrig handelte oder dass dem Trust Verluste entstanden sind.[202]

### Rechtsstellung der Begünstigten

Begünstigter eines Jersey Trusts kann jede Person sein, die Genussrechte am Trusteinkommen oder am Trustvermögen innehat oder zu deren Gunsten Trusteinkommen oder Trustvermögen nach freiem Ermessen des Trustees zugewendet bzw. ausgekehrt werden kann. Selbstverständlich kann der Geldanleger selbst zum begünstigten Personenkreis gehören, ja ggf. sogar Alleinbegünstigter sein. Denn in Art. 8A Abs. 1 der Trusts (Jersey) Law ist klar festgelegt, dass die Regel „donner et retenir ne vaut" (geben und wieder nehmen geht nicht) unerheblich ist. Geldanleger können also diskretes Vermögen einem Jersey Trust übertragen („donner") und dieses gleichzeitig über ein absolutes Begünstigtenrecht bezüglich „income" und „capital" wieder zurückholen („retenir").

Begünstigte eines Jersey Trusts verfügen nicht nur über den „equitable title", sondern über echtes „proprietary interest". Der feine Unterschied zum „equitable title" liegt darin, dass „proprietary interest" gegen das Trustvermögen oder gegen die bereits erwirtschafteten Mittel des Trusts gerichtet ist, während der „equitable title" – wie bereits gesehen – bloßes Billigkeitsrecht verkörpert. *Konkret*: Dem Begünstigten eines Jersey Trusts „gehört" das Trustvermögen, er verfügt nicht über einen bloßen Forderungsanspruch gegenüber dem Trustee oder – wie der Begünstigte eines US-Trusts – über ein bloßes Anspruchsrecht („personal right"). Beneficiary eines Jersey Trusts sind hiermit ein klein wenig besser gestellt.

Des Weiteren müssen Begünstigte eines Jersey Trusts aus Diskretionsgründen nicht namentlich genannt werden. Sie müssen nur (intern) bestimmbar und identifizierbar sein. Der Kreis der Begünstigten kann jederzeit erweitert oder beschränkt werden. Begünstigte eines Jersey Trusts können ungeachtet der Trustbestimmungen und ggf. gegen den Willen des Errichters per Einstimmigkeit beschließen, den Trust aufzulösen. Dem

---

[202] Matthews Paul/Sowden Terry: The Jersey Law of Trusts, London 1992, S. 169.

Trustee obliegt in solchen Fällen die Auflösung des Trusts und die anteilmäßige Auskehrung des Trustvermögens. Neben der Einstimmigkeit ist Voraussetzung, dass alle Begünstigten existent und geschäftsfähig sind.

Dass Begünstigte eines Trusts diesen auflösen können, sofern sie sich einig, voll geschäftsfähig und „absolutely entitled" sind, gilt im Übrigen für jeden Trust. So wurde in einem der spektakulärsten Fälle des englischen Trustrechts, in „Saunders v. Vautier", einem 21-jährigen Begünstigten das Trustvermögen zugesprochen, obwohl ihm dieses laut der Trust Deed erst bei Vollendung des 25. Lebensjahres zugestanden hätte. Der Begünstigte begründete seine Forderung mit einer bevorstehenden Heirat und einem dringenden Geldbedarf wegen seiner Firmengründung. Die Richter meinten hierzu, dass die „equity", also die Billigkeitsrechtsprechung im Trustee in erster Linie einen neutralen Verwalter sehe, der die Interessen der Begünstigten zu berücksichtigen hätte. Und sofern sich alle Begünstigten einig sind, verliere der Trust seine Daseinsberechtigung.[203]

### Was ein Jersey Trust kostet

Für die Errichtung eines Trusts werden auf der Insel zwischen 500 und 1.000 Britische Pfund berechnet. Die Gründungsgebühr („Trust Formation Fee") schließt u.a. ein: Beratung, Übernahme der Trusteetätigkeit und aller steuerlich erforderlichen Formalitäten sowie die Ausarbeitung der Trusturkunde. Um die 500 Britische Pfund kostet die Beendigung eines Jersey Trusts mit Abwicklung und Auskehrung des Trustvermögens. Die jährlichen Verwaltungskosten („Trust Management Fees") betragen zwischen 700 und 1.200 Britische Pfund pro Jahr. Im Regelfall wird hier ein bestimmter Prozentsatz, etwa 0,15 Prozent vom Trustvermögen, nach unten begrenzt durch eine Minimumgebühr, angesetzt. Amtliche Gebühren (zum Beispiel Wertstempel- oder Registrierungsgebühren) oder Steuern entstehen nicht. Bei Errichtung eines Trusts für einen ausländischen Settlor wird in aller Regel eine Bestätigung des Comptrollers eingeholt, dass dieser weder Trustee noch Beneficiary zur Einkommensteuer heranzieht. Der Comptroller behält sich in solchen Fällen nur vor, von Zeit zu Zeit die Aufzeichnungen des Trusts einzusehen.

---

[203] Aus diesem Fall ersehen diskrete Geldanleger, dass diesen als Settlor grundsätzlich die Rolle eines Schenkers zukommt und dass sie von der Aktionsfläche des Trusts verschwinden, wenn sie sich nicht in der Trust Deed gewisse Rechte vorbehalten haben.

**Checkliste**

Diskrete Geldanleger, die einen Jersey Trust errichten, sollten außer ihren persönlichen Daten wie Namen, Adresse und Nationalität folgende Angaben und Unterlagen bereithalten:

- Angaben über die „Jurisdiction" (das anwendbare Recht) unter der der Trust geführt werden soll. Standardmäßig ist Jersey Trustrecht maßgeblich;
- den Namen des Trusts;
- den vollständigen Namen, Adresse und Nationalität des Settlors;
- Name, Nationalität, Geburtsdatum und Adresse eines jeden Begünstigten;
- Aufstellung über das dem Trust zuwendbare Vermögen (diskrete Konten, Kontonummern, Bankverbindungen);
- Angaben über den gewünschten Trusttyp (discretionary, fixed interest, accumulation & maintenance oder special purpose);
- Angaben über die Art der Trusterrichtung(surkunde) (diskrete Geldanleger wählen hier die „Declaration of Trust", wenn sie auf dem Trust-Instrument nicht namentlich erscheinen wollen);
- persönliche Angaben des Protektors (sofern ein solcher bestellt werden soll) bzw. des Enforcers (bei Purpose Trusts);
- Angaben über die Vollmachten des Protektors/Enforcers;
- den persönlich verfassten Letter of Intent (wenn die Declaration of Trust gewählt wurde);
- den persönlich verfassten Letter of Wishes (dient als Entscheidungs- und Aktionsrahmen für den Trustee);
- Angaben über die steuerlichen Verhältnisse (inkl. Angaben über ihren Wohnsitz),
- Näheres über die Gründe und die Ziele des Trusts,
- Angaben über Beginn und Ende des Rechnungsjahres sowie Einzelheiten über das periodenmäßige Berichtswesen (monats- oder quartalsweise);
- Angaben über bevorzugte Kreditinstitute, bei denen die Trustees Konten auf Namen des Trusts eröffnen sollen;
- Referenzen über die Person des Settlors.

## Der Madeira Trust: Diskrete Geldanlage auf der Blumeninsel Portugals

### Allgemeines

Auf Madeira wird nicht nur der Urlauber von einem milden Klima verwöhnt; die Insel bietet auch eine ideale Atmosphäre für diskrete Geldanlagen. Madeira liegt ca. 600 km von Afrika, 450 km von den Kanaren, 800 km von den Azoren und 900 km vom Festland Portugals entfernt. Madeiras Hauptstadt Funchal hat etwa 260.000 Einwohner. Die Insel erhielt 1976 ihre politische Unabhängigkeit, gilt seither als autonome Region Portugals und ist in die Europäische Union integriert. Die Staatsgewalt teilt sich der von Lissabon ernannte Präsident (Gouverneur) mit einem demokratisch gewählten Parlament und einem Berufungsgericht erster Instanz. Eine Gesetzgebung von 1986 garantiert gleiche Rechte für alle ausländischen Investoren, gleich welcher Nationalität.

Als „Company Management Centre" bietet Madeira bedeutende Vorteile gegenüber den Offshore Centres Channel Islands, der Isle of Man und Gibraltar. Madeira darf sich als ernsthafter Konkurrent zu den „Steuerplanungsländern" wie den Niederlanden, Irland und Luxemburg betrachten. Zu den Vorzügen Madeiras zählen u.a. eine Steuerexemption bis zum Jahre 2011 für durch die Madeira Development Company (SDM) lizenzierte Gesellschaften, Steuerbefreiung von Schenkungs- und Erbschaftssteuern, EU-Vollmitgliedschaft sowie die Anerkennung von Trusts. Obwohl Madeiras Gesellschaftsrecht auf dem Napoléonic-Code aufgebaut ist, können Trusts auf Basis einer von Madeiras Parlament entworfenen und von Lissabon abgesegneten eigenständigen Gesetzgebung errichtet werden. Gesetzlich verankert und ermöglicht werden Trusts durch die „Decree Law 352-A/88".

Seit 1994 sind voll eingerichtete und operationsfähige Niederlassungen ausländischer Banken erlaubt. Überwacht werden die Kreditinstitute von der portugiesischen Bankenaufsicht nach den Standards der Europäischen Union. Portugal verfügt über ein gesetzlich geregeltes Bankgeheimnis. Verstöße gegen die Geheimhaltungspflicht ziehen strafrechtliche Sanktionen nach sich. Diskrete Konten können in allen frei konvertierbaren Währungen eröffnet werden. Diskrete Geldanleger zahlen auf Madeira außer der ggf. anfallenden EU-Zinssteuer keine weiteren Quellensteuern auf Zins- oder Dividendeneinkünfte.

Ein weiterer vom diskreten Geldanleger geschätzter Vorteil dürfte sein, dass Madeira nicht offiziell als „Steueroase“ behandelt und bezeichnet wird, weil die SDM-Companies lediglich von den portugiesischen Steuern ausgenommen sind, der Steuersatz selbst aber mit einer Rate von durchschnittlich 38 Prozent EU-Niveau erreicht. Des Weiteren hat die Europäische Union die Steuervergünstigungen sowie die Regionalpolitik Madeiras offiziell befürwortet, so dass es andererseits nicht möglich ist, Madeira zusammen mit anderen Steueroasen auf eine schwarze Liste zu setzen.

**Errichtung**

Standardmäßig gilt bei Errichtung eines Trusts Madeira-Recht. Der diskrete Geldanleger kann aber beispielsweise auch das Jersey-Trustrecht wählen. Wie die Trust Deed beim Jersey Trust muss auch die Urkunde des Madeira Trusts Angaben über den Namen des Settlors und des Trusts enthalten, das Trustvermögen bestimmen und die Begünstigten sowie den Willen des Settlors erkennen lassen, einen Trust zu gründen (die so genannten „three certainties“[204]). Des Weiteren sind festzuhalten: die Ziele, welche mit dem Trust verfolgt werden sollen (zum Beispiel die Verwaltung und Anlage von privatem Familienvermögen), die Rechte und Befugnisse des oder der Trustees (power of investment), Ausschüttung und Verwendung des Trustvermögens, Bestimmungen über die Akkumulierung von Trusteinkommen, die Errichtungsdauer des Trusts, das für den Trust geltende Recht sowie Zeit und Ort der Gründung.

Zu den Besonderheiten des Madeira Trusts gehört zum einen, dass die Unterschrift des Settlors auf der Trusturkunde durch einen Notar zu beglaubigen ist, und zum anderen, dass der Trust binnen sechs Monaten nach Errichtung im Handelsregister eingetragen (registriert) werden muss, wenn er für *länger als ein Jahr* ausgerichtet ist. Die eigenhändige Unterschrift des Settlors ist dagegen auch beim Madeira Trust nicht erforderlich. Sofern aus Diskretionsgründen erwünscht, kann auch der Trustee allein unterschreiben (Errichtung des Trusts durch Declaration).

Wichtig für den diskreten Geldanleger zu wissen ist, dass sein Name sowie ggf. die Namen der von ihm bestimmten Begünstigten in den Registrierungsurkunden nicht erscheinen und außerdem strikter Geheimhal-

---

[204] Vgl. hierzu in diesem Teil Abschnitt: Wie und wo kann ein Trust gegründet werden?, Seite 299.

tung unterliegen. Benötigt werden nur Name des Trusts und die Zielsetzung (zum Beispiel Vermögensverwaltung), das Gründungsdatum und der Zeitraum, über den der Trust bestehen soll. *Konkret*: Bei der Registrierung tritt also nur der Trustee namentlich auf.

### Der Trustee eines Madeira Trusts muss ein Corporate Trustee sein

Um einen hohen Standard an Kompetenz und Geheimhaltung zu garantieren, dürfen auf Madeira nur juristische Personen Trustees sein. Offshore Trust Companies sind im Allgemeinen so genannte „Sociedads Anonimas" (SA). Die SAs entsprechen in Wesen und Struktur einer deutschen Aktiengesellschaft; nur mit dem Unterschied, dass mindestens 51 Prozent des Aktienkapitals in Namensaktien gehalten werden müssen.

### Settlor und Begünstigte eines Madeira Trusts genießen einen gesetzlich verankerten Diskretionsschutz

Während das Jersey-Trustrecht dem Trustee nur das Recht einräumt, Auskunftsersuchen seitens Dritter zurückzuweisen, bestimmt Art. 11 des Madeira-Trustrechts, dass Verstöße gegen die Geheimhaltungspflichten strafrechtlich wie eine unzulässige Durchbrechung des Bankgeheimnisses zu bestrafen sind. Settlor und Begünstigte eines Madeira Trusts erscheinen namentlich nur auf der Trusturkunde. Dritten gegenüber darf das Dokument nur auf gerichtliche Anweisung hin offenbart werden. Unterhält der Trust auch ein Geldanlagekonto auf Madeira, unterliegt dieses außerdem noch dem portugiesischen Bankgeheimnis. Diskrete Gelder auf Madeira, geführt unter der Regie eines Trustees, erfreuen sich also einer *zweifach strafrechtlich geschützten Geheimhaltungspflicht*: zum einen des Bankgeheimnisses und zum anderen der „secrecy and confidentiality" des Art. 11.

### Was ein Madeira Trust kostet

Mit dem Trust ist der diskrete Geldanleger auf Madeira von jeglicher Steuer befreit. Die Gründungskosten sind moderat; sie liegen im Regelfall unter 1.000 Euro. An laufenden Kosten fällt eine jährliche „Trustrate" an. Die jährlichen Verwaltungskosten bewegen sich etwa in Höhe der einmaligen Gründungskosten.

**Checkliste**

Bei Errichtung eines Madeira Trusts zur Vermögensanlage und -verwaltung sollten folgende Angaben bereitgehalten werden:

- Ein Name für den Trust, Name des diskreten Geldanlegers, die Namen des Ehepartners und der Kinder und sonstiger Begünstigter sowie die jeweiligen Geburtsdaten;
- Aufstellung über das Trustvermögen (der diskreten Konten mit Kontonummern und Bankverbindungen, die in den Trust eingebracht werden sollen);
- der persönlich verfasste Letter of Wishes (dient als Entscheidungs- und Aktionsrahmen für den Trustee);
- Näheres über die Gründe und die Ziele des Trusts;
- Angaben über die gewünschte Errichtungsdauer (falls länger als ein Jahr, muss der Trust registriert werden);
- Angaben über das gewünschte Trustrecht (zum Beispiel Madeira- oder Jersey-Trustrecht).

**Der Malta Trust: Ein diskretes Vehicle inmitten der EU**

Malta hat in Übereinstimmung mit der Haager Convention „on the Law Applicable to Trusts and on their Recognition" den Trust als eigenständige und rechtsfähige Vermögensmasse anerkannt (Recognition of Trusts Act 1994). Das innerstaatliche maltesische Trustrecht stellt im Wesentlichen eine Rezeptur des auf der Kanalinsel Jersey geltenden Trustrechts, der Trusts (Jersey) Law 1984, dar. Wie in anderen Ländern des Common Law üblich kann auch in Malta ein Trust unter demjenigen Trustrecht errichtet und geführt werden, welches der Settlor (Trusterrichter) wählt. Enthält die Trusterrichtungsurkunde keine Regelungen, gilt im Regelfall maltesisches Recht (dasjenige Trustrecht, zu dem der Trust die engsten Beziehungen aufweist).

Errichtet werden können so genannte „Fixed Trusts", „Discretionary Trusts", „Accumulation Trusts" sowie „Maintenance Trusts". Als zur Errichtung eines Trust „qualifizierte Person" i.S.d. Trusts Act gilt jeder Errichter, sofern er keinen Wohnsitz in Malta hat. Dasselbe gilt für die Begünstigten eines Malta-Trusts. Auch sie dürfen dort nicht ansässig sein. Der Errichter eines maltesischen Trusts (Settlor) kann Begünstigter (auch Alleinbegünstigter) des Trusts sein. Als Trustee eines Malta-Trusts sind ausschließlich autorisierte „nominee companies“ zugelassen, bzw. einer von mehreren Trustees muss eine solche zugelassene Treuhandgesellschaft sein. Das Trustvermögen darf darüber hinaus nicht aus auf Malta belegenem Immobilienvermögen bestehen. Als solches Immobilienvermögen gelten auch Anteile an einer maltesischen Gesellschaft, die maltesisches Immobilienvermögen hält.

Jeder Trust muss auf einen entsprechenden Namen lauten und beim Malta Financial Services Centre als Registrierungsbehörde für Trusts eingetragen sein. Voraussetzung für die Registrierung ist u.a. eine Bescheinigung des Trustee, dass der Trust die gesetzlichen Anforderungen des Trusts Act erfüllt. Das Trustregister ist nicht öffentlich zugänglich. Die Beschäftigten des MFSC unterliegen wie die Bankbediensteten dem „Professional Secrecy Act“. Die Registrierungsgebühr beträgt 200 Maltesische Lira. Denselben Betrag erhebt Malta als jährliche Pauschalsteuer auf jeden Trust. Der Trustname ist jederzeit abänderbar. Malta-Trusts können – in Anlehnung an das Jersey-Trustrecht – auf 100 Jahre gegründet werden.

### Der Liechtenstein-Trust (die Treuhänderschaft)

Liechtenstein ist das einzige kontinentaleuropäische Land, das mit der *Treuhänderschaft* (Art. 897 PGR) ein dem angelsächsischen *Trust* gleichendes Gebilde rechtlich geregelt hat. Die Treuhänderschaft wurde ins liechtensteinische Personen- und Gesellschaftsrecht bereits 1926 aus dem Common Law mit gewissen Abänderungen rezipiert.

Eine Treuhänderschaft ist begründet, wenn eine natürliche oder juristische Person (Treugeber, Settlor) Vermögen (Treugut genannt) einem Treuhänder (Trustee) zuwendet, um dieses in Zukunft nach Maßgabe einer vom Treugeber aufgestellten Trustsatzung vom Trustee in seinem Namen und in der Eigenschaft als selbstständiger Rechtsträger zu Gunsten Dritter (den Begünstigten) verwalten zu lassen. Der Treugeber wendet dem Treuhänder somit Vermögen mit der Verpflichtung zu, es in Zukunft als Treugut nach bestimmten Kriterien zu verwalten oder zu verwenden. Die Treuhänderschaft unterscheidet sich von der Stiftung dadurch, dass Erstere keine juristische Person darstellt und eine solche auch nicht begründet wird. Bei der Treuhänderschaft handelt es sich um eine *privatschriftliche Vereinbarung* (Treuhandvertrag zwischen Treugeber und Treuhänder), weshalb die Treuhänderschaft allgemein als „besondere Vermögenswidmung“ bezeichnet wird. Des Weiteren kennt die Treuhänderschaft nach liechtensteinischem Recht keine Zweckbeschränkung, wie sie im Stiftungsrecht gegeben ist.

Das Treuhandverhältnis gilt grundsätzlich mit der Begründung als entstanden. Wird die Treuhänderschaft jedoch auf eine Dauer von mehr als zwölf Monaten begründet, ist das Treuhandverhältnis im Öffentlichkeitsregisteramt entweder zu registrieren oder die Treuhandurkunde zu hinterlegen. Im Unterschied zur Liechtenstein-Stiftung wird der Trust vorzugsweise im Öffentlichkeitsregister eingetragen. Eine entsprechende Meldung erfolgt durch den Treuhänder (Trustee) unter Angabe der Bezeichnung des Trusts, des Datums der Errichtung der Dauer (bestimmt oder unbestimmt[205]) sowie Name, Sitz und Anschrift des Trustee. Im Fall der Hinterlegung ist die Treuhandurkunde zu hinterlegen, welche auch die Namen der Begünstigten enthält. Abgesehen von der allfälligen Pflicht der Übersetzung des Wortlauts der Urkunde ist bei Hinterlegung die Offenlegung der Begünstigtenverhältnisse nicht zu umgehen.

Der Treuhänder einer liechtensteinischen Treuhänderschaft wird Eigentümer des Treuguts, nimmt also die Rolle des „legal owners“ ein wie der Trustee eines angelsächsischen Trusts. Das Treuvermögen ist stets als Fremdvermögen des Treuhänders zu betrachten oder – wie es das Personen- und Gesellschaftsrecht an mehreren Stellen ausdrückt – als im Innenverhältnis klar ausgegrenztes *Sondergut (wie in der Treuurkunde niedergelegt)*. Der Treugeber einer Treuhänderschaft kann keine Bestimmungen aufstellen, welche den Treuhänder an fortlaufende Weisungen des Treugebers binden. Besteht eine solche Abmachung (z.B. in Form eines Mandatsvertrages mit Weisungsrecht), liegt ein Auftragsverhältnis (Fiducia) i.S. des bürgerlichen Rechts vor, d.h. das Trustvermögen verbleibt im Vermögen des Treugebers.

Wie der Trustee eines angelsächsischen Trusts tritt auch der liechtensteinische Treuhänder gegenüber der Vermögensverwaltungsbank und nach außen als selbständiger Vollrechtsträger auf, ist aber verpflichtet, gem. Art. 21 Abs. 1 der Verordnung zum liechtensteinischen Sorgfaltspflichtgesetz[206] der Bank den Treugeber (Settlor) namentlich bekannt zu

---

205 Im Gegensatz zum angelsächsischen Trust kennt das liechtensteinische Trustrecht keine „Rule against Perpetuities“, so dass die Errichtung auf unbestimmte Dauer möglich ist.

206 Vom 11. Dezember 2000, LGBl. 2000 Nr. 236. Die Vorschrift lautet: „Bei Personenverbindun-

geben. Bekannt zu geben ist auch der Begünstigtenkreis (z.B. Mitglieder der Familie des Settlors) sowie ein evtl. bestellter Protektor mit dem Hinweis, ob dieser instruktionsberechtigt ist oder nicht. Der Treuhänder ist im Innenverhältnis an die Bestimmungen in der Treuhandurkunde gebunden; bei Missachtung liegt Treubruch (Breach of Trust) vor, wobei der Treuhänder (Trustee) persönlich unbeschränkt haftet.

Konten, die auf Namen eines Liechtenstein-Trust lauten, unterliegen wie die liechtensteinische Stiftung als juristische Person nicht dem in Liechtenstein seit dem 1.7.2005 geltenden EU-Steuerrückbehalt.

## Bahamas Trusts (Trusts and Asset Protection)

Die Bahamas eignen sich vorzüglich für die Etablierung aller Arten von Trusts. Mit dem Bahamas Trustees Act 1998 verfügt das Inselreich über eine der modernsten Trustgesetzgebungen im karibischen Raum.

Anonym geht auf den Bahamas allerdings auch nichts mehr. Den internationalen Geldwäsche-Standards entsprechend obliegt es auch einer mit dem Trustvermögen beauftragten Geschäftsbank auf den Bahamas, den Trusterrichter (den diskreten Geldanleger als „Beneficial Owner") namentlich festzustellen.

Der Bahamas Trustees Act 1998 gibt diskreten Geldanlegern auch einen legalen Weg für Trusts zum Schutz bestimmter Begünstigter bzw. besonderer „high net worth individuals" vor dem Zugriff auf ihr Vermögen durch Gläubiger. *Asset Protection Trusts* basieren auf den Bahamas „Fraudulent Dispositions Act", welcher als Gesetz 1991 eingeführt wurde und in einen Trust übertragene Vermögenswerte nach mehr als zwei Jahren ab der Vermögensübertragung vor allen Pfändungen und Zugriffen schützt. Dabei ist es nicht erforderlich, dass sich das Trustvermögen auf den Bahamas befindet.

Bahamas Trusts können auch für bestimmte Zwecke errichtet werden, welche keine gemeinnützigen sein müssen. Solche „*Purpose Trusts*"

---

gen oder Vermögenseinheiten, für die es keine bestimmte wirtschaftlich berechtigte Person gibt, wie z.B. beim Discretionary Trust, muss der Vertragspartner eine Erklärung vorlegen, die diesen Sachverhalt bestätigt. Die Erklärung muss zudem Angaben über den effektiven, nicht den treuhänderischen Gründer sowie, falls bestimmbar, über die Personen enthalten, die dem Vertragspartner oder ihren Organen Instruktionen erteilen können, und die Personen oder den Personenkreis, die als Begünstigte in Frage kommen. Allfällige Kuratoren, Protektoren und sonstige eingesetzte Personen müssen ebenfalls in der Erklärung aufgeführt werden."

eignen sich für diskrete Geldanleger, die einen Trust beispielsweise für das Halten bestimmter Aktienpakete oder Vermögen allgemein auf bestimmte Zeit errichten wollen und keine Begünstigten bestimmen können oder wollen.

Selbstverständlich eignen sich Bahamas Trusts vorzüglich zur Vermeidung von Einkommensteuern, Kapitalgewinnsteuern, Erbschaft- und Schenkungsteuern und anderen Abgaben durch ausländische Begünstigte, welche auf den Bahamas regelmäßig als „non-resident for exchange control purposes" klassifiziert werden.

Diskrete Geldanleger, die sich für einen Bahamas Trust entscheiden, verfügen über umfassende „Discretionary Powers": Der Trustee Act verleiht diskreten Geldanlegern als Trusterrichter die Möglichkeit, den Trust zu widerrufen, das Trustvermögen dem Trust wieder zu entziehen, Trustees abzusetzen bzw. zu ergänzen oder zu ersetzen, Begünstigte zu ernennen oder auszuschließen und dem Trustee Weisungen zu erteilen. Somit gehen diskrete Geldanleger sicher, dass ihr Trust ihren Vorstellungen entsprechend verwaltet wird. Diskrete Geldanleger als Trusterrichter können außerdem einen Protektor bestellen.

Den Begünstigten eines Bahamas-Trust stehen durch den Trustees Act gesetzlich definierte Auskunfts- und Informationsrechte bezüglich Trust und Trustvermögen usw. zu. Aus steuerlichen Gründen können die aus der Vermögensanlage generierten Kapitaleinkünfte thesauriert werden; die Kumulierung der Einkünfte im Trust ist im Rahmen der so genannten „Rule against Perpetuity" für einen Zeitraum von maximal 80 Jahren möglich.

Wichtig für den diskreten Geldanleger ist, dass er eine lizenzierte „Bank Trust Corporation" als Corporate-Trustee beauftragt, was gleichzeitig den Vorteil hat, dass dieser in den Genuss eines allumfassenden Services kommt.

Bahamas Trusts können diskret errichtet werden; einer Eintragung bzw. Registrierung in öffentlich zugänglichen Registern bedarf es nicht. Die Errichtung eines Bahamas Trust kostet etwa zwischen 3.000 und 5.000 US-$ bzw. wertgleicher Bahamas-$. An jährlichen Gebühren für den Trustee fallen ca 5.000 US-$/Bahamas-$ an. Steuern fallen auf den Bahamas keine an.

# Diskrete Geldanlagen im Doppelpack: Trusts und Offshore-Gesellschaften

In der gängigen Anlegerpraxis ist ein häufiges Zusammenspiel zwischen *Offshore-Gesellschaften* und Trusts zu beobachten. *Offshore-Gesellschaften* in der Rechtsform einer englischen Limited (GmbH-ähnliche Kapitalgesellschaft mit beschränkter Haftung) eignen sich in der Ausgestaltung als private Holdinggesellschaften, Basis- oder Domizilgesellschaften sowohl zur privaten und diskreten Vermögensverwaltung als auch zur Aufnahme von Gewinn und Vermögen aus angehörigen Unternehmen in Hochsteuerländern oder zur Bündelung von Leistungen innerhalb eines Konzerns an Unter- und Obergesellschaften in Steueroasenländern, um diese von dort aus in andere Länder weiterzuschleusen. Für solche Zwecke wurden so genannte „Basisgesellschaften" zwischen das inländische Unternehmen (den Gründer der Basisgesellschaft) und einen anderen, nachgeordneten Rechtsträger im Ausland geschaltet.

Eine Spezialform der Basisgesellschaft ist die Domizilgesellschaft. Die Domizilgesellschaft ist eine ordnungsgemäß gegründete und in das örtliche Register eingetragene Unternehmung, der es jedoch an aktiver, eigener Geschäftstätigkeit fehlt. Eine Domizilgesellschaft hat auch in der Regel keine eigenen Büroräume und kein Personal. Die Tätigkeiten einer Domizilgesellschaft beschränken sich meist auf Verwaltungsaufgaben und die Verwertung von Rechten (Kapitalanlagen, Lizenzen, Patente). Das Kapital solcher Offshore-Gesellschaften kann ausschließlich aus Wertpapiervermögen bestehen; der diskretionsbedürftige Anleger und Eigentümer der Offshore-Gesellschaft kann mittels Kreditkarte vom Firmenkonto der Limited weltweit Barabhebungen tätigen.

Offshore-Gesellschaften haben in der Regel ein bis drei Verwaltungsräte, welche im Regelfall Rechtsanwälte oder Treuhänder sind und die Gesellschaft im Außenverhältnis vertreten. Der diskrete Geldanleger kann die Funktion eines Verwaltungsrates der Gesellschaft innehaben. Sollte sein Bedürfnis an Diskretion extrem hoch sein, kann ihm auch eine Generalvollmacht über die Gesellschaft oder auch nur eine Vollmacht über das von der Offshore-Gesellschaft unterhaltene Bankkonto/Depot eingeräumt werden. Im Zeitalter des Internet ist es selbstverständlich möglich, das Depot einer Offshore-Gesellschaft von zu Hause aus zu betreuen.[207] In solchen Fällen erhält der diskrete Geldanleger auch eine Kreditkarte, mit der er von zu Hause aus Barabhebungen tätigen kann. Die Verwaltungsräte werden in Fällen höheren Diskretionsbewusstseins von Dritten gestellt.

Der Trust ist allerdings keine Offshore-Gesellschaft, kann aber eine solche beherrschen. Eine Offshore-Gesellschaft wird durch Eintragung in ein öffentliches Register begründet, der Trust dagegen wie gesehen ausschließlich durch privatschriftliche Vereinbarung geschaffen. Was aber den Trust von der Offshore-Gesellschaft primär unterscheidet, ist, dass eine Offshore-Gesellschaft von Gesellschaftern bestimmt, gehalten und kontrolliert wird, während der Trust zugunsten von Personen mit in aller Regel keiner nennenswerten Einflussnahme existiert. Des Weiteren ist die Offshore-Gesellschaft im Gegensatz zum Trust eine juristische Person und kann Eigentümer der Vermögensrechte (Bankguthaben, Immobilien etc.) werden, welche ihr der diskrete Geldanleger übertragen hat.

Bleibt der Geldanleger nun im Besitz der Aktien der Gesellschaft, fallen diese und auch das gesamte Firmenvermögen in die Erbmasse. In Fällen, in denen dies nicht erwünscht ist, verhindert die Zwischenschaltung eines Trust dieses Problem: Werden nämlich die Aktien im Trust gehalten, sind sie aus dem persönlichen Vermögen des diskreten Geldanlegers ausgeschieden. Des Weiteren ist es einfacher für die Nachfolger, die Kontrolle über das Vermögen zu übernehmen, weil dieses im Namen eines „unsterblichen Firmenmantels“ gehalten werden.

Ist eine Offshore-Gesellschaft nicht Vermögensbestandteil eines Trust, müssen diskrete Geldanleger Folgendes beachten:

- Gesetzliche Erbeinschränkungen (Pflichtteilsrechtsbestimmungen) finden weiterhin Anwendung.[208]
- Es gelten die am Sitz der Gesellschaft maßgeblichen Erbschaftsformalitäten, verbunden mit einer eventuellen Notwendigkeit einer Offenlegung von Vermögenswerten.
- Besitz und Kontrolle über das Vermögen bleibt grundsätzlich unverändert. Das Vermögen bleibt Devisenbeschränkungs- und Enteignungsrisiken ausgesetzt.

---

[207] Vgl. hierzu auch Teil VIII: Diskretes Online- und Telefonbanking, Seite 219.

[208] Vgl. dazu Teil XV, Abschnitt: Mit Stiftungen und Trusts kann zwingendes nationales Pflichtteilsrecht im Prinzip nicht umgangen werden, Seite 405.

# Checkliste

Nachfolgend aufgelistete Fragen sollten diskrete Geldanleger zusammen mit dem Trustee vor Errichtung eines Vermögenstrusts unbedingt klären:

### Vermögensverwaltung zu Lebzeiten

- Wie kann ich mein weltweit verstreutes Vermögen am einfachsten zusammenfassen und verwalten?
- Führen die Formalitäten, welche im Fall meines Todes notwendig werden, dazu, dass meine Vermögensverhältnisse der Öffentlichkeit bekannt werden?
- Wie kann ich sicherstellen, dass die notwendige Diskretion gewahrt bleibt?
- Vermögensverwaltung nach meinem Tod oder im Fall gezwungener Abwesenheit?
- Kann ich mich hier auf meine Familienmitglieder verlassen und kann ich sicher sein, dass diese mein Vermögen meinen Grundsätzen entsprechend verwalten?

### Besteuerung

- Gibt es Wege, meine steuerliche Situation zu optimieren, und zwar sowohl in meinem Wohnsitzland als auch im jeweiligen Belegenheitsstaat meines Vermögens?
- Wie kann ich ausländische Steuern auf mein Immobilienvermögen reduzieren?
- Welche Maßnahmen soll ich bei einem beabsichtigten Wegzug ins Ausland realisieren?

### Politische Risiken/Devisenbeschränkungen

- Drohen politische Risiken, welche mein Vermögen tangieren?
- Was passiert, wenn sowohl mein Wohnsitzland als auch ein Land, in dem sich Vermögenswerte befinden, plötzlich Einschränkungen in der Ein- und Ausfuhr von Devisen einführt?
- Gibt es eine Möglichkeit, meine Vermögenswerte zu schützen, und kann ich die gegebene Flexibilität in der Vermögensanlage erhalten?

**Vererbung des Trustvermögens auf die Begünstigten**

- Bin ich gegenwärtig in der Lage zu entscheiden, wer definitiv aus meinem Vermögen profitieren soll und in welchem Umfang?
- Welche Einschränkungen ergeben sich durch gesetzliche Pflichtteilsrechte bei der Auswahl meiner Wunscherben?[209]
- Brauchen bestimmte Familienmitglieder mehr Hilfe als andere?
- Welche Formalitäten, Kosten und Verzögerungen entstehen meinen Angehörigen bei der Übertragung meines Vermögens im Fall meines Todes?

---

[209] Vgl. Fn. 208.

# Teil XIII

## Diskrete Geldanlagen über eine Liechtenstein-Stiftung

Die Liechtenstein-Stiftung eröffnet dem diskreten Geldanleger gleich mehrere Vorteile: Zum einen erscheint dieser im gewöhnlichen Geschäftsverkehr mit der das Stiftungsvermögen verwaltenden Bank nach außen hin nicht auf. Zum anderen entledigt die Stiftung den diskreten Geldanleger des seit Juli 2005 zu erhebenden EU-Steuerrückbehalts in Liechtenstein. Und schließlich eröffnet die Liechtenstein-Stiftung – richtige Konzeption vorausgesetzt – auch individuelle Wege für eine dem Stifterwillen entsprechende Vermögensnachfolgeplanung.

# Allgemeines

Die Liechtenstein-Stiftung ist eine selbstständige juristische Person ohne Mitglieder, jedoch mit eigener Organisation, die durch Widmung von Vermögen (Stiftungsgut) zu einem bestimmt bezeichneten Zweck errichtet wird. Das der Stiftung übertragene Vermögen (das Stiftungsgut) wird zweckgebunden durch den Stiftungsrat zugunsten der Begünstigten verwaltet und scheidet aus dem Eigentum des Stifters aus. Ist die Stiftung errichtet, erlangt das für einen bestimmten Zweck gewidmete Stiftervermögen eigene Rechtspersönlichkeit.

Kennzeichnend für eine Liechtenstein-Stiftung zur diskreten Vermögensverwaltung ist der so genannte Mandatsvertrag zwischen dem Stifter (diskreten Geldanleger) und dem Treuhänder (dem rechtlichen Stifter bzw. dem fiduziarischen Mitglied des Stiftungsrates); man bezeichnet solche Stiftungen auch als „kontrollierte Stiftungen“. Der Mandatsvertrag ermöglicht es dem Stifter, über das Stiftungsvermögen nach Belieben zu schalten und zu walten. Bei der kontrollierten Stiftung ist der diskrete Geldanleger als wirtschaftlicher Stifter quasi das faktische Organ der Stiftung, denn er bindet den Stiftungsrat (das eigentliche Organ der Stiftung) durch den Mandatsvertrag an seine Instruktionen und behält somit die Kontrolle über Stiftung und Stiftungsvermögen.

Der diskrete Geldanleger als Stifter stellt auch im Regelfall den einzigen Erstbegünstigten der Stiftung dar. Sind andere Begünstigte als Nachfolger benannt, so sind diese namentlich bestimmt und auch die Bezugsrechte an Vermögen und Ertrag genau festgelegt. Nach dem Ableben des diskreten Geldanlegers als Erstbegünstigter treten an seine Stelle die bestimmten Nachfolgebegünstigten, das sind im Allgemeinen Ehepartner und Kinder, mit entsprechend vordefinierten Anteilsquoten. Zudem ist die im Beistatut einer kontrollierten Stiftung festgesetzte Begünstigungsregelung zu Lebzeiten des diskreten Geldanlegers (Stifters) durch diesen abänderbar und wird meistens erst nach seinem Ableben unwiderruflich. Es liegt auf der Hand, dass diese Form der Stiftung in der vollen Zurechnung der Vermögenswerte resultiert, d.h. das Stiftungsvermögen wird weiterhin als Vermögen des diskreten Geldanlegers angesehen werden, sowohl in steuerrechtlicher wie auch in zivilrechtlicher Hinsicht.

## Diskrete Errichtung

### Allgemeines

Liechtenstein-Stiftungen werden im Regelfall von einer behördlich konzessionierten Treuhandgesellschaft fiduziarisch gegründet. Die Treuhandgesellschaft übernimmt – als (rechtliche) Stifterin fungierend – die Ausarbeitung von *Stiftungsurkunde* und der *Stiftungsstatuten*, versieht die Dokumente mit ihrer beglaubigten Unterschrift, erstattet Meldung an die liechtensteinische Steuerverwaltung und reicht die notwendigen Dokumente in der Eigenschaft als *Repräsentant* beim Öffentlichkeitsregisteramt ein.

Die Stiftungserrichtung wird in aller Regel *zweifach beurkundet*: durch eine *Stiftungsurkunde* und durch die *Statuten,* wobei die „beigeschlossenen Statuten" in der Stiftungsurkunde zum integrierenden Bestandteil der Stiftungsurkunde erklärt werden. Die Stiftungsurkunde und die Statuten müssen schriftlich (beglaubigt) abgefasst sein. Im Allgemeinen geben die Statuten Auskunft über: Namen, Sitz/Gerichtsstand der Stiftung, Zweck oder Gegenstand, die namentliche Bezeichnung der zu Mitgliedern des Stiftungsrats bestellten Personen und die Art und Weise, wie ein anderer Vorstand bestellt wird, eine Bestimmung über die Verwendung des Vermögens im Falle der Auflösung der Stiftung (sofern eine solche vorgesehen ist) sowie Näheres über die Statutenänderung, Umwandlung und Auflösung der Stiftung. Die Begünstigtenregelung und weitere Bestimmungen (z.B. betreffend die Stellung und Kompetenzen des Protektors) sowie Reglemente (organisatorische Aspekte) werden vom Stifter anlässlich der Gründung in gesonderten Urkunden (Beistatuten) erlassen und nicht veröffentlicht bzw. nicht beim Öffentlichkeitsregisteramt hinterlegt.

Zur Gründung einer Liechtenstein-Stiftung sind mindestens 30.000 Schweizer Franken erforderlich. Eine Liechtenstein-Stiftung ist *errichtet*, sobald das Vermögen verpflichtend zugesichert und die Stiftungsurkunde ausgefertigt wurde. In den meisten Fällen wird die Dauer der Stiftung unbeschränkt sein. Das Stiftungsvermögen sollte jederzeit durch Zuwendungen des Stifters oder Dritter (Zustiftungen) vermehrt werden können.

Der diskrete Geldanleger bestimmt als *Stifter* die Organisation einer Stiftung in erster Linie durch Ernennung der ersten Stiftungsratsmitglieder, durch Festlegung von Einzelheiten über die Verwaltung und Verwendung des Stiftungsvermögens (Stifterwille) und Nennung der *Begünstigten*. Begünstigte können am Ertrag und/oder an der Substanz des Stiftungsvermögens genussberechtigt sein. Begünstigte können namentlich bestimmt oder aus einem definierten Begünstigtenkreis heraus bestimmbar sein. Die Begünstigten haben gegenüber dem Stiftungsrat das Recht, die Einhaltung der Bestimmungen in den Statuten zu fordern. Die Begünstigten können insbesondere die ordnungsgemäße Erfüllung der vom Stifter vorgegebenen Geldanlagepolitik verlangen. Zur Durchsetzung dieser Rechte steht den Begünstigten beim liechtensteinischen Landgericht das Rechtsfürsorgeverfahren zu. Die Begünstigten genießen bei der kontrollierten Stiftung außerdem umfassende Auskunfts- und Informationsrechte bezüglich ihrer Begünstigungs- und Anwartschaftsrechte.

Oberstes Organ der Liechtenstein-Stiftung ist der Stiftungsrat. Dem *Stiftungsrat* obliegen sämtliche Verwaltungs-, Vertretungs- und Verfügungsrechte. Der Stiftungsrat verwaltet das Stiftungsvermögen getreu den Vorgaben des diskreten Geldanlegers (getreu dem Stifterwillen). Die Bestellung der Stiftungsratsmitglieder erfolgt in aller Regel gemäß den Statuten. Dort ist meist festgelegt, dass die Mitglieder erstmals vom Stifter auf unbestimmte Zeit bestellt werden. Mitglied im Stiftungsrat kann jede natürliche oder juristische Person werden, unabhängig von einer Inländer- oder Ausländereigenschaft oder einem Wohnsitz in Liechtenstein. Wenigstens ein zur Geschäftsführung und Vertretung befugtes Stiftungsratsmitglied muss allerdings ein dauernd im Inland wohnhafter Staatsangehöriger eines EWR-Mitgliedstaates sein und die inländische Berufszulassung als Rechtsanwalt, Rechtsagent, Treuhänder oder Wirtschaftsprüfer besitzen.[210] Die Mitglieder des Stiftungsrates erscheinen namentlich auf der Stiftungsurkunde sowie in der Amtsbestätigung, die das Öffentlichkeitsregisteramt bei Hinterlegung der Gründungsurkunden ausstellt.

Ein *Protektor* kann auf Wunsch des diskreten Geldanlegers bestimmt werden. Der Protektor stellt als Innenorgan das Bindeglied zwischen den Mitgliedern des Stiftungsrates und der Familie bzw. den begünstigten Personen dar. Aufgabe eines Protektors ist die Kontrolle des Stiftungsrats dahingehend, ob die Mitglieder Stiftungszweck und Stifter-

[210] Art. 180a PGR.

willen ausreichend respektieren und entsprechend umsetzen. Der Protektor hat üblicherweise ein Vetorecht, d.h. alle wichtigen Beschlüsse des Stiftungsrates bedürfen zu ihrer Gültigkeit der Zustimmung des Protektors, der selbstverständlich als Verbindungsperson zur begünstigten Familie auch Empfehlungen aussprechen darf. Weisungs- oder Instruktionsrechte gegenüber den Stiftungsratsmitgliedern stehen einem Protektor allerdings vorzugsweise nicht zu.

Der *Repräsentant* ist kein Organ einer Stiftung, jedoch für jede Stiftung zwingend. Denn gemäß Art. 239 des liechtensteinischen Personen- und Gesellschaftsrechts (PGR) haben inländische Verbandspersonen (und dazu zählen auch Stiftungen) einen dauernd im Inland wohnhaften Staatsangehörigen eines EWR-Mitgliedstaates zur Vertretung gegenüber den Behörden zu bestellen. Der Repräsentant nimmt als Zustellungsbevollmächtigter sämtlichen Schriftverkehr entgegen.

## Diskrete Hinterlegung der Stiftungsstatuten

Ein weiterer Aspekt, der Liechtenstein-Stiftungen für die diskrete Familienvermögensplanung so aktiv macht, ist folgender: Während zum Nachweis der Existenz einer sonstigen juristischen Person wie beispielsweise einer Aktiengesellschaft ein Blick in das Öffentlichkeitsregister genügt, erhalten Dritte über die Existenz einer Familienstiftung keinerlei Kenntnis. Familienstiftungen erlangen nämlich Rechtspersönlichkeit auch ohne Registrierung und sind von einer Eintragungspflicht in das Öffentlichkeitsregister ausgenommen; es genügt die Hinterlegung der Stiftungsgründungsurkunden beim Öffentlichkeitsregisteramt. Etwa 95 Prozent aller Liechtenstein-Stiftungen – so schätzt man dort – sind hinterlegt. Die hinterlegten Urkunden sind selbstverständlich nicht öffentlich zugänglich (genauso wie auch hinterlegte Testamente nicht von jedermann eingesehen werden können). Den einzigen Nachweis über die Existenz einer hinterlegten Stiftung bildet eine Amtsbestätigung, die das Öffentlichkeitsregisteramt dem Hinterleger aushändigt.

## Wie diskret ist die Stiftung gegenüber der das Stiftungsvermögen verwaltenden Bank?

In Liechtenstein ist die Pflicht zur Identifizierung eines jeden Konto- und Wertpapierdepoteröffners sowie – allgemein gehalten – die Identifizierung des Vertragspartners bei der Aufnahme einer Geschäftsbeziehung für Finanzgeschäfte durch das *Gesetz über die beruflichen Sorgfaltspflichten bei Finanzgeschäften*[211] und der die Art und Weise der Identifizierung näher bestimmenden *Sorgfaltspflichtverordnung*[212] für alle auf dem Gebiet der Vermögensverwaltung tätigen natürlichen und juristischen Personen rechtsverbindlich geworden. Wird nun eine kontrollierte Stiftung dem diskreten Wertpapierdepot vorgeschaltet, lautet zwar das Konto- und Wertpapierdepot auf Namen der Stiftung. Gemäß Art. 21 Abs. 1 der Verordnung zum liechtensteinischen Sorgfaltspflichtgesetz[213] ist der diskrete Geldanleger als Stifter dem kontoführenden Kreditinstitut gegenüber namentlich zu nennen. Bekannt zu geben ist auch der Begünstigtenkreis (z.B. Mitglieder der Familie des Stifters) sowie ein ggf. bestellter Protektor mit dem Hinweis, ob dieser instruktionsberechtigt ist oder nicht.

Gleiches gilt auch für die Schweiz. Wird ein Kreditinstitut in der Schweiz mit der Verwaltung des Stiftungsvermögens betraut, ist es nach dem dortigen Geldwäschegesetz verpflichtet, den wirtschaftlich Berechtigten von *Sitzgesellschaften* grundsätzlich festzustellen. Bei Sitzgesellschaften handelt es sich um Gesellschaften ohne eigentlichen Geschäftsbetrieb, die ihren Sitz wegen steuerrechtlicher Vergünstigungen an bestimmten, für sie vorteilhaften Orten errichtet haben.[214] In der Schweiz wird der Aus-

---

[211] LGBl. Nr. 116 v. 22. August 1996 i.d.F. LGBl. 2002 Nr. 62.

[212] LGBl. Nr. 236 v. 11. Dezember 2000 i.d.F. LGBl. 2002 Nr. 58.

[213] Vom 11. Dezember 2000 LGBl. 2000 Nr. 236. Die Vorschrift lautet: „Bei Personenverbindungen oder Vermögenseinheiten, für die es keine bestimmte wirtschaftlich berechtigte Person gibt, wie z.B. beim Discretionary Trust, muss der Vertragspartner eine Erklärung vorlegen, die diesen Sachverhalt bestätigt. Die Erklärung muss zudem Angaben über den effektiven, nicht den treuhänderischen Gründer sowie, falls bestimmbar, über die Personen enthalten, die dem Vertragspartner oder ihren Organen Instruktionen erteilen können, und die Personen oder den Personenkreis, die als Begünstigte in Frage kommen. Allfällige Kuratoren, Protektoren und sonstige eingesetzte Personen müssen ebenfalls in der Erklärung aufgeführt werden."

[214] Albisetti (Hrsg.), Handbuch des Geld-, Bank- und Börsenwesens der Schweiz, Thun 1987.

druck „Sitzgesellschaft" dabei so weit interpretiert, dass auch liechtensteinische Verbandspersonen wie Stiftungen oder Treuhänderschaften darunter fallen. Juristische Form, Zweck oder Sitz sind dabei ohne Bedeutung. Die Schweizer Vermögensverwaltungsbank muss in allen Fällen feststellen, welche Person oder welche Gruppe von Personen die Gesellschaft, die Stiftung oder den Trust usw. dominiert oder einen entscheidenden Einfluss ausübt. Die Feststellung dieses „wirtschaftlich Berechtigten" erfolgt in der Praxis durch Vorlage von Ausweiskopien über die Identität des Stifters durch den Treuhänder.

In allen Fällen übersendet das liechtensteinische Treuhandbüro als Treuhänder die erforderlichen Legitimationsunterlagen aber grundsätzlich an die so genannten „Security-Abteilung" der Bank. Der das Stiftungsvermögen betreuende Anlageberater der Bank oder das „Schalterpersonal" verfügt so im Regelfall über keinerlei Einsichtsrechte in die Legitimationsunterlagen und hat auch im Regelfall keine Zugangsbefugnis zur Security-Abteilung. Das betreffende Bankpersonal hat daher auch keinerlei Kenntnis von Name und Identität des Stifters; dieser scheint im gewöhnlichen Geschäftsverkehr und bei der EDV-Verarbeitung nicht auf.

## Kosten und Steuern

### Einmalige Gründungskosten

Als einmalige Gründungskosten einer der diskreten Geldanlage dienenden liechtensteinischen Stiftung fällt in erster Linie das Gründungshonorar des behördlich konzessionierten Treuhänders an. Dieses ist Vereinbarungssache und vom Beratungsaufwand abhängig. In der Regel beläuft sich das Gründungshonorar auf 2.500 bis 3.000 Schweizer Franken (zzgl. 7,6 Prozent Mehrwertsteuer). Die Honorare für die notwendige Beratungen (Systemanalyse, steuerliche Abklärungen) sowie für die Erstellung der Beistatuten, Reglemente etc. werden von den Beratern nach Aufwand separat in Rechnung gestellt

Weitere Position der Gründungskosten bildet die *Wertstempelgebühr* (Emissionsabgabe/Gründungsgebühr) in Höhe von zwei Promille des der Stiftung gewidmeten Vermögens, jedoch mindestens 200 Schweizer Franken (diese Gebühr ist auch bei jeder statutarischen Kapitalerhöhung fällig).[215] Zustiftungen, das spätere Widmen und Einbringen von Vermögenswerten ohne gleichzeitige Erhöhung des statutarischen Stiftungsvermögens (statutarisches Kapital) unterliegen keiner weiteren Vergebührung.

Außerdem fallen *Registergebühren* (Hinterlegungsgebühren) von etwa 500 Schweizer Franken an (je nach Gründungskapital). Für Buchhaltungs- und Sekretariatsarbeiten sind je nach Umfang Stundensätze von 160 Schweizer Franken üblich.

Für die Beglaubigung von Unterschriften, die Erteilung der Eintragungs- bzw. Hinterlegungsbewilligung (Bewilligungsgebühr), Handelsregisterauszüge (bei Eintragung) oder Amtsbestätigungen (bei Hinterlegung) müssen Anleger mit zusätzlich 200 bis 300 Schweizer Franken rechnen.

### Jährliche Verwaltungskosten

Für die laufende Verwaltung einer diskreten Stiftung muss der diskrete Geldanleger folgende Kostenpositionen einplanen:

- Stiftungsratshonorar: Für die Übernahme des Stiftungsratsmandats durch das Advokaturbüro fallen etwa 2.500 bis 3.500 Schweizer Schweizer Franken im Jahr an Gebühren an (zzgl. 7,6 % Mehrwertsteuer). Die Honorarsätze gelten in aller Regel unabhängig von der Anzahl der Stiftungsräte, die die behördlich konzessionierte Treuhandgesellschaft zur Verfügung stellt. Bei erhöhter Komplexität oder Verantwortung können der Stiftung auch höhere Sätze in Rechnung gestellt werden.
- An Repräsentanz- und Domizilgebühr (Domizilhonorar) kommen noch einmal 500 bis 800 Schweizer Franken zzgl. MWSt hinzu.
- Für eine Kontrollstelle werden ca. 500 bis 1.000 Schweizer Franken zzgl. MWSt im Jahr verrechnet.
- In den obigen Kosten nicht berücksichtigt sind die Kosten der von der Stiftung beauftragten Bank für die Übernahme einer eventuellen Vermögensverwaltung.

---

215 Es handelt sich hier um eine einmalige Vermögensverkehrsteuer, die die Rechtsbegründung oder die Rechtserweiterung zum Gegenstand hat. Der Nachweis der Entrichtung der Gründungs- oder Wertstempelgebühr ist Voraussetzung dafür, dass das Öffentlichkeitsregisteramt die Bestätigung über die Hinterlegung ausstellt.

### Steuern

Die Liechtenstein-Stiftung kann zumindest nach liechtensteinischem Steuerrecht *schenkungsteuerfrei* errichtet werden. Denn zum einen befindet sich der Wohnsitz oder gewöhnliche Aufenthalt des diskreten Geldanlegers (Stifters) im Regelfall nicht in Liechtenstein, zum anderen können Stifter aus Hochsteuerländern nachweisen, dass eine der liechtensteinischen Erbanfalls- oder Schenkungsteuer gleichartige ausländische Steuer – nämlich die jeweils geltende Schenkungsteuer nach heimischem Steuerrecht – zu Lasten fällt (bzw. fallen würde), was ebenfalls einen Grund für die Befreiung von der „fürstlichen" Schenkungsteuer darstellt. An laufenden Steuern fällt Kapitalsteuer nach folgender Staffelung an:

| Stiftungskapital | Promillesatz vom Stiftungskapital |
|---|---|
| bis 2 Millionen | 1 |
| 2 bis 10 Millionen | 0,75 |
| über 10 Millionen | 0,5 |
| Mindestkapitalsteuer/Jahr* | CHF 1.000 |

* Derzeit wird nach gängiger Praxis nur die jährliche Mindestkapitalsteuer erhoben.

**Tabelle 6:** Kapitalsteuern in Liechtenstein

## Tipps zur Errichtung und Organisation

- Wie viele Mitglieder des Stiftungsrates braucht die Stiftung?
  Das liechtensteinische Personen- und Gesellschaftsrecht verlangt mindestens ein Mitglied im Stiftungsrat. Bei namhaften Treuhandunternehmen sind zwei Mitglieder des Stiftungsrates üblich. Die Honorarsätze für das Stiftungsratsmandat gelten in der Regel unabhängig von der Anzahl der vom Treuhandunternehmen zur Verfügung gestellten Stiftungsratsmitglieder.
- Wenn der langjährige Vermögensverwalter in den Stiftungsrat bestellt werden soll:
  Gegen die Ernennung eines dem Stifter bekannten und vertrauten Vermögensverwalters als Stiftungsratsmitglied ist grund-

sätzlich nichts einzuwenden. Der Vermögensverwalter sollte in solchen Fällen durch die Stiftung (nicht durch den Stifter!) zur Vermögensverwaltung ermächtigt werden, allerdings ohne das Recht, über das Vermögen zu verfügen.

- Beistatuten widerruflich gestalten:
  Im Interesse einer höchstmöglichen Flexibiliät sollten die Beistatuten widerrufbar sein. So kann der Stiftungsrat immer den aktuellen und geänderten Erfordernissen der Begünstigten entsprechend handeln.
- Beschlussfähigkeit und Mehrheitserfordernis:
  Die Beschlussfähigkeit legen diskrete Geldanleger in den Statuten fest. Im Allgemeinen gilt einfache Mehrheit als vereinbart, soweit keine qualifizierte Mehrheit statutarisch vorgeschrieben ist.
- Internes Rechnungswesen sollte ein Muss sein!
  Zwar unterliegen nur eingetragene Stiftungen einschlägigen Rechnungslegungsvorschriften. Doch sollten diskrete Geldanleger auch für ihre hinterlegte Familienstiftung auf ein lückenloses Rechnungswesen Wert legen. Dies schon deshalb, um eine strikte Trennung von Stiftungskapital, Kapitalgewinn/-verlust und Ertrag zu erreichen. Der Stiftungsrat muss jederzeit in der Lage sein, die Vermögenssituation der Stiftung getrennt nach diesen Kriterien festzustellen.

## Rechtsform-Vergleich

| | **Liechtenstein-Trust** | **Liechtenstein-Stiftung** |
|---|---|---|
| **Charakteristik** | Entwickelt im angelsächsischen Common Law. Von England gem. angelsächsischer Common Law Jurisdiction rezipiert mit bestimmten Abänderungen | Entwickelt im kontinentaleuropäischen Zivilrecht. Wurde zu einer Spezialität Liechtensteins, da dessen Personen- und Gesellschaftsrecht (PGR) die reine voraussetzungslose Familienunterhaltsstiftung zur Nachfolgeplanung zulässt (kein Verbot des Familienfideikommissum in Liechtenstein) |

| | Liechtenstein-Trust | Liechtenstein-Stiftung |
|---|---|---|
| Beschreibung | Das Konzept besteht aus der Übergabe von Vermögenswerten (Trust Property) von einer Person (Settlor) an eine andere oder an eine Gesellschaft (Trustee als Eigentümer), damit diese zum Wohle der Begünstigten (der Beneficiaries) verwaltet oder verwendet werden. Der Trust hat keine Rechtspersönlichkeit und kann somit nicht Eigentümer der betreffenden Vermögenswerte sein. | Widmung von Vermögen zu einem bestimmten Zweck durch den Stifter. Das Vermögen wird verselbständigt, die Stiftung erlangt Rechtspersönlichkeit und wird Eigentümerin der Vermögenswerte. Die Stiftung wird vom Stiftungsrat verwaltet. |
| Rechtsfähigkeit | Keine eigene Rechtsfähigkeit, mangels Rechtspersönlichkeit keine jur. Person | Eigene Rechtsfähigkeit als jur. Person |
| Eigentümerstellung | Trustee = rechtlicher Eigenümer<br>Trustee ist als Rechtsträger des Vermögens aktiv und passiv legitimiert | Stiftung = rechtliche Eigentümerin<br>Stiftung ist als Eigentümerin des Vermögens aktiv und passiv legitimiert |
| Einflussnahme auf Verfügungen über die Vermögenswerte | Im Prinzip steht dem Trustee „Discretion"(Ermessen) im Entscheid betreffend Ausschüttungen zu. Der Settlor darf seine diesbezüglichen Wünsche in sog. „Letter of Wishes" anbringen, welcher aber keine rechtlich bindende Wirkung haben darf. Der Settlor kann sich gewisse Rechte im Trust Deed vorbehalten | Bei der kontrollierten Stiftung verfügt der Stifter aufgrund eines bestehenden Mandatsverhältnisses (zwischen Stifter und Stiftungsrat) über Weisungsrechte gegenüber dem Stiftungsrat. Kein Weisungsrecht bei Konzipierung der Stiftung als (Ermessens-)Stiftung. |
| Begünstigtenstellung | Begünstigte = equitable rights | Begünstigte haben bei der kontrollierten Stiftung einen klagbaren Rechtsanspruch auf satzungsmäßige Leistungen (Begünstigungsberechtigte). |
| Errichtung | Keine amtlichen Errichtungsformalitäten | Satzung und Vorstand obligatorisch |

| | Liechtenstein-Trust | Liechtenstein-Stiftung |
|---|---|---|
| Laufzeit | Unbegrenzt, d.h. Liechtenstein kennt keine Rule against Perpetuities (sofern der Trust auf Dauer errichtet ist). Der Treugeber kann sich ein Widerrufsrecht vorbehalten. | Unbegrenzt, sofern die Stiftung auf Dauer errichtet ist. Der Stifter kann sich bei der kontrollierten Stiftung ein Widerrufsrecht vorbehalten. |
| Steuern | Pauschalsteuer von CHF 1.000 | Pauschalsteuer von CHF 1.000 |

**Tabelle 7:** Liechtenstein-Trust (Treuhänderschaft) versus Liechtenstein-Stiftung

# Teil XIV

## Die Besteuerung diskreter Geldanlagen

Diskrete Geldanleger mit Wohnsitz in einem Hochsteuerland können sich der Besteuerung von Einkünften aus diskreten Kapitalanlagen in steuerneutralen Anlageländern nicht entziehen. Die Steuerpflicht begründet sich aus dem in Hochsteuerländern allgemein geltenden Welteinkommensprinzip, wonach diskrete Geldanleger auch Erträge aus einem Depot in der Schweiz oder Luxemburg ihrem Welteinkommen hinzurechnen müssen. Ausnahmen vom Welteinkommensprinzip bestehen lediglich dort, wo Doppelbesteuerungsabkommen dem jeweils anderen Land als dem Wohnsitzland das Besteuerungsrecht zusprechen. Dennoch bringen Geldanlagen in steuerneutralen Ländern einen – ganz legalen – Steuervorteil der Steuerstundung. So können im Ausland erwirtschaftete und keinem Quellensteuerabzug resp. einer EU-Zinssteuer oder einem EU-Steuerrückbehalt unterliegende Kapitaleinkünfte bis zur endgültigen Steuerveranlagung vollständig reinvestiert werden. Einzelheiten hinsichtlich der Neuregelung der Zinsbesteuerung im europäischen Raum und Wege, wie sich durch geeignete „Immunisierungsmaßnahmen für das diskrete Depot" die EU-Zinssteuer oder der in Schweiz und Liechtenstein fällige EU-Steuerrückbehalt vermeiden lassen, erfährt der diskrete Geldanleger ebenfalls in diesem Teil. Steuerliche Hinweise für deutsche Geldanleger mit Zweitwohnsitz in Österreich sowie für österreichische Geldanleger mit Konten/Depots in einem anderen EU-Mitgliedsstaat oder der Schweiz runden die Ausführungen ab.

## Prinzip der Welteinkommensbesteuerung

Am Prinzip der Welteinkommensbesteuerung kommen diskrete Geldanleger aus Hochsteuerländern nicht vorbei. Sowohl das deutsche als auch das österreichische Steuerrecht knüpfen die Steuerpflicht einer natürlichen Person, welche der diskrete Geldanleger verkörpert, an das so genannte Welteinkommensprinzip. Hat der diskrete Geldanleger einen *Wohnsitz* oder *gewöhnlichen Aufenthalt* in Deutschland oder Österreich, ist Steuerobjekt sein „Welteinkommen". Und dazu gehören auch Kapitalerträge aus diskreten Nummernkonten aus der Schweiz oder Liechtenstein.

Was unter „Wohnsitz" oder „gewöhnlichem Aufenthalt" zu verstehen ist, ergibt sich aus den §§ 8 und 9 der deutschen Abgabenordnung (AO) bzw. aus § 26 der österreichischen Bundesabgabenordnung (BAO). Zur Begründung einer unbeschränkten Steuerpflicht muss danach zunächst einmal eine Wohnung vorhanden sein und es müssen Umstände vorliegen, die darauf schließen lassen, dass diese Wohnung durch den Inhaber beibehalten und als solche auch genutzt wird. Auf Ausstattung und Art der Wohnung und die Tatsache, dass die Wohnung dem diskreten Geldanleger gar nicht gehört, kommt es nicht an. Ein Wohnsitz setzt auch nicht voraus, dass der diskrete Geldanleger von dort aus seiner täglichen Arbeit nachgeht. Ebenso wenig ist es erforderlich, dass der Geldanleger sich während einer Mindestzahl von Tagen oder Wochen im Jahr in der Wohnung aufhält.

Den gewöhnlichen Aufenthalt hat jemand dort, „wo er sich unter Umständen aufhält, die erkennen lassen, dass er an diesem Ort oder in diesem Gebiet nicht nur vorübergehend verweilt" (§ 9 Satz 1 AO, sinngemäß § 26 Abs. 2 BAO). Als Aufenthalt kommt grundsätzlich jede körperliche Anwesenheit in Betracht. Der gewöhnliche Aufenthalt setzt nicht das Innehaben einer Wohnung voraus.

Im Unterschied zum Wohnsitz, den ein diskreter Geldanleger an mehreren Orten gleichzeitig haben kann, weil es bei ihm nicht auf das ständige Nutzen einer Wohnung oder gar einer Mindestwohnzeit ankommt, kann eine Person ihren gewöhnlichen Aufenthalt nur an einem Ort haben: Denn es kann sich niemand gleichzeitig an zwei Orten so aufhalten, dass darin nicht nur ein vorübergehendes Verweilen zu sehen ist.

Grundsätzlich spricht eine Verweildauer von *mehr als sechs Monaten* dafür, dass diese nicht vorübergehend ist. Dementsprechend ist ein zeitlich zusammenhängender Aufenthalt von mehr als sechs Monaten Dauer als „gewöhnlich“ anzusehen. Die Sechs-Monats-Grenze gilt allerdings primär der Vermeidung von Auslegungsschwierigkeiten und ist für diskrete Geldanleger kein Garant für Steuerfreiheit. Denn für den tatsächlichen Aufenthalt kommt es auf eine Mindestdauer nicht an. Vielmehr ist auf die *Aufenthaltsumstände* abzustellen. Kurzfristige Unterbrechungen bleiben außer Acht; jedoch können mehrere oder gar viele kurzfristige Unterbrechungen einen Aufenthalt zu einem nicht mehr zusammenhängenden machen. Nur dann wäre der diskrete Geldanleger unter Umständen seine Steuersorgen los.

## Steuerstundungseffekt: Legaler Vorteil der diskreten Auslandsgeldanlage

Diskrete Geldanleger können folgenden Steuertrick mit Namen „Steuerstundungseffekt“ ganz legal nutzen: Der deutsche Anleger eröffnet ein Konto/Depot im Ausland und lässt dort alle seine Kapitalerträge generierenden Wertpapiere, auf die er in seinem Wohnsitzstaat Zinsabschlagsteuer oder sonstige Quellensteuern abgezogen bekommen würde, einbuchen bzw. übertragen. Der österreichische Anleger verlegt alle kapitalertragsteuerpflichtigen Anlageprodukte ins Ausland. In Ländern, in denen die EU-Zinssteuer in Form der Quellensteuer erhoben wird,[216] legt der Anleger seiner Auslandsbank eine von seinem Wohnsitzfinanzamt ausgestellte steuerliche Ansässigkeitsbescheinigung vor. Die Bank geht dann zum optionalen Meldeverfahren über und stellt das Depot steuerfrei. Bis zur Fälligkeit der Einkommensteuer, sprich bis zu einem Monat nach dem Tag, an dem der Geldanleger den Steuerbescheid für das vorangegangene Jahr erhält, kann der diskrete Geldanleger die jeweiligen Kapitalerträge ohne Steuerabzug sofort wieder in kurzfristige Anlagen reinvestieren. In der Regel kann sich je nach Abgabe der Steuererklärung so ein Zeitraum von 1½ bis 2 Jahren ergeben.

---

[216] Vgl. hierzu unten Abschnitt: Das Quellensteuer-Abzugsverfahren in Luxemburg, Belgien und Österreich, Seite 352.

**Beispiel:**

Angenommen, der deutsche diskrete Geldanleger erhält auf festverzinsliche Wertpapiere, die er im Depot bei seiner Hausbank hat, einen Zinsertrag von 25.000 Euro im Jahr. In diesem Fall würden in Deutschland sofort 7.912,50 Euro an Zinsabschlagsteuer abgezogen (Steuersatz inkl. Solidaritätszuschlag = 31,650 Prozent). Bei Tafelpapieren würde sogar ein Steuerobolus von 9.231,25 Euro (Steuersatz 36,925 %) abverlangt. Angenommen, der Anleger reinvestiert die 9.231,25 Euro sofort für zwei Jahre zu 4 Prozent, hat er daraus 9.984,52 Euro bzw. über 750 Euro Zinsen verdient. Selbstverständlich sind auch die Mehrzinsen steuerpflichtig! Doch knapp die Hälfte davon bleibt dem Anleger allemal, und zwar ganz legal.

## Quellenbesteuerung diskreter Kapitaleinkünfte und Auskunftsverfahren nach der EU-Zinsrichtlinie

### Allgemeines

Die am 3. Juni 2003 beschlossene EU-Zinsrichtlinie[217] beruht auf dem Konsens, den der Europäische Rat auf seiner Tagung vom 19. und 20. Juni 2000 in Santa Maria da Feira und der Rat „Wirtschaft und Finanzen" (ECOFIN) auf seinen Tagungen vom 26. und 27. November 2000, 13. Dezember 2001 und 21. Januar 2003 erzielt haben. Die Richtlinie gibt den Mitgliedstaaten die selektive Kontrolle einer Kategorie der Erträge aus beweglichem Kapitalvermögen (nämlich die Besteuerung von Sparerträgen) zwecks Sicherstellung der Besteuerung vor. Das Regelwerk sieht eine Reihe von Mindestanforderungen vor, die die Mitgliedstaaten bis zur Anwendung der Richtlinie zum 1. Juli 2005 in nationales Recht umgesetzt haben. Am 24. Juni 2005 verabschiedete der Rat der Europäischen Union schließlich jene „Green Light-Note", welche die Anwendung der vereinbarten Maßnahmen in den 25 EU-Mitgliedstaaten, in fünf europäischen Drittländern und den relevanten abhängigen oder assoziierten Gebieten der Mitgliedstaaten ab dem 1. Juli 2005 bewirkte (siehe hierzu Tabelle 8).

[217] Richtlinie 2003/48/EG des Rates, Amtsblatt der Europäischen Union Nr. L 157/38 vom 26.6.2003.

| Land/Gebiet | Steuerabzug | Zinsinformation von Deutschland zu erteilen | Alternative zum Steuerabzug |
|---|---|---|---|
| Andorra | Ja | Nein | Bei Bescheinigung der Heimatbehörde |
| Liechtenstein | Ja | Nein | Ermächtigung zur Informationserteilung |
| Monaco | Ja | Nein | Ermächtigung zur Informationserteilung |
| San Marino | Ja | Nein | Ermächtigung zur Informationserteilung |
| Schweiz | Ja | Nein | Ermächtigung zur Informationserteilung |
| **Abhängige und assoziierte Gebiete** | | | |
| Anguilla | Nein | Ja, zur Zeit einseitig | |
| Cayman Islands | Nein | Werden einseitig erteilt | |
| British Virgin Islands | Übergangsweise ja | Ja | Methodenwahlrecht |
| Montserrat | Nein | Sind wechselseitig zu erteilen | |
| Turks- und Caico-Islands | Übergangsweise ja | Ja | Methodenwahlrecht |
| Kanalinseln und Isle of Man | Übergangsweise ja | Ja | Methodenwahlrecht |
| Aruba und Niederländische Antillen | Übergangsweise ja | Ja | Methodenwahlrecht |

**Tabelle 8:** Anwendung der EU-Zinsrichtlinie in Ländern außerhalb der Europäischen Union sowie den abhängig und assoziierten Gebieten (Quelle: Anlage IV zum Einführungsschreiben zur Zinsinformationsverordnung des deutschen Bundesfinanzministeriums BStBl. 2005 I S. 29).

Die EU-Zinsrichtlinie erfasst solche Zinsen, welche von einer Zahlstelle in der EU gutgeschrieben werden, und darunter nur Zinsen, die an einen Empfänger mit steuerlicher Ansässigkeit in einem anderen EU-Mitgliedstaat als dem Staat fließen, in dem sich das Konto/Depot befindet. Die Richtlinie soll es damit letztendlich ermöglichen, dass Erträge in Form von Zinszahlungen, welche an wirtschaftliche Eigentümer ausgezahlt werden, die natürliche Personen und in einem anderen Mitgliedstaat ansässig sind, nach den steuerlichen Vorschriften dieses Ansässigkeitsstaates effektiv besteuert werden.

## Das automatisierte Meldeverfahren/Informationssystem

### Allgemeines

Das Meldeverfahren/Informationssystem stellt die Besteuerung der steuerpflichtigen Leistung an den Leistungsempfänger durch eine Kontrollmitteilung der Zahlstelle an die für den diskreten Geldanleger zuständige Steuerbehörde sicher. Das automatisierte Meldeverfahren findet, wie sich aus dem nachfolgenden Prüfschema ergibt, nur dann Anwendung, wenn Empfänger einer Zinszahlung eine natürliche Person ist, keiner Unternehmensbesteuerung unterliegt und auch kein OGAW (Investmentfonds) ist.

Das wirksame In-Kenntnis-Setzen des für den Zahlungsempfänger zuständigen Wohnsitzfinanzamtes setzt allerdings voraus, dass die einzelnen Schlüsselinformationen (Meldung über Zinsgutschriften durch die Zahlstellen und die Deklaration der Zinsen durch die Einkommensteuerpflichtigen) miteinander verbunden und verarbeitet werden können. Zur maschinellen Verarbeitung der Daten und des Datenabgleichs hat der Rat der Europäischen Union allgemeine Grundsätze für die Erstellung eines Richtlinienformulars herausgegeben, aus denen sich sämtliche Meldedaten ableiten lassen.[218]

### Standardisiertes Meldeverfahren

Liegen meldepflichtige Zinszahlungen vor, erteilt die *Zahlstelle* der zuständigen Behörde des Mitgliedstaates ihrer Niederlassung folgende Auskünfte[219]:

- Identität und Wohnsitz des Leistungsempfängers (wirtschaftlicher Eigentümer),
- Name und Anschrift der Zahlstelle;
- Kontonummer des wirtschaftlichen Eigentümers oder, in Ermangelung einer solchen, Kennzeichen der Forderung, aus der die Zinsen herrühren;

---

[218] Siehe unten Abschnitt: Das Standardformular zur Auskunftserteilung, Seiten 348 ff.

[219] Zum standardisierten Meldeweg vgl. Abb. 15, Seite 344; zum Gesetzestext vgl. Art. 8 der EU-Zinsrichtlinie bzw. gleichwertige nationale Verordnung.

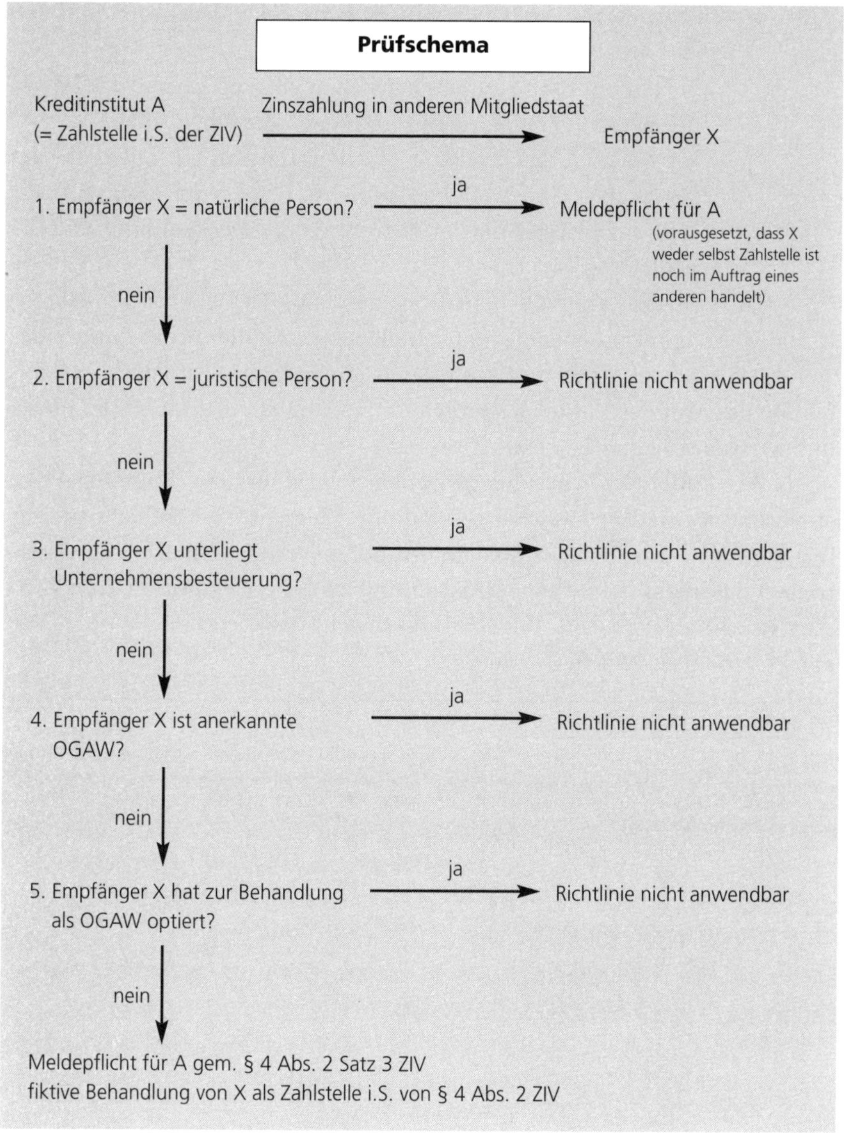


**Abbildung 14:** Prüfschema zur Feststellung einer Meldepflicht für Banken nach der EU-Zinsrichtlinie (Quelle: Anlage V zum Einführungsschreiben zur Zinsinformationsverordnung des deutschen Bundesfinanzministeriums BStBl. 2005 I S. 29).

- den Zinsbetrag, wobei die Zinsen getrennt aufzuführen und Folgendes anzugeben ist:
  - bei auf ein Konto gutgeschriebenen Zinszahlungen: der Betrag der gezahlten oder gutgeschriebenen Zinsen;
  - bei aufgelaufenen oder kapitalisierten Zinsen: entweder der Betrag der Zinsen oder äquivalente Erträge oder der volle Betrag des Erlöses aus der Abtretung, der Rückzahlung oder der Einlösung.

Die von der Zahlstelle der für sie zuständigen Behörde gemeldeten Daten werden anschließend, wie nachfolgend in Abbildung 15 dargestellt, von der Meldestelle automatisch einmal jährlich an die zuständigen Behörden des Mitgliedstaates weitergeleitet, in dem der diskrete Geldanleger und wirtschaftliche Eigentümer ansässig ist.

Als Zahlstelle wird das zwischen Schuldner und Empfänger der steuerbaren Leistung zwischengeschaltete „Element" (Wirtschaftsbeteiligter) definiert, welches den Zins dem Empfänger (wirtschaftlichen Eigentümer) gutschreibt oder eine Zinszahlung zu dessen unmittelbaren Gunsten einzieht. Das ist im Regelfall die sowohl das Ertragskonto als auch das Wertpapierdepot führende Bank.

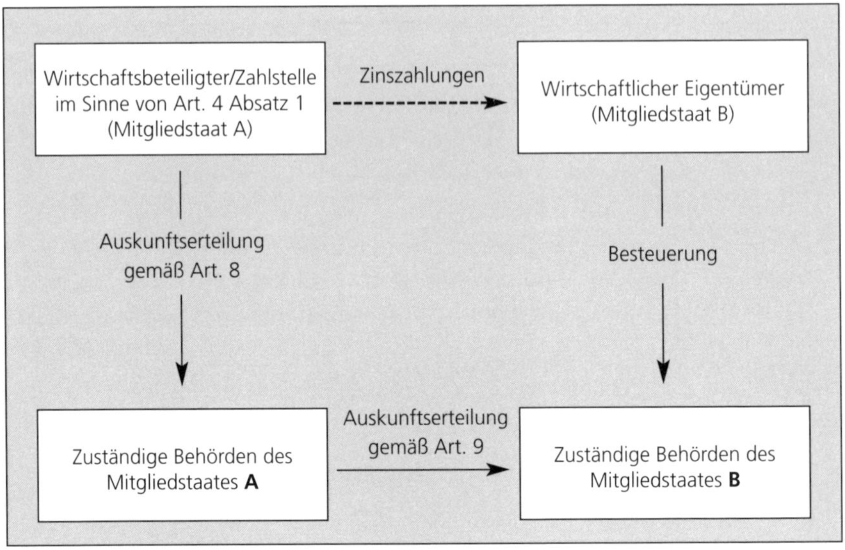


**Abbildung 15:** Allgemeines Meldeverfahren bei einer Zahlstelle

**Besonderes Meldeverfahren in Verbindung mit Zahlstellen kraft Vereinnahmung**

Als Zahlstelle kraft Vereinnahmung wird jegliche in einem Mitgliedstaat niedergelassene Einrichtung verstanden, an die eine Zinszahlung zugunsten eines wirtschaftlichen Eigentümers geleistet wird oder die eine Zinszahlung zugunsten des wirtschaftlichen Eigentümers einzieht. Als Zahlstellen kraft Vereinnahmung kommen u.a. Gesellschaften bürgerlichen Rechts wie Anlegergemeinschaften oder sonstige Personenvereinigungen (z.B. ein Vermögenstrust), Ehegatten oder nichteheliche Lebensgemeinschaften, die Gemeinschaftskonten unterhalten, oder Erbengemeinschaften usw. in Betracht.

Bei einem Trustverhältnis[220] gilt stets der Trustee als wirtschaftlicher Eigentümer im Sinne der Richtlinie oder der Trustee ist Zahlstelle. Der Trustee ist dann Zahlstelle, wenn er verpflichtet ist, die aus dem Trustvermögen fließenden Erträge als solche direkt den Berechtigten zukommen zu lassen. Dies trifft insbesondere auf Trusts der Typen „fixed interest trust", „life interest trust", „interest in possession trust" zu. In allen anderen Fällen (insbesondere beim Discretionary Trust) gilt grundsätzlich der Trustee als wirtschaftlicher Eigentümer. Erklärt der Trustee gegenüber der Zahlstelle schriftlich, eine Drittperson sei nutzungsberechtigt, und gibt er deren Identität bekannt, gilt diese Drittperson als der wirtschaftliche Eigentümer.

Zahlstellen kraft Vereinnahmung müssen die Zinszahlung melden[221], wenn sie die Zinszahlung erhalten und nicht, wenn sie die Zinszahlung nachfolgend an den/die diskreten Geldanleger als wirtschaftliche Eigentümer weiterleiten. Darüber hinaus unterliegen Wirtschaftsbeteiligte (im Regelfall Banken), die Zinserträge an eine Zahlstelle kraft Vereinnahmung überweisen, gesonderten Meldepflichten. Dieses durch Einbezug von Zahlstellen kraft Vereinnahmung komplizierte Meldeverfahren soll zur Gewährleistung einer effektiven Zinsbesteuerung „Restkategorien" von Einrichtungen erfassen, die möglicherweise einer weniger strengen Aufsicht durch die Steuerbehörden unterliegen und gewährleisten, dass auch diese Einrichtungen ihre Verpflichtungen als Zahlstellen erfüllen.

---

[220] Siehe hierzu Teil XII, Seiten 295 ff.

[221] Bzw. im Fall von Belgien, Luxemburg oder Österreich einen Quellensteuerabzug vornehmen. Zu den drei Ausnahmestaaten siehe Abschnitt: Das Quellensteuer-Abzugsverfahren in Luxemburg, Belgien und Österreich, Seite 352.

Im Einzelnen ergeben sich in Anlehnung an nachfolgende Abbildung 16 bei Zwischenschaltung einer Zahlstelle kraft Vereinnahmung durch den diskreten Geldanleger folgende Meldewege:

Bank A im Mitgliedstaat A schreibt Zinserträge einer Einrichtung im Mitgliedstaat gut, von der die Bank weiß, dass es sich um eine Zahlstelle kraft Vereinnahmung handelt, weil die Einrichtung nicht als der wirtschaftliche Eigentümer der Zinserträge angesehen werden kann. Hinter der Einrichtung stehen zwei wirtschaftliche Eigentümer; diese haben ihren Sitz im Mitgliedstaat B. Bank A teilt der zuständigen Behörde im Mitgliedstaat A Name und Anschrift der Einrichtung im Mitgliedstaat sowie den Gesamtbetrag der zugunsten dieser Einrichtung gezahlten oder eingezogenen Zinsen mit. Die Meldestelle im Mitgliedstaat A gibt sodann diese Informationen an die zuständige Behörde des Mitgliedstaates weiter, also an diejenige Behörde in jenem Mitgliedstaat, in dem die Einrichtung (Zahlstelle kraft Vereinnahmung) ihren Sitz hat. Die Zahlstelle kraft Vereinnahmung hat wiederum die Pflicht, an die zuständige Behörde im Mitgliedstaat den Zinsbetrag bzw. die Zinsteilbeträge mitzuteilen, welche den Mitgliedern der Einrichtung zufließen, die wiederum in anderen Mitgliedstaaten ansässig sind und in den sachlichen Anwendungsbereich der EU-RL fallen. In Übereinstimmung übermittelt nun diese Behörde im Mitgliedstaat (der Niederlassung der Einrichtung) die von der Zahlstelle kraft Vereinnahmung erhaltenen Informationen an die Behörde im Mitgliedstaat B (Wohnsitzfinanzstaat des/der wirtschaftlichen Eigentümer/s). Dort sollen die Zinseinnahmen letztlich der Besteuerung unterworfen werden.

Die Regelungen über die Zahlstelle kraft Vereinnahmung gelten allerdings dann nicht, wenn die Einrichtung (der vereinnahmende oder einziehende Wirtschaftsbeteiligte) eine juristische Person (z.B. eine vermögensverwaltende Stiftung) ist, den allgemeinen Vorschriften der Unternehmensbesteuerung unterliegt oder ein OGAW i.S. der RL 85/611/EWG (Investmentfonds) ist.

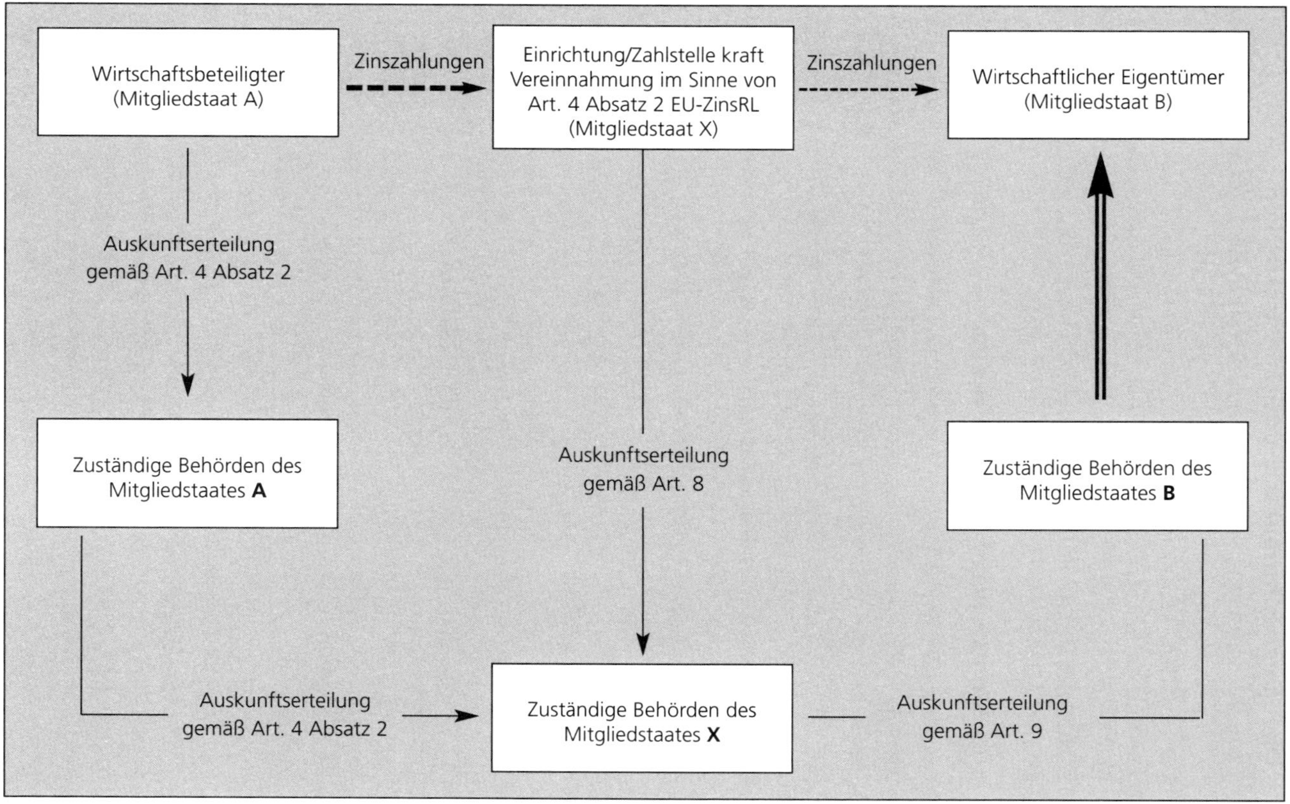


**Abbildung 16:** Meldeweg und Informationsfluss bei Zwischenschaltung einer Zahlstelle kraft Vereinnahmung

### Das Standardformular zur Auskunftserteilung

Zur Durchführung des Meldeverkehrs stellt die Europäische Union ein Standardformular zur Verfügung. Dieses Richtlinienformular basiert auf dem OECD-Formular für die automatische Auskunftserteilung. Jeder Mitgliedstaat kann entscheiden, ob die in seinem Hoheitsgebiet niedergelassenen Zahlstellen dieses Richtlinienformular verwenden müssen oder eigene Meldeformulare mit allen in nachfolgender Übersicht aufgeführten obligatorischen Meldefeldern entwerfen können.

**Übersicht Meldefelder und Feldergruppen**

| Felder/ Feldergruppe | Bezeichnung des Feldes | Inhalt | Angabe obligatorisch/fakultativ | Bemerkungen |
|---|---|---|---|---|
| F001 | Standard-Indikator der Daten | Allgemeine Angaben zu den übermittelten Daten | Obligatorisch aus technischen Gründen | |
| F002 | Code des Wohnsitzstaates | Wohnsitzstaat des wirtschaftlichen Eigentümers | Obligatorisch | |
| F003 | Steuernummer im Wohnsitzstaat | Steuernummer des wirtschaftlichen Eigentümers in seinem Wohnsitzstaat | Bedingt obligatorisch | |
| F007 | Geburtsdatum | Geburtsdatum des wirtschaftlichen Eigentümers | Bedingt obligatorisch, wenn Feld 003 nicht ausgefüllt wurde | Vollständiges Geburtsdatum (Jahr, Monat, Tag) |
| F008 | Standardformat des Namens | Name des wirtschaftlichen Eigentümers | Obligatorisch | |
| F009 | Sortiername | | Obligatorisch | Sortiername ist der Familienname |
| F010 | Weitere Namen | | Obligatorisch | Zu den weiteren Namen zählen der Rufname, der zweite Vorname und/oder Initialen |
| F014 | Geburtsort | Geburtsort des wirtschaftlichen Eigentümers | Bedingt obligatorisch, wenn Feld 003 nicht ausgefüllt wurde | Ermittlung anhand des Passes oder amtlichen Personalausweises |
| F016 | Code des Geburtslandes | | | |

| | | | | |
|---|---|---|---|---|
| F028 | Standardformat Wohnsitz | Wohnsitz des wirtschaftlichen Eigentümers | Obligatorisch | |
| F029 bis F033 | Straße, Wohnort, Postleitzahl, Ländercode | | | |
| F034 bis F040 | Angaben über einen anderen Wohnsitz, sofern der Zahlstelle bekannt | | | |
| F045 | Standardformat des Namens | Angaben zur Zahlstelle | Obligatorisch | |
| F046 | Sortiername | | | Sortiername ist der Familienname bei natürlichen Personen und der Firmenname bei juristischen Personen |
| F047 | Weitere Namen | | | Zu den weiteren Namen zählen der Rufname, der zweiter Vorname und/oder Initialen |
| F050 | Standardformat des Wohnsitzes | Angaben zur Zahlstelle | Obligatorisch | |
| F051 bis F055 | Straße, Wohnort, Postleitzahl, Ländercode | | | |
| F088 | Zahlungstermin | Jahr der Zahlung | Obligatorisch | Die Angabe des Jahres, in dem die Zahlung erfolgt ist, bezieht sich<br>– bei Auskünften Großbritanniens auf das Steuerjahr<br>– bei Auskünften der anderen Mitgliedstaaten auf das Kalenderjahr |

| | | | | |
|---|---|---|---|---|
| F090 | Art der Zahlung im übermittelnden Staat | Art der Erträge | Obligatorisch | |
| F091 bis F092 | Code der verwendeten Währung und Bruttobetrag der ausgezahlten Erträge | Betrag der Zinsen und verwendete Währung | Obligatorisch | Angaben nur in ganzen Währungseinheiten |
| F101 | Referenznummer des Absenders | Referenznummern | Obligatorisch aus technischen Gründen | Nummer des Absenders für sämtliche Fragen im Zusammenhang mit dem Dossier |
| F102 | Referenznummer der Berichtigung | | | Nummer des Absenders bei Wiederholung oder Berichtigung |
| F103 | Platz für allgemeine Angaben | Kontonummer des wirtschaftlichen Eigentümers oder Bezeichnung der Forderung | Obligatorisch | Eintrag der international gültigen Kontonummer IBAN* sowie der ISIN-Code für die Bezeichnung der Forderung |

* Die IBAN ist eine vom European Committee for Banking Standards entwickelte einheitliche weltweite Kennung für Bankkonten.

**Tabelle 9:** Meldefelder und Feldergruppen, Standardformular zur Auskunftserteilung (Quelle: Rat der Europäischen Union, Korrigendum zu den Beratungsergebnissen der Gruppe Steuerfragen vom 7. Feb. 2002).

**Erläuterungen zum Standardformular:**

Zu Feld 002 (Wohnsitzstaat des wirtschaftlichen Eigentümers)

Gemäß Art. 3 Abs. 3 Buchst. b der EU-RL ermittelt die Zahlstelle den Wohnsitz des wirtschaftlichen Eigentümers anhand der im Pass oder im amtlichen Personalausweis angegebenen Adresse oder erforderlichenfalls anhand eines anderen vom wirtschaftlichen Eigentümer vorgelegten beweiskräftigen Dokuments nach folgendem Verfahren: Bei natürlichen Personen, die einen in einem Mitgliedstaat ausgestellten Pass oder amtlichen Personalausweis vorlegen und die ihren eigenen Angaben zufolge in einem

Drittland ansässig sind, wird der Wohnsitz anhand eines Nachweises über den steuerlichen Wohnsitz festgestellt, der von der zuständigen Behörde des Drittlands ausgestellt ist, in dem die betreffende natürliche Person ihren eigenen Angaben zufolge ansässig ist. Wird dieser Nachweis nicht vorgelegt, so gilt der Wohnsitz als in dem Mitgliedstaat belegen, in dem der Pass oder ein anderer amtlicher Identitätsausweis ausgestellt wurde.

Zu Feld 003 (Steuernummer des wirtschaftlichen Eigentümers in seinem Wohnsitzstaat)

Die Zahlstelle teilt den zuständigen Behörden des Staates, in dem sie niedergelassen ist, die Steuernummer mit, sofern diese im Pass, im amtlichen Personalausweis oder in einem anderen vom wirtschaftlichen Eigentümer vorgelegten beweiskräftigen Dokument eingetragen ist. Ist die Steuernummer nicht in dem Pass oder amtlichen Identitätsdokument oder einem anderen vom wirtschaftlichen Eigentümer vorgelegten beweiskräftigen Dokument eingetragen, so wird zur Vervollständigung der Identität das anhand des Passes oder des amtlichen Identitätsdokuments ermittelte Geburtsdatum und der Geburtsort eingetragen. Um den Zahlstellen die Arbeit zu erleichtern, stellen ihnen die Mitgliedstaaten in ihrem Hoheitsgebiet genaue Angaben über die Verwendung der Steuernummern in den anderen Mitgliedstaaten zur Verfügung.

Zu Feldern 028 bis 040 (Wohnsitz des wirtschaftlichen Eigentümers)

Der Wohnsitz wird anhand des vom wirtschaftlichen Eigentümer vorgelegten Passes oder amtlichen Personalausweises ermittelt. Falls der Wohnsitz in diesen Dokumenten nicht eingetragen ist, wird er anhand eines anderen vom wirtschaftlichen Eigentümer vorgelegten beweiskräftigen Dokuments ermittelt. Ist der Zahlstelle ein anderer Wohnsitz bekannt, der für die Feststellung der Identität relevant ist, so ist dies anzugeben. Hierzu sind die Felder F034 bis F040 auszufüllen.

Zu Feld 090 (Art der Erträge)

In Feld F090 können die in der Richtlinie genannten unterschiedlichen Arten von Zinsen, Erträgen usw. aufgeführt werden. Die Angabe darf nur vier Stellen umfassen. Deshalb müssen die Kategorien von Zinsen und Erträgen, die bei der Auskunftserteilung getrennt aufgeführt werden sollen, nummeriert werden. Gemäß Art. 8 Abs. 2 Nr. 1 EU-RL sind die Zinsen von der Zahlstelle nach fünf Kategorien getrennt aufzuführen.

Nach Art. 8 Abs. 2 Nr. 2 der Richtlinie können die Mitgliedstaaten jedoch die Mindestauskünfte auf lediglich zwei Kategorien beschränken, nämlich

- auf den Gesamtbetrag der Zinsen oder der Erträge
- sowie auf den Gesamtbetrag des Erlöses aus der Abtretung, der Rückzahlung oder der Einlösung.

Ebenso können die Zinsen entweder der Situation gemäß Art. 4 Abs. 1 oder der Situation gemäß Art. 4 Abs. 2 entsprechen.

### Das Quellensteuer-Abzugsverfahren in Luxemburg, Belgien und Österreich

Luxemburg, Belgien und Österreich erteilen keine Kontrollmeldungen, sondern erheben bei Vorliegen derselben Voraussetzungen wie für die Erstattung einer Kontrollmeldung[222] stattdessen eine Quellensteuer[223], deren Höhe während eines Übergangszeitraumes zwischen 2005 und 2011 in folgenden Stufen ansteigen soll:

- 15 Prozent für Zinserträge vereinnahmt von 1. Juli 2005 bis 30. Juni 2008,
- 20 Prozent für Zinserträge vereinnahmt von 1. Juli 2008 bis 30. Juni 2011,
- 35 Prozent für Zinserträge vereinnahmt ab dem 1. Juli 2011.

Das heißt im Klartext, dass für diskrete Geldanleger mit Konten und Depots in den genannten Ländern die Diskretion gegen Entrichtung einer Quellensteuer gewahrt bleibt.

Zur Vermeidung einer doppelten Belastung von unter die Regelungen der EU-RL fallenden Zinserträgen erteilen die Wohnsitzstaaten von Anlegern mit Konten/Depots in Luxemburg, Belgien und Österreich eine Steuergutschrift in Höhe der nach innerstaatlichem Recht einbehaltenen

---

222 Für Österreich vgl. Abbildung 17, Seite 354.

223 Von Quellensteuer spricht man, wenn das Steuergesetz den Schuldner oder den Vermittler einer Leistung verpflichtet, auf diese Leistung eine Steuer zu entrichten und diese Steuer durch Kürzung der Leistung um den Steuerbetrag auf den Leistungsempfänger zu überwälzen. Der Begriff Quellensteuer kennzeichnet somit nicht eine bestimmte Steuerart, sondern eine besondere Erhebungstechnik.

Steuer; zu viel gezahlte Quellensteuer (im Vergleich zur nach innerstaatlichem Steuerrecht geschuldeten Steuer auf die Erträge) wird vom Wohnsitzstaat rückerstattet. Letzteres funktioniert jedoch naturgemäß nur bei Erträgen aus so genannten „offenen“, also dem Finanzamt gegenüber offiziell deklarierten Vermögenswerten.

Das Quellensteuer-Abzugsverfahren soll während einer Übergangsfrist gelten. Der Übergangszeitraum endet gem. Art. 10 Abs. 2 EU-RL mit dem Ende des ersten abgeschlossenen Steuerjahrs, das auf den späteren der beiden nachstehenden Zeitpunkte folgt:

- den Tag des Inkrafttretens eines nach einstimmigem Beschluss des Rates geschlossenen Abkommens zwischen der Europäischen Gemeinschaft und dem Letzten der Staaten Schweizerische Eidgenossenschaft, Fürstentum Liechtenstein, Republik San Marino, Fürstentum Monaco, Fürstentum Andorra über die Auskunftserteilung auf Anfrage im Sinne des OECD-Musterabkommens zum Informationsaustausch in Steuersachen vom 18. April 2002 (im Folgenden OECD-Musterabkommen genannt) hinsichtlich der in dieser Richtlinie definierten Zinszahlungen von im Hoheitsgebiet des jeweiligen Staates niedergelassenen Zahlstellen an wirtschaftliche Eigentümer, deren Wohnsitz sich im räumlichen Geltungsbereich der Richtlinie befindet, und der gleichzeitig erfolgenden Anwendung des in Artikel 11 Absatz 1 für den entsprechenden Zeitraum festgelegten Quellensteuersatzes auf derartige Zahlungen durch die vorstehend genannten Staaten;
- den Tag, an dem der Rat einstimmig zu der Auffassung gelangt, dass die Vereinigten Staaten von Amerika sich hinsichtlich der in dieser Richtlinie definierten Zinszahlungen von in ihrem Hoheitsgebiet niedergelassenen Zahlstellen an wirtschaftliche Eigentümer, deren Wohnsitz sich im räumlichen Geltungsbereich der Richtlinie befindet, zu einem Informationsaustausch auf Anfrage nach den von der Organisation für wirtschaftliche Zusammenarbeit und Entwicklung (OECD) entwickelten Standards verpflichtet haben.

Darüber hinaus muss der Ministerrat einstimmig – also auch die Minister der betroffenen drei Staaten – das Ende des Übergangszeitraumes nach Eintritt obiger Voraussetzungen beschließen. Aus heutiger Sicht

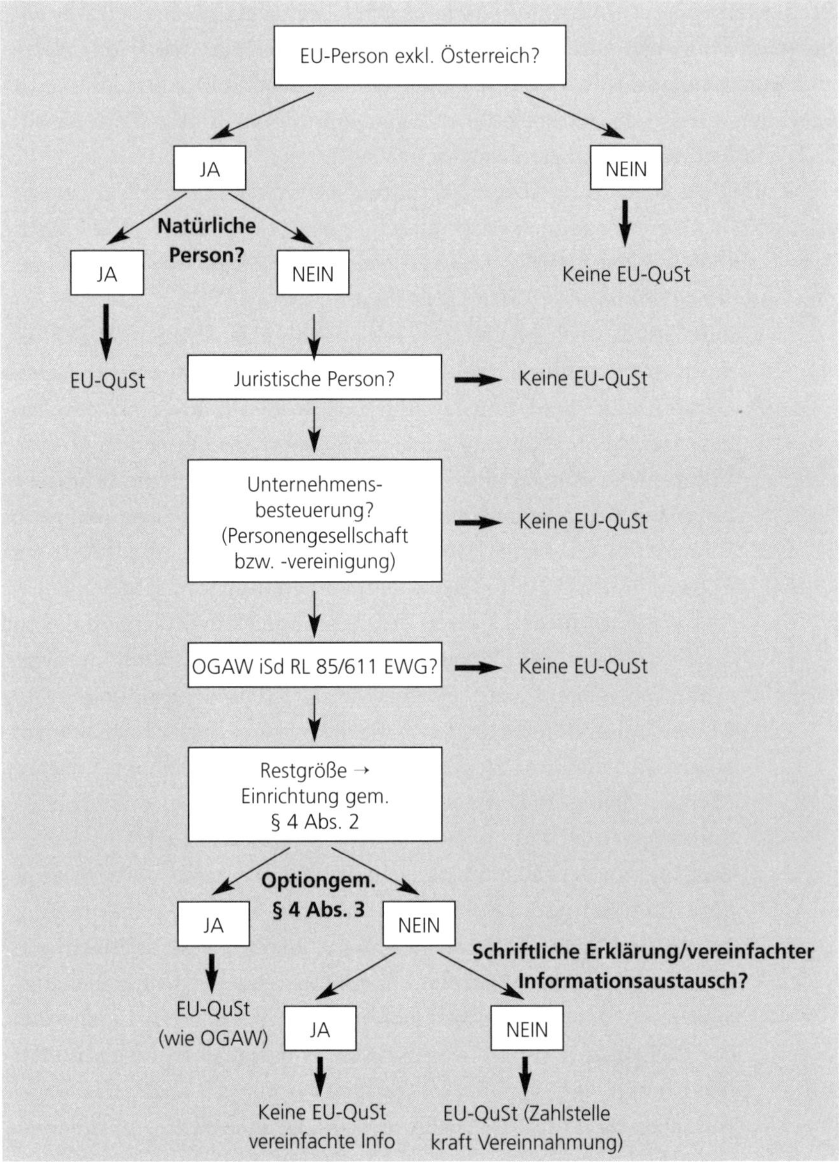


**Abbildung 17:** Einstufungskriterien/Ablaufschema zur Prüfung einer EU-Quellensteuerpflicht in Österreich (Quelle: Richtlinien zur Durchführung der EU-Quellensteuer, österr. Bundesfinanzministerium Rz. 34).

gilt beides als unwahrscheinlich so dass sich der Übergangszeitraum aus heutiger Sicht über das Steuerjahr 2010 hinaus verlängern dürfte.

Bevorzugt ein diskreter Anleger stattdessen das Meldeverfahren, so kann er seine Bank (Zahlstelle) hierzu ermächtigen. Alternativ kann der Anleger der Zahlstelle eine von seinem Wohnsitzfinanzamt ausgestellte steuerliche Ansässigkeitsbescheinigung[224] vorlegen.

### Sachlicher und territorialer Anwendungsbereich des Meldeverfahrens und des Quellensteuerabzugs

Von der EU-Zinsbesteuerung erfasst ist jede *natürliche Person*, die eine Zinszahlung vereinnahmt oder zu deren Gunsten eine Zinszahlung erfolgt (so genannter „wirtschaftlicher Eigentümer") und die in einem anderen Mitgliedstaat steuerlich ansässig ist. Die EU-Zinsbesteuerung gilt für Zinsen, die durch eine innerhalb des Hoheitsgebietes, auf das der EG-Vertrag gemäß seinem Art. 299 Anwendung findet, gelegene Zahlstelle gezahlt werden. Diese unterschiedliche Behandlung von natürlichen Personen mit steuerlicher Ansässigkeit in einem anderen Mitgliedstaat ist gemäß Art. 58 Abs. 1 EG-Vertrag zulässig.[225]

Umgekehrt gilt: Der Informationsaustausch kommt nicht zur Anwendung, wenn:

- die maßgebliche Zahlstelle und der Empfänger der Zinszahlung im gleichen EU-Staat ansässig sind und folglich keine grenzüberschreitende Zinszahlung vorliegt;
- die maßgebliche Zahlstelle in einem Drittstaat und somit außerhalb der Steuerhoheit der Europäischen Union bzw. ihrer Mitgliedstaaten liegt.

Nicht in den Anwendungsbereich der EU-Zinsrichtlinie fallen juristische Personen (Kapitalgesellschaften), deren Gewinne den allgemeinen Vorschriften der Unternehmensbesteuerung unterliegen. Durch Vorschaltung einer juristischen Person als Kontoinhaberin und „Endempfängerin" der der Steuer unterliegenden Zinszahlungen lässt sich also die automati-

[224] Art. 13 Abs. 2 der EU-RL sieht vor, dass die zuständigen Wohnsitzfinanzämter auf Antrag des Kontoinhabers (wirtschaftlichen Eigentümers) eine Bescheinigung ausstellen, welche für höchstens drei Jahre gültig ist und die Zahlstelle von der Pflicht des Abzugs einer Quellensteuer freistellt.

[225] Vgl. Erwägungsgründe zur EU-Zinsrichtlinie Rz. 3.

sche Kontrollmitteilungspraxis/der Quellensteuerabzug verhindern. Letzteres gilt nach derzeitiger Rechtslage auch, wenn die juristische Person nur „passiv" (zur bloßen Vermögensverwaltung) tätig ist, so dass beispielsweise die Vorschaltung einer Liechtenstein-Stiftung vor einem Quellensteuerabzug oder dem Meldeverfahren schützt.

**Der wirtschaftliche Eigentümer im Sinne der Zinsrichtlinie**

Wirtschaftlicher Eigentümer einer steuerbaren Leistung im Sinne der EU-Zinsrichtlinie ist jede natürliche Person, die eine Zinszahlung vereinnahmt oder zu deren Gunsten eine Zinszahlung erfolgt. Wirtschaftlicher Eigentümer und Inhaber des Anlagekontos/Depots, dem die Zinszahlung gutgeschrieben wird, werden im Regelfall identisch sein. Doch es gibt auch Ausnahmen:

- Die natürliche Person handelt als Zahlstelle
- oder im Auftrag einer juristischen Person
- oder im Auftrag eines Investmentfonds
- oder im Auftrag des wirtschaftlichen Eigentümers, beispielsweise als Treuhänder, als Ratsmitglied einer Stiftung oder als Trustee eines Trust.

Handelt eine die steuerbare Leistung empfangende natürliche Person als Stiftungsrat oder Trustee, ist sie verpflichtet, der Zahlstelle Namen und Anschrift der betreffenden Einrichtung mitzuteilen. Ist die die steuerbare Leistung empfangende natürliche Person nur als Treuhänder tätig, ist der Zahlstelle die Identität und der Wohnsitz des Treugebers, welcher hier der wirtschaftliche Eigentümer der steuerbaren Leistung ist, mitzuteilen.[226]

Abgesehen von den oben genannten Ausnahmen wird die Zahlstelle die erforderliche Legitimation des wirtschaftlichen Eigentümers zusammen mit dem Identitätsfeststellungsverfahren bei Eröffnung eines Kontos/Depots mit erledigen können, da Kontoeröffner und wirtschaftlicher Eigentümer im Regelfall identisch sind. Liegen einer Zahlstelle jedoch Informationen vor, die den Schluss nahe legen, dass die natürliche Person, die eine Zinszahlung vereinnahmt oder zu deren Gunsten eine Zinszahlung erfolgt (der Kontoinhaber), möglicherweise nicht der wirtschaftliche Eigentümer ist, so ist die Zahlstelle verpflichtet, „angemessene Schritte"

---

[226] Vgl. Art. 2 Abs. 1 Buchst. b EU-RL.

zur Feststellung der Identität des wirtschaftlichen Eigentümers zu unternehmen. Diesbezüglich ist jeder EU-Mitgliedstaat verpflichtet, Verfahren festzulegen und für deren Anwendung zu sorgen, die es der Zahlstelle ermöglichen, den wirtschaftlichen Eigentümer festzustellen und dessen Wohnsitz zu ermitteln.

Die Zahlstelle ermittelt die Identität des wirtschaftlichen Eigentümers anhand von Mindestanforderungen, die je nach dem Beginn der Beziehungen zwischen der Zahlstelle und dem Eigentümer der Zinsen variieren:

- Bei vertraglichen Beziehungen, die vor dem 1. Januar 2004 eingegangen wurden, ermittelt die Zahlstelle die Identität des wirtschaftlichen Eigentümers – nämlich seinen Namen und seine Anschrift – anhand der Informationen, die ihr bereits in Erfüllung der Identitätsermittlungs- und -feststellungspflichten nach den entsprechenden Geldwäschebekämpfungsgesetzen bzw. auf Basis der im Lande ihrer Niederlassung geltenden Geldwäschebekämpfungsvorschriften und der EU-Richtlinie zur Verhinderung der Nutzung des Finanzsystems zum Zwecke der Geldwäsche[227] zur Verfügung stehen. Das sind die üblichen gegenüber einer Bank bei Eröffnung einer Kontoverbindung mitteilungspflichtigen Daten;
- bei vertraglichen Beziehungen, die seit dem 1. Januar 2004 eingegangen bzw. getätigt werden, ermittelt die Zahlstelle die Identität des wirtschaftlichen Eigentümers in Form seines Namens und seiner Anschrift, sowie – sofern vorhanden – die ihm vom Mitgliedstaat seines steuerlichen Wohnsitzes erteilte Steuer-Identifikationsnummer. Deutsche diskrete Geldanleger erhalten voraussichtlich ab 2007 eine Steuer-Identifikationsnummer. Diese neuen Steuernummern werden zunehmend zum Aufspüren von Auslandsgeldanlagen von EU-Bürgern verwendet, zumal auch die OECD den Einsatz so genannter TINs (Tax Identification Numbers) als Mittel zur Bekämpfung von Steuerhinterziehung empfiehlt.

Diese Angaben stellt die Zahlstelle auf der Grundlage des Passes oder des vom wirtschaftlichen Eigentümer vorgelegten amtlichen Personalausweises fest. Diesbezüglich gilt im Einzelnen:

---

[227] 91/308/EWG i.d.F. der Änderungsrichtlinie 2001/97/EG, Amtsblatt L 344/76 vom 28.12.2001.

- Ist die Anschrift nicht im Pass oder im amtlichen Personalausweis eingetragen, so wird sie auf der Grundlage eines anderen vom wirtschaftlichen Eigentümer vorgelegten beweiskräftigen Dokuments festgestellt.
- Ist die Steuernummer nicht im Pass, im amtlichen Personalausweis oder einem anderen vom wirtschaftlichen Eigentümer vorgelegten beweiskräftigen Dokument – etwa einem Nachweis über den steuerlichen Wohnsitz – eingetragen, so wird seine Identität anhand seines auf der Grundlage des Passes oder des amtlichen Personalausweises festgestellten Geburtsdatums und -ortes präzisiert.

Als Wohnsitz des wirtschaftlichen Eigentümers gilt im Regelfall jener Ort, den der Betreffende als seine ständige Anschrift angegeben hat. Die Zahlstelle ermittelt den Wohnsitz des wirtschaftlichen Eigentümers anhand von Mindestanforderungen, die je nach dem Beginn der Beziehungen zwischen der Zahlstelle und dem Eigentümer der Zinsen variieren:

- Bei vertraglichen Beziehungen, die vor dem 1. Januar 2004 eingegangen wurden, ermittelt die Zahlstelle den Wohnsitz des wirtschaftlichen Eigentümers anhand der Informationen, die ihr bereits in Erfüllung der Identitätsermittlungs- und -feststellungspflichten nach den entsprechenden Geldwäschebekämpfungsgesetzen bzw. auf Basis der im Lande ihrer Niederlassung geltenden Geldwäschebekämpfungsvorschriften und der EU-Richtlinie zur Verhinderung der Nutzung des Finanzsystems zum Zwecke der Geldwäsche zur Verfügung stehen;
- bei vertraglichen Beziehungen bzw. – bei Fehlen vertraglicher Beziehungen – bei Transaktionen, die seit dem 1. Januar 2004 eingegangen bzw. getätigt werden, ermittelt die Zahlstelle den Wohnsitz des wirtschaftlichen Eigentümers anhand der im Pass oder im amtlichen Personalausweis angegebenen Adresse oder erforderlichenfalls anhand eines anderen vom wirtschaftlichen Eigentümer vorgelegten beweiskräftigen Dokuments nach folgendem Verfahren:
  - bei natürlichen Personen, die einen in einem Mitgliedstaat ausgestellten Pass oder amtlichen Personalausweis vorlegen und die ihren eigenen Angaben zufolge in einem Drittland an-

sässig sind, wird der Wohnsitz anhand eines Nachweises über den steuerlichen Wohnsitz festgestellt, der von der zuständigen Behörde des Drittlandes ausgestellt ist, in dem die betreffende natürliche Person ihren eigenen Angaben zufolge ansässig ist.

- Wird dieser Nachweis nicht vorgelegt, so gilt der Wohnsitz als in dem Mitgliedstaat belegen, in dem der Pass oder ein anderer amtlicher Identitätsausweis ausgestellt wurde.

Kann die Zahlstelle den wirtschaftlichen Eigentümer letztendlich nicht feststellen, soll sie die fragliche natürliche Person als den wirtschaftlichen Eigentümer behandeln.[228]

### Steuerbare/meldepflichtige Leistungen (Zinszahlungen)

Dem Meldeverfahren bzw. Steuerabzug unterfallen alle Zinszahlungen ungeachtet ihrer Herkunft. Dies bedeutet, dass auch solche Zinsen erfasst sind, die aus Quellen Dritter, also Nicht-EU-Mitgliedsländern, stammen, sofern diese in Erfüllung der Schuld eines außerhalb der EU ansässigen Schuldners bezahlt werden. Allerdings gilt auch hier wieder die Einschränkung, dass die Zinszahlungen an eine natürliche Person bezahlt werden müssen, die auch der „effektive Empfänger", d.h. der Endempfänger ist. Des Weiteren muss es sich um eine „grenzüberschreitende Zinszahlung" handeln, d.h. Zahlstelle und der effektive Empfänger müssen in verschiedenen EU-Mitgliedstaaten ansässig sein.

Gemäß Art. 6 Abs. 1 der EU-Zinsrichtlinie gelten als meldepflichtige Zinszahlungen im Einzelnen:

- Auf ein Konto eingezahlte oder einem Konto gutgeschriebene Zinsen, die mit Forderungen jeglicher Art zusammenhängen, unabhängig davon, ob sie hypothekarisch gesichert sind oder nicht, und unabhängig davon, ob sie ein Gewinnbeteiligungsrecht beinhalten oder nicht. Darunter fallen insbesondere Erträge aus Anleihen[229] einschließlich der mit diesen Titeln verbundenen Prämien und Gewinne;

---

[228] So genannte „Auffangklausel" des Art. 2 Abs. 2 EU-RL.

[229] Das sind festverzinsliche, langfristige Schuldverschreibungen, die sowohl von der öffentlichen Hand (Bund, Länder. Gemeinden) als auch von privaten Unternehmen (Industrieobligationen) ausgegeben werden.

- bei Abtretung, Rückzahlung oder Einlösung von Forderungen im obigen Sinne aufgelaufene oder kapitalisierte Zinsen;
- kapitalisierte Zinsen sowie der Zinsanteil aus dem Verkauf von sog. Zero- oder Discountbonds;
- direkte oder über eine Einrichtung im Sinne von Artikel 4 Abs. 2 laufende Zinserträge, die ausgeschüttet werden;
- aufgelaufene oder kapitalisierte Zinsen, die bei Verkauf, Rückzahlung oder Einlösung von Anteilen an Investmentfonds usw. realisiert werden[230].

Privatdarlehen bzw. Zinsen auf Grund von Darlehensbeziehungen zwischen natürlichen Personen, die nicht im Rahmen einer geschäftlichen Tätigkeit handeln, sind von der EU-Zinsbesteuerung ausgeschlossen. Dies gilt unabhängig von der Ansässigkeit des Zinsschuldners sowie des Zinsgläubigers.

## Besteuerung diskreter Geldanlagen in der Schweiz und im Fürstentum Liechtenstein

### Exkurs: Funktionsweise der Schweizer Verrechnungssteuer

Die Schweiz erhebt gegenwärtig auf bestimmte Kapitalerträge eine so genannte Verrechnungssteuer. Die Verrechnungssteuer ist eine Quellensteuer nach dem Schuldnerprinzip: Die Steuer wird nicht beim Empfänger, sondern beim Schuldner der steuerbaren Leistung erhoben. Dieser ist verpflichtet, die Verrechnungssteuer durch entsprechende Kürzung der steuerbaren Leistung auf den Empfänger zu überwälzen, mit der Folge, dass nur Erträge aus schweizerischer Quelle Gegenstand der Steuer sein können. Zinserträge aus von Nichtschweizer Schuldnern emittierten Wertpapieren bleiben unbesteuert. Letzteres ist nicht im Sinne der Hochsteuerländer in der Europäischen Union.

Die Erhebung der Verrechnungssteuer dient vielmehr folgenden Zwecken:

- Die Verrechnungssteuer soll die in der Schweiz ansässigen Steuerpflichtigen veranlassen, ihr Vermögen und die daraus fließen-

[230] Siehe im Einzelnen Art. 6 Abs. 4 Buchst. d der Richtlinie.

den Erträge bei den direkten Steuern korrekt zu deklarieren (sog. Sicherungsfunktion).

- Die Verrechnungssteuer soll für Steuerschummler und für Ausländer eine definitive Belastung darstellen; Letztere können eine Rückerstattung nur erlangen, wenn ein Doppelbesteuerungsabkommen (DBA) zwischen ihrem Ansässigkeitsstaat und der Schweiz eine volle oder teilweise Rückerstattung vorsieht.

Die Rückerstattung der Verrechnungssteuer an einen ausländischen Leistungsempfänger setzt eine Mitwirkung der Steuerbehörden seines Wohnsitzstaates voraus, die damit Kenntnis von den schweizerischen Kapitalerträgen erlangen. Die als Quellensteuer auf Kapitalerträge erhobene schweizerische Verrechnungssteuer beträgt 35 Prozent der steuerbaren Leistung; sie wird erhoben auf:

- den Ertrag beweglichen Kapitalvermögens (Dividenden aus Schweizer Aktien und Partizipationsscheinen, Erträge aus schweizerischen Anlagefonds, Zinsen der von einem Schweizer Emittenten ausgegebenen Obligationen und Zinsen der bei einer Schweizer Bank angelegten Gelder),
- Lotteriegewinne und
- Versicherungsleistungen.

Stammt der Kapitalertrag aus einer schweizerischen Quelle, so fällt die Verrechnungssteuer immer an. Das schweizerische Verrechnungssteuersystem erfasst somit sämtliche Ausschüttungen der oben erwähnten Kapitalerträge auch an Ausländer. Für die Steuererhebung spielt weder die Person des Empfängers, d.h. ob es sich um eine natürliche oder juristische Person oder um einen In- oder Ausländer handelt, noch die Zahlstelle, d.h. ob überhaupt eine Zahlstelle eingesetzt wird und ob diese im Inland oder im Ausland liegt, eine Rolle.

Umgekehrt fällt die Verrechnungssteuer nie an, wenn Kapitalerträge aus einer ausländischen Quelle, namentlich von einem ausländischen Schuldner, stammen und zu Gunsten eines in der EU ansässigen diskreten Geldanlegers gutgeschrieben werden. Sofern eine schweizerische Zahlstelle (das depotführende Schweizer Kreditinstitut) einem in der EU ansässigen Kontoinhaber, welcher als natürliche Person und Endempfänger der wirtschaftliche Eigentümer der Erträge i.S. der EU-Zinsrichtlinie ist, steuerpflichtige Kapitalerträge im Sinne der EU-Richtlinie unmittelbar für dessen Rechnung gutschreibt, vereinnahmt der diskrete Geldanleger die Kapitalerträge „brutto für netto", sofern der Zins nicht aus schweizerischer (und folglich die Verrechnungssteuer nicht greift), sondern aus ausländischer Quelle fließt und nicht mit einer ausländischen Quellensteuer belastet ist. Praktisch handelt es sich hierbei um die Zinsen aus Obligationen ausländischer Emittenten und um die Erträge aus ausländischen Anlagefonds.[231] Denn in allen anderen von der EU-Richtlinie erfassten Zinsen aus Anleihen und Kundenguthaben[232] aus schweizerischer Quelle fällt Verrechnungssteuer an. Analoges gilt auch für schweizerische Anlagefonds. Der Ertrag aus von einem Schweizer Emittenten oder von einer ausländischen Fondsgesellschaft in Verbindung mit einem Schweizer Finanzintermediär ausgegebenen Anteile an einem Anlagefonds unterliegt der Verrechnungssteuer, und zwar ungeachtet dessen, ob es sich dabei um Zinsen oder um Dividenden handelt.

## Der EU-Steuerrückbehalt

### Allgemeines

Die Zwecksetzung der Verhinderung einer Umgehung der EU-Zinsbesteuerung durch Einführung gleichwertiger Maßnahmen in der Schweiz wurde dadurch erreicht, dass die Schweiz auf Basis der staatsvertraglichen Vereinbarung mit der EU deren Zinsbesteuerungsmodell übernommen hat und die schweizerischen Banken als Zahlstellen seit dem 1. Juli 2005 einer identischen steuerlichen Verpflichtung wie die EU-Zahlstellen unterworfen werden. Kernstück des Abkommens zwischen der Schweiz und der EU ist die Regelung, auf Zinszahlungen, welche eine auf dem Gebiet der Schweiz gelegene Zahlstelle einer natürlichen Person mit steuerlichem Wohnsitz in einem EU-Mitgliedstaat auf ein Konto gutschreibt oder für dessen Rechnung vereinnahmt, einen so genannten „EU-

[231] Schweizerische Obligationen und Festgelder bei Schweizer Banken werden von der schweizerischen Verrechnungssteuer erfasst, soweit eine schweizerische Zahlstelle zugleich Schuldnerin der Zinserträge ist.

[232] Eine Schweizer Bank ist als Schuldnerin für alle Zinsauszahlungen auf Kundenguthaben, die bei ihr gehalten werden, verrechnungssteuerabzugspflichtig. Bei Kundenguthaben eines EU-Ansässigen spielt es keine Rolle, ob die Bank Zahlstelle für die daraus entrichteten Zinserträge ist oder nicht, weil sie bereits als Schuldnerin die Verrechnungssteuer von 35 Prozent abziehen und zwingend auf den Zinsempfänger und somit auch auf EU-Ansässige überwälzen muss.

Steuerrückbehalt“ einzubehalten, welcher im Rahmen des Revenue-Sharing größtenteils[233] anonym an die betreffenden EU-Mitgliedsländer abzuführen ist. Für die technische Abwicklung ist hierbei Form 150 maßgeblich.[234]

Unter EU-Steuerrückbehalt wird generell die Erhebung einer Kapitalertragsteuer verstanden, wobei die Steuerpflicht weder an bestimmte qualitative Merkmale beim Schuldner noch beim Empfänger der steuerbaren Leistung, sondern an die Funktion als Zahlstelle anknüpft, indem die Zahlstelle der steuerbaren Leistung den Steuerabzug vorzunehmen und diese Steuer durch Kürzung der Leistung um den Steuerbetrag auf den Leistungsempfänger zu überwälzen hat. In der Schweiz gelten als Zahlstellen in erster Linie die Banken, Effektenhändler, übrige Zahlstellen (Zahlstellen kraft Vereinnahmung) und natürliche und juristische Personen, Personengesellschaften und Betriebstätten ausländischer Gesellschaften, die im Rahmen ihrer Geschäftstätigkeit regelmäßig oder gelegentlich zinstragende Vermögenswerte von Dritten entgegennehmen, halten, anlegen oder übertragen oder lediglich Zinsen zahlen. Übrige Zahlstellen sind insbesondere Fondsleitungen, Versicherungseinrichtungen, Vermögensverwalter, Treuhänder, Anwälte und Notare sowie Gesellschaften und Betriebstätten ausländischer Unternehmen, die im Rahmen ihrer Geschäftstätigkeit regelmäßig oder auch nur gelegentlich zinstragende Vermögenswerte halten oder Zinsen auf Forderungen zahlen, bei denen sie nicht selber Schuldner sind.[235]

Erfolgt eine Zinszahlung über mehrere Intermediäre, die vom Schuldner oder von der betroffenen Person mit der Zahlung oder Einziehung von Zinsen beauftragt sind, so gilt als Zahlstelle der letzte Intermediär, der die Zinsen direkt der betroffenen Person zahlt oder zu deren unmittelbaren Gunsten einzieht. Alternativ sieht das Abkommen vor, dass ausländische Bankkunden selber zwischen dem Steuerrückbehalt und einer Meldung an die Steuerbehörden wählen können (freiwillige Meldung).[236]

---

233 Der Steuerrückbehalt wird zu 75 Prozent an die Mitgliedstaaten abgeführt, in denen die Steuerpflichtigen ihren Wohnsitz haben.

234 Form 150 abgebildet auf Seite 370.

235 Wegleitung zur EU-Zinsbesteuerung der Eidgenössischen Steuerverwaltung (Steuerrückbehalt und freiwillige Meldung) vom 24. Juni 2005 Rz. 6 ff.

236 Vgl. Eidgenössisches Finanzdepartement (www.efd.admin.ch), Rohstoff zum Vertragsinhalt, 4. Juni 2003.

Der Rückbehalt soll mithin aus ausländischen Quellen (andernfalls würde die schweizerische Verrechnungssteuer greifen) fließende Zinszahlungen, welche von einer schweizerischen Zahlstelle an eine natürliche Person mit Ansässigkeit in der EU entrichtet werden, erfassen. Das nach dem Quellensteuer-Prinzip funktionierende Modell entspricht dem von der EU definierten Anliegen, wonach eine angemessene Besteuerung von Zinszahlungen an EU-Bürger nicht über einen Drittstaat umgehbar sein soll. Die Zwangsabgabe stellt ein Mittel zur Absicherung der EU-Zinsbesteuerung durch die Schweiz auf Basis einer Quellensteuer dar; ein Instrument, welches dem Bankgeheimnis der Schweiz Rechnung trägt. Die Schweiz wendet im Sinne der Nichtdiskriminierung denselben Steuersatz an wie die drei EU-Länder, welche für die Quellensteuerlösung optiert haben.[237]

**Bemessungsgrundlage**

Direkte Zinserträge

Auf direkte Zinserträge erhebt die Schweiz den Steuerrückbehalt grundsätzlich anteilig für den Zeitraum, in dem der diskrete Geldanleger das Forderungswertpapier hält. Somit findet also im Gegensatz zum für die Schweizer Verrechnungssteuer geltenden Fälligkeitsprinzip eine Pro-rata-Besteuerung statt. Das heißt insbesondere auch, dass die bei einem Verkauf eines Forderungspapiers vereinnahmten Stückzinsen dem Rückbehalt voll unterliegen. Sofern der Zeitraum, in dem die Forderung gehalten wurde, nicht ermittelt werden kann (das wäre beispielsweise bei unterjährig eingebuchten Tafelpapieren der Fall), wird der diskrete Geldanleger so behandelt, als wenn er die Forderung während der ganzen Zinsperiode gehalten hätte. Bei periodischen Zinsen und bei Stückzinsen auf periodische Zinsen gilt in diesen Fällen der Zeitpunkt der letzten Zinszahlung als Erwerbszeitpunkt, bei Diskontpapieren der Zeitpunkt der Emission.[238]

Ausbezahlte oder einem Konto gutgeschriebene Zinsen unterliegen im Zeitpunkt der Auszahlung bzw. Gutschrift dem Steuerabzug. Der

---

[237] Vgl. hierzu Abschnitt: Das Quellensteuer-Abzugsverfahren in Luxemburg, Belgien und Österreich in diesem Teil, Seite 352.

[238] Vgl. Wegleitung zur EU-Zinsbesteuerung der Eidg. Steuerverwaltung (Steuerrückbehalt und freiwillige Meldung) vom 24. Juni 2005 Rz. 146 ff.

Abzug erfolgt anteilig für den Zeitraum, in dem die Forderung gehalten wurde.

*Beispiel 1:*[239] Eine Anleihe hat einen jährlich am 30.6. fällig werdenden Zinscoupon. Am 31.3.2006 findet ein Besitzwechsel statt. Beim Käufer, der die Obligation am 30.6.2006 hält, unterliegt der auf 3 Monate (pro rata) entfallende Zinsanteil dem Rückbehalt.

***Diskrete Geldanleger aufgepasst*:**

- Werden Wertpapiere veräußert, soll die Bank für die Ermittlung des maßgeblichen Einstandspreises und der maßgeblichen Haltedauer grundsätzlich nach der Methode „first in – first out" (FIFO) vorgehen. Wurde der Bestand in einem bestimmten Wertpapier in zwei oder mehreren Käufen aufgebaut, so gelten immer diejenigen Wertpapiere als veräußert, die am längsten gehalten wurden. Andere im Geschäftsleben anerkannte Methoden wie „last in – first out" (LIFO), „highest in – first out" (HIFO) oder Durchschnittspreis („Average") lässt die Eidgenössische Steuerverwaltung[240] ebenfalls zu, sofern die Zahlstelle die gewählte Methode nachhaltig und gegenüber allen betroffenen Personen einheitlich zur Anwendung bringt.
- Bei Wertpapierverkäufen darf die Bank nur den auf die Haltedauer der Anleihe entfallenden Stückzins dem EU-Steuerrückbehalt unterwerfen!

*Beispiel 2:*[241] Eine Anleihe hat einen jährlich am 30.6. fällig werdenden Zinscoupon. Am 30.9.2005 veräußert der diskrete Geldanleger A die Obligation an B. Die von B an A bezahlten Stückzinsen für 3 Monate unterliegen dem Rückbehalt. B veräußert seinerseits die Obligation am 31.3.2006 an den diskreten Geldanleger C. Bei dieser Transaktion vereinnahmt B von C einen Stückzins für den Zeitraum 30.6.2005 bis 31.3.2006

---

239 Vgl. Wegleitung zur EU-Zinsbesteuerung der Eidg. Steuerverwaltung (Steuerrückbehalt und freiwillige Meldung) vom 24. Juni 2005 Rz. 149 ff.

240 Vgl. Wegleitung zur EU-Zinsbesteuerung der Eidg. Steuerverwaltung (Steuerrückbehalt und freiwillige Meldung) vom 24. Juni 2005 Rz. 186 ff.

241 Vgl. Wegleitung zur EU-Zinsbesteuerung der Eidg. Steuerverwaltung (Steuerrückbehalt und freiwillige Meldung) vom 24. Juni 2005 Rz. 152.

(9 Monate). Die Bank darf hier dem diskreten Geldanleger B jedoch nur von den auf die effektive Haltedauer von 6 Monaten entfallenden Stückzinsen einen EU- Rückbehalt abziehen.

Im Fall der vorzeitigen Rückzahlung einer Anleihe unterliegt ein eventuelles Rückzahlungsagio im Zeitpunkt der Rückzahlung dem EU-Steuerrückbehalt; eine Rückzahlungsprämie gilt demgegenüber nicht als Zinszahlung, sondern als dem Rückbehalt nicht unterliegender Schadenersatz.

#### Aufgelaufene oder kapitalisierte Zinsen

Aufgelaufene oder kapitalisierte Zinsen fallen bei so genannten Diskontpapieren an. Als Diskontpapiere gelten Anleihen mit einem im Voraus festgelegten Emissions- und Rückzahlungspreis. Die für die Ermittlung des Rückbehalts maßgebliche Bemessungsgrundlage errechnet sich aus dem auf die Haltedauer entfallenden Zinsanteil. Bei Diskontpapieren mit einem variablen Rückzahlungspreis ist für die Berechnung des Zinsanteils während der Laufzeit der garantierte Rückzahlungspreis maßgebend. Nur die Differenz zwischen diesem und einem höheren Rückzahlungsbetrag wird im Zeitpunkt der Rückzahlung durch den Steuerrückbehalt erfasst.

#### Aufgelaufene Zinsen bei Reorganisationen und Umtausch von Schuldtiteln

Zinserträge, die infolge einer Reorganisation und einem Umtausch von Schuldtiteln anfallen, erfasst die Zahlstelle für den Rückbehalt im Zeitpunkt des Umtausches auf dem bzw. den Basisvaloren. Das gilt sowohl für zwangsweisen wie auch für freiwilligen Umtausch.

#### Ausschüttungen steuerpflichtiger Investmentfonds

Dem EU-Steuerrückbehalt unterliegen als Thesaurierungsfonds[242] ausgerichtete Investmentfonds, wenn der Fonds mehr als 40 Prozent seines Anlagevermögens in zinsabwerfende Produkte investiert hat. Als Ausschüttungsfonds ausgerichtete Investmentfonds unterliegen der EU-Zinssteuer bzw. dem EU-Steuerrückbehalt, wenn sie mehr als 15 Prozent ihres Fondsvermögens in zinsabwerfende Produkte investiert haben (Art. 6 Abs. 6 EU-RL). Bei ausschüttenden Fonds, die mehr als 15 Prozent, jedoch

---

[242] Zum Begriff siehe Seite 374.

maximal 40 Prozent ihres Vermögens in zinssteuerpflichtige Anlagen investieren, sind die Ausschüttungen, jedoch nicht die Erträge bei Verkauf, Rückzahlung oder Einlösung der Fondsanteile von der EU-Zinssteuer bzw. dem EU-Steuerrückbehalt betroffen.

Ausschüttungen steuerpflichtiger Anlagefonds werden mit demjenigen Teil dem EU-Rückbehalt unterworfen, der sich auf vom Fonds vereinnahmte Zinsen bezieht. Wird die Zinskomponente der Ausschüttung nicht separat ausgewiesen, unterliegt die ganze Ausschüttung dem Rückbehalt. Der Rückbehalt wird anteilig für den Zeitraum erhoben, in dem der Anteilschein von der betroffenen Person gehalten wurde. Kann die Schweizer Bank den Zeitraum, während dessen der Anteilschein vom diskreten Geldanleger gehalten wurde, nicht feststellen, wird sie den Anleger so behandeln als hätte dieser den Anteilschein im Zeitpunkt der letzten Ausschüttung erworben.

Als rückbehaltspflichtiger Zins gilt die positive Differenz zwischen Erwerbspreis und Preis bei Verkauf, Rückzahlung oder Einlösung der Fondsanteile. Der EU-Steuerrückbehalt ist somit eine reine Differenzbesteuerung. Kann ermittelt werden, in welchem Umfang der Wertanstieg auf vom Fonds vereinnahmte Zinsen aus direkten und indirekten Anlagen zurückzuführen ist, darf die Schweizer Bank auf diese Komponente Bezug nehmen, sofern dieser Betrag kleiner ist als der nach der Differenzmethode ermittelte Wert.[243] Kann der Erwerbspreis nicht ermittelt werden, gilt der bei Verkauf, Rückzahlung oder Einlösung erzielte Nettoerlös als Zins.

#### Verrechnungssteuerpflichtige Kapitalanlageprodukte

Die Verrechnungssteuer schließt die Erhebung des EU-Steuerrükkbehaltes aus. In der Schweiz sind somit sämtliche Finanzprodukte vom EU-Steuerrückbehalt ausgenommen, sofern der Schuldner (Emittent) des Finanzproduktes in der Schweiz ansässig ist und dieser Verrechnungssteuer abzuführen hat. Im Umkehrschluss werden Schweizer Finanzprodukte vom Steuerrückbehalt erfasst, wenn diese von der Verrechnungssteuer befreit sind. Dies ist beispielsweise bei gegen Bankenerklärung (Af-

---

[243] Vgl. Wegleitung zur EU-Zinsbesteuerung der Eidg. Steuerverwaltung (Steuerrückbehalt und freiwillige Meldung) vom 24. Juni 2005 Rz. 163.

fidavit) von der Verrechnungssteuer freigestellte Schweizer Investmentfonds der Fall. Diese sind vom Steuerrückbehalt erfasst, unabhängig davon, ob die Verrechnungssteuer faktisch erhoben wird oder nicht. Anlagefonds, die keine Bankenerklärung im Sinne der Verrechnungssteuergesetzgebung abgeben können, weil mehr als 20 Prozent der Fondserträge aus inländischer Quelle stammen, gelten hingegen als Einnahmen aus schweizerischer Quelle und damit als dem Anwendungsbereich der EU-Zinsbesteuerung entzogene verrechnungssteuerpflichtige Kapitalanlageprodukte.

Für in der Schweiz verrechnungssteuerpflichtige Finanzprodukte behalten auch die liechtensteinischen Banken den EU-Steuerrückbehalt nicht ein. Zwar gibt es im Fürstentum Liechtenstein neben dem EU-Steuerrückbehalt keine weiteren Quellensteuern auf Kapitalerträge. Da jedoch die Verrechnungssteuer bereits vom Schweizer Emittenten abgeführt wird und somit bei der Zahlstelle nur ein um die Verrechnungssteuer verminderter Zinsertrag ankommt, wären die Zinsen bei Abzug eines EU-Steuerrückbehalts zweimal besteuert.

### Übernahme des EU-Steuerrückbehalts im Fürstentum Liechtenstein

Das Fürstentum Liechtenstein hat die Regelungen der Schweiz zum EU-Steuerrückbehalt vollumfänglich übernommen. Verrechnungssteuerpflichtige Zinserträge sind daher auch in Liechtenstein vom EU-Steuerrückbehalt nicht betroffen.

### Alternatives Meldeverfahren

Diskrete Geldanleger können ihre Bank in der Schweiz oder in Liechtenstein ausdrücklich ermächtigen, dem Steuerrückbehalt unterliegende Zinszahlungen an die Eidgenössische bzw. liechtensteinische Steuerverwaltung zu melden. Der Rückbehalt entfällt in diesem Fall. Zur Meldung der steuerpflichtigen Kapitalerträge gilt Form 151.[244] Eine einmal erteilte Ermächtigung bleibt bis zum Eintreffen des ausdrücklichen Widerrufs durch die betroffene Person oder seine Rechtsnachfolger bei der Zahlstelle gültig.[245] Pro betroffene Person (Vertragspartei) ist grundsätzlich

---

[244] Vgl. Abbildung 20 Seite 371.

[245] Die Gültigkeit des Widerrufs setzt voraus, dass die betroffene Person oder ihre Rechtsnachfolger den an Stelle der Meldung geschuldeten Steuerrückbehalt gegenüber der Zahlstelle sicherstellen.

| Erträge / Begünstigte | Dividenden und Kapitalgewinne auf Aktien | Zinserträge auf Sparkonto bei CH Bank | Zinserträge auf Obligationen von CH Emittenten | Zinserträge auf Obligationen von ausl. Emittenten | Zinserträge aus Anlagefonds |
|---|---|---|---|---|---|
| **Natürliche Personen mit Ansässigkeit in einem Mitgliedstaat der EU** | **CH Schuldner:**<br>CH Verrechnungssteuer auf Dividenden (gem. DBA i.d.R. teilweise rückforderbar); Kapitalgewinne nicht besteuert<br>**Ausländischer Schuldner:**<br>evtl. ausländ. Quellensteuer auf Dividenden; Rückforderung gem. anwendbarem Drittstaaten-DBA; Kapitalgewinne gem. ausl. Recht besteuert<br>*→ Dividenden und Kapitalgewinne werden von der EU-Richtlinie nicht erfasst* | (gemäß DBA ganz oder teilweise rückforderbar)<br>*→ Die EU-Richtlinie erfasst keine Zinserträge, die von Schweizer Schuldnern geschuldet werden* | | **Neu:** EU-Steuerrückbehalt<br>*→ Die EU-Richtlinie erfasst **neu** Zinserträge, die von ausländischen Schuldnern geschuldet und von einer Zahlstelle in der Schweiz ausbezahlt werden* | **CH Fonds:**<br>**Neu:** EU-Steuerrückbehalt bei Schweizer Affidavit-Fonds mit mindestens 80% Ertrag aus ausländischen Quellen; Voraussetzungen: mehr als 40%, später 25% Zinsertrag bei Thesaurierungsfonds, mehr als 15% Zinsertrag bei Ausschüttungsfonds<br>Kein EU-Steuerrückbehalt bei übrigen Schweizer Fonds, aber wie bisher schweizerische Verrechnungssteuer auf Ausschüttungen und bei Titelrückgabe auf zurückbehaltene Erträge.<br>**Ausländische Fonds:**<br>**Neu:** EU-Steuerrückbehalt bei ausländischen Fonds; keine Verrechnungssteuer, evtl. ausländ. Quellensteuer Voraussetzungen: mehr als 40%, später 25% Zinsertrag bei Thesaurierungsfonds, mehr als 15% Zinsertrag bei Ausschüttungsfonds |
| **Natürliche Personen mit Ansässigkeit in der CH**<br>*→ werden von der EU-Richtlinie **nicht** betroffen* | **CH Schuldner:**<br>Verrechnungssteuer (bei Vornahme der vorgeschriebenen steuerlichen Deklaration Rückerstattung oder Anrechnung in der Schweiz)<br>**Ausländischer Schuldner:**<br>evtl. ausländ. Quellensteuer, Rückforderung und pauschale Steueranrechnung in der Schweiz gem. anwendbarem DBA. Steuerliche Deklaration in der Schweiz vorgeschrieben. Auf US-Dividenden erfolgt US-Steuerrückbehalt | CH Verrechnungssteuer (bei Vornahme der vorgeschriebenen steuerlichen Deklaration in der Schweiz Rückerstattung oder Anrechnung) | | Evtl. ausländ. Quellensteuer, Rückforderung und pauschale Steueranrechnung in der Schweiz gem. anwendbarem DBA. Steuerliche Deklaration in der Schweiz vorgeschrieben<br>Auf verzinsliche Obligationen von US-Schuldnern zieht die CH Bank den US-Steuerrückbehalt ab, der bei steuerlicher Deklaration rückerstattet oder angerechnet wird. | **CH Fonds:**<br>Schweizerische Verrechnungssteuer auf Ausschüttungen und bei Titelrückgabe auf zurückbehaltenen Erträgen (bei Vornahme der vorgeschriebenen Deklaration und Versteuerung in der Schweiz Rückerstattung oder Anrechnung)<br>**Ausländische Fonds:**<br>Evtl. ausländ. Quellensteuer, Rückforderung und pauschale Steueranrechnung in der Schweiz gem. anwendbarem DBA. Steuerliche Deklaration in der Schweiz vorgeschrieben |

**Abbildung 18:** EU-Steuerrückbehalt in der Schweiz und dem Fürstentum Liechtenstein. Quelle: Eidgenössisches Finanzdepartement (EFD). Das EFD weist darauf hin, dass es sich um eine vereinfachende schematische Darstellung für die Medienberichterstattung handelt und daraus keine Rechtsansprüche abgeleitet werden können.

Eidgenössische Steuerverwaltung
Administration fédérale des contributions
Amministrazione federale delle contribuzioni

Hauptabteilung Direkte Bundessteuer, Verrechnungssteuer, Stempelabgaben
Division principale de l'impôt fédéral direct, de l'impôt anticipé, des droits de timbre
Divisione principale imposta federale diretta, imposta preventiva, tasse di bollo

3003 Bern Eigerstrasse 65 ✆ 031 322 71 50
http://www.estv.admin.ch

Dossier
Incarto S-

Form. **150**

**EU-Steuerrückbehalt**
in der Schweiz gemäss Zinsbesteuerungsgesetz (ZBstG)
vom 17.12.2004

**Retenue d'impôt UE**
en Suisse en vertu de la loi sur la fiscalité de l'épargne
(LFisE) du 17.12.2004

**Ritenuta di imposta UE**
in Svizzera in virtù della legge sulla fiscalità del risparmio
(LFR) del 17.12.2004

Name und Adresse der Zahlstelle - Nom et adresse de l'agent payeur - Nome e indirizzo dell'agente pagatore

✆ ____________________ Ref./Réf./Rif.: ____________

E-Mail: ________________________________________

Dieses Formular ist bis spätestens am 31. März des auf die steuerbaren Zinszahlungen folgenden Kalenderjahres einzureichen.
Cette formule est à envoyer au plus tard jusqu'au 31 mars de l'année civile suivant les paiements des intérêts imposables.
Questo modulo deve essere inviato al più tardi entro il 31 marzo dell'anno civile successivo ai pagamenti d'interessi imponibili.

Steuerabrechnung für das Jahr endend am
Décompte de l'impôt pour l'année se terminant le
Conteggio d'imposta per l'anno terminato il .......................................... **31.12.**

| | Code ESTV/AFC | | | | Code ESTV/AFC | | |
|---|---|---|---|---|---|---|---|
| BE | 601 | CHF | | MT | 614 | CHF | |
| DK | 602 | CHF | | NL | 615 | CHF | |
| DE | 603 | CHF | | AT | 616 | CHF | |
| EE | 604 | CHF | | PL | 617 | CHF | |
| FI | 605 | CHF | | PT | 618 | CHF | |
| FR | 606 | CHF | | SK | 619 | CHF | |
| GR | 607 | CHF | | SI | 620 | CHF | |
| GB | 608 | CHF | | ES | 621 | CHF | |
| IE | 609 | CHF | | SE | 622 | CHF | |
| IT | 610 | CHF | | CZ | 623 | CHF | |
| LV | 611 | CHF | | HU | 624 | CHF | |
| LT | 612 | CHF | | CY | 625 | CHF | |
| LU | 613 | CHF | | | | | |

**Total/Totale/Totale** **CHF**______________________*

* Bitte nachfolgende Zahlungsanweisungen beachten.
Veuillez tenir compte des instructions de paiement ci-dessous.
Vogliate osservare le istruzioni di pagamento citate in seguito.

Datum / Date / Data ______________________

Unterschrift
Signature
Firma ______________________

**Abbildung 19:** Form 150 zur anonymen Erfassung und Abführung des EU-Steuerrückbehalts in der Schweiz und in Liechtenstein

**Eidgenössische Steuerverwaltung**
**Administration fédérale des contributions**
**Amministrazione federale delle contribuzioni**

Hauptabteilung Direkte Bundessteuer, Verrechnungssteuer, Stempelabgaben
Division principale de l'impôt fédéral direct, de l'impôt anticipé, des droits de timbre
Divisione principale imposta federale diretta, imposta preventiva, tasse di bollo

3003 Bern Eigerstrasse 65 ✆ 031 322 71 50
http://www.estv.admin.ch

Dossier
Incarto S-

Form. **151**

Name der Zahlstelle - Nom de l'agent payeur - Nome dell'agente pagatore

Adresse/Adresse/Indirizzo

CH Postleitzahl/Numéro postal/Codice postale Wohnort/Domicile/Domicilio

## EU-Zinsmeldung

in der Schweiz gemäss Zinsbesteuerungsgesetz (ZBstG) vom 17.12.2004

## Déclaration d'intérêts UE

en Suisse en vertu de la loi sur la fiscalité de l'épargne (LFisE) du 17.12.2004

## Dichiarazione d'interessi UE

in Svizzera in virtù della legge sulla fiscalità del risparmio (LFR) del 17.12.2004

✆ ____________ Ref./Réf./Rif.: ____________

E-Mail: ____________

Dieses Formular ist bis spätestens am 31. März des auf die Zinszahlungen folgenden Kalenderjahres zu übermitteln.
Cette formule est à transmettre au plus tard jusqu'au 31 mars de l'année civile suivant les paiements des intérêts.
Questo modulo deve essere trasmesso al più tardi entro il 31 marzo dell'anno civile successivo ai pagamenti d'interessi.

Meldungstyp*
Type d'annonce*
Tipo di notifica*

Laufnummer*
Numéro continu*
Numero in circolazione*

---

**Meldung an EU-Mitgliedstaat**
**Déclaration à un Etat membre UE**
**Dichiarazione per lo Stato membro UE**

Land*
Pays*
Paese*

Zinsmeldung für das Jahr endend am
Déclaration d'intérêts pour l'année se terminant le
Dichiarazione d'interessi per l'anno terminato il

**31.12.**

**Identität und Wohnsitz des Nutzungsberechtigten**
**Identité et résidence du bénéficiaire effectif**
**Identità e residenza del beneficiario effettivo**

Name
Nom
Cognome

Vorname
Prénom
Nome

Adresse
Adresse
Indirizzo

Land*
Pays*
Paese*

Postleitzahl
Numéro postal
Codice postale

Wohnort
Domicile
Domicilio

Kundennummer*
Numéro du client*
Numero del cliente*

**Zinsbetrag** (ohne Kommastellen)
**Montant d'intérêt** (sans décimales)
**Importo d'interesse** (senza virgola)

Währungscode*
Code de la monnaie*
Codice della valuta*

Datum / Date / Data ____________

Unterschrift
Signature
Firma ____________

* Erläuterungen auf Folgeseite / Indications sur page suivante / Spiegazioni sulla pagina seguente

**Abbildung 20:** Form 151 zur alternativen EU-Zinsmeldung

eine Meldung zu erstellen. Bei entsprechender Ermächtigung erteilen die Banken ihren Steuerverwaltungen jährlich bis spätestens 31. März des auf die Zinszahlung folgenden Jahres Meldung.

## EU-zinssteuerfreie und nicht meldepflichtige diskrete Geldanlagen

### Zielgerichtete Immunisierungsmaßnahmen für das diskrete Depot

In der Anlegerpraxis stellt es keine große Schwierigkeit dar, den EU-Steuerrückbehalt in Schweiz und Liechtenstein durch entsprechende *Immunisierungsmaßnahmen* für das Depot zu vermeiden. So ist die EU-Zinssteuer und der EU-Steuerrückbehalt in der Schweiz und in Liechtenstein schon dadurch vermeidbar, dass Kontoinhaber eine juristische Person ist oder das Konto/Depot außerhalb des Geltungsbereiches der EU-Zinssteuer-RL eröffnet und geführt wird. Bei auf natürliche Personen lautende Konten und Depots ist der Steuerabzug dadurch umgehbar, dass an sich steuerbare Kapitalerträge in steuerfreie Einkommensarten (beispielsweise in Erträge aus Beteiligungsrechten) umgewandelt werden. Sowohl die EU-Zinssteuer als auch der Steuerrückbehalt entfällt ebenso in jenen Fällen, in denen das Wertpapierdepot als „Einmalprämie“ in eine liechtensteinische Lebensversicherung eingebracht wird. Selbstverständlich ist auch im Mantel einer Lebensversicherungspolice eine individuelle Depot- und Vermögensverwaltung durch den Anleger (Versicherungsnehmer) ohne eine EU-Zinssteuer möglich. Anleihen, die unter das so genannte „Grandfathering“ fallen, unterliegen nicht dem Steuerabzug. Und bei Investmentfonds kommt es für die Anwendung des EU-Steuerrückbehalts auf den Anteil der zinsbringenden Anlageprodukte im Fondstopf an.

### Grandfathering-Anleihen und Grandfathering-Fonds

Der Begriff Grandfathering steht für Vertrauensschutz oder Rückwirkungsverbot. Das – auch in Deutschland mit Verfassungsrang ausgestattete – Rückwirkungsverbot gewährleistet, dass der Gesetzgeber nicht zum Nachteil von Investoren in bestehende Rechtspositionen eingreifen darf. Für die neue Besteuerung von Zinserträgen nach Maßgabe der EU-

RL kann selbstverständlich nichts Abweichendes gelten. Gemäß Art. 15 Abs. 1 EU-RL sollen Anleihen sowie andere umlauffähige Schuldtitel, die erstmals *vor dem 1. März 2001* begeben wurden oder bei denen die zugehörigen Emissionsprospekte vor diesem Datum genehmigt wurden, von der Anwendung der EU-RL ausgenommen sein, wenn seit dem 1. März 2002 keine Folgeemissionen dieser umlauffähigen Schuldtitel mehr getätigt worden sind. Unbedeutend ist hierbei, welche Restlaufzeit das jeweils vor diesem Stichtag ausgegebene Papier hat. Diskrete Geldanleger, die entsprechende Umschichtungen ihrer Portefeuilles vornehmen, können so entweder bis zur Fälligkeit und Rückzahlung der Anleihen oder spätestens bis Ende der Übergangsfrist dem Meldverfahren bzw. Steuerabzug entgehen. Falls sie selbst nicht nach solchen Anleihen selektieren können oder wollen, bietet sich der Kauf spezieller EU-zinssteuerfreier Rentenfonds an.

Das Grandfathering soll während des für die Länder Luxemburg, Österreich und Belgien gewährten Übergangszeitraumes[246], jedoch längstens bis zum 31. Dezember 2010 gelten. Sofern der für den Quellensteuerabzug der drei Länder geltende Übergangszeitraum über den 31. Dezember 2010 hinaus verlängert wird, gilt das Grandfathering gemäß Art. 15 Abs. 1 Satz 2 EU-RL nur dann fort,

- wenn die betreffenden Anleihen und Schuldtitel Bruttozinsklauseln und Klauseln über die vorzeitige Ablösung enthalten, oder
- die Zahlstelle des Emittenten des Wertpapiers in einem Mitgliedstaat niedergelassen ist, der die Quellensteuer erhebt (das sind: Luxemburg, Österreich und Belgien) und die Zahlstelle die Zinsen unmittelbar an einen wirtschaftlichen Eigentümer mit Wohnsitz in einem anderen Mitgliedstaat zahlt.

Die Vorschrift über das Grandfathering der EU-RL hindert die Mitgliedstaaten allerdings nicht daran, Erträge aus den unter das Grandfathering fallenden Anleihen und Schuldtitel nach ihren nationalen Rechtsvorschriften der Besteuerung zu unterwerfen (Art. 15 Abs. 2 EU-RL). Letzteres ist in Hochsteuerländern wie Deutschland oder Österreich der Fall.

---

[246] Siehe oben in diesem Teil Abschnitt: Das Quellensteuer-Abzugsverfahren in Luxemburg, Belgien und Österreich, Seite 352.

### Options- und Wandelanleihen

In der Schweiz sowie im Fürstentum Liechtenstein wird bei Options- und Wandelanleihen nur ein allfällig periodischer Zins sowie ein Emissionsdisagio bzw. Rückzahlungsagio vom EU-Steuerrückbehalt erfasst.

### Investmentfonds

#### Thesaurierungsfonds

Thesaurierungsfonds sind Investmentfonds, die ihre jährlich erwirtschafteten Erträge nicht ausschütten, sondern im Fondsvermögen zur Wiederanlage belassen. Erträge aus Thesaurierungsfonds gelten nur dann als melde- bzw. steuerabzugspflichtige Zinszahlung, wenn der Fonds mehr als 40 Prozent seines Anlagevermögens in zinsabwerfende Produkte investiert hat.[247] Maßgebend für die Bestimmung der Prozentanteile ist die in den Vertragsbedingungen oder in der Satzung der betreffenden Organismen oder Einrichtungen dargelegte Anlagepolitik bzw. die tatsächliche Zusammensetzung des Vermögens des Fonds. Beides kann aus dem betreffenden Fondsprospekt entnommen werden.

Für thesaurierte Erträge von Investmentfonds gilt hinsichtlich der EU-RL keine Zuflussfiktion. Die Zahlstelle nimmt eine Meldung bzw. den Quellensteuerabzug zu dem Zeitpunkt vor, in dem die Erträge durch Abtretung, Rückzahlung oder Einlösung der Fondsanteile realisiert werden. Thesaurierte Zinsen, die von einem Fonds in einer Periode vereinnahmt werden, in der er auf Grund der Geringfügigkeitsregeln von der EU-Zinsbesteuerung ausgenommen ist, werden im Fall eines Verkaufs, der Rückzahlung oder der Einlösung des Fonds zu einem Zeitpunkt, in dem er von dieser nicht ausgenommen ist, dem der EU-Zinsbesteuerung unterliegenden Zinsertrag zugerechnet. Die Zurechnung erfolgt erstmals ab dem Zeitpunkt, in dem der Fonds nicht mehr von der EU-Zinsbesteuerung ausgenommen ist.[248]

Die Bank in Schweiz und Liechtenstein erhebt keinen Einbehalt, wenn der Fonds nicht mehr als 40 Prozent seines Anlagevermögens (bei Thesaurierungsfonds) bzw. höchstens 15 Prozent seines Fondsvermögens

---

247 Art. 6 Abs. 1 Buchst. d EU-RL.

248 Vgl. Wegleitung zur EU-Zinsbesteuerung der Eidg. Steuerverwaltung (Steuerrückbehalt und freiwillige Meldung) vom 24. Juni 2005 Rz. 165.

(Ausschüttungsfonds) in zinsabwerfende Produkte investiert. Gemäß Art. 6 Abs. 7 EU-RL soll die 40-Prozent-Grenze ab dem 1. Januar 2011 auf 25 Prozent sinken. Generell kein Einbehalt erfolgt auf Ausschüttungen reiner Aktienfonds oder Immobilienfonds.

#### Ausschüttungsfonds

Für Zinserträge aus Ausschüttungsfonds können die Mitgliedstaaten bei der Umsetzung der Richtlinie in nationales Recht Erträge aus Anteilen solcher Ausschüttungsfonds von der Definition der Zinszahlung und damit vom Anwendungsbereich der EU-RL ausschließen, die höchstens 15 Prozent ihres Fondsvermögens in zinsabwerfende Produkte investiert haben (Art. 6 Abs. 6 EU-RL). Bei Fonds, die mehr als 15 Prozent, jedoch maximal 40 Prozent ihres Vermögens in zinssteuerpflichtige Anlagen investieren, sind die Ausschüttungen, jedoch nicht die Erträge bei Verkauf, Rückzahlung oder Einlösung der Fondsanteile von der EU-Zinssteuer bzw. dem EU-Steuerrückbehalt betroffen.

#### Aktienfonds

Ausschüttungen aus Anteilscheinen reiner Aktienfonds sind generell vom sachlichen Geltungsbereich der EU-Zinsrichtlinie ausgenommen.

### Derivate und strukturierte Finanzinstrumente

Derivate im engeren Sinn (Optionen, Forwards, Futures und Swaps) sind von der EU-Zinssteuer bzw. dem EU-Steuerrückbehalt ausgenommen. Bei strukturierten Finanzinstrumenten richtet sich die Steuerpflicht nach dem Umfang des jeweils integrierten Kapitalschutzes. Jede Zusicherung der Rückzahlung eines Mindestbetrags des eingesetzten Kapitals gilt als Kapitalschutz und löst die EU-Zinssteuer aus. Wurde dem diskreten Geldanlager eine feste Entschädigung zugesichert (Minimalcoupons, Emissionsdisagio, Rückzahlungsagio), gilt diese als rückbehaltspflichtiger Zins. Die Qualifikation einer nicht im Voraus zugesicherten Entschädigung hängt von der Art der Bezugsgröße (Basiswert, Underlying) ab: Bei Bezugsgrößen wie Anleihen, Zinsen, Inflation oder Kreditrisiken gelten Entschädigungen als steuer- und rückbehaltspflichtiger Zins. Bei Bezugsgrößen wie Equity (Aktien, Aktienindizes oder -baskets), Metallen, Warentermingeschäften, Währungen, Wechselkursen etc. gelten Entschädigungen nicht als steuer- und rückbehaltspflichtiger Zins. Bei Anlagefonds als Bezugsgröße ist wiederum zu unterscheiden: Generieren die Fonds Zins, gelten die Entschädigungen unter Ausschluss der nachgewiesenen Kapitalgewinne als Zins. Sofern die Fonds keinen Zins generieren, sind auch die Entschädigungen kein Zins und nicht steuer- bzw. rückbehaltspflichtig. Ist Bezugsgröße ein Zertifikat, gelten Entschädigungen als Zins, sofern das Zertifikat Zins im Sinne des Abkommens generiert. Sofern die Basiszertifikate keinen Zins generieren, sind auch die Entschädigungen kein Zins und nicht steuer- bzw. rückbehaltspflichtig.

### Reverse Convertibles

Reverse Convertibles sind Derivate, deren Rückzahlung entweder in bar oder durch physische Lieferung eines Basiswerts erfolgt. Eine Barrückzahlung erfolgt dann, wenn der Kurs des Basiswerts am Ende der Laufzeit über dem im Voraus festgelegten Ausübungspreis liegt. Zu einer physischen Lieferung (oder allenfalls zu einer Barauszahlung) kommt es, wenn der Kurs des Basiswerts unter dem Ausübungspreis liegt.

Bei Reverse Convertibles gilt nur jede über separate Coupons im Voraus zugesicherte feste Entschädigung als steuerpflichtiger Zins. Bei einer Aufteilung der Entschädigung in Prämien- und Zinskomponente gilt die Prämie nicht als Zins. Der diskrete Geldanleger umgeht die EU-Zinssteuer sowie den in Schweiz und Liechtenstein geltenden EU-Steuerrückbehalt[249] mit Reverse Convertibles somit dann, wenn er Papiere mit nicht im Voraus zugesicherten Entschädigungen kauft, welche von der Art der Bezugsgröße nicht der EU-Zinssteuer und auch nicht dem EU-Steuerrückbehalt in der Schweiz und in Liechtenstein unterliegen. Darunter fallen alle Reverse Convertibles, deren nicht im Voraus zugesicherte Entschädigung nicht auf Obligationen, Zins, Inflation oder Kreditrisiken beruht, sondern z.B. auf Aktien, Aktienindizes oder -baskets, Metallen, Commodities, Währungen, Wechselkursen oder auch Anlagefonds oder Zertifikaten, sofern die Fonds nach den oben dargestellten Kriterien[250] bzw. die Zertifikate nach den anschließend dargestellten Eigenschaften keinen Zins generieren.

---

249 Vgl. Wegleitung zur EU-Zinsbesteuerung der Eidg. Steuerverwaltung (Steuerrückbehalt und freiwillige Meldung) vom 24. Juni 2005 Rz. 176 ff.

250 Siehe oben Abschnitt Investmentfonds, Seite 374.

**Zertifikate**

Ein Zertifikat verbrieft dem diskreten Geldanleger die Teilnahme an der Kursentwicklung anderer Wertpapiere und Finanzprodukte. Der Inhaber eines Zertifikats partizipiert zum Beispiel an der Kursentwicklung eines festgelegten Index (Indexzertifikat) oder eines speziell zusammengestellten Korbes (Basketzertifikat).

Die Steuerpflicht von Kapitalerträgen aus Zertifikaten gemäß der EU-Zinssteuer-Richtlinie richtet sich nach der Art des dem Zertifikat zugrunde liegenden Basiswertpapiers bzw. der Zusammensetzung des Baskets. *Österreichische Banken* unterscheiden hier zwischen:

- Zertifikaten mit Kapitalgarantie und
- Zertifikaten ohne Kapitalgarantie.[251]

Zertifikate mit Kapitalgarantie sind solche Zertifikate, bei denen die Rückzahlung eines Mindestbetrages des eingesetzten Kapitals zugesichert ist. Erträge kapitalgarantierter Zertifikate stellen Zinsen im Sinne der EU-RL dar und führen zum Quellensteuerabzug nach folgender Maßgabe:

- Alle im Voraus garantierten Zinsen oder sonstigen Vergütungen für die Kapitalüberlassung (Minimalkupon, Emissionsdisagio, Tilgungsagio, etc.) gelten als steuerpflichtige Zinsen.
- Bei allen anderen nicht garantierten Erträgen hängt die Steuerpflicht von der Art ihrer Bezugsgröße (Basiswert, Underlying) ab.
  - Handelt es sich bei der Bezugsgröße um Anleihen, Zinssätze, Inflationsraten, gelten die Erträge als Zinsen i.S.d. österreichischen EU-Quellensteuergesetzes (EU-QuStG) und generieren dort wie auch in den übrigen EU-Ländern sowie der Schweiz, Liechtenstein und jenen Drittländern, die die Quellensteuermethode anwenden, einen Quellensteuerabzug.
  - Handelt es sich bei der Bezugsgröße um Equities (Aktien, Aktienindizes oder Aktienbaskets, Metalle, Währungen, Wechselkurse, etc.), stellt der Ertrag keine Zinsen i.S.d. EU-QuStG dar. Ein Steuerabzug erfolgt weder in Österreich noch in anderen Ländern.
  - Handelt es sich bei der Bezugsgröße um Kapitalanlagefonds, hängt es davon ab, ob die Fonds Zinserträge iSd EU-Zinssteuer-

[251] Vgl. Information der Steuersektion zur EU-Quellensteuer und Kapitalertragsteuer des österr. BMF vom 1. August 2005.

RL erzielen oder nicht. Nur insoweit die Erträge der Fonds aus Zinszahlungen iSd EU-RL resultieren, stellen die Erträge des Zertifikates quellensteuerpflichtige Zinsen dar.

Zertifikate auf Aktien/Aktienindizes unterliegen grundsätzlich keiner EU-Zinssteuer und in Schweiz/Liechtenstein keinem EU-Steuerrückbehalt. Zertifikate auf Anleihenindizes oder Anleihenbaskets gelten als Derivate und generieren keinen Zins (unterliegen somit nicht der EU-Zinssteuer), wenn der Index beziehungsweise Basket aus mindestens fünf unterschiedlichen Anleihen verschiedener Emittenten zusammengesetzt ist. Der Anteil einer einzelnen Anleihe darf nicht mehr als 80 Prozent des Index bzw. Baskets betragen. Bei dynamischen Zertifikaten muss die 80-Prozent-Grenze während der gesamten Laufzeit eingehalten werden. Bei statischen Zertifikaten sind Änderungen der Gewichtung, die sich nach der Emission ergeben, unschädlich.

Zertifikate auf Fondsindizes oder Fondsbaskets gelten als Derivate und unterliegen nicht der EU-Zinssteuer, wenn der Index beziehungsweise Basket aus mindestens fünf unterschiedlichen Fonds zusammengesetzt ist. Der Anteil eines einzelnen Fonds darf dabei nicht mehr als 80 Prozent betragen.

Bei Zertifikaten auf gemischte Indizes oder Baskets, die sowohl Anleihen als auch Fonds beziehungsweise neben Anleihen und/oder Fonds noch weitere Bezugsgrößen enthalten, muss die Regel, wonach der Index oder der Basket mindestens fünf unterschiedliche Anleihen bzw. Fonds jeweils unterschiedlicher Emittenten enthalten muss, sowohl für die Anleihen als auch für die Fonds eingehalten werden. Zertifikate auf Metalle, Commodities, Währungen, Wechselkurse und dergleichen unterliegen wie Aktienzertifikate nicht der EU-Zinssteuer.

### Swaps

Auch Swapgeschäfte sind vom EU-Steuerrückbehalt nicht betroffen. Die zwischen Swap-Parteien geleisteten Zahlungen gelten nicht als Zinsen im Sinne des Abkommens, auch wenn sie sich wie z.B. bei einem Interest Rate Swap auf Zinszahlungen beziehen.

| Finanzprodukt/Depot/Konto | Unterliegt dem Steuerrückbehalt | Unterliegt nicht dem Steuerrückbehalt |
|---|---|---|
| Konto/Depot einer juristischen Person (z.B. einer Person liechtensteinischen Rechts wie Stiftung/Trust) | | X |
| Konto/Depot auf Namen einer Lebensversicherung | | X |
| Konto/Depot außerhalb des Geltungsbereichs der EU-Zinssteuer-RL | | X |
| Investmentfonds (ohne Aktienfonds) | Je nach Anlagepolitik und Anteil an zinstragenden Investitionen | |
| Aktienfonds | | X |
| Immobilienfonds | | X |
| Altanleihen „Grandfathering" | | X |
| Finanzprodukte, die der Schweizer Verrechnungssteuer unterliegen | | X |
| Options- und Wandelanleihen | Nur Zins-/Disagioanteile | |
| Zertifikate auf Aktienindizes/Baskets | | X |
| Zertifikate auf Anleiheindizes/Baskets und Fondsindizes/Baskets | Index/Basket besteht nicht aus mindestens 5 unterschiedlichen Anleihen (Emittenten) bzw. Fonds | Index/Basket besteht aus mindestens 5 unterschiedlichen Anleihen (Emittenten) bzw. Fonds |

**Tabelle 10:** Zusammenfassende Übersicht zum EU-Steuerrückbehalt in der Schweiz und im Fürstentum Liechtenstein

# Steuerliche Hinweise für diskrete Geldanleger mit Wohnsitz außerhalb der Europäischen Union

EU-Bürgern mit Wohnsitz außerhalb der EU wird in Österreich, Belgien, Luxemburg, in der Schweiz und in Liechtenstein generell keine EU-Zinssteuer bzw. kein EU-Steuerrückbehalt abgezogen, wenn sie ihrer Bank gegenüber einen Wohnsitz außerhalb der EU mittels einer Wohnsitzbescheinigung nachweisen können. Eine Meldung von unter die EU-Zinsrichtlinie fallenden Kapitalerträgen entfällt ebenfalls.

Geben diskrete Geldanleger allerdings einen Wohnsitz in den abhängigen bzw. assoziierten Gebieten an, die die EU-Zinssteuer ebenfalls anwenden, wie Aruba, die niederländischen Antillen, Guernsey, die Isle of Man, Jersey, die British Virgin Islands, die Cayman Islands oder Montserrat, behalten österreichische Banken ebenfalls die EU-Zinssteuer ein.[252]

# Steuerliche Hinweise für deutsche Geldanleger mit österreichischem Zweitwohnsitz und diskreten Konten in Österreich

## Kapitalertragsteuerabzug (KESt)

Deutsche diskrete Geldanleger mit österreichischem Zweitwohnsitz unterliegen in Österreich keiner EU-Zins(Quellen)steuer. Vorausgesetzt, es handelt sich bei dem Zweitwohnsitz nicht „bloß" um einen gelegentlich besuchten inländischen Zweitwohnsitz, fehlt es in diesem Fall an einer grenzüberschreitenden Zinszahlung, da Zahlstelle und der effektive Empfänger im selben EU-Mitgliedstaat „Österreich" ansässig sind.

Deutsche diskrete Geldanleger mit Zweitwohnsitz in Österreich unterliegen dafür aber der österreichischen Kapitalertragsteuer in Höhe von 25 Prozent; die österreichische Kapitalertragsteuer (KESt) schließt die Erhebung der EU-Quellensteuer nach dem österreichischen EU-Quellensteuergesetz (EU-QuStG) aus. Nur österreichische Zeitwohnsitze, welche

---

[252] Vgl. Richtlinien zur Durchführung der EU-Quellensteuer des BMF 01 0221/0370/ IV/8/2005, Rz. 90.

nicht mehr als 70 Tage im Jahr benutzt werden, lösen keine unbeschränkte österreichische Steuerpflicht und damit auch keine KESt aus.[253] Will ein deutscher diskreter Geldanleger mit Zweitwohnsitz die unbeschränkte Steuerpflicht in Österreich vermeiden und beruft er sich auf die 70-Tage-Regelung, ist er verpflichtet, ein Verzeichnis zu führen, aus dem die Anzahl der Tage der inländischen Wohnungsbenutzung ersichtlich ist. Dabei sind die Aufzeichnungen bei Eheleuten getrennt zu führen, denn beide Ehepaare müssen die 70-Tage-Grenze einhalten; Überschneidungen sind insoweit nicht schädlich.

### Freistellung vom Kapitalertragsteuerabzug nach der österreichischen Doppelbesteuerungs-Entlastungsverordnung

Österreich hat mit Wirksamwerden des neuen Doppelbesteuerungsabkommens 2000 zum 1.1.2003 das Besteuerungsrecht für Zinserträge ausländischer Anleger ohne Wohnsitz in Österreich verloren. Nach den neuen Bestimmungen sind Zinseinkünfte von in Deutschland ansässigen Geldanlegern von der inländischen Abzugsbesteuerung (der KESt) zu entlasten. Nach der 2005 neu in Kraft getretenen Doppelbesteuerungs-Entlastungsverordnung[254] kann diese Entlastung in unmittelbarer Anwendung des Doppelbesteuerungsabkommens direkt vom Vergütungsschuldner (vom abfuhrpflichtigen Kreditinstitut) herbeigeführt werden (Entlastung an der Quelle).

Eine solche Entlastung an der Quelle ist dann durchzuführen[255], wenn der diskrete Geldanleger eine von seiner (ausländischen) Steuerverwaltung ausgestellte Ansässigkeitsbescheinigung unter Verwendung des Vordrucks ZS-QU1 vorlegt. Sofern die von der österreichischen Bank an den einzelnen Einkünfteempfänger geleisteten Vergütungen 10.000 Euro im Kalenderjahr nicht übersteigen und in Österreich kein Wohnsitz des diskreten deutschen Geldanlegers besteht, kann die Entlastung an der Quelle von der Bank dem Grunde nach auch dann vorgenommen werden,

---

[253] § 1 Abs. 1 der österreichischen Zweitwohnsitzverordnung (BGBl. II Nr. 528/2003) lautet: „Bei Abgabepflichtigen, deren Mittelpunkt der Lebensinteressen sich länger als 5 Kalenderjahre im Ausland befindet, begründet eine inländische Wohnung nur in jenen Jahren einen Wohnsitz im Sinn des § 1 des Einkommensteuergesetzes 1998, in denen diese Wohnung allein oder gemeinsam mit anderen inländischen Wohnungen an mehr als 70 Tage benutzt wird."

[254] DBA-Entlastungs-VO, BGBl. II Nr. 92/2005.

[255] Vgl. § 2 Abs. 1 DBA-Entlastungs-VO.

wenn der diskrete Geldanleger anstelle einer Ansässigkeitsbescheinigung eine schriftliche Erklärung vorlegt, die folgende Angaben enthält[256]:

- Familien- und Vornamen,
- Erklärung, dass sich in Österreich kein weiterer Wohnsitz (keine Wohnstätte) befindet,
- die Anschriften aller in verschiedenen ausländischen Staaten unterhaltenen Wohnungen sowie die Bezeichnung jener Wohnung, die der Mittelpunkt der Lebensinteressen ist,
- die Erklärung, dass keine Verpflichtung zur Weitergabe der Einkünfte an andere Personen besteht,
- die Erklärung, dass die Einkünfte nicht einer vom Einkünfteempfänger unterhaltenen inländischen Betriebstätte zufließen,
- Art und Höhe der bezogenen Vergütung.

Deutsche diskrete Geldanleger mit österreichischem (nachgewiesenem)[257] Zweitwohnsitz können auf Grund der erforderlichen Erklärung, dass sich in Österreich kein weiterer Wohnsitz (keine Wohnstätte) befindet, naturgemäß keine solche Erklärung abgeben und ihrer Bank auch keine Ansässigkeitsbescheinigung vorlegen. Die Bank kann damit von der Entlastung an der Quelle nach der DBA-Entlastungs-VO keinen Gebrauch machen. Deutsche diskrete Geldanleger mit österreichischem (nachgewiesenem) Zweitwohnsitz können einbehaltene österreichische Kapitalertragsteuer allerdings im Rückerstattungsverfahren zurückerhalten. Denn auch hinsichtlich der Zweitwohnsitzer gilt, dass Österreich mit Inkrafttreten des neuen DBA das Besteuerungsrecht verloren hat.

### Endbesteuerung

Ist eine unbeschränkte Steuerpflicht in Österreich – z.B. wegen der steuergünstigen Endbesteuerung, welche auch die Erbschaftssteuer mit einschließt – gewollt, kann diese dadurch erreicht werden, dass der deutsche diskrete Geldanleger mit Zweitwohnsitz in Österreich kein Aufenthaltsverzeichnis führt. Hat er einen steuerlich relevanten österreichischen Zweitwohnsitz, unterliegen folgende Kapitalerträge der österreichischen KESt (damit nicht der EU-Quellensteuer); sie sind damit endbesteuert und

---

[256] Vgl. § 2 Abs. 2 DBA-Entlastungs-VO.
[257] Vgl. anschließend: Endbesteuerung.

das die Erträge generierende Kapital (Investment) zugleich erbschaftssteuerfrei:

- Bank- und Sparguthaben,
- Forderungen gegenüber österreichischen Banken, soweit diesen ein Bankgeschäft zugrunde liegt,
- Zinsen aus Forderungswertpapieren wie Anleihen oder Pfandbriefe, welche im Rahmen eines „public placements" begeben worden sind, unabhängig von einer Inländer- oder Ausländereigenschaft des Emittenten (damit ist es für die Erbschaftssteuerfreiheit unbeachtlich, ob die Anleihen oder Pfandbriefe von Österreich oder Deutschland oder einem Drittstaat emittiert worden sind),
- Anteile an in- oder ausländischen Kapitalgesellschaften (Aktien u.a. Anteilscheine), sofern der Erblasser zum Todeszeitpunkt mit weniger als 1 Prozent beteiligt war,
- in- und ausländische Investmentfonds, sofern deren Vermögen zu mindestens 80 Prozent aus endbesteuerten Kapitalanlagen (Veranlagung in Wertpapiervermögen) besteht. Keine Endbesteuerungswirkung und damit auch keine Erbschaftsteuerfreiheit begründen Investmentfonds mit Veranlagungen in Grundvermögen (Immobilienfonds).

Hingegen versteuert ein deutscher diskreter Geldanleger ohne Zweitwohnsitz bzw. bei dessen Nutzung unterhalb der 70-Tage-Grenze und ohne gewöhnlichen Aufenthalt in Österreich als beschränkt Steuerpflichtiger nur folgende Kapitalerträge:[258]

- Dividenden aus inländischen Aktien und Gewinnanteile aus inländischen GmbH-Anteilen,
- Bezüge aus inländischen Genussscheinen und Partizipationskapital,
- Zuwendungen aus österr. Stiftungen,
- Anteile aus Beteiligungen als stiller Gesellschafter,
- Kapitalerträge, die durch inländisches Grundvermögen besichert sind,

---

[258] Diese Einkünfte sind in § 98 Abs. 1 Ziffer 5 öEStG taxativ aufgezählt, d.h. Kapitalerträge, die nicht in § 98 öEStG genannt sind, unterliegen dort auch keiner Besteuerung.

- Erträge aus inländischen Immobilien von in- und ausländischen Immobilienfonds,
- nachzuversteuernde Beträge nach § 108 InvFG.

Im Gegensatz zu dem diskreten Geldanleger mit Wohnsitz in Österreich versteuert also der diskrete Geldanleger ohne Wohnsitz in Österreich im Wesentlichen nur solche Erträge, bei denen die KESt schon an der Quelle der Einkünfte (also bereits beim Emittenten und nicht erst auf Ebene der Bank als auszahlende Stelle) abgezogen wird. Hingegen sind Erträge aus Geldeinlagen bei Banken, aus Anleihen für den diskreten Geldanleger ohne Wohnsitz in Österreich dort nicht KESt-pflichtig, unterliegen dafür aber der EU-Quellensteuer.

Diskrete Geldanleger, die sich mit dem Gedanken tragen, ihren ständigen Wohnsitz nach Österreich zu verlegen (z.B. als Ruheständler), ist die KESt der EU-Quellensteuer vorzuziehen. Denn mit der KESt ist auch die zukünftige Erbschaftsteuer abgegolten mit der Folge, dass endbesteuertes Vermögen eines deutschen Wahlösterreichers an die deutschen Erben steuerfrei übergeht. Grund hierfür ist das Österreich zustehende Besteuerungsrecht bei beweglichem Kapitalvermögen (nach dem ErbSt-DBA Deutschland-Österreich). Hatte der diskrete Geldanleger zwei Wohnsitze (in Deutschland und in Österreich), kommen deutsche Erwerber von endbesteuertem österreichischem Kapitalvermögen allerdings nur dann in den Genuss der Erbschaftsteuerfreiheit, wenn der Erblasser seinen Hauptwohnsitz tatsächlich einschließlich des Mittelpunktes seiner Lebensinteressen nach Österreich verlegt hatte, also nicht bloß eine Ferienwohnung inne hatte, die er weniger als 70 Tage nutzte.

Verfügte der Erblasser nur über einen steuerlich unbeachtlichen Zweitwohnsitz (70-Tage-Grenze wird nicht überschritten), welcher keinen DBA-Schutz gewährt und auch nicht seinen Lebensmittelpunkt darstellte, steht gem. ErbSt-DBA das Besteuerungsrecht ausschließlich Deutschland zu. In diesem Fall entsteht deutsche Erbschaftsteuerpflicht. Eine Anrechnung von in Österreich auf Kapitalvermögen gezahlte Kapitalertragsteuer kommt im Rahmen des § 21 dErbStG nicht in Betracht. Die österreichische Kapitalertragsteuer mit Abgeltungscharakter für die Erbschaftsteuer ist im Hinblick auf ihre Erhebungsform eine Steuer auf das Einkommen und keine Erbschaftsteuer.

## Steuerliche Hinweise für Geldanleger mit Wohnsitz in Österreich und diskreten Konten in einem anderen EU-Mitgliedstaat

§ 11 Abs. 2 EU-Quellensteuergesetz (EU-QuStG) regelt in Österreich, wie die Vermeidung einer Mehrfachbesteuerung der im Zahlstellenmitgliedstaat mit Quellensteuer belasteten Kapitalerträge zu erfolgen hat. Österreich rechnet danach eine in einem anderen Mitgliedstaat einbehaltene EU-Zinssteuer auf die nach österreichischem Recht von den Kapitalerträgen zu erhebende Einkommensteuer (Kapitalertragsteuer) an. Soweit die im Mitgliedstaat der Zahlstelle einbehaltene Quellensteuer die auf die Kapitalerträge entfallende inländische Einkommensteuer übersteigt, was erstmals ab dem 1. Juli 2011 der Fall wäre, in dem die EU-Zinssteuer Luxemburg und Belgien bzw. der EU-Steuerrückbehalt in Schweiz und Liechtenstein den für die Endbesteuerung von Kapitalerträgen maßgeblichen KEst-Satz von 25 Prozent übersteigt, erhält der diskrete österreichische Geldanleger eine Gutschrift.

Sind EU-quellensteuerpflichtige Zinserträge noch mit weiteren Quellensteuern belastet und gewährt Österreich auf Grund zwischenstaatlicher oder innerstaatlicher Vorschriften[259] eine (teilweise) Anrechnung dieser Quellensteuern, ist wie folgt zu verfahren:[260]

- In einem ersten Schritt erfolgt eine Anrechnung von ausländischen Quellensteuern, soweit dies auf Grund von zwischenstaatlichen bzw. innerstaatlichen Vorschriften vorgesehen ist.
- In einem zweiten Schritt hat eine Anrechnung der vom Zahlstellenmitgliedstaat einbehaltenen EU-Quellensteuer zu erfolgen. Übersteigt die im Mitgliedstaat der Zahlstelle einbehaltene EU-Quellensteuer den nach innerstaatlichem Recht zu erhebenden Steuerbetrag, erfolgt eine Gutschrift an den Steuerpflichtigen.

*Beispiel:*[261] Die Zahlstelle Z in Belgien zahlt Zinsen in Höhe von 100 aus einer in einem Drittstaat begebenen Forderung an den in Österreich ansässigen wirtschaftlichen Eigentümer Ö. Von den Zinsen ist im Dritt-

---

[259] Vgl. § 48 BAO bzw. die dazu ergangenen VO BGBl. II Nr. 474/2002.
[260] Vgl. Richtlinien zur Durchführung der EU-Quellensteuer, BMF 01 0221/0370-IV/8/2005 Tz. 11.
[261] Vgl. Richtlinien BMF a.a.O. Tz. 11.

staat eine Quellensteuer von 25 Prozent einbehalten worden. Belgien behält eine EU-Quellensteuer von 15 Prozent ein (15 Prozent von 100, eine einbehaltene Quellensteuer mindert nicht die Bemessungsgrundlage für die EU-Quellensteuer). An den Anleger erfolgt von der Zahlstelle Z nach Abzug der Quellensteuern im Drittstaat bzw. Belgien eine Zinszahlung von 60 (100 – 25 – 15).

Die Zinserträge hat der österreichische Anleger in Österreich gem. § 37 Abs. 8 Z 3 EStG 1988 mit 25 Prozent zu versteuern (Endbesteuerung). Im ersten Schritt ist die im Drittland einbehaltene Quellensteuer in DBA-konformer Höhe (lt. DBA-Drittland z.B. 15 Prozent) anzurechnen. Soweit die im Drittstaat einbehaltene Quellensteuer die lt. DBA anrechenbare Quellensteuer übersteigt (hier 10 Prozent), ist sie gutzuschreiben.

Im zweiten Schritt erfolgt die Anrechnung der im Mitgliedstaat der Zahlstelle einbehaltenen EU-Quellensteuer auf die verbleibende österreichische Einkommensteuer, und soweit die EU-Quellensteuer die österreichische Einkommensteuer übersteigt, ist sie dem Geldanleger gutzuschreiben.

| | |
|---|---|
| Österreichische Einkommensteuer gem. § 37 Abs. 8 Z 3 EStG 1988 (25 Prozent von 100) | 25 |
| lt. DBA Österreich-Drittstaat anrechenbare Quellensteuer | –15 |
| Anrechenbare EU-Quellensteuer | –15 |
| Gutschrift | 5 |

## Übersicht: EU-quellensteuerpflichtige Einkünfte in Österreich

| Verzinsliches Kapitalvermögen, unabhängig davon, ob es (inkl. der Zinsen) in EURO oder in Fremdwährung denominiert ist | Ertrag | EU-Quellensteuerpflicht |
|---|---|---|
| Geldeinlagen bei Banken (zB Girokonten, Termineinlagen, Festgelder, Sparbücher, Widmungseinlagen) | Zinsen (inkl. besondere Entgelte wie zB Prämien, Boni), bei vorzeitiger Auflösung stellen Vorschusszinsen rückgängig gemachte Zinsen dar | Ja |
| Geldeinlagen bei Banken (zB Sparbriefe, Kapitalsparbücher) | Zinsen (die regelmäßig am Ende der Laufzeit ausbezahlt werden), bei vorzeitiger Auflösung stellen Vorschuss-Zinsen rückgängig gemachte Zinsen dar | Ja |
| Wertpapierleihegeschäfte über Forderungen | Ausgleichszahlung<br>Leihegebühr | nein<br>Nein |
| Pensionsgeschäfte (Kostgeschäfte), egal ob Mitgliedschaftsrechte oder Forderungswertpapiere Gegenstand sind | Ausgleichszahlung<br>Unterschiedsbetrag zwischen Kauf- und Rückkaufpreis | nein<br>Nein |
| Währungs- oder Zinsenswaps | Ausgleichszahlung | Nein |
| Zerobonds (Nullkuponanleihen) | Unterschiedsbeträge, Stückzinsen | Ja |
| Forderungswertpapiere (zB Schuldverschreibungen, Anleihen, Staatsanleihen, Aktienanleihen, Pfandbriefe, Schatzscheine, Kassenobligationen, Ergänzungskapitalanleihen, Certificates of Deposits, Commercial Papers), unabhängig davon, ob private oder public placements vorliegen | Kupon-Zinsen oder Stückzinsen Unterschiedsbetrag | Ja |
| Optionsanleihen | Zinsen<br>Wert des Optionsrechts | Ja<br>Nein |

**Tabelle 11:** Übersicht über EU-quellensteuerpflichtige Einkünfte in Österreich (Quelle: Richtlinien zur Durchführung der EU-Quellensteuer, ÖBMF 01 0221/ 0370-IV/8/2005 Rz. 55 ff.).

| Verzinsliches Kapitalvermögen, unabhängig davon, ob es (inkl. der Zinsen) in EURO oder in Fremdwährung denominiert ist | Ertrag | EU-Quellensteuerpflicht |
|---|---|---|
| Forderungswertpapiere, egal ob periodische Zinsen anfallen oder nicht (Zerobonds), die unter die Grandfathering-Bestimmung des § 12 EU-QuStG fallen | Kupon-Zinsen oder Stückzinsen, Unterschiedsbeträge | Nein |
| obligationsähnliche Genussrechte sofern sie nicht in wirtschaftlicher Betrachtungsweise als Indexpapiere zu qualifizieren sind | Ausschüttungen, Unterschiedsbeträge | Ja |
| echte stille Gesellschaften | Gewinnanteile oder Abschichtungsüberschüsse | Ja |
| Forderungen gegenüber Wirtschaftsbeteiligten, die Nichtbanken sind, egal ob die Zinsen laufend oder einmalig anfallen | Zinsen, mit Ausnahme von Verzugszinsen | Ja |
| Mitgliedschaftsrechte (zB Aktien, GmbH-Anteile, Genossenschaftsanteile) oder ähnliche Rechte (zB Substanz-Genussrechte oder Partizipationsscheine iSd BWG oder VAG) | Ertrag (z.B. Ausschüttungen) | Nein |
| Anspruch als Begünstigter einer österreichischen Privatstiftung | Zuwendung | Nein |
| Versicherungsvertrag | Versicherungsleistung | Nein |
| Derivate (zB Futures, Optionen, Swap-Handel), egal ob sie verbrieft sind oder nicht | Erlöse bzw. Einnahmenüberschüsse | Nein |
| Inländischer ausschüttender OGAW - 15%-Grenze überschritten | Zinsenbestandteil der tatsächlichen Ausschüttung bzw. die im Rücknahmepreis enthaltenen abgegrenzten Zinsen, soweit diese nicht aus Grandfatherpapieren stammen | Ja |

| Verzinsliches Kapitalvermögen, unabhängig davon, ob es (inkl. der Zinsen) in EURO oder in Fremdwährung denominiert ist | Ertrag | EU-Quellensteuerpflicht |
|---|---|---|
| Inländischer ausschüttender OGAW - 15%-Grenze unterschritten bzw. erreicht | | Nein |
| Inländischer OGAW - 40%-Grenze überschritten | Zinsenbestandteil der ausschüttungsgleichen Erträge bzw. die im Rücknahmepreis enthaltenen abgegrenzten Zinsen, soweit diese nicht aus Grandfatherpapieren stammen | Ja |
| Inländischer thesaurierender OGAW - 40%-Grenze unterschritten bzw. erreicht | | Nein |
| Inländischer Immobilien-Investmentfonds | | Nein |
| Ausländischer Immobilien-Investmentfonds | | Nein |
| Ausländischer ausschüttender Investmentfonds (in einem EU-MS aufgelegt, der betreffende MS hat von der 15%-Option Gebrauch gemacht) - 15%-Grenze überschritten | Zinsenbestandteil der tatsächlichen Ausschüttung bzw. der ausschüttungsgleichen Erträge bzw. die im Rücknahmepreis enthaltenen abgegrenzten Zinsen | Ja |
| Ausländischer ausschüttender OGAW (in einem EU-MS aufgelegt) - 15%-Grenze unterschritten bzw. erreicht und der Auflagestaat hat von der 15%-Option Gebrauch gemacht | | Nein |
| Ausländischer thesaurierender Investmentfonds (egal wo er weltweit aufgelegt ist) - 40%-Grenze unterschritten bzw. erreicht | | Nein |
| Ausländischer thesaurierender Investmentfonds (egal wo er weltweit gesehen aufgelegt ist) - 40%-Grenze überschritten | Zinsenbestandteil der ausschüttungsgleichen Erträge bzw. die im Rücknahmepreis enthaltenen abgegrenzten Zinsen | Ja |

# Teil XV
## Mit dem Leben endet auch die Diskretion

Deutsche Banken sind beim Tod eines Kontoinhabers verpflichtet, den Erbschaftsteuerstellen Kontostände, Wertpapiervermögen und auf Verlangen sogar noch die vereinnahmten Zinsen mitzuteilen. Auch ein angemietetes Schließfach bleibt den hiesigen Finanzbehörden über den Tod hinaus nicht verborgen. Zwar ist es hierzulande weniger strikt als in Belgien, wo die erstmalige Öffnung eines Schließfachs durch die Erben nur im Beisein eines Bankbevollmächtigten möglich ist, der sogleich eine Liste über den Inhalt anfertigt und an die belgischen Finanzbehörden schickt. Doch dürften peinliche Fragen der Finanzbehörden an die Erben oder an die übrigen Anmieter – den Safeinhalt betreffend – nicht ausbleiben.
Meldepflichten von Banken beim Tod eines Kontoinhabers oder Mitwirkungspflichten bei Aufstellung des Nachlassinventars kennt man auch in anderen Ländern, beispielsweise in Österreich und der Schweiz. Doch betreffen diese genau wie im Beispiel der „Öffnungsprozedur" belgischer Safes nur Bankkunden, die dort der Steuerpflicht unterliegen. Diskrete deutsche Geldanleger, die nur ein Konto in Österreich oder der Schweiz haben, sind hiervon ebenso wenig betroffen wie solche, die diskretes Geld über einen Trust oder über eine liechtensteinische Stiftung angelegt haben. Denn diese Instrumente leben auch nach dem Tod ihres Gründers diskret weiter.

## Anzeigepflichten deutscher Kreditinstitute und ihrer Auslandsfilialen nach dem deutschen Erbschaftsteuergesetz werden den Erben deutscher diskreter Geldanleger regelmäßig zum Verhängnis

Deutsche Kreditinstitute, die Postbank, Bausparkassen und private Vermögensverwalter müssen gemäß § 33 Abs. 1 des Erbschaftsteuergesetzes (ErbStG) alle in Gewahrsam befindlichen Vermögensgegenstände und Kontoguthaben eines verstorbenen Kontoinhabers dem für die Verwaltung der Erbschaftsteuer zuständigen Finanzamt anzeigen, sofern der Wert der Wirtschaftsgüter 2.500 Euro übersteigt. Die Meldepflicht umfasst nicht nur die eigenen Konten des Verstorbenen, sondern auch diejenigen, über die er zeichnungsberechtigt war oder für die er einer anderen Person Vollmacht über den Tod hinaus erteilt hat.

Das deutsche Bundesfinanzministerium und die deutsche Finanzverwaltung sehen eine Anzeigepflicht deutscher Banken nach § 33 ErbStG auch dann, wenn eine inländische Bank Konten- und Wertpapiergeschäfte für einen Erblasser über eine rechtlich unselbstständige ausländische Niederlassung abgewickelt hat. Trotz der wiederholt vorgetragenen Einwendungen, das sog. Territorialitätsprinzip beschränke Maßnahmen der Eingriffsverwaltung auf das nationale Hoheitsgebiet, außerdem könne das Bankgeheimnis eines Staates, in dem sich die Zweigniederlassung befindet, zu einer Pflichtenkollision für den jeweiligen Bankmitarbeiter führen, halten die obersten deutschen Finanzbehörden der Länder an dieser Gesetzesauslegung unverändert fest.[262] Unerheblich ist nach Ansicht der Finanzverwaltung, wo die inländische Bank oder das inländische Geldinstitut das Erblasservermögen gegenständlich oder auch nur buchtechnisch verwahrt und ob die Konten oder Depots bei einer rechtlich unselbständigen Niederlassung im Inland oder Ausland geführt werden. Entscheidend ist allein, dass die inländische Bank oder das inländische Geldinstitut das Vermögen verwahrt und Zugriff darauf hat. Diese Gesetzesauslegung ist problematisch, da das Bankgeheimnis eines Staats (beispielsweise der Schweiz), in dem sich die Zweigniederlassung befindet, zu einer Pflichten-

---

[262] BMF 21.3.2001, IV C 7 - S 3844 - 6/01 DB 2001 S. 1282.

kollision für den jeweiligen Bankmitarbeiter führen kann, weil solche Pflichtmeldungen dem nationalen Bankrecht widersprechen.

Nach Auffassung des Finanzgerichts Baden Württemberg[263] verstößt der Umstand, „dass nach Sinn und Zweck von § 33 Abs. 1 ErbStG auch inländische Kreditinstitute bezüglich ihrer ausländischen Zweigniederlassungen von der Anzeigepflicht erfasst sind", nicht gegen das völkerrechtliche Territorialitätsprinzip. Ebenso wenig sehen die Finanzrichter darin einen Verstoß gegen die gemeinschaftsrechtlichen Grundfreiheiten der Niederlassungsfreiheit, Dienstleistungsfreiheit oder der Freiheit des Kapitalverkehrs. Auch Maßnahmen der Steuerfahndung, durch die eine Bank zur Erfüllung der Anzeigepflicht nach § 33 Abs. 1 ErbStG bezüglich ihrer nichtselbständigen ausländischen Zweigniederlassungen gegenüber den zuständigen Erbschaftsteuerfinanzämtern angehalten werden soll, sind nach Ansicht des FG von Gesetzes wegen gedeckt. So sei die Steuerfahndung „auch befugt, auf die Erfüllung der Anzeigepflicht gemäß § 33 Abs. 1 ErbStG hinzuwirken". Letzteres dürfte bis zur Revisionsentscheidung des BFH (vgl. Hinweis für die Erben deutscher diskreter Geldanleger Seite 394) dazu führen, dass viele Auslandsniederlassungen deutscher Kreditinstitute bisher unterbliebene Meldepflichten nachholen werden.

Durch die Anzeigepflicht nach § 33 ErbStG kommt es in allen Fällen zur Aufdeckung von diskreten Geldern. Der Informationsweg vollzieht sich dabei so, dass das Kreditinstitut den Erbschaftsteuerstellen der Finanzämter innerhalb eines Monats nach Kenntniserlangung vom Tod eines Kunden Angaben erteilt über:

- Höhe der Guthaben und anderer Forderungen (Nennbeträge) einschließlich der Guthaben auf Gemeinschaftskonten sowie die jeweiligen Kontonummern,
- Zinsen und Stückzinsen für das Jahr des Todes bis zum Todestag,
- Nennbetrag, Kurswert bzw. Rücknahmepreis von Wertpapieren, Anteilen, Genussscheinen des Erblassers; auch solchen in Gemeinschaftsdepots,
- die Tatsache, dass der Erblasser ein Schließfach unterhalten hat, sowie der Versicherungswert, sofern der Bank bekannt.

Maßgebend ist der jeweilige Kontostand zu Beginn des Todestags[264].

---

263 Urt. v. 12.3.2004, 9 K 338/99.

264 Schreiben BdF IV C 3-S.3844-1206/88 v. 2.3.1989.

Dadurch soll verhindert werden, dass Verfügungsberechtigte am Todestag bei Schaltereröffnung die Konten plündern, ehe dem Kreditinstitut der Todesfall bekannt wird. Über den Inhalt eines Schließfachs braucht die Bank nichts mitzuteilen. Die Finanzverwaltung bringt hierzu Näheres bei den Erben in Erfahrung.

Verfügen Erben über eine Kontozeichnungsvollmacht, bereitet es in aller Regel keine großen Schwierigkeiten, nach dem Tod des Kontoinhabers an die diskreten Gelder heranzukommen. Dies gilt selbst in dem Fall, dass der Erblasser eine Testamentsvollstreckung angeordnet hat und die Bank (noch) nichts davon weiß. Schwieriger wird es aber, wenn – mangels Vollmachten – ein Erbschein vorzulegen ist. Europäische Kreditinstitute[265] sind nach ihren Allgemeinen Geschäftsbedingungen berechtigt, nach dem Tod des Kunden zur Klärung der Verfügungsberechtigung die Vorlage eines Erbscheins, eines Testamentsvollstreckerzeugnisses oder weitere hierfür notwendige Unterlagen zu verlangen.

Verlangt die Bank einen Erbschein (dies ist für sie die beste Absicherung gegen den so genannten „Gutglaubensschutz"), ist das Konto allerdings zunächst blockiert, weil das beim Nachlassgericht zu beantragende Verfahren einige Wochen (wenn nicht Monate) dauern wird. Außerdem muss sich der Erbe vielleicht die Frage gefallen lassen, weshalb er eigentlich einen Erbschein benötigt, wenn an „offiziellem" inländischem Nachlassvermögen kaum etwas vorhanden ist. Gegenüber Banken besteht immer ein gewisser Handlungsspielraum. So können deutsche Banken nach ihren Geschäftsbedingungen auf die Vorlage eines Erbscheins oder eines Testamentsvollstreckerzeugnisses verzichten, wenn eine Ausfertigung oder eine beglaubigte Abschrift der letztwilligen Verfügung (Testament, Erbvertrag) nebst zugehöriger Eröffnungsniederschrift vorgelegt wird. Die Bank sieht dann denjenigen als Berechtigten an, der in der Niederschrift als Erbe oder Testamentsvollstrecker bezeichnet ist.

*Hinweis für die Erben deutscher diskreter Geldanleger:* Zu der Frage, ob inländische Kreditinstitute das bei ihren ausländischen Niederlassungen verwahrte oder verwaltete Vermögen beim Tode des inländischen Kunden dem zuständigen Erbschaftsteuerfinanzamt nach § 33 ErbStG an-

[265] Beispiel Belgien: „Wenn die Bank von einem Sterbefall Kenntnis hat, kann sie von den Erben und/oder Rechtsnachfolgern einen von einem Notar ausgestellten Erbschein verlangen..." (Allgemeine Geschäftsbedingungen der Banken vom März 1980).

zuzeigen haben, ist ein Revisionsverfahren vor dem BFH anhängig[266]. Eine die Rechtssache klärende höchstrichterliche Rechtsprechung ist daher zu erwarten – zu Gunsten oder auch zu Lasten jener Erben von Erblassern, die sich zur Verwaltung von ausländischem Geldvermögen eines inländischen Kreditinstuts bedient haben.

| Bank | Filiale, Ort |
|---|---|
| CC Bank | Zweigstelle Österreich |
| Deutsche Bank | Filiale Wien |
| Dresdner Bank | Niederlassung Wien |
| Evang. Kreditgenossenschaft | Filiale Wien |
| ING Diba Direktbank | Austria |
| RBS (RD Europe) | Zweigniederlassung Österreich |
| Sal Oppenheim | Niederlassung Wien |
| Salzburg München Bank | Zweigniederlassung Salzburg |
| Sparkasse Allgäu | Hauptzweigstelle Riezlern (Kleinwalsertal) |
| State Street Bank | Filiale Wien |
| Steyler Bank | |

**Tabelle 12:** Deutsche Banken, deren Töchter bei Tod ihrer Kunden Kapitalanlagen nach Deutschland melden (Quelle: Capital 6/05 S. 113).

## Kontrollmitteilungen der deutschen Erbschaftsteuerstellen an die Wohnsitzfinanzämter deutscher Erblasser und Erwerber

Die Erbschaftsteuerstellen informieren die für Einkommen und Vermögen eines deutschen Erblassers und eines deutschen Erwerbers zuständigen Wohnsitzfinanzämter durch Kontrollmitteilung über das hinterlassene Bankguthaben, sofern der Nachlass die folgenden Mindestbeträge übersteigt:[267]

---

[266] Az. II R 66/04.

[267] Quelle: Erlass des FinMin Saarland v. 21.9.2001 B/5-2-169/2001 S. 3900.

| Kontrollmitteilung für die Steuerakten | Bruttowert/Reinwert des Nachlasses | zum Nachlass/Erwerb gehörendes Kapitalvermögen |
|---|---|---|
| des Erblassers | mehr als 250.000 € | mehr als 50.000 € |
| des Erwerbers | mehr als 250.000 € | mehr als 50.000 € |

**Tabelle 13:** Mindestwerte für Kontrollmitteilungen

Die Kontrollmitteilungen werden unabhängig davon erteilt, ob es zu einer Steuerfestsetzung gekommen ist oder nicht. Den Erbschaftsteuerstellen bleibt es vorbehalten, Kontrollmitteilungen auch bei niedrigeren Beträgen oder bei gegebenem Anlass zu übersenden, z.B. wenn eine Schenkung erst im Rahmen einer Außenprüfung oder Fahndung aufgedeckt wurde.

Mit den Kontrollmitteilungen schließt sich der Informationskreis vom Kreditinstitut über die Erbschaftsteuerstelle zum Wohnsitzfinanzamt und alle diskreten Vermögenswerte kommen durch Vergleich mit den Angaben des Verstorbenen in den vorangegangenen Einkommensteuererklärungen ans Tageslicht. Dem Fiskus hinterzogene Kapitalerträge aus der diskreten Geldanlage des Erblassers müssen von den Erben nachdeklariert und bis zu zehn Jahre nachversteuert werden.

## Auch deutsche Standesämter, Gerichte und Notare melden

Nach § 34 ErbStG sind Gerichte, Standesämter und Notare verpflichtet, alle ausgeführten Beurkundungen, Zeugnisse und sonstige Anordnungen, die für die Festsetzung einer Erbschaftsteuer von Bedeutung sein können, der jeweiligen Erbschaftsteuerstelle anzuzeigen. So sind Standesämter verpflichtet, alle Sterbefälle mitzuteilen. Hierzu ist eine monatliche Totenliste zu führen, die binnen zehn Tagen nach Ablauf des Monats dem zuständigen Finanzamt anzuzeigen ist.

Gerichte und Notare melden unter anderem die Erteilung von Erbscheinen, die Erteilung von Testamentsvollstreckerzeugnissen und Zeugnissen über die Fortsetzung der Gütergemeinschaft sowie Beschlüsse über Todeserklärungen und die Anordnung von Nachlasspflegschaften und Nachlassverwaltungen. Anzeigen können jedoch unterbleiben, wenn anzunehmen ist, dass außer einem Hausrat im Wert von nicht mehr als 5.200 Euro nur noch ein sonstiger Nachlass (also evtl. ein diskretes Konto) im Wert von nicht mehr als 5.200 Euro vorhanden ist.

| **Rechts-grundlage** | **Meldepflichtige(r)** | **anzeigepflichtige Meldetatbestände** |
|---|---|---|
| § 1 ErbStDV | Testamentvollstrecker/Vermögensverwahrer und Vermögensverwalter | • Versicherungswert von Schließfächern<br>• Zinsen für Forderungen und Wertpapiere |
| § 2 ErbStDV | Wertpapieremittenten | • Verwandtschaftsverhältnisse<br>• Kennnummern von Aktien |
| § 3 ErbStDV | Versicherungs-unternehmen | • Verwandtschaftsverhältnisse beim Versicherungsnehmerwechsel<br>• Name und Anschrift des neuen Versicherungsnehmers<br>• Eingezahlte Prämien oder Kapitalbeträge<br>• Rückkaufswerte |
| § 4 ErbStDV | Standesämter | • Durchschriften von Eintragungen in das Sterbebuch |
| § 6 ErbStDV | Gerichte bei Todes-erklärungen | • Beglaubigte Abschriften der Beschlüsse über Todeserklärungen |
| § 7 ErbStDV | Gerichte | • Beruf und Familienstand des Erblassers<br>• Anschriften der Beteiligten und Verhältnis zum Erblasser<br>• Höhe und Zusammensetzung des Nachlasses |
| § 9 ErbStDV | Auslandsstellen (diplomatische Vertreter und Konsuln des Bundes) | • Im Ausland beurkundete Sterbefälle von Deutschen<br>• Bekannt gewordene Sterbefälle von Deutschen ihres Amtsbezirks<br>• Zuwendungen ausländischer Erblasser an in Deutschland unbeschränkt steuerpflichtigen Personen |

**Tabelle 14:** Meldepflichtige und Meldetatbestände beim Tod deutscher diskreter Geldanleger nach deutscher Erbschaftssteuer-Durchführungsverordnung.

## Meldepflichten der Banken beim Tod eines Kontoinhabers in anderen Ländern

Meldepflichten von Banken in anderen Ländern gelten für den deutschen diskreten Geldanleger allerdings nur, wenn dieser außer einem Konto noch einen Wohnsitz im betreffenden Land hat und somit der dortigen Besteuerung unterliegt.

Kontoinhaber in Luxemburg haben mit solchen Meldungen keine Probleme. Die dortigen Banken melden nämlich nichts. Von den Erbschaftsteuern her gesehen ist das Großherzogtum mit Sätzen zwischen fünf und 15 Prozent sowieso eine Steueroase. Erbschaften in gerader Linie sind in Höhe des gesetzlichen Erbteils genauso steuerfrei wie Erbanfälle zwischen Ehegatten, wenn beide oder nur ein Ehegatte Kinder hat. Und der diskrete deutsche Geldanleger ohne Wohnsitz in Luxemburg zahlt sowieso nichts, das heißt höchstens eine Nachlasssteuer („droit de mutation par décès"), falls er ein Grundstück im Großherzogtum haben sollte.

Keine Meldungen gibt es außerdem auf den Channel Islands. Das Inselreich kennt mit Ausnahme der sog. „probate duty" in Höhe eines halben Prozents für sonstige Hinterlassenschaften und ein Prozent bei Immobilien keine Erbschaft- und Schenkungsteuer.

In Liechtenstein werden zwar Erbschaftsteuern erhoben, meldepflichtig sind aber nach dem dortigen Gesetz über die Landes- und Gemeindesteuern nicht die Banken, sondern die Erben selbst. Diesen verbleibt eine Frist von zwei Wochen. Da davon auszugehen ist, dass der gewöhnliche diskrete Geldanleger keine in Liechtenstein steuerpflichtigen Erben haben werden, bleibt die Diskretion über ein Liechtenstein-Konto auch über den Tod hinaus erhalten.

Österreichs Banken müssen nach § 25 Abs. 1 des „Erbschafts- und Schenkungssteuergesetzes" beim Tod eines Kontoinhabers das Finanzamt für Gebühren und Verkehrssteuern in Kenntnis setzen. Meldepflichtig ist hierbei auch das Ableben eines ausländischen Kontoinhabers, wenn dieser in Österreich steuerpflichtig war (zum Beispiel im Falle eines Zweitwohnsitzes). Mitzuteilen sind jeweils die Höhe der auf österreichischen Einzelkonten, Gemeinschaftskonten und -depots hinterlassenen Vermögenswerte. Für die Anzeigeerstattung gilt eine Frist von einem Monat nach Kenntnis des Todesfalls. Das österreichische Bankgeheimnis darf durchbrochen werden.

Entschärft sein mag die Wirkung solcher Todesfallmeldungen allerdings durch das Endbesteuerungsgesetz 1993. Seither gilt nämlich in Österreich wie bereits gesehen die Erbschaftsteuer durch die Abführung der 25-prozentigen Kapitalertragsteuer als abgegolten. Es ist daher davon auszugehen, dass solche Meldungen nur noch zur stichprobenweise Überwachung der Einkommensteuern auf das Vermögen von Interesse sind, was auch die Vermutung zulässt, dass der Eifer einer exakten Auswertung der Meldungen zum Zweck der deutschen Rechtshilfe nachgelassen haben dürfte.

In der Schweiz ordnet das geltende Zivilrecht (Art. 553 ZGB) die Aufnahme eines Inventars für bestimmte Erbgänge an. Die Kantone können darüber hinaus die Inventarisierung auch in anderen Fällen (also kurz gesagt für alle Erbgänge) anordnen. Das amtliche Inventar dient zur Feststellung der Höhe des Nachlasses und bildet unter anderem die Grundlage für die Annahme oder Ausschlagung einer Erbschaft und für die Erhebung der Erbschaftsteuern. Das Inventar wird vom zuständigen Erbschaftsamt aufgenommen.

Darüber hinaus wird bei unbeschränkter (ordentlicher) Steuerpflicht in der Schweiz ein steuerrechtliches Inventar aufgenommen, welches sich nach den Steuergesetzen von Bund und Kantonen richtet. Ein Inventar wird auch aufgenommen bei beschränkter (außerordentlicher) Steuerpflicht, wenn z.B. der Erbgang dem Schweizer Recht unterstellt wird oder Grundstücke in der Schweiz liegen. Kreditinstitute sind in diesen Fällen verpflichtet, Auskunftsbegehren der kantonalen Behörden zu entsprechen. Verstirbt ein Kontoinhaber, steht das Bankgeheimnis der generellen Inventarpflicht nicht entgegen. Eine Inventarpflicht besteht auch von Seiten des Bundes, um Fälle früherer Steuerhinterziehungen aufzuspüren. Voraussetzung für die Inventarpflicht ist allerdings, dass der diskrete Geldanleger mit letztem Wohnsitz in der Schweiz verstorben ist und somit dort der Erbschaftsteuerpflicht unterlag. Hatte der diskrete Geldanleger also nur Geld in der Schweiz, wohnte er aber nicht dort, besteht für sein hinterlassenes Konto auch keine Inventar- oder Meldepflicht.

In Belgien ist es Banken nach dem dortigen Recht („Obligations imposées à des tiers en vue d'assurer la juste perception des droits de succession dûs par suite du décès d'habitants du royaume") strikt untersagt, das Bankguthaben an den Erben auszuzahlen, bevor nicht den Finanzbehörden eine beglaubigte Liste über die am Todestag vom Verstorbenen gehaltenen Vermögenswerte übergeben wurde. Die belgischen Banken müssen ferner bei erstmaliger Öffnung von Schließfächern verstorbener Kunden Kenntnis vom gegenwärtigen Inhalt nehmen und die Finanzbehörden hierüber informieren. Ein Schließfach darf nach dem Tod des Mieters nur in Anwesenheit eines Bankenvertreters geöffnet werden, welcher verpflichtet ist, eine Liste über den Inhalt des Schrankfaches aufzustellen und diese den Finanzbehörden zu übergeben.

Wie aber bereits aus der oben zitierten Überschrift zum XI. Kapitel des belgischen „Code des droits de succession" zu entnehmen ist, gelten solche Inventaraufstellungs- und Meldepflichten nur für Konten belgischer Staatsbürger („habitants du royaume") mit Wohnsitz in Belgien. *Fazit*: Für ein diskretes Konto in Belgien besteht keine Pflicht zur Erstattung von Meldungen an belgische Finanzbehörden. Solche Mitteilungen würden sogar – weil gesetzlich nicht verlangt – gegen das Bankgeheimnis verstoßen.

## Wenn mit diskreten Geldanlageinstrumenten Vermögenswerte am Nachlass vorbeigesteuert werden sollen

### Die Probleme deutscher diskreter Geldanleger mit dem Pflichtteil

Vielleicht hat sich der eine oder andere Leser dieses Buches für eine diskrete Geldanlage gerade deswegen entschieden, weil er sich noch im Grabe umdrehen würden, wenn seine Abkömmlinge, Eltern oder der nicht geschiedene Ehegatten bei seinem Tod etwas von seinem Vermögen zufallen würde. Und vielleicht hat ein anderer Leser gerade deswegen in Luxemburg, in Österreich oder der Schweiz ein Konto eröffnet, weil dort die „Kontonachfolgeregelungen" großzügig sind: Bei diskreten Gemeinschaftskonten behält der überlebende Mitinhaber die Verfügungsmacht über das Konto und die Erben erfahren – soweit sie nicht mit den Kontomitinhabern identisch sind – nichts. Aus welchen Gründen auch immer der diskrete Geldanleger solche Entschlüsse gefasst haben möge: Gerade diese Personen leer ausgehen zu lassen wird am schwierigsten zu erreichen sein.

Denn die genannten Angehörigen verkörpern die nach deutschem Erbrecht so genannten „drei Pflichtteilsberechtigten“.

Werden Kinder, Eltern und der Ehegatte von der Erbfolge ausgeschlossen, indem siee im Testament ausdrücklich enterbt oder einfach übergangen werden, steht den Enterbten immer noch der Pflichtteil zu. Der Pflichtteil beträgt grundsätzlich die Hälfte des gesetzlichen Erbteils. Es gibt nur wenige Möglichkeiten, einem nach deutschem Erbrecht Berechtigten seinen Pflichtteil zu entziehen. Zum Schutz eines Pflichtteilsberechtigten sind im Bürgerlichen Gesetzbuch zahlreiche Vorschriften verankert, die dem Erblasser in aller Regel keinen Spielraum lassen. Werden Pflichtteilsberechtigte zwar nicht enterbt, wird diesen aber nur ein sehr geringer Erbteil zugesprochen, bestimmt § 2305 BGB, dass diese wenigstens ihren Pflichtteil bekommen sollen. Hierzu können die Berechtigten einen so genannten *Pflichtteilsrestanspruch* oder Zusatzpflichtteil geltend machen, der der Differenz zwischen der Hälfte des gesetzlichen Erbteils – also des Pflichtteils – und dem jeweils tatsächlich zugewiesenen Nachlassvermögen entspricht.

Werden einem Pflichtteilsberechtigten so viele Auflagen gemacht, dass sein Erbe unterm Strich betrachtet nichts mehr wert ist, gelten solche Anordnungen nach § 2306 BGB als nicht gegeben. Pflichtteile könnten auch mit einem Vermächtnis beschwert oder durch Einsetzung eines Nacherben vermindert werden. In allen Fällen führt dies aber nicht zum Erfolg, solange die Nachlasszuwendung die Hälfte des gesetzlichen Erbteils (also den Pflichtteil) nicht übersteigt.

§ 2307 BGB verhindert, dass Pflichtteilsberechtigte mit kleinen Vermächtnissen abgespeist werden können, und § 2325 Abs. 1 BGB spricht einem Pflichtteilsberechtigten ein Recht auf Ergänzung seines Pflichtteils zu, wenn der Erblasser einem Dritten Geschenke gemacht hat, die den Nachlass verringerten. Der Anspruch des Berechtigten erhöht sich in diesen Fällen um den Betrag, um den der Pflichtteil höher ausfallen würde, „wenn der verschenkte Gegenstand dem Nachlasse hinzugerechnet wird“. Unberücksicht bleiben hier nur so genannte „Anstandsschenkungen“, also solche Geschenke, mit denen der Erblasser einer sittlichen Pflicht oder einer auf den Anstand zu nehmenden Rücksicht entsprochen hat, und Schenkungen, die zur Zeit des Erbfalls bereits *zehn Jahre* zurückliegen. § 2325 BGB wird auch bei Vermögensverlagerungen ins Ausland entsprechend anzuwenden sein, so etwa wenn jemand sein gesamtes Vermögen ins pflichtteilsichere Ausland transferiert (beispielsweise in die USA, wo man kein Pflichtteilsrecht kennt).

Soll „bestimmten Personen“ Erbvermögen *diskret* zukommen, verlangt dies – von der steuerlichen Seite einmal abgesehen – eine sehr gründliche Überlegung. Der deutsche Bundesgerichtshof ist bisher allen Tendenzen entgegengetreten, die es Erblassern ermöglichen sollen, „erhebliche Teile ihres Vermögens zum Nachteil von Pflichtteilsberechtigten oder Vertragserben durch Rechtsgeschäft unter Lebenden am Nachlass vorbei an ihnen genehmere Personen weiterzuleiten“[268].

### Kontoverfügung und Vollmachtserteilung auf den Todesfall

„Was der Banker nicht weiß, macht ihn nicht heiß.“ Dies gilt ganz besonders in Sterbefällen. Der Schweiz-Banker oder der liechtensteinische Vermögensverwalter ist nicht verpflichtet, vor jeder Transaktion einen Kontoinhaber oder einen Bevollmächtigten zu befragen, ob denn der oder die anderen Kontoinhaber bzw. ob denn der Vollmachtgeber noch lebt. Kontoinhaber oder Bevollmächtigte sind der Bank gegenüber keinerlei Erklärungen über Leben oder Tod einer bestimmten Person schuldig.

Wird ein diskretes Oder-Konto in Liechtenstein hinterlassen, bei dem neben dem diskreten Geldanleger auch der Ehegatte einzelzeichnungsberechtigt ist, kann die Ehefrau nach dem Tod des Kontoinhabers über das gesamte Kontoguthaben verfügen. Dies gilt beim Oder-Konto zumindest so lange, als die Bank vom Tod eines Kontomitinhabers nichts weiß und im guten Glauben handelt. Im Falle des Todes eines Kontoinhabers treten an die Stelle des Verstorbenen dessen Erben. Wird die Bank über den Todesfall unterrichtet und ist nicht eindeutig klärbar, welche Personen am Vermögen erbberechtigt sind und welcher Anteil am Kontoguthaben dem überlebenden Kontoinhaber zusteht (weil etwa die Einlage nicht exakt auseinander dividiert werden kann), wird die Bank ohne Klärung der Eigentumsverhältnisse Verfügungen über das Konto nur noch im begrenzten Umfang zulassen.

In Deutschland geht die Steuerrechtsprechung davon aus, dass Oder-Konten und Oder-Depots von Ehegatten bei der Feststellung des

[268] BGH Urt. v. 27. Nov. 1991 NJW 1992, 564.

steuerpflichtigen Erwerbs beiden Ehegatten grundsätzlich jeweils zur Hälfte zuzurechnen sind.[269] An solchen Grundsätzen wird sich auch der Liechtenstein-Banker oder Vermögensverwalter in der Schweiz orientieren. *Konkret*: Hat der diskrete Geldanleger zusammen mit seiner Ehefrau ein diskretes Konto in Liechtenstein oder der Schweiz errichtet, wird die Ehefrau im Sterbefall nur noch über die Hälfte des diskreten Geldes verfügen können, wenn gemeinsame Kinder vorhanden sind. Die Rechtsnachfolger des verstorbenen Oder-Kontoinhabers müssen ihre Eigentumsansprüche durch Erbschein nachweisen können.

In der Schweiz ist die Vorlage eines in Deutschland ausgestellten Erbscheines zur Legitimation und Übertragung der Verfügungsmacht an einem diskreten Nummernkonto ausreichend. Denn nach einer Vereinbarung zwischen Deutschland und der Schweiz[270] sind u.a. auch ausländische Erbscheine anerkennungsfähig. Problematischer wird die Angelegenheit allerdings, wenn es sich um einen Deutschen handelt, der nicht mit letztem Wohnsitz in Deutschland verstorben ist, oder Vorbesitzer des diskreten Nummernkontos ein Nicht-Deutscher war, der mit letztem Wohnsitz in Deutschland verstorben ist. Verstirbt ein Deutscher ohne Testament mit letztem Wohnsitz in der Schweiz, und bestehen bei den Schweizer Behörden (nicht bei den Erben selbst) Zweifel, ob der Deutsche Erben hinterlassen hat oder nicht, oder ob alle Erben bekannt sind, erfolgt ein öffentlicher Erbenaufruf nach Maßgabe des Schweizerischen Zivilgesetzbuches aus dem Jahre 1907. Eine solche öffentliche Bekanntmachung lautet etwa so:

> „Das Friedensgericht des Kreises ..../Schweiz gibt hiermit die Nachlasseröffnung bekannt von:........ Tochter von..... , deutsche Staatsbürgerin, geb. am ....., zu Lebzeiten wohnhaft in ..../Schweiz.
>
> Alle sich erbberechtigt glaubende Personen werden gebeten, sich als Erben zu melden beim: Friedensrichter des Kreises..., Ch-..... innerhalb eines Jahres vom Datum der dritten Veröffentlichung an, und unter Vorlegung von Dokumenten, die ihre Erbberechtigung bescheinigen".

Im Regelfall folgen zwei bis drei Publikationen in einer oder mehreren Zeitungen der Stadt bzw. Region, wo die Gesuchten vermutlich woh-

---

269 Finanzgericht Düsseldorf, Urt. v. 19. Juli 1995 4 K 7813/91.

270 Vereinbarung vom 4. November 1985 über den Austausch von Zivilstandsurkunden/Personenstandsurkunden sowie über die Beschaffung von Ehefähigkeitszeugnissen BGBl. 1988 II 127, 467.

nen oder zuletzt gewohnt haben.[271] Jeder, der den Namen der oder des Verstorbenen liest und diskrete Nummernkonten vermutet, von denen etwas zu holen ist, kann beim Friedensrichter vorsprechen. Von Diskretion kann dann keine Rede mehr sein!

Die einfachste Art, diskrete Schweizer Konten „zu vererben", ist sicherlich die Erteilung einer lebzeitigen Kontovollmacht mit Verfügungsbefugnis zu Lebzeiten und nach dem Tod. Hat der diskrete Geldanleger als Kontoinhaber einer bestimmten Person allgemeine Vollmacht über sein Schweizer Nummernkonto erteilt, gilt diese auch über seinen Tod hinaus, und zwar so lange, bis die Erben unter Nachweis der Rechtsnachfolge widerrufen. Eine Ausnahme wäre nur dann gegeben, wenn die Vollmachtserteilung zu Lebzeiten des Vollmachtgebers keine Gültigkeit mehr erlangt hätte und die Erben als Rechtsnachfolger die Vollmacht mit sofortiger Wirkung widerrufen hätten. Ein Bevollmächtigter über ein Nummernkonto kann allerdings schon zu Lebzeiten Einzahlungen oder Abhebungen in irgendwelcher Form tätigen, alle Abrechnungen, Quittungen, Entlastungen oder Übertragungen unterzeichnen, Schecks ausstellen und Aufträge zur Vermögensverwaltung erteilen oder das Konto/Depot schließen. Die Gefahr, eines Tages vor einem abgeräumten Konto zu stehen, ist also gegeben.

Einem Vollmachtsmissbrauch schon zu Lebzeiten können diskrete Geldanleger im Prinzip nur mit einer so genannten „Vollmachtserteilung auf den Todesfall" entgegentreten. Vollmachten, die überhaupt erst nach dem Tod des Vollmachtgebers in Kraft treten sollen, sind allgemein als Umgehung der erbrechtlichen Formvorschriften anzusehen und können daher nur Rechtskraft entfalten, wenn sie in der Form erteilt werden, die für ein Testament vorgeschrieben sind (das heißt volle Eigenschriftlichkeit oder notarielle Beurkundung). Solche Vollmachten sind daher in der Schweiz nicht anerkannt und auch nicht üblich.

In Liechtenstein akzeptieren einzelne Banken Vollmachtserteilungen auf den Todesfall und verzichten somit auf die Vorlage eines Erbscheins, jedenfalls soweit es sich nur um geringeres Vermögen bis etwa 500.000 Euro handelt. Der Hintergrund liegt darin, dass Pflichtteilsansprüche Dritter, die die Bank nicht kennt, im Einzelfall verletzt werden

---

[271] Karrer in: Honsell/Vogt/Geiser, Kommentar zum Schweizerischen Privatrecht, Basel/Frankfurt am Main 1998 zu Art. 554 ZGB.

können. Denn in Verbindung mit einer solchen Vollmacht erhalten Dritte für den Fall des Todes des diskreten Geldanlegers die „unbeschränkte Zeichnungs- und Verfügungsvollmacht“ über Konten/Depots, und zwar je nach den Vorgaben durch Einzel- oder Kollektivzeichnungsrecht.

Ob die Bank Vollmachten auf den Todesfall akzepiert, ist im Einzelfall abzuklären. Diskrete Geldanleger, die „Vollmacht auf den Todesfall“ erteilen, werden der Formvorschriften halber immer gebeten, das Vollmachtsformular handschriftlich – nach Vorlage – zu erstellen (Eigenschriftlichkeit des Testaments). Bei größeren Vermögen empfiehlt sich jedoch immer die Gründung einer Stiftung zur Nachfolgeregelung des diskreten Vermögens.

## Mit Stiftungen und Trusts kann zwingendes nationales Pflichtteilsrecht im Prinzip nicht umgangen werden

### Gesetzliche Beschränkungen im internationalen Privatrecht

Die Übertragung von Erbvermögen vom Settlor auf den Trustee begründet bei lebzeitiger Errichtung eines Trusts ein schuldrechtliches Rechtsgeschäft, dessen Gültigkeit nach dem jeweiligen Recht am Trustsitz – also nach ausländischem Recht – zu beurteilen ist. Mit Errichtung eines Trusts und der Übertragung des Vermögens auf den Trustee wird dieser Rechtsträger eines vom Nachlass des diskreten Geldanlegers ausgeschiedenen Vermögens. Denn das Trustvermögen gehört im Zeitpunkt des Todes in rechtlicher Hinsicht dem Trustee. Die Wahl des Rechts eines anderen Staates kann aber *solche Bestimmungen* nicht berühren, von denen nach dem Recht jenes Staates, dem der Erblasser angehört, durch Vertrag *nicht abgewichen* werden kann. Danach bleiben zwingende und nicht abdingbare Vorschriften des deutschen Rechts anwendbar. Und hierzu gehört auch das Pflichtteilsrecht.

Das Internationale Privatrecht knüpft im Erbfall stets an personenbezogene Umstände wie der Staatsangehörigkeit des Erblassers an. Neben den personenbezogenen Umständen spielt die Belegenheit des Erbvermögens – also der Ort, an dem sich die Werte befinden – zumindest bei Grundstücken eine entscheidende Rolle. Nachdem aber deutsche Grundstücke sowieso nicht als diskretes Vermögen in einen Trust einzubringen sind, ist dies hier Nebensache. Dennoch knüpft im Erbfall die Rechtsfolge an einen zeitlich fixierten und begrenzten Tatbestand an, nämlich an den

Tod. Maßgebend ist daher das Heimatrecht des diskreten Geldanlegers als Erblasser im Augenblick des Todes. Und das für Deutsche nach Heimatrecht obligatorische Erbstatut regelt nun einmal auch das Pflichtteilsrecht.

Setzt der diskrete Geldanleger beispielsweise als Letztbegünstigter seines Trusts, der im Zeitpunkt seines Todes aufgelöst werden soll, eine Person ein, die bei gesetzlicher Erbfolge deutschen Rechts nichts erben würde, und beeinträchtigt er dadurch pflichtteilsberechtigte nahe Angehörige, können sich diese – sofern noch Pflichtteilsergänzungsansprüche innerhalb der Zehnjahresfrist geltend gemacht werden können – an dem Letztbegünstigten schadlos halten. Die hintergangenen Pflichterben hätten Anspruch auf die Hälfte ihres gesetzlichen Erbteils, das auf das Trustvermögen entfallen würde.

Deutsches Pflichtteilsrecht kann auch nicht umgangen werden, wenn Vermögen einer Auslandsstiftung wie etwa einer liechtensteinischen Stiftung zugewendet wird. So bestimmt das liechtensteinische Personen- und Gesellschaftsrecht ausdrücklich, dass eine Stiftung „von den Erben oder den Gläubigern gleich einer Schenkung angefochten werden" kann[272]. Und bezüglich des Treuhandgeschäfts heißt es, dass es grundsätzlich unwiderruflich sei, allerdings „unter Vorbehalt der Anfechtung ... Dritter nach den Vorschriften ... des Erbrechts oder der Anfechtungsordnung und gegebenenfalls nach Schenkungsrecht."

Freilich ist in allen Fällen zunächst einmal Voraussetzung, dass die hintergangenen Erben von der Existenz solcher Verbandspersonen und besonderen Vermögenswidmungen Kenntnis erlangen. Ist dies aber der Fall, gilt Folgendes:

a) Angenommen, der deutschem Erbstatut unterliegende diskrete Geldanleger hat unter den Begünstigten bestimmte pflichtteilsberechtigte Personen benannt und bestimmte andere pflichtteilsberechtigte Personen ausgeschlossen. Dann können die nicht in den Begünstigtenkreis aufgenommenen pflichtteilsberechtigten Personen auf Herausgabe der Hälfte ihres gesetzlichen Erbteils klagen.

Angenommen, in der Stiftung befinden sich 20 Mio. Euro; erbberechtigt sind Sohn A und Sohn B; Sohn A ist Begünstigter, Sohn B nicht.

---

[272] Art. 560 PGR.

Sohn B stehen 25 % = 5 Mio. Euro aus dem Stiftungsvermögen zu, und zwar so lange, als Sohn A stiftungsbegünstigter ist.

b) Angenommen, der deutschem Erbstatut unterliegende diskrete Geldanleger hat keine pflichtteilsberechtigten Personen als Begünstigte benannt. In diesem Fall sind die Pflichtteilsrechte der ausgeschlossenen pflichtteilsberechtigten Personen nach Ablauf von 10 Jahren seit der Vermögenswidmung verjährt. Während der 10-jährigen Verjährungsfrist gilt das zu a) Gesagte analog, jeweils unter der Voraussetzung, dass es tatsächlich zu einer Vermögenswidmung gekommen ist und die Stiftung kein Scheingeschäft war.

**Mit einem Bahamas Trust oder einem Jersey Trust kann der diskrete Geldanleger andere Wege gehen**

Zwar machen nationale Pflichtteilsrechte auch vor diskreten Anlageinstrumenten wie einem Trust auf den Bahamas oder der Kanalinsel Jersey nicht halt. Ist das „Erbgut“ aber außerhalb Deutschlands angesiedelt, werden die Pflichtteilsberechtigten schon der „Erreichbarkeit“ wegen erhebliche Mühe haben, an das Trustvermögen zu gelangen. Und führe man sich noch den Discretionary Trust vor Augen, bei dem die Begünstigten frei bestimmt werden und keinen Einfluss auf die Verteilung von Trusteinkommen und Trustvermögen ausüben können, stellt sich die Frage, was ein Letztbegünstigter einem Pflichtteilsberechtigten erstatten muss, wenn außer ihm auch noch das Internationale Komitee des Roten Kreuzes anfallsberechtigt ist und nur der Trustee entscheidet, wie viel jeder erhält? Die Anfechtung einer auf einen ausländischen Vermögenstrust erfolgten Vermögensübertragung setzt die *Nichtigkeit* des Trusts voraus. Nichtigkeit kann nach dortigem Recht entweder in der Vermögensübertragung selbst begründet sein, so etwa wenn gegen geltendes Konkurs- und Insolvenzrecht verstoßen wurde oder weil der Trust keine Begünstigten hat oder bestimmte Beneficiaries in rechtswidriger Weise unterstützt.

Der Jersey Court kann darüber hinaus einen auf Jersey begründeten Trust für nichtig erklären, wenn der Trust unter Zwang, etwa unter Einfluss von Drohungen seitens Dritter gegründet wurde, der Trust auf betrügerische Weise errichtet worden ist oder die Gründung auf einem Missverständnis beruht. Verfügungsbeschränkungen gegen einen ausländischen Settlor oder nach ausländischem Recht bestehende Pflichtteilsansprüche haben allerdings seit Einfügung des neuen Art. 8A im Rahmen der 1989er Reform des Jersey-Trustrechts keinerlei Wirkung auf die Rechtmäßigkeit eines zu Lebzeiten errichteten Jersey Trusts. Errichtet ein nicht auf Jersey Ansässiger einen Trust zu Lebzeiten, wird ihm seither kraft Gesetzes unterstellt, dass er die freie Verfügungsgewalt über das eingebrachte Trustvermögen innehatte, sofern er im Zeitpunkt der Errichtung nach dem Recht seines Wohnsitzstaates voll geschäftsfähig war. Des Weiteren brachte die „States of Jersey Jurisdiction" in Art. 8A Abs. 2 Buchst. b Trusts (Jersey) Law unmissverständlich zum Ausdruck, dass ausländische den Settlor beschwerende Erbfolgeregelungen („forced heirship") weder den Vermögenstransfer selbst noch die Anerkennung des Trusts bzw. seine rechtmäßige Errichtung in Frage stellen können.[273]

Ähnliches gilt auf den Bahamas. Führt sich der diskrete Geldanleger den „Trusts (Choice of Governing Law) Act 1989" in der aktuellen Fassung aus 1996 (Amendment) vor Augen, liest er in Section 9 Interessantes über „Heirship rights".[274] Danach berührt ausländisches Pflichtteilsrecht die Besitzverhältnisse von unbeweglichem Vermögen auf den Bahamas sowie von beweglichem Vermögen (wo auch immer verstreut) nicht. Mit anderen Worten: Ausländisches Pflichtteilsrecht braucht einen Bahamas Trustee nicht zu interessieren und bringt auch den Trust nicht zu Fall, dessen Errichtung bleibt in jedem Fall rechtsgültig. Dasselbe gilt für den Vermögensübertragungsakt auf den Trust.

### Die Rolle von Asset Protection Trusts

*Asset Protection Trusts* verfolgen primär die Politik der Vermögenssicherung eines Settlors, und zwar vor dem Zugriff Dritter. „Dritte" in diesem Sinne können Gläubiger oder sonstige Anspruchsberechtigte sein,

---

[273] Art 8A Abs. 2 Buchst b lautet: „No rule relating to inheritance or succession (including, but without prejudice to the generality of the foregoing, forced heirship, ‚legitime' or similar rights) of the law of his domicile or any other system of law shall affect any such transfer or disposition or otherwise affect the validity of such trust".

[274] Section 9 lautet: „An heirship right conferred by foreign law in relation to the property of a living person shall not be recognised as
(a) affecting the ownership of immovable property in the Bahamas or movable property wherever situate fort the purpose of paragraphs (a) and (b) of subsection (2) of section 7 or any other purpose; or
(b) „constitution an obligation or liability for the purpose of the Fraudulent Disposition Act, 1991 or for any other purpose."

zum Beispiel die Unterhaltsberechtigten oder die geschiedene Ehefrau des Trusterrichters und Begünstigten. Gleichfalls lassen sich mit Asset Protection Trusts nationale Erbrechtsbeschränkungen (Pflichtteilsrechte) zwar nicht legal, aber definitiv doch umgehen, wenn der Settlor oder die Beneficiaries nach Errichtung des Asset Protection Trusts über kein sonstiges pfändbares Vermögen mehr verfügen (also auch die Wohnung samt Möbel in eine vom Trust beherrschte Offshore-Gesellschaft eingebracht ist und der Settlor mit seinen Beneficiaries dort nur noch zur Miete wohnt).[275] Asset Protection Trusts erweisen sich auch dann als „effizient“, wenn der Settlor befürchtet, wegen Vertragsbruch oder infolge von Fahrlässigkeit zur Haftung gezogen zu werden oder ihm infolge eines Machtwechsels im eigenen Land die Enteignung droht.

Verstößt ein Settlor durch Errichtung eines Asset Protection Trusts gegen das für ihn maßgebende nationale Recht, wird man die Errichtung des Trusts in dem betreffenden Land zwar für nichtig erklären; befindet sich aber das Vermögen bereits „Offshore“, müssen sich Gläubiger, Pflichterben und sonstige Anspruchsberechtigte an die jeweilige „Offshore-Jurisdiction“ wenden, um die Pfändung und Herausgabe des Trustvermögens zu erreichen.

Aussicht auf Erfolg hätte ein solches Unterfangen aber nur dann, wenn die Errichtung des Asset Protection Trusts selbst gegen die Offshore-Jurisdiction verstoßen hätte. Dies wäre nach Jersey-Recht beispielsweise der Fall, wenn der Trust allein in der Absicht errichtet wurde, Vermögen aus dem Verfügungsbereich des Settlors abzuziehen, ihn somit künstlich zahlungsunfähig zu machen, um am Ende Gläubiger zu schädigen.

In Fällen des betrügerischen Konkurses wäre außerdem noch die Möglichkeit gegeben, den Settlor nach am Sitz des Trusts geltendem Recht für Bankrott zu erklären. Doch wenn ein Deutscher auf Jersey einen Asset Protection Trust errichtet und sonst mit der dortigen Justiz nicht in Konflikt gekommen ist, wie soll dann Bankruptcy (Désastre) (Jersey) Law Anwendung finden?[276]

Den Gläubigern bleibt in solchen Fällen nur die Hoffnung, dass der Jersey Court den Trust selbst für nichtig erklärt oder der ausländischen

---

[275] Für Rechnung seines eigenen Trusts.

[276] Matthew Paul/Sowden Terry: The Jersey Law of Trusts, London 1992, S. 140.

Justiz Rechtshilfe gewährt. Im Gegensatz zu anderen Offshore-Jurisdictions, wie den Cook Islands, den Cayman Islands, den Bahamas, Gibraltar oder den Turks & Caicos Inseln, um nur einige wenige zu nennen, hat Jersey keine Asset Protection Trusts begünstigende Rechtshilfebeschränkungen erlassen. Die Beschlagnahme und Herausgabe von unter dem Schutz eines Asset Protection Trusts platziertem Vermögen würde sich wie in allen anderen Rechtshilfefällen nach der „Evidence (Proceedings in Other Jurisdictions) (Jersey) Order" bestimmen.

Was aber die Errichtung eines solchen Trusts auf Jersey betrifft, so wird sich der aufmerksame Leser an dieser Stelle wieder an Art. 8A der Trusts (Jersey) Law erinnern, der oben bereits ausführlich dargestellt wurde: Errichtet ein nicht auf Jersey Ansässiger einen Trust zu Lebzeiten, wird ihm kraft Gesetzes unterstellt, dass er die freie Verfügungsgewalt über das eingebrachte Trustvermögen innehatte, sofern er im Zeitpunkt der Errichtung nach dem Recht seines Wohnsitzstaates voll geschäftsfähig war.

## Und was deutsche diskrete Geldanleger zum Abschluss noch wissen sollten: Steueransprüche des deutschen Fiskus aus diskreten Schenkungen verjähren praktisch nie

Es soll durchaus schon vorgekommen sein, dass diskrete Konten verschenkt worden sind. So zum Beispiel wenn ein Konto auf den Namen eines verfügungsberechtigten Dritten eröffnet worden ist und der Kontoeröffner die Verfügungsmacht über das Konto aufgibt (etwa um nicht in das Gläubiger- und Bevollmächtigtenverzeichnis zu gelangen).

Für Schenkungen aller Art gilt eine Erwerbsanzeigepflicht gegenüber den Finanzbehörden, und zwar im Zeitpunkt des tatsächlichen Vermögensübergangs. Anzeigepflicht besteht also ab dem Zeitpunkt, ab dem das diskrete Geld in Empfang genommen wird. Dann beginnt auch die Anzeigefrist, die drei Monate beträgt. Nach Eingang der Erwerbsanzeige setzt die Finanzbehörde die Schenkungsteuer fest. Solche Steueransprüche können aber unter Umständen noch Jahrzehnte später geltend gemacht werden, weil die Verjährungsfrist (Festsetzungsverjährung) wegen der *Anlaufhemmung* erst sehr viel später zu laufen beginnt.

Die Festsetzungsfrist für Steueransprüche beginnt grundsätzlich mit Ablauf des Kalenderjahres zu laufen, in dem die Steuer entstanden ist. Schenkungsteuer entsteht mit dem Zeitpunkt der Ausführung der Zuwendung. Schenkt A dem B diskretes Geld im Kalenderjahr 01, würde die Festsetzungsfrist also mit Ablauf des Jahres 01 beginnen. Unter normalen Umständen (unterstellt, es läge keine Steuerhinterziehung vor) wären die Steueransprüche im Kalenderjahr 05 verjährt. Ist aber eine Erwerbsanzeige unterlassen worden, beginnt die Festsetzungsfrist wegen der *Anlaufhemmung* nicht vor Ablauf des Kalenderjahres, in dem der Schenker gestorben ist.

*Konkret*: Die Verjährungsfrist (Festsetzungsfrist) beginnt erst mit dem Tod des Schenkers zu laufen, wenn keine Erwerbsanzeige erstattet wurde. Der Grund hierfür mag darin zu sehen sein, dass größere vom Erblasser zu Lebzeiten getätigte Zuwendungen vielfach erst im Zuge einer Erbauseinandersetzung ans Tageslicht geraten. Das Finanzamt rechnet also fest damit, dass hintergangene Erben „reinen Tisch" machen und das diskrete Schweizer Konto ausplaudern, das plötzlich auf den Namen der heimlichen Freundin des Erblassers umgeschrieben worden ist. Solche geheimen Schenkungen werden dann nachbesteuert, auch wenn sie bereits länger als zehn Jahre zurückliegen.

# ANHANG
# Gesetzessammlung zum automatisierten Kontenabruf und der Bargeldkontrollen

## § 24c deutsches Kreditwesengesetz

„(1) 1 Ein Kreditinstitut hat eine Datei zu führen, in der unverzüglich folgende Daten zu speichern sind:

1. die Nummer eines Kontos, das der Verpflichtung zur Legitimationsprüfung im Sinne des § 154 Abs. 2 Satz 1 der Abgabenordnung unterliegt, oder eines Depots sowie der Tag der Errichtung und der Tag der Auflösung,
2. der Name, sowie bei natürlichen Personen der Tag der Geburt, des Inhabers und eines Verfügungsberechtigten sowie der Name und die Anschrift eines abweichend wirtschaftlich Berechtigten (§ 8 Abs 1 des Gesetzes über das Aufspüren von Gewinnen aus schweren Straftaten).

2 Bei jeder Änderung einer Angabe nach Satz 1 ist unverzüglich ein neuer Datensatz anzulegen. 3 Die Daten sind nach Ablauf von drei Jahren nach der Auflösung des Kontos oder Depots zu löschen. 4 Im Falle des Satzes 2 ist der alte Datensatz nach Ablauf von drei Jahren nach Anlegung des neuen Datensatzes zu löschen. 5 Das Kreditinstitut hat zu gewährleisten, dass die Bundesanstalt jederzeit Daten aus der Datei nach Satz 1 in einem von ihr bestimmten Verfahren automatisiert abrufen kann. 6 Es hat durch technische und organisatorische Maßnahmen sicherzustellen, dass ihm Abrufe nicht zur Kenntnis gelangen.

(2) Die Bundesanstalt darf einzelne Daten aus der Datei nach Absatz 1 Satz 1 abrufen, soweit dies zur Erfüllung ihrer aufsichtlichen Aufgaben nach diesem Gesetz oder dem Gesetz über das Aufspüren von Gewinnen aus schweren Straftaten, insbesondere im Hinblick auf unerlaubte Bankgeschäfte oder Finanzdienstleistungen oder den Missbrauch der Institute durch Geldwäsche oder betrügerische Handlungen zu Lasten der Institute erforderlich ist und besondere Eilbedürftigkeit im Einzelfall vorliegt.

(3) 1 Die Bundesanstalt erteilt auf Ersuchen Auskunft aus der Datei nach Abs 1 Satz 1

1. den Aufsichtsbehörden gemäß § 9 Abs. 1 Satz 3 Nr. 2, soweit dies zur Erfüllung ihrer aufsichtlichen Aufgaben unter den Voraussetzungen des Absatzes 2 Satz 1 erforderlich ist,
2. den für die Leistung der internationalen Rechtshilfe in Strafsachen sowie im Übrigen für die Verfolgung und Ahndung von Straftaten zuständigen Behörden oder Gerichten, soweit dies für die Erfüllung ihrer gesetzlichen Aufgaben erforderlich ist,
3. der für die Beschränkungen des Kapital- und Zahlungsverkehrs nach dem Außenwirtschaftsgesetz zuständigen nationalen Behörde, soweit dies für die Erfüllung ihrer sich aus dem Außenwirtschaftsgesetz oder Rechtsakten der Europäischen Gemeinschaften im Zusammenhang mit der Einschränkung von Wirtschafts- oder Finanzbeziehungen ergebenden Aufgaben erforderlich ist.

2 Die Bundesanstalt hat die in den Dateien gespeicherten Daten im automatisierten Verfahren abzurufen und sie an die ersuchende Stelle weiter zu übermitteln. 3 Die Bundesanstalt prüft die Zulässigkeit der Übermittlung nur, soweit hierzu besonderer Anlass besteht. 4 Die Verantwortung für die Zulässigkeit der Übermittlung trägt die ersuchende Stelle. 5 Die Bundesanstalt darf zu den in Satz 1 genannten Zwecken ausländischen Stellen Auskunft aus der Datei nach Absatz 1 Satz 1 nach Maßgabe des § 4b des Bundesda-

tenschutzgesetzes erteilen. 6 § 9 Abs. 1 Satz 5, 6 und Abs. 2 gilt entsprechend. 7 Die Regelungen über die internationale Rechtshilfe in Strafsachen bleiben unberührt.

(4) 1 Die Bundesanstalt protokolliert für Zwecke der Datenschutzkontrolle durch die jeweils zuständige Stelle bei jedem Abruf den Zeitpunkt, die bei der Durchführung des Abrufs verwendeten Daten, die abgerufenen Daten, die Person, die den Abruf durchgeführt hat, das Aktenzeichen sowie bei Abrufen auf Ersuchen die ersuchende Stelle und deren Aktenzeichen. 2 Eine Verwendung der Protokolldaten für andere Zwecke ist unzulässig. 3 Die Protokolldaten sind mindestens 18 Monate aufzubewahren und spätestens nach zwei Jahren zu löschen.

(5) 1 Das Kreditinstitut hat in seinem Verantwortungsbereich auf seine Kosten alle Vorkehrungen zu treffen, die für den automatisierten Abruf erforderlich sind. 2 Dazu gehören auch, jeweils nach Vorgaben der Bundesanstalt, die Anschaffung der zur Sicherstellung der Vertraulichkeit und des Schutzes vor unberechtigten Zugriffen erforderlichen Geräte, die Einrichtung eines geeigneten Telekommunikationsanschlusses und die Teilnahme an dem geschlossenen Benutzersystem sowie die laufende Bereitstellung dieser Vorkehrungen.

(6) 1 Das Kreditinstitut und die Bundesanstalt haben dem jeweiligen Stand der Technik entsprechende Maßnahmen zur Sicherstellung von Datenschutz und Datensicherheit zu treffen, die insbesondere die Vertraulichkeit und Unversehrtheit der abgerufenen und weiter übermittelten Daten gewährleisten. 2 Den Stand der Technik stellt die Bundesanstalt im Benehmen mit dem Bundesamt für Sicherheit in der Informationstechnik in einem von ihr bestimmten Verfahren fest.

(7) 1 Das Bundesministerium der Finanzen kann durch Rechtsverordnung Ausnahmen von der Verpflichtung zur Übermittlung im automatisierten Verfahren zulassen. 2 Es kann die Ermächtigung durch Rechtsverordnung auf die Bundesanstalt übertragen.

(8) Soweit die Deutsche Bundesbank Konten für Dritte führt, gilt sie als Kreditinstitut im Sinne der Absätze 1, 5 und 6.“

## § 93b, §§ 93 Abs 7, 8 deutsche Abgabenordnung

### § 93b Automatisierter Abruf von Kontoinformationen

(1) Kreditinstitute haben die nach § 24c Abs. 1 des Kreditwesengesetzes zu führende Datei auch für Abrufe nach § 93 Abs. 7 und 8 zu führen.

(2) Das Bundeszentralamt für Steuern (BZSt) darf auf Ersuchen der für die Besteuerung zuständigen Finanzbehörden bei den Kreditinstituten einzelne Daten aus den nach Absatz 1 zu führenden Dateien im automatisierten Verfahren abrufen und sie an die ersuchende Finanzbehörde übermitteln.

(3) Die Verantwortung für die Zulässigkeit des Datenabrufs und der Datenübermittlung trägt in den Fällen des § 93 Abs. 7 die ersuchende Finanzbehörde, in den Fällen des § 93 Abs. 8 die ersuchende Behörde oder das ersuchende Gericht.

(4) § 24c Abs. 1 Satz 2 bis 6 , Abs. 4 bis 8 des Kreditwesengesetzes gilt entsprechend.

### § 93 Auskunftspflicht der Beteiligten und anderer Personen

(1)..(6)

(7) Die Finanzbehörde kann bei den Kreditinstituten über das Bundeszentralamt für Steuern (BZSt) einzelne Daten aus den nach § 93b Abs. 1 zu führenden Dateien abrufen, wenn dies zur Festsetzung oder Erhebung von Steuern erforderlich ist und ein Auskunftsersuchen an den Steuerpflichtigen nicht zum Ziele geführt hat oder keinen Erfolg verspricht.

(8) Knüpft ein anderes Gesetz an Begriffe des Einkommensteuergesetzes an, soll die Finanzbehörde auf Ersuchen der für die Anwendung des anderen Gesetzes zuständigen Behörde oder eines Gerichtes über das Bundeszentralamt für Steuern (BZSt) bei den Kreditinstituten einzelne Daten aus den nach § 93b Abs. 1 zu führenden Dateien abrufen und der ersuchenden Behörde oder dem ersuchenden Gericht mitteilen, wenn in dem Ersuchen versichert wurde, dass eigene Ermittlungen nicht zum Ziele geführt haben oder keinen Erfolg versprechen.

## § 9 Wertpapierhandelsgesetz (WpHG)

(1) Kreditinstitute, Finanzdienstleistungsinstitute mit der Erlaubnis zum Betreiben des Eigenhandels, nach § 53 Abs. 1 Satz 1 des Gesetzes über das Kreditwesen tätige Unternehmen mit Sitz in einem Staat, der nicht Mitglied der Europäischen Union und auch nicht Vertragsstaat des Abkommens über den Europäischen Wirtschaftsraum ist, sowie Unternehmen, die ihren Sitz im Inland haben und an einer inländischen Börse zur Teilnahme am Handel zugelassen sind, sind verpflichtet, der Bundesanstalt jedes Geschäft in Wertpapieren oder Derivaten, die zum Handel an einem organisierten Markt in einem Mitgliedstaat der Europäischen Union oder in einem anderen Vertragsstaat des Abkommens über den Europäischen Wirtschaftsraum zugelassen oder in den geregelten Markt oder Freiverkehr einer inländischen Börse einbezogen sind, spätestens an dem auf den Tag des Geschäftsabschlusses folgenden Werktag, der kein Samstag ist, gemäß Absatz 2 mitzuteilen, wenn sie das Geschäft im Zusammenhang mit einer Wertpapierdienstleistung oder als Eigengeschäft abschließen. Die Verpflichtung nach Satz 1 gilt auch für den Erwerb und die Veräußerung von Rechten auf Zeichnung von Wertpapieren, sofern diese Wertpapiere an einem organisierten Markt gehandelt werden sollen, sowie für Geschäfte in Aktien und Optionsscheinen, bei denen ein Antrag auf Zulassung zum Handel an einem organisierten Markt oder auf Einbeziehung in den geregelten Markt oder in den Freiverkehr gestellt oder öffentlich angekündigt ist. Die Verpflichtung nach den Sätzen 1 und 2 gilt auch für inländische Stellen, die ein System zur Sicherung der Erfüllung von Geschäften an einem organisierten Markt betreiben, hinsichtlich der von ihnen abgeschlossenen Geschäfte. Die Verpflichtung nach den Sätzen 1 und 2 gilt auch für Unternehmen, die ihren Sitz im Ausland haben und an einer inländischen Börse zur Teilnahme am Handel zugelassen sind, hinsichtlich der von ihnen an einer inländischen Börse oder im Freiverkehr im Zusammenhang mit einer Wertpapierdienstleistung oder als Eigengeschäft geschlossenen Geschäfte.

(1a) Von der Verpflichtung nach Absatz 1 ausgenommen sind Bausparkassen im Sinne des § 1 Abs. 1 des Gesetzes über Bausparkassen und Unternehmen im Sinne des § 2 Abs. 1, 4 und 5 des Gesetzes über das Kreditwesen, sofern sie nicht an einer inländischen Börse zur Teilnahme am Handel zugelassen sind, sowie Wohnungsgenossenschaften mit Spareinrichtung. Die Verpflichtung nach Absatz 1 findet auch keine Anwendung auf Geschäfte in Anteilscheinen einer Kapitalanlagegesellschaft oder einer ausländischen Investmentgesellschaft, bei denen eine Rücknahmeverpflichtung der Gesellschaft besteht, sowie auf Geschäfte in Derivaten im Sinne des § 2 Abs. 2 Nr. 1 Buchstabe b und d.

(2) Die Mitteilung hat auf Datenträgem oder im Wege der elektronischen Datenfernübertragung zu erfolgen. Sie muss für jedes Geschäft die folgenden Angaben enthalten:
Bezeichnung des Wertpapiers oder Derivats und Wertpapierkennnummer,
Datum und Uhrzeit des Abschlusses oder der maßgeblichen Kursfeststellung,
Kurs, Stückzahl, Nennbetrag der Wertpapiere oder Derivate,
die an dem Geschäft beteiligten Institute und Unternehmen im Sinne des Absatzes 1,

die Börse oder das elektronische Handelssystem der Börse, sofern es sich um ein Börsengeschäft handelt,
Kennzeichen zur Identifikation des Geschäfts
Kennzeichen zur Identifikation des Depotinhabers oder des Depots, sofern der Depotinhaber nicht selbst nach Absatz 1 zur Meldung verpflichtet ist, (gültig ab 1. April 2003)
Kennzeichen für Auftraggeber, sofern dieser nicht mit dem Depotinhaber identisch ist. (gültig ab 1. April 2003)
Geschäfte für eigene Rechnung sind gesondert zu kennzeichnen.
(3) Das Bundesministerium der Finanzen kann durch Rechtsverordnung, die nicht der Zustimmung des Bundesrates bedarf, nähere Bestimmungen über Inhalt, Art, Umfang und Form der Mitteilung und über die zulässigen Datenträger und Übertragungswege erlassen, zusätzliche Angaben vorschreiben, soweit diese zur Erfüllung der Aufsichtsaufgaben der Bundesanstalt erforderlich sind, zulassen, dass die Mitteilungen der Verpflichteten auf deren Kosten durch die Börse oder einen geeigneten Dritten erfolgen, und die Einzelheiten hierzu festlegen, für Geschäfte, die Schuldverschreibungen oder bestimmte Arten von Derivaten zum Gegenstand haben, zulassen, dass Angaben nach Absatz 2 nicht oder in einer zusammengefassten Form mitgeteilt werden, die in Absatz 1 genannten Institute und Unternehmen von der Mitteilungspflicht nach Absatz 1 für Geschäfte befreien, die an einem organisierten Markt in einem anderen Mitgliedstaat der Europäischen Union oder in einem anderen Vertragsstaat des Abkommens über den Europäischen Wirtschaftsraum abgeschlossen werden, wenn in diesem Staat eine Mitteilungspflicht mit gleichwertigen Anforderungen besteht, bei Sparkassen und Kreditgenossenschaften, die sich zur Ausführung des Geschäfts einer Girozentrale oder einer genossenschaftlichen Zentralbank oder des Zentralkreditinstituts bedienen, zulassen, dass die in Absatz 1 vorgeschriebenen Mitteilungen durch die Girozentrale oder die genossenschaftliche Zentralbank oder das Zentralkreditinstitut erfolgen, wenn und soweit der mit den Mitteilungspflichten verfolgte Zweck dadurch nicht beeinträchtigt wird.
(4) Das Bundesministerium der Finanzen kann die Ermächtigung nach Absatz 3 durch Rechtsverordnung auf die Bundesanstalt übertragen.

## § 45d Mitteilungen an das Bundeszentralamt für Steuern (BZSt)

(1) Wer nach § 44 Abs. 1 dieses Gesetzes und § 7 des Investmentsteuergesetzes zum Steuerabzug verpflichtet ist oder auf Grund von Sammelanträgen nach § 45b Abs. 1 und 2 die Erstattung von Kapitalertragsteuer beantragt, hat dem Bundeszentralamt für Steuern (BZSt) bis zum 31. Mai des Jahres, das auf das Jahr folgt, in dem die Kapitalerträge den Gläubigern zufließen, folgende Daten zu übermitteln: [2] [ Bis 31.12.2003: Wer nach § 44 Abs. 1 dieses Gesetzes und § 38b des Gesetzes über Kapitalanlagegesellschaften sowie § 18a des Auslandinvestment-Gesetzes [3] zum Steuerabzug verpflichtet ist oder auf Grund von Sammelanträgen nach § 45b Abs. 1 und 2 die Erstattung von Kapitalertragsteuer beantragt [4], hat dem Bundeszentralamt für Steuern (BZSt) bis zum 31. Mai des Jahres, das auf das Jahr folgt, in dem die Kapitalerträge den Gläubigern zufließen, folgende Daten zu übermitteln: ]

1. Vor- und Zunamen sowie das Geburtsdatum der Person – gegebenenfalls auch des Ehegatten -, die den Freistellungsauftrag erteilt hat (Auftraggeber),
2. Anschrift des Auftraggebers,
3. bei den Kapitalerträgen, für die ein Freistellungsauftrag erteilt worden ist,

   a) die Zinsen und ähnlichen Kapitalerträge, bei denen vom Steuerabzug Abstand genommen worden ist,

b) die Dividenden und ähnlichen Kapitalerträge, bei denen die Erstattung von Kapitalertragsteuer und die Vergütung von Körperschaftsteuer beim Bundeszentralamt für Steuern (BZSt) beantragt worden ist,

c) die Kapitalerträge im Sinne des § 43 Abs. 1 Nr. 2 , bei denen die Erstattung von Kapitalertragsteuer beim Bundeszentralamt für Steuern (BZSt) beantragt worden ist,

d) die Hälfte der Dividenden und ähnlichen Kapitalerträge, bei denen nach § 44b Abs. 1 in der Fassung des Gesetzes vom 23. Oktober 2000 (BGBl. I S. 1433) die Erstattung von Kapitalertragsteuer beim Bundeszentralamt für Steuern (BZSt) beantragt worden ist,

4. Namen und Anschrift des Empfängers des Freistellungsauftrags.

Die Datenübermittlung hat nach amtlich vorgeschriebenem Datensatz auf amtlich vorgeschriebenen maschinell verwertbaren Datenträgern zu erfolgen. Im Übrigen findet § 150 Abs. 6 der Abgabenordnung entsprechende Anwendung. Das Bundeszentralamt für Steuern (BZSt) kann auf Antrag eine Übermittlung nach amtlich vorgeschriebenem Vordruck zulassen, wenn eine Übermittlung nach Satz 2 eine unbillige Härte mit sich bringen würde.

(2) [5] Die Mitteilungen dürfen nur zur Durchführung eines Verwaltungsverfahrens oder eines gerichtlichen Verfahrens in Steuersachen oder eines Strafverfahrens wegen einer Steuerstraftat oder eines Bußgeldverfahrens wegen einer Steuerordnungswidrigkeit verwendet werden.

(2) [6] [ Bis 30.6.2002: (3) ] Das Bundeszentralamt für Steuern (BZSt) darf [7] [ Bis 30.6.2002: Abweichend von Absatz 2 darf das Bundeszentralamt für Steuern (BZSt) ] den Sozialleistungsträgern die Daten nach Absatz 1 mitteilen, soweit dies zur Überprüfung des bei der Sozialleistung zu berücksichtigenden Einkommens oder Vermögens erforderlich ist oder der Betroffene zustimmt. Für Zwecke des Satzes 1 ist das Bundeszentralamt für Steuern (BZSt) berechtigt, die ihm von den Sozialleistungsträgern übermittelten Daten mit den vorhandenen Daten nach Absatz 1 im Wege des automatisierten Datenabgleichs zu überprüfen und das Ergebnis den Sozialleistungsträgern mitzuteilen.

[1] § 45d geändert durch Steuersenkungsgesetz. Anzuwenden ab 1.1.2002.

[2] Geändert durch Gesetz zur Modernisierung des Investmentwesens und zur Besteuerung von Investmentvermögen (Investmentmodernisierungsgesetz). Anzuwenden ab 1.1.2004.

[3] Eingefügt durch Steueränderungsgesetz 2001. Anwendbar für Mitteilungen auf Grund der Steuerabzugspflicht nach § 18a Auslandinvestmentgesetz auf Kapitalerträge, die den Gläubigern nach dem 31.12.2001 zufließen; vgl. § 52 Abs. 53 . Anzuwenden ab 1.1.2002.

[4] Eingefügt durch Steueränderungsgesetz 2001. Anwendbar für Mitteilungen auf Grund der Steuerabzugspflicht nach § 18a Auslandinvestmentgesetz auf Kapitalerträge, die den Gläubigern nach dem 31.12.2001 zufließen; vgl. § 52 Abs. 53 . Anzuwenden ab 1.1.2002.

[5] Abs. 2 aufgehoben durch Viertes Finanzmarktförderungsgesetz. Bisheriger Abs. 3 wird neuer Abs. 2. Anzuwenden bis 30.6.2002.

[6] Geändert durch Viertes Finanzmarktförderungsgesetz. Bisheriger Abs. 3 wird neuer Abs. 2. Anzuwenden ab 1.7.2002.

[7] Geändert durch Viertes Finanzmarktförderungsgesetz. Anzuwenden ab 1.7.2002.

## Gesetzesgrundlage zu den Bargeld-Grenzkontrollen des deutschen Zoll (§ 12a deutsches Zollverwaltungsgesetz)

Auf Verlangen der Zollbediensteten haben Personen Bargeld oder gleichgestellte Zahlungsmittel im Wert von 15.000 Euro oder mehr, die sie in die, aus den oder durch die in § 1 Abs. 3a Satz 1 bezeichneten Gebiete verbringen oder befördern, nach Art, Zahl und Wert anzuzeigen sowie die Herkunft, den wirtschaftlich Berechtigten und den Verwendungszweck darzulegen. Abweichend von der Wertangabe in Satz 1 gilt bis zum 31. Dezember 2001 ein Wert von 30.000 Deutsche Mark. Institute im Sinne des § 1 Abs. 4 des Geldwäschegesetzes und ihre Beauftragten sind von den Verpflichtungen nach Satz 1 ausgenommen. Zur Ermittlung des Sachverhaltes haben die Zollbediensteten die Befugnisse nach § 10. Im Bereich der Grenzen zu anderen Mitgliedstaaten der Europäischen Union findet § 10 Abs. 1 entsprechende Anwendung.

(2) Die Zollbediensteten können, wenn Grund zu der Annahme besteht, dass Bargeld oder gleichgestellte Zahlungsmittel zum Zwecke der Geldwäsche verbracht werden, das Bargeld oder die gleichgestellten Zahlungsmittel bis zum Ablauf des dritten Werktages nach dem Auffinden sicherstellen und in zollamtliche Verwahrung nehmen, um die Herkunft oder den Verwendungszweck aufzudecken. Fällt der dritte Werktag auf einen Samstag, so endet die Frist mit Ablauf des nächsten Werktages. Diese Frist kann durch Entscheidung eines Richters einmalig bis zu einem Monat verlängert werden. Zur Bekanntmachung der Entscheidung genügt eine formlose Mitteilung. Zuständig ist der Richter bei dem Amtsgericht, in dessen Bezirk die Sicherstellung erfolgt ist. Die zuständigen Strafverfolgungsbehörden sind von der Sicherstellung unverzüglich zu unterrichten.

(3) Die zuständigen Zollbehörden dürfen, soweit dies zur Erfüllung ihrer Aufgaben nach § 1 Abs. 3a und nach den Absätzen 1 und 2 erforderlich ist, personenbezogene Daten erheben, verarbeiten und nutzen. Die Zollbehörden können diese Daten an die zuständigen Strafverfolgungsbehörden und die Verwaltungsbehörde nach § 31a Abs. 5 übermitteln, soweit dies zur Erfüllung ihrer Aufgaben oder der des Empfängers erforderlich ist. Die Übermittlung personenbezogener Daten an andere Finanzbehörden ist zulässig, soweit ihre Kenntnis zur Durchführung eines Verwaltungsverfahrens in Steuersachen oder eines Strafverfahrens wegen einer Steuerstraftat oder eines Bußgeldverfahrens wegen einer Steuerordnungswidrigkeit von Bedeutung sein kann.

(4) Für Streitigkeiten wegen Maßnahmen nach Absatz 1 und 2 Satz 1 und Absatz 3 ist der Finanzrechtsweg gegeben.

# Stichwortverzeichnis

## M



## N



## O

## P



## Q



## R



## S

## T



## U



## V

**W**



**Z**